U0128635

本丛书受南京大学人文研究基金资助。特此感谢！

中国经济抗战研究
（1931—1945）

马俊亚　主编

日军毁劫与
江南地区经济衰变

（1937—1945）

马俊亚　著

中国社会科学出版社

图书在版编目（CIP）数据

日军毁劫与江南地区经济衰变：1937—1945 / 马俊亚著 . —北京：中国社会
科学出版社，2023.3

（中国经济抗战研究：1931—1945）

ISBN 978 - 7 - 5227 - 1412 - 7

Ⅰ.①日… Ⅱ.①马… Ⅲ.①日本—侵华—经济扩张—史料②区域经济—
经济史—华东地区—1937 - 1945 Ⅳ.①F129.5

中国国家版本馆 CIP 数据核字（2023）第 034996 号

出 版 人	赵剑英
责任编辑	刘 芳
责任校对	李 莉
责任印制	李寡寡

出 版	中国社会科学出版社
社 址	北京鼓楼西大街甲 158 号
邮 编	100720
网 址	http://www.csspw.cn
发 行 部	010 - 84083685
门 市 部	010 - 84029450
经 销	新华书店及其他书店

印 刷	北京君升印刷有限公司
装 订	廊坊市广阳区广增装订厂
版 次	2023 年 3 月第 1 版
印 次	2023 年 3 月第 1 次印刷

开 本	710 × 1000 1/16
印 张	29.25
插 页	2
字 数	432 千字
定 价	158.00 元

凡购买中国社会科学出版社图书，如有质量问题请与本社营销中心联系调换
电话：010 - 84083683

总　序

2015 年前后，教育部人文社会科学重点研究基地南京大学中华民国史中心确立了"亚太抗战与民族复兴"为"十三五"重大项目总体规划的主攻方向。中国学界公认，1931 年到 1945 年的 15 年间，日本侵略造成中国伤亡 3500 多万人员，直接经济损失约 1000 亿美元，间接经济损失约 5000 亿美元。基于这一历史事实，本课题"中国经济抗战研究"被列为五个子课题之一。因此，本课题的设计是南京大学中华民国史中心集体智慧的结晶。2017 年，本课题获得立项，成为教育部人文社会科学重点研究基地重大项目（项目批准号：17JJD770009）。本丛书即这一课题的最终成果。

1931 年 9 月 18 日，日本侵略者开启对中国东北的侵略，1937 年开始全面侵华。从抗战开始迄今，中国抗战的研究成果斐然，但对这场战争的许多经济问题仍有进一步深入探究的必要。

日本无疑是亚洲在工业、军事方面（"器物"层面）近代化最成功的国家，加之武士道传统，使得近代日本军人的地位急剧提高。与此同时，日本没有进行与"器物"层面相对应的精神层面的近代化，日本各阶层，尤其是底层民众没有真正吸收近代启蒙以来的人文意识、人道思想以及核心的文明价值；没有确立国家的发展在于提高本国民众的福祉，进而惠及全人类的宗旨。

"器物"层面的畸形近代化极大地增强了日本国家的战争力量，但并没有升华整个日本民族的精神境界，反而拉低了其民族认知、兽化了其民族性格。20 世纪二三十年代，面对畸形发展的军人势力、社会极端狂热分子和片面的媒体煽动，日本并没有行之有效的程序化体制和厚实的理性力量加以制约，少数理性政治家和知识分子被污名化为全民公敌，愚昧无知、投机欺诈被视为真诚爱国，全社会处于民族主义偏执狂之中。

近代日本上下把岛国忧患意识演化为野蛮时代的丛林思维，把国家间的经济竞争等同于动物界的弱肉强食，时时以战争思维来解决中日之间的分歧。

对于不同的国家而言，军事力量永远是参差不齐、强弱不一的。那些抱着"弱则挨打，强则打人"的观念者，是全人类之公敌，与现代文明谬以千里。当少数野心政客和无良知识分子灌输战争思维和启动不义战争时，一个最基本的常识就是：本国所有民众都成为被这帮伤天害理之徒所绑架的人质。可惜的是，严重缺乏常识的民众往往视这类伤天害理之徒为英雄或圣徒。

日本侵略战争无疑是痛深创巨的历史教训，是日本民族的巨大悲剧，也是其他亚洲国家应该千万引以为戒的。

日军侵占中国土地后，从工业、农业、矿业、牧业、渔业、金融、贸易、税收、交通、通讯等多方面进行掠夺和破坏，以壮大自己的经济势力，打击中国的抗战力量。中国沿海企业大多被破坏和劫占，少数中国内迁企业蒙受巨大的损失。战争的迫切性使这些民生企业不得不服从战时需要，改变企业的社会和自然属性，承担更大、更多的义务和成本。最终结果只能是中国民众遭受物资短缺的困难和质次价昂的各类工业品，国家的综合实力无形地消散，人民生活水平一落千丈。日军占据农村后，大肆烧杀、强征夫役、大量捕杀耕畜、破坏农具，造成农业生产耕作失时，许多县份主要农产品产量不及战前半数。农村副业经济，包括蚕业、林业、棉业、渔业和手工业等均惨遭破坏。这场侵略战争打断了中国不少农村地区的现代化进程，阻断了刚刚起步的乡村改良建设和社会发展。

抗战期间，中国人民的经济牺牲仅从通货膨胀方面可管窥一斑。诚然，抗战时期的通货膨胀与国民政府屡被诟病的执政能力有相当的关系，但主要是日军的劫掠、破坏以及战争本身的巨大消耗所致。1937 年 6 月，南京国民政府在保有关内绝大部分国土和完整的经济体系的条件下，法币的发行额 140720.2 万元；1945 年 8 月，在重庆国民政府仅保有西南一隅、经济体系残破不堪的情况下，法币发行达 55691000 万元。后者是前者的 396 倍，这就难怪中国民众手中的纸币以惊人速度贬值。极其严重的通货膨胀为全民抗战作了一个非常具体的注脚。可以说，抗战期间法币蒸发的价值，可视为被中国政府筹征用于抗战的全民奉献。那个时代的任何一个使用过法币的中国人、任何一个使用过法币的中国家庭，均为抗战做出过伟大的牺牲，为这个国家承受过巨大的重负。而这个牺牲和重负都是日本侵略所强加的。

历来好战分子从来不敢告诉本国民众的一个最基本而又铁一般的事实，就是一场现代战争的财政耗费，以及这些耗费的主要部分是由本国民众分担的；更不敢去计量本国民众分担这些耗费对其生活水平的影响。好战分子只会以一次次所谓的胜利，甚至是虚假的胜利来刺激民众的盲从心理，营造愚昧的狂欢。

即便日军在全面侵华战争初期取得了巨大的军事胜利，但在前 33 个月最具军事优势的时期，月均损失战机 26 架；在 1940 年前 11 个月中，月均被击沉战舰（艇）19 艘。日本全面侵华三年花费的军费达 230 亿日元，超过甲午战争和日俄战争总和的 10 多倍。到 1941 年 3 底，日本预计发行赤字公债 310 亿日元。而 1939 年日本全部国民所得仅为 210 亿日元，该年公债总额达 215 亿日元。太平洋战争爆发后，1941 年 12 月 7 日到 1944 年 10 月 24 日，日军在太平洋战场确证被击沉的战舰 560 艘，可能被击沉 245 艘，被击伤 450 艘；非战斗船舰被击沉 1310 艘，可能被击沉 340 艘，击伤 1280 艘。日军飞机被击毁 5575 架，可能被击毁 787 架。巨额的军费开销造成日本的通货膨胀，使日本百姓与中国民众同样承受沉重的负担。

研究中国的经济抗战是理解抗日战争史非常重要的一环，也可以对中国人民在抗战中所遭受的牺牲进行更准确的量化。

在本课题研究过程中，王荣华和许峰任劳任怨地承担了大量的组织、协调等各式各样的烦琐工作，课题的完成和出版凝聚了他们两位的心血。

季静、王福华、张天政均是在已承担繁重的科研和教学任务的情况下，不辞辛劳地投入到本课题的研究中。

刘芳编辑很早就关注本课题的研究，从多方面提供了极大的帮助；对本丛书的出版，更是付出了莫大的辛劳。

我的首届博士生王春林虽然现在自己承担着指导博士生的重任，仍然为本课题的完成花费了无数的时间和精力。

不过，由于资料分散，时间紧迫，许多问题没有充分展开论述。而且多方原因导致集体讨论次数较少，各子课题之间的有机关联也较弱。总之，竭诚欢迎方家提出批评意见，以助我们完善和改进。

马俊亚

目　　录

导　言

本书所指的"江南"，系以上海为中心的南京、镇江、常州、苏州、杭州、嘉兴、湖州、宁波、绍兴地区。1931年"九·一八"事变后，上海发生了局部性的"一·二八"事变，战事持续了一个月左右。因此，本书所涉时段始于 1932 年 1 月 28 日，迄于 1945 年 8 月 15 日；绝大部分内容系在 1937 年 8 月 13 日至 1945 年 8 月 15 日之间，即抗日战争全面爆发时期。

一　全球化背景下的江南

"暮春三月，江南草长，杂花生树，群莺乱飞。"这是古人描写江南的典型景象。战国以前，这个地区长期受吴、越、楚文化浸染；两汉三国时期，中原文明与这里的江海文明相融合；南北朝以后，大量中原世家南渡，民风从剽轻刚硬转向斯文华丽。所谓"江南佳丽地，金陵帝王州。逶迤带绿水，迢递起朱楼"。张养浩称："一江烟水照晴岚，两岸人家接画檐，芰荷丛一段秋光淡。看沙鸥舞再三，卷香风十里珠帘。画船儿天边至，酒旗儿风外飐。爱杀江南！"

直到抗战爆发后，江南仍然备受赞美。陶行知写道："'江南'！这是一个多么甜美而令人神往的地方?! 有史以来，不少的诗人文士替她歌咏，不少的帝王才子向她流连，简直把她赞仰得成为上比天堂的胜地。"[①]

---

① 转引自孙铭勋《古庙活菩萨》，上海儿童书局 1934 年版，第 1—2 页。

江南之美，除了优越的地理因素外，与这里战祸相对较少、经济比较发达、人民生活安定、社会和谐有着莫大的关系。

历史上，日本人长期把吴人始祖太伯视为祖先，把江南视为自己的祖源之地。《晋书》载："倭人在带方东南大海中，依山岛为国，地多山林，无良田，食海物。旧有百余小国相接，至魏时，有三十国通好。户有七万。男子无大小，悉黥面文身。自谓太伯之后，又言上古使诣中国，皆自称大夫。"①

（一）经济增长与经济生态

以上海为中心的江南，是近代中国经济最发达的地区，也是南京国民政府的财政、经济支柱。这里不但形成了中国较早的网状城市带，而且出现了与国际市场接轨、分工明晰的一体化区域经济。这个地区农村生产力水平相对较高，社会保障体系相对完善，社会发展潜力巨大。

1927 年 4 月南京国民政府建立后，进行了一系列财政经济改革，废除了许多阻碍经济发展的陈规陋习，采取奖励工业发展的措施，②仿行当时世界上许多发达国家的做法，从根本上改变了晚清以来的混乱状况，把中国的经济部分纳入国际体系中，使中国国民经济的发展开始走上正轨。

1921—1936 年，华商棉纺织业的纱机平均年增长率为 5.45%，布机年平均增长率为 9.35%，棉纱产量年均增长率 1.26%，布产量年均增长率 12.93%，机器面粉业生产能力年均增长率 2.49%，上海卷烟业机器设备年均增长率 10.63%、职工人数年均增长率 7.39%，火柴业产量年均增长率 2.31%，水泥产量年均增长率 7.61%，发电量年均增长率 18.24%，煤炭产量年均增长率 3.62%，生铁产量年均增长率 2.79%。③ 其间，即使受到 20 世纪 30 年代前后世界大萧条的

---

① 房玄龄等撰：《晋书》卷 97 "四夷·东夷·倭人"，中华书局 1974 年版，第 2535 页。
② 兴亚院华中连络部：《支那ニ於ケル工业奖励》，兴亚院华中资料第 238 号、中调联工资料第 26 号，1941 年 2 月，第 10—11 页。
③ 许涤新、吴承明主编：《中国资本主义发展史》第 3 卷《新民主主义革命时期的中国资本主义》，人民出版社 1993 年版，第 120—122 页。

影响，中国仍"首次出现全国上下朝气蓬勃的新局面"，"中国经济已具备'起飞'的制度基础，在若干方面，且已萌露'起飞'的迹象"①。

据刘大钧调查，1933 年中国共有现代工厂 2560 家，"其中半数却集中于上海一市"②。除上海外，无锡、常州成为全国著名的工业区，宁波、绍兴、苏州、镇江是著名的金融城市，湖州、嘉兴、松江等地是传统的手工业城市。

现代工业中，1918 年薛家经营的 5 家丝厂丝车数占整个无锡丝车总数的 56.26%，1936 年，薛家制丝集团成为全国最大的丝业托拉斯。火柴工业中，1930 年，上海、苏州、镇江等地的大中华火柴公司在销售市场上占有 22.25% 的比重。棉纺业中，1931 年，上海荣氏申新集团纱锭数占全国总数的 12.14%，郭家永安纺织印染公司纱锭数占 5.56%。卷烟业中，1931 年，以上海为中心的英美烟公司在华企业产量占全国总产量的 58.7%；上海南洋兄弟烟草公司的销售量约占全国总产量 8.75%。1932 年无锡荣氏兄弟经营的茂新、福新集团产粉能力占全国关内面粉业产粉能力的 32%。1936 年上海通孚丰财团所属的阜丰集团日生产能力占全国关内产粉能力的 11.3%。1937 年阜丰与福新占全上海面粉系统资本额的 95.7%、职工数的 89.1%、产粉能力的 93.28%。航运业方面，1930 年，以上海为中心的太古航运公司的总吨位占全国总数的 9.64%，日清汽轮株式会社占 8.19%，怡和轮船公司占 7.5%，招商局占 7.09%。1936 年，在长江航线拥有的 22728 总吨位中，太古轮船公司占 18.5%，怡和轮船公司占 16.4%，日清汽轮株式会社占 15.4%，三北航业集团占 14.7%，招商局占 12.5%。③

金融业方面，上海在外商到达之前，中外通货的兑换事务已做得

---

① 郑竹园：《日本侵华战争对中国经济的影响》，载许倬云、丘宏达主编《抗战胜利的代价》，台北：联合报社 1986 年版，第 53 页。

② 刘大钧：《中国的工业》，《文化建设月刊》第 1 卷第 1 期，1934 年 10 月，第 193 页。

③ 详见马俊亚《规模经济与区域发展——近代江南地区企业经营现代化研究》，南京大学出版社 2000 年版，第 4—7 页。

非常出色。[①] 开埠后，上海逐渐成为全国的金融中心，江、浙等长江下游地区乃至全国的金融直接受其调度和节制。

1932 年，江苏全省共有钱庄 384 家，其中江南地区的钱庄 253 家，资本总额 18290800 两白银，占全省钱庄资本总额（20583035 两）的 88.9%。[②] 江南地区的面积约占全省面积的三分之一，钱庄的资本总额约占全省资本总额的九成。

1933 年以前，全国农副产品贸易最繁荣的地区是沿沪宁、沪杭甬路两侧的江浙地区，上海对这一地区的现洋进、出最为频繁。据统计，1929 年由沪宁路南京、镇江、常州、无锡、苏州各站运入上海的银元达 13915130 元，占全国运入上海银元总数的 11.24%；由杭州、嘉兴、宁波、碟石等沪杭甬各站运入上海的银元为 82722155 元，占当年全国运入上海银元总数的 66.82%；同年，从上海运往沪宁路各站的银元为 24970567 元，占上海运出银元总数的 13.73%，上海运往沪杭甬各站的现洋达 85583761 元，占上海运出银元总数的 47.05%。[③]

苏南大部分地区的钱业市场主要围绕苏州钱业市场运行。苏州在 19 世纪前一直是非常重要的贸易中心，通过放款和金融投资，许多商人成功地积累了巨大的财产，[④] 为钱庄提供了丰富的存款来源。1908 年苏州钱庄存款达白银 1000 万两左右；1926 年以后，钱庄存款总额高达 3000 万余银元；1931 年以前，钱庄"存款来源实不可胜

---

① Linda Cooke Johnson, "Shanghai: An Emerging Jiangnan Port, 1683 - 1840", in Linda Cooke Johnson (ed.), *Cities of Jiangnan in Late Imperial China*, New York: State University of New York Press, 1993, p. 174.

② 据实业部国际贸易局编《中国实业志（江苏省）》第 10 编，上海民光印刷股份有限公司 1933 年印，第 41—44 页资料计算。其中扬州钱庄创办资本为 829000 元，按每元 0.715 两计，合 592735 两。

③ 据国民政府主计处统计局编印《上海现银移动状况》，1936 年 10 月印行，第 4—5 页资料计算。

④ Paolo Santangelo, "Urban Society in Late Imperial Suzhou", in Linda Cooke Johnson (ed.), *Cities of Jiangnan in Late Imperial China*, New York: State University of New York Press, 1993, p. 90.

计"。由于存款丰厚，"银拆较他处为轻，最高不得过五钱"①。在银通货时代，苏州是江南地区著名的"存款码头"②；邻近的无锡、常州、常熟、吴江、昆山、太仓、溧阳、南通、江阴等地成为苏州钱庄放款的主要地区，其金融市场也随之成为围绕苏州钱业市场运行的卫星市场。1917 年，苏州"出口银元计每日平均二三万元，皆无锡、常熟等埠来苏装运也"。在苏州钱庄银洋紧缺时，"必在苏购进规银汇沪，换进银元，运苏应用"③。

以无锡论，这里为粮食集散地、丝茧产区和工业中心，资金的需求量很大，无锡钱庄的放款远不敷当地工商业的需求，通常向苏州钱庄拆借，再进行发放，"每年放出款项，常在一千五百万元以上"④，拆借金额有时达 2000 万余银元。⑤

常州钱庄存、欠月息则完全"参照苏、申、镇、锡银拆"⑥。20 世纪 20 年代，常州钱庄资本一般为每家数万元，但放款额高达 20 万—70 万银元，不足部分全靠向苏州钱庄拆借。⑦

常熟钱业市场，银洋进出标准，"与苏州同例，市情大小，亦视苏州隔日收盘之价而定，货币不敷时，则向苏州接济，若遇过剩，则运往苏州"⑧。江阴地区，凡与常熟、宜兴等地往来款项，由"苏〔州〕推划清楚"；"他如杭州、湖州等埠，均托苏〔州〕转解"⑨。吴江（包括盛泽），"洋价及银厘银拆，并以苏州行情为标准"⑩。

---

① 呆厂：《苏州钱业状况》，《钱业月报》第 6 卷第 12 号，1926 年 12 月号。
② 苏州市金融志编写组：《浅说苏州钱庄》，江苏省金融志编辑室编《江苏典当钱庄》，南京大学出版社 1992 年版，第 93、95 页。
③ 《各埠金融及商况》，《银行周报》第 1 卷第 18 号，1917 年 9 月 25 日。
④ 王焕照：《二十三年度无锡工商业之回顾》，上海商业储蓄银行编《海光》第 7 卷第 5 期，1935 年 5 月。
⑤ 无锡市金融志编纂委员会：《无锡市金融志》，复旦大学出版社 1996 年版，第 45 页。
⑥ 心平：《武进钱业概况》，《钱业月报》第 4 卷第 1 号，1924 年 1 月号。
⑦ 朱康孙：《解放前的常州钱庄》，江苏省金融志编辑室编《江苏典当钱庄》，南京大学出版社 1992 年版，第 192 页。
⑧ 青花：《常熟钱业之沿革》，《钱业月报》第 8 卷第 10 号，1928 年 11 月 26 日。
⑨ 紫简：《江阴钱业概况》，《钱业月报》第 1 卷第 10 号，1921 年 10 月号。
⑩ 姚日新：《苏常道吴江县实业视察报告书》，《江苏实业月志》第 6 期，1919 年 9 月。

苏南部分地区及苏北大部分地区的钱业市场则围绕镇江钱业市场运行。民国前期，镇江钱庄每年对农副产品贸易的放款达 1500 万两白银以上，资金来源大部分从上海钱业市场拆借，也有一部分系从苏州拆借。从上海、苏州拆借的款项曾占镇江钱庄放款总额的 80% 左右。苏北大部分地区，如"扬州、徐州、淮阴、新浦等地的同业又常向镇江钱庄调剂资金"①。苏北则形成以扬州为中心的钱业枢纽，扬州坐落在南北经济带的交汇处，江南不仅是它的市场，而且也是其企业人才和文化启迪的源泉；从江北的海边源源不断地运来盐，从湖泊中运来鱼，还有不断来此分享这个城市繁荣的人流。② 扬州洋厘银价"大约以申、镇两地银根之松紧为转移也"③。米区兴化，"每年泰县、姜堰、溱潼及如皋、海安等处，稻麦收获节令，洋用甚旺"；兴化钱业市场"金融缓急，向以镇、扬方面为依归"，"至同行银钱交易，悉归镇江"④。苏北另一土货交易市场黄桥，每年农副产品"装往申、苏等埠，约达五百万元，转运者尚无定额"，钱业市场也以上海、镇江为后盾。⑤ 1932 年，镇江仅晋生钱庄放在苏北未能收回的款项就达80 余万两。⑥

浙属宁波、绍兴是仅次于上海的金融中心。在民国以前，随着钱庄地位的提高，它们成为同业和地区资金的金库，但它们既没有接受中央政府的存款，也没有向中央政府发放贷款，它们类似于商业银行。⑦ 由于宁波、绍兴离嘉兴、湖州等茧区相对较远，宁波、绍

---

① 王敏：《镇江钱庄业兴衰录》，江苏省金融志编辑室编《江苏典当钱庄》，南京大学出版社 1992 年版，第 179 页。

② Antonia Finnane, "Yangzhou: A Central Place in the Qing Empire", in Linda Cooke Johnson（ed.）, *Cities of Jiangnan in Late Imperial China*, New York: State University of New York Press, 1993, p. 147.

③ 刘荫南：《扬州钱业调查》，《钱业月报》第 1 卷第 1 号，1921 年 1 月号。

④ 许图南：《兴化钱业概况》，《钱业月报》第 9 卷，第 6、7 号合刊，1929 年 7 月 15 日。

⑤ 李龙：《黄桥之钱业概况》，《钱业月报》第 5 卷第 9 号，1925 年 9 月号。

⑥ 《银行货币·镇江》，《中行月刊》第 6 卷第 1、2 期合刊，1933 年 1—2 月号。

⑦ Susan Mann Jones, "Finance in Ningpo: The 'Ch'ien Chuang', 1750 – 1880", in W. E. Willmott（ed.）, *EconomicOrganization in Chinese Society*, Stanford: Stanford University Press, 1972, p. 49.

兴钱业市场需要通过上海、杭州，有时甚至通过苏州对嘉兴、湖州等钱业市场进行调节。学者写道："杭州和宁波是浙江的金融中心。杭州成为 20 世纪次要的中心；在嘉兴或湖州建立的钱庄相对较少，这里的信用可能通过上海调控。这个省会的钱庄操纵丝、茶贸易中发展起来的交易，并操纵着与西南部地区的商业以及与安徽和江苏的贸易。"①

事实上，宁波钱庄与贸易一向紧密。学者指出，这些钱庄控制长江口岸和中国中南沿海地区本地的金融交易，充当货币兑换的中心，并为从事贸易和税收的人发放信用票簿。② 在嘉兴，茧商垫款大多从上海挹注；③ 在湖州，钱业界因有"在湖〔州〕进洋，迟四日在沪、杭等埠介洋之优遇，故虽出汇费，亦乐就范"④；在嘉善，"汇兑，以汇至上海者为最多最巨，苏〔州〕、杭〔州〕、禾〔嘉兴〕次之，平〔湖〕、硖〔石〕等处又次之。其汇入者，以杭、硖为最多最巨，上海等处次之"⑤。

钱业市场的运作，与农副产品市场的运转相辅相成，上海不但成为金融中心，而且也是各种农副产品贸易的中心和枢纽。而像棉花、蚕茧、小麦、黄豆、稻米、烟叶、猪鬃、牛皮、羊毛等本身又是工业原料，发达的农副产品贸易为大工业提供了强有力的原料保障，成为工业的上游产业。

钱庄多向城镇商号信用放款，典当则主要对农民进行抵押放款。有人称："典当业依然是对于平民融通资金的唯一机关。"⑥ 这种说法显然有些偏激。江苏农民的生活、消费以及农副业生产的季节差，使

① Mary Backus Rankin, *Elite Activism and Political Transformation in China：Zhejiang Provinc*, 1865 – 1911, Stanford：Stanford University Press, 1986, p. 78.

② Susan Mann Jones, "Finance in Ningpo：The 'Ch'ien Chuang', 1750 – 1880", in W. E. Willmott (ed.), *EconomicOrganization in Chinese Society*, Stanford：Stanford University Press, 1972, p. 49.

③ 进民：《再记嘉兴钱业概况》，《钱业月报》第 6 卷第 9 号，1927 年 9 月号。

④ 可范：《湖州钱业最近之概况》，《钱业月报》第 8 卷第 9 号，1928 年 10 月 27 日。

⑤ 汪益身：《嘉善钱业概况》，《钱业月报》第 3 卷第 4 号，1923 年 4 月号。

⑥ 张一凡：《我国典当业之研究》，《中国经济》第 2 卷第 8 期，1934 年 8 月 1 日出版。

得大多数农民必须依赖向典当借贷维持生产和生活。1935 年，武进地区的农民，"每百家有七十家到八十家依赖典当周转"①。

长期以来，典当业利用不同物品使用价值的季节差，来收存乡村因"过季"而价值相对变低的物品，以获取利息和保管费。

向典当借贷的农民，"并不总是缺钱才典押"；"相当数量从事小本生意的人经常需要典当的资助"②。不仅一般的贫、雇农这些低收入阶层经常需要借贷，就是地主、富农也经常借债，所以需要借债的人遍及各个阶层。③

在江南地区，典当与农村社会经济的联系非常紧密。1930 年以前，江南地区农村副业繁盛。农民在茧、茶、稻等季节开始或需要大量劳动力时，往往向典当押款，用于发展生产。当时的媒体报道："农人以借贷典当之赀，购买种谷。"④

江南的钱庄、典当、商号并不单纯是金融或商业单位，而是极为成熟、便捷、普惠和可靠的理财机构。人们通常把闲散资金存在这些机构，利用这些机构为他们理财，以获得不菲的利息。

光绪二年（1876）筹建的常州太平济仁堂，把捐款得来的 500 余千钱，存在当地典当，以每年所得利息"给养贫民"⑤。光绪十六年（1890），昆山修筑圩岸义赈款剩余鹰洋 11000 元，经组织者议定，"将此存洋发交昆新典当五家……每月各照六厘生息"⑥。浙江钱塘，某寡妇有银 4000 余两，3000 余两分存于 3 处典当生息，1200 元散存于 3 处肉店按月收息，"以此度日"⑦。这类存款固定的月息在 5—8

---

① 严格：《中国农村金融流通方式的检讨》，《农行月刊》第 2 卷第 10 期，1935 年 10 月 15 日出版，第 10 页。

② Samuel W. Levine, *The Business of Pawnbroking*: *A Guide and A Defence*, New York: D. Halpern Company, 1913, pp. 4 - 5.

③ 中共苏南区委农村工作委员会编：《苏南土地改革文献》，内刊本，1952 年，第 531—532 页。

④ 《江境苦旱》，《申报》1879 年 5 月 17 日，第 2 版。

⑤ 汤成烈纂：《光绪武进阳湖县志》卷 3，光绪五年刻本，第 3 页 b。

⑥ 金吴澜修：《昆新两县续修合志》卷 3，光绪年间刻本，第 3 页 a—b。

⑦ 《扑水告状》，《申报》1879 年 12 月 31 日，第 2 版。

厘（5‰—8‰），远超过存入现代银行的利息，是非常优厚而稳当的理财行为。

1914 年，上海名医陈存仁父亲押给方椒伯的一块地产，所得利息 840 两白银。陈父殁后，陈母即把这笔资金以 15 年存期存入 3 家绸缎店，"取本又收息"，养育了陈家 5 名子女，并使他们得到了良好的教育。①

这些存款的可靠性受官府保护。当时社会公认："多余之钱，或存典当，或存钱庄，万稳万当。"②

江阴南菁学校曾把校款 15233 两存入苏州颐泰钱庄生息。1912 年颐泰钱庄倒闭，先偿还南菁学校银 11204 两，江苏有关官府再令颐泰钱庄以公司股票等抵银 3000 余两偿还余款。③

实际上，被视为封建高利贷的钱庄，在当时起到平民银行的作用。李去非称："钱庄业的兴替，候于工商业之盛衰而知；工商业之盛衰，候于农村之荣枯而得。"④

由于钱庄的大量存在，典当得以非常容易地融通资金，江南地区基本上"不差钱"。据实业部国际贸易局的统计，1932 年，江苏全省各类典当达 686 家，其中江南地区的典当 648 家，资本总额（不包括上海）11888600 银元，占全省（不包括上海）典当资本总额（13883600 银元）的 85.6%。⑤

然而，不论当时，还是后来，钱庄和典当都被民国中央政府和近代一些学者有意无意地抹黑了。他们为了集中金融权力，对钱庄等传统金融机构大肆丑化，视之为"高利贷""封建落后"的行业。通过 20 世纪前期的各种改革，将主要金融权力收归国有银行，亦即将金融权力集中到民国中央政府，使得钱庄业失去向农副产品贸易商大量

① 陈存仁：《银元时代生活史》，上海人民出版社 2000 年版，第 12 页。
② 《桥路难行急宜修理》，《申报》1879 年 10 月 30 日，第 6 版。
③ 缪荃荪纂：《江阴近事录》卷 2，民国九年（1920）刊本，第 3 页 a。
④ 吴晓晨：《钱庄业之衰败及其前途》（续），《申报》1935 年 4 月 1 日，第 16 版。
⑤ 据实业部国际贸易局编《中国实业志（江苏省）》第 9 编，民光印刷股份有限公司 1933 年印，第 3—5 页资料计算。

放款的能力，并为随时增发纸币、用通货膨胀来征收全体民众的财富创造了条件。这一方面在主观上体现了国民政府对民间的剥夺，另一方面客观上则为集中全民财力用于反侵略战争作好了准备。

综上所述，20世纪前期，江南地区有着良好的经济环境，普通民众的借款有着极为可靠的保障和合理的利率。而他们理财式的存款则可享受较高的利润，并受官府保护，并且，由于使用银元和银两，这些存款没有通货膨胀所造成的"缩水"之忧。

（二）地区性社会全面发展

江南地区在抗日战争全面爆发前数十年时间里创造的生产力，比该地区一切时代里创造的全部生产力还要多、还要大，农村自然经济的解体、中小加工业的兴起以及整个农村社会的发展非常迅速。现简述如下。

第一，江南农村生产力水平的提高。

江南地区的传统园艺式农业十分发达，就这种农业生产方式而言，土地的生产率非常高，不但超过早期西方手工作业的农田生产率，甚至超过了后来西方机械化作业的农田生产率。但这种农田的劳动生产率却非常低，它把大量的劳动力以不计成本的方式投入到小块田地的农业生产中，以获取相对的高产。在论及这种传统的园艺式农业时，马克思指出："在小规模园艺式的农业中，例如在伦巴第，在中国南部，在日本，也有过这种巨大的节约。不过总的说来，这种制度下的农业生产率，以人类劳动力的巨大浪费为代价，而这种劳动力也就不能用于其他生产部门。"[1]

抗日战争全面爆发前大工业的发展，既需要相应的农业方面的进步与之配合，也需要把原料送进制造厂以前的整个过程保持相应的发达状态，更需要农业提供充足的劳动力资源。工业的发展势必促进农业生产力水平的提高，在江南地区形成了工业与农业协同发展、协同创新的新局面。

---

[1] 《马克思恩格斯文集》第7卷，人民出版社2009年版，第115—116页。

　　无锡在 1920 年以前设立丝厂 15 家，缫丝业的发展，自发地促进农村缫丝机械的更新，"欲再觅旧式缫丝者，不可复得矣。此固人工丝车不如机械之便利敏捷，实亦优胜劣败，受天然淘汰使然也"①。江南棉纺业的发展，使轧棉生产工具得以更新，宝山县一带，"商业以棉花为大宗，旧时轧花多用小车，每日花衣多者十余斤，少或七、八斤；近年用外国轧车，每日可轧花衣六、七十斤"②。

　　有学者指出，有些中国人对从已经可利用的自然资源中增加收益比更合理地利用劳动力和资本更感兴趣。"但这个途径至少被一个主要障碍所阻挠。这就是几乎一成不变的水力技术。"③在工商业的促动下，整个江南农业生产力的水平相应地高于全国其他地区。中国近代约有半数土地是水灌地，其他主要依赖人力和兽力车水，风力车水则很少见，但"在长江下游地区，以商业为基础的火油引擎水泵却被成功地引进"④。20 世纪 30 年代，江苏拥有新式抽水机具的县达 15 个。其中 2 个县有轧、碾米机，1 个县使用洋犁播种。1933 年，无锡 76％的农田灌溉由新式机器完成。⑤据 1950 年的调查，"〔苏南〕农村中有轧稻机、轧花机，有技术性经营的鱼池、花房，有设备比较进步的农场，有戽水机……全区共有三三零八架戽水机，分布在二十四个县的范围之内，以无锡、武进、江阴、常熟和吴县等县为最多，占全区戽水机的百分之八十二以上。……电力灌溉分在无锡、武进、吴江、丹阳等县，一九五零年灌溉面积已达二二六二六零亩"⑥。

　　灌溉不仅是把水抽到田中，而且在水稻区域还要使土地保持平

---

　　①　卢冠英：《江苏无锡县二十年来之丝业观》，《农商公报》第 85 期，1921 年 8 月出版。

　　②　赵同福修，杨逢时纂：《盛桥里志》卷 3《实业志·商业》，转引自黄苇、夏林根编《近代上海地区方志经济史料选辑（1840—1949）》，上海人民出版社 1984 年版，第 344 页。

　　③　Mark Elvin, "Skills and Resources in Late Traditional China", in Dwight H. Perkins (ed.), *China's Modern Economy in Historical Perspective*, Stanford: Stanford University Press, 1975, p. 86.

　　④　John Lossing Buck, "Chinese Agriculture", In Albert Feuerwerker (ed.), *Modern China*, Englewood Cliffs: Prentice–Hall. Inc., 1964, p. 45.

　　⑤　朱嗣德：《民国二十年代至三十年代中国农村经济问题》，美国中文资料中心等 1977 年版，第 29 页。

　　⑥　中共苏南区委农村工作委员会编：《苏南土地改革文献》，1952 年内刊本，第 477 页。

整，以便让土地处于水没状况。同时，水灌还与人际关系密切相关，因为要想成功地修建灌溉工程，就需要经济组织加以协调，[①] 通过这种组织来调适农村中的利益关系。尤为重要的是，使用电力灌溉等技术，提高了农业产量，节约了大量农村劳动力，使更多的农业人口转移到工商业中，反过来促进了江南工商业的发展。

帕金斯（Dwight H. Perkins）写到，在农村技术突破方面最具意义的变化是来自柴油机和电动机动力农具的使用，但柴油机和电动机显然不可能由农民发展起来。[②] 江南地区引进电力灌溉等工具和技术，得益于工商业和市场体系的高度发展。

另据统计，早期上海的人造肥料，大部分销售于江、浙两省，仅浙江一省的销售额即占70%以上。[③]

第二，江南农民素质的提高。

1995 年联合国世界首脑发展会议通过的《哥本哈根宣言》和《行动纲领》明确宣布："社会发展应以人为中心。"人的发展就是社会的全方位发展，是社会的高质量发展。

首先，江南企业中的工人，多数是从农村招来的，这对提高农村人口的素质具有非常重要的意义。另外，工业化的发展极大提高了妇女的地位。传统中国的女性，"她可能会因下述三个观念：作为一名妇女、作为以合伙形式的家庭中的一名成员以及作为晚辈中的一员而受歧视"[④]。工业化的发展对这些观念产生了巨大的冲击。学者指出，国外市场的出现与工业化的到来，深刻影响了中国农家传统的劳动力分配，事实上，妇女工作的重要性增加了。新的市场把某些国内家庭手工业产品吸引到对外贸易中，妇女可以在像席编和刺绣之类的工作

---

① John Lossing Buck, "Chinese Agriculture", In Albert Feuerwerker（ed.）, *Modern China*, Englewood Cliffs: Prentice - Hall. Inc. , 1964, p. 45.

② Dwight H. Perkins, *Agricultural Development in China*, *1368 - 1968*, Chicago: Aldine Publishing Company, 1969, p. 58.

③ 朱嗣德：《民国二十年代至三十年代中国农村经济问题》，美国中文资料中心等1977 年版，第 31 页。

④ G. William Skinner, *The Study of Chinese Society*: *Essays by Maurice Freedman*, Stanford: Stanford University Press, 1979, p. 245.

中增加收入。织布厂和其他轻工业为新一代妇女提供了家庭外的职业。①

有些企业还特意设在农村，以推动农村的发展。如无锡玉祁制丝所，"实施救济农村，竭力设法减低成本，使工业成为农业之副业，所址设立于农村，即雇佣该地附近农民作为女工，藉使农民经济宽裕，生活安定"②。一些研究显示，离开家庭到外面工作的新机遇，使年轻妇女可以挣钱来置办嫁妆，增加了她们在家庭中的经济地位，甚至使她在某种程度上独立于家庭权威。③ 这些经过工业文明熏陶的农村妇女，再也不是过去那种不出三门四户、在夫权下苟活的旧式女性了。

据费孝通调查，20 世纪 30 年代，在吴江县开弦弓村，进工厂工作的妇女地位有了很大的提高，有个在村中工厂工作的女工因为下雨时丈夫忘记给她送伞，竟会在大庭广众之下公开责骂其夫。甚至令那些没有成年妇女的人家开始后悔重男轻女。④ 该村有位已婚的妇女到无锡工厂工作，与同厂的一位男工有了婚外情，被工厂开除回家，其公婆原准备让其离婚，以获得一笔补偿，但因该女可以在该村的丝厂赚钱，她的公婆便改变了主意，待她与从前一样。⑤

在宁波，工业化早期阶段，妇女工作在家庭经济中的重要性增加，"换言之，许多宁波妇女的挣钱能力直接或间接地由于商业化和

---

① Susan Mann, "Women's Work in the Ningbo Area, 1900 – 1936", Thomas G. Rawski and Lillian M. Li (eds.), *Chinese History in Economic Perspective*, Stanford：Stanford University Press, 1975, p. 244.

② 转引自高景岳、严学熙《近代无锡蚕丝业资料选辑》，江苏人民出版社、江苏古籍出版社 1987 年版，第 341 页。

③ Susan Mann, "Women's Work in the Ningbo Area, 1900 – 1936", Thomas G. Rawski and Lillian M. Li (eds.), *Chinese History in Economic Perspective*, Stanford：Stanford University Press, 1975, p. 245.

④ Hsiao – tung Fei, *Peasant Life in China：A Field Study of Country Life in the Yangtze Valley*, London：Routledge & Kegan Paul Ltd, 1962, p. 233.

⑤ Hsiao – tung Fei, *Peasant Life in China：A Field Study of Country Life in the Yangtze Valley*, London：Routledge & Kegan Paul Ltd, 1962, p. 235.

工业化的结果而确确实实地获得提高"①。20 世纪 30 年代，妇女在家中掌握经济权力的现象非常普遍。② 并且，"中国妇女不再被限制在家庭范围中。她们以引人注目的形式出现在公共生活中。在教育、商务、政府、医药等部门，中国妇女很快地确立了自己的地位。"③

城市文明向农村扩散，还净化了农村的社会风气。在武进县长沟村，由农村改良会创办的织布厂中，每名女工可获月工资七八元，但只有该会会员的家属方可进厂做工，"该村人某甲有鸦片癖，照章不得入会，其女见村人之为会员者，其妇女均得入厂工作，每人每月得七八元之工资，大为欣羡而已，则以父染烟癖，不得入会，因之不得入厂工作，株守家门，生计大难，未免有向隅之悲，故辄埋怨其父。某甲受其女之刺激，矢志戒烟入会，而其女竟遂入厂工作之志"④。

投资者在使农村获得发展的同时，本身的素质也得到了发展。钱穆谈荣德生投资工业的动机："某一年，德生与其兄宗镜及同乡数友游杭州西湖，在楼外楼晚餐，席散下楼，群丐环侍争赏，一时不胜感喟。谓群丐皆壮年失业，即无锡城外诸酒家亦有此现象，遂群议回沪设厂，广招劳工，庶于消弭失业有补。无锡乡人之在沪设厂，其动机始于此。"⑤ 把无锡所有资本家投资工业的目的视为消弭失业，显然有悖事实，但无锡确实有许多资本家比较注重消除农村的贫困现象，尤其注重消除农村同族中的贫困现象。广置义庄即为一例。

据调查，"自清末以来，由于工商业逐步发展，义庄的创办人已不尽是封建官僚地主，部分地主转向工商业后，有将土地献出，单独或联合成立义庄（如太湖东山区的周、金、叶、翁等义庄），有的是

① Susan Mann, "Women's Work in the Ningbo Area, 1900 – 1936", Thomas G. Rawski and Lillian M. Li（eds.）, *Chinese History in Economic Perspective*, Stanford：Stanford University Press, 1975, p. 246.

② T. Z. Koo, "China in the Remaking, *The Annals of the American Academy of Politica and Social Science*, Vol. 152, November 1930," p. 12.

③ T. Z. Koo, "China in the Remaking", *The Annals of the American Academy of Politica and Social Science*. Vol. 152, November 1930, p. 13.

④ 《江苏武进长沟村农村改良会》，未署撰者，刊印时间估计为 1932 年，第 30 页。

⑤ 钱穆：《八十忆双亲·师友杂忆》，生活·读书·新知三联书店 1998 年版，第 266 页。

工商业家获利买田成立义庄（如无锡县刘仓乡卫姓义庄即由卫姓三弟兄合股经商获利很多买田成立）。义庄土地的增加，一种是靠族内捐赠，一种是靠经营工商业赚利添购（如无锡荡口区的华襄义庄）"①。

在无锡荡口，乾隆十年（1745），华进思置义田1340余亩，迄清末扩建至7000余亩，是为老义庄。光绪年间，华绎之曾祖父捐建义庄3500亩，是为新义庄。② 创办荡口华氏义庄的华氏后人，原是"本地的商人、制造业者和荡口以之出名的酒、豆油商人"③，他们在举人华鸿模指导下，终于将义庄建立起来，华鸿模还将他在无锡城的粮栈并入义庄。④

在无锡创办第一家丝厂的周舜卿，"念本支老幼废疾亟待赡养，于是置义田千亩，建庄屋数楹，俾老有所终，幼有所养，鳏寡孤独，嫁娶凶葬，皆有赡"⑤。无锡庆丰纱厂唐保谦、丽新纱厂唐骧廷的祖父唐景溪，"因〔春源布庄〕营业兴盛，频频获利，先后置田地达6000余亩，造仓廪、设义庄"⑥。无锡业勤纱厂杨宗濂、杨宗瀚母侯太夫人"三十年刻苦节缩，足成千亩庄屋一区"⑦。

除由工商业者直接出资创办的义庄外，其他许多义庄的管理通常也离不开工商业者，"如太湖东山区十个义庄的四十一个管理人中，有工商业家三十五人"⑧。正因为大量的工商业者参与对义庄的管理，义庄的管理形式发生了许多变化，如有的义庄采用委员会组织形式，下设6名委员，族长不再是唯我独尊的人物，而是具有现代意义的主任委员。⑨

----

① 中共苏南区委农村工作委员会编：《苏南土地改革文献》，1952年内刊本，第574页。
② 华敦礼：《荡口华氏义庄概述》，中国人民政治协商会议江苏省无锡县委员会文史资料研究委员会编《无锡县文史资料》第4辑，1986年，第54—55页。
③ Jerry Dennerline, *Qian Mu and the World of Seven Mansions*, New Haven and London：Yale University Press, 1988, p. 102.
④ Jerry Dennerline, *Qian Mu and the World of Seven Mansions*, New Haven and London：Yale University Press, 1988, p. 105.
⑤ 周承恩等：《（周舜卿）行述》，手写稿，无锡政协文史资料委员会档案，无档案编号。
⑥ 无锡第二棉纺织厂厂史编史组：《无锡第二棉纺织厂厂史》，油印本，第1页。
⑦ 汪敬虞：《中国近代工业史资料》下册，科学出版社1957年版，第1020页。
⑧ 中共苏南区委农村工作委员会编：《苏南土地改革文献》，1952年内刊本，第575页。
⑨ 中共苏南区委农村工作委员会编：《苏南土地改革文献》，1952年内刊本，第575页。

按惯例，义庄依靠出租土地，收取地租，用作救济族内贫苦、鳏、寡、孤、独等类家庭，举办义学及补助本族贫苦子弟的学费，修理庙宇祠堂、祭祀祖宗等。① 像华老义庄为 130 位寡妇和婴儿每人每月提供 15.5 升的大米。② 1891 年，苏州某义庄规定每个冬季为族内每位成年人提供 1 匹布，5—10 岁儿童供则减半。③ 实际上，义庄的救济范围多已扩展到非本族人口，荡口华襄义庄建立后，其救济功能很快就延伸到远支亲属，并最终推广到非华姓人口。④

无疑，义庄对于解决农村贫困现象，维护农村社会稳定具有一定的积极意义。学者指出，义庄提高了较穷的宗族成员和义田佃户的保障水平，并顺理成章地促进家庭中的理财者投资合股企业。⑤

通过投资农村各项事业，投资者的身体、心理、思想等方面无疑越来越健全。无锡华襄义庄的经营者、有"养蜂大王"之誉的华绎之写道："著者在昔未养蜂时，体力萎顿，万事灰心，自研究养蜂后，始知人生乐趣，精神为之一快，体力因以渐强，不啻蜜蜂之螫针，为吾痛下针砭，受其无形感化，得有今日之乐观。"⑥

即使是在农村中使用戽水机这样的事，也可以消除农村许多迷信习俗。据 1926 年中国国民党江苏省党部的调查，"近年江南方面，因

---

① 中共苏南区委农村工作委员会编：《苏南土地改革文献》，1952 年内刊本，第 575 页。

② Jerry Dennerline, *Qian Mu and the World of seven Mansions*, New Haven and London：Yale University Press, 1988, p. 102.

③ Hu Hsin – fu, *The Common Descent Group in China and Its Function*, New York：Viking Fund 1948, p. 140.

④ Jerry Dennerline, "The New Hua Charitable Estate and Local Level Leadership in Wuxi County at the End of the Qing", Tang Tsou（ed.）, *Select Papers from the Center for Far Eastern Studies*, No. 4, 1979 – 80, *Proceedings of the NEH Modern China Project, 1978 – 80：Political Leadership and Social Change at the Local Level in China from 1850 to the Present*, Chicago：The University of Chicago, 1981, pp. 38 – 39.

⑤ Jerry Dennerline, "The New Hua Charitable Estate and Local Level Leadership in Wuxi County at the End of the Qing", Tang Tsou（ed.）, *Select Papers from the Center for Far Eastern Studies*. No. 4, 1979 – 80, *Proceedings of the NEH Modern China Project, 1978—80：Political Leadership and Social Change at the Local Level in China from 1850 to the Present*, Chicago：The University of Chicago, 1981, p. 54.

⑥ 华绎之：《养蜂副业论》1923 年 12 月 30 日《申报》"星期增刊"，上海书店 1982 年影印本，第 198 册，第 635 页。

为戽水机器之盛行，〔农民〕觉得天不下雨，人可想法的，于是对于天命之错误观念，渐渐地可以打破"①。

其次，江南农村的城镇化建设。

无锡的士绅早在 16 世纪就已资助市镇的发展。② 手工棉纺织业的兴起，成为市镇发展的重要因素。③ 17—18 世纪，由于棉纺织手工业的发展，"松江是早期近代中国的兰开厦"④。但在前近代时期，江南市镇的发展速度并不太快。1662 年太湖沿岸吴江、桐乡、归安和乌程四县的市镇总数分别为 17、6、5 和 4 个；到 1795 年，上述 4 县的市镇总数分别为 17、6、7 和 6 个。⑤ 四个县在 130 多年里仅增加了 4 个市镇，平均每县仅增加 1 个。江南市镇的飞速发展是在工业化时代，一些工商业资本家更直接参与了市镇的投资和建设。

在无锡最早创办机器缫丝厂的周舜卿，"虽身居沪渎繁华之地，而寸衷拳拳不忘故乡农桑之业，所居东垮一小村落，距镇三数里，居民咸苦不便，府君〔指周舜卿——引者注〕拓地百亩为之辟街衢、立警察、建桥梁、筑廛舍，而又汲汲于地方教养；开学校、建工厂、设质肆、编乡团，崇墉栉比蔚为市场"⑥。就在这里，周舜卿建立了无锡第一家现代丝厂。⑦

---

① 江苏省党部：《江苏农民之经济政治文化状况》，中国国民党中央执行委员会农民部编：《中国农民》第 8 期，1926 年 10 月出版，第 69 页。

② Lynda S. Bell，"From Comprador to County Magnate：Bourgeois Practice in the Wuxi County Silk in Late Qing China"．In Joseph W. Esherick and Mary Backus Rankin（eds.），*Chinese Local Elites and Patterns of Dominance*，Berkeley /Los Angeles/Oxford：University of California Press，1990，p. 119.

③ James C. Shih，*Chinese Rural Society in Transition：A Case Study of the Lake Tai Area*，*1368—1800*，Berkeley：Institute of East Asian Studies，University of California，1992，p. 77.

④ Ping–ti Ho，*Studies on the Population of China*，*1368—1953*，Cambridge，Massachusetts：Harvard University Press，1959，p. 201.

⑤ James C. Shih，*Chinese Rural Society in Transition：A Case Study of the Lake Tai Area*，*1368–1800*，Berkeley：Institute of East Asian Studies，University of California，1992，p. 75.

⑥ 周承恩等：《（周舜卿）行述》，无锡政协文史资料委员会档案，手写本，无档案编号。

⑦ Lynda S. Bell，"From Comprador to County Magnate：Bourgeois Practice in the Wuxi County Silk in Late Qing China"，In Joseph W. Esherick and Mary Backus Rankin（eds.），*Chinese Local Elites and Patterns of Dominance*，Berkeley /Los Angeles/Oxford：University of California Press，1990，p. 126.

在武进长沟村，"今有一人焉，于五十家之小小穷乡耗其私财，尽其心力，孳孳于教育之普及，公园之建设，水利之改良，副业之提倡，农村经济之发展，农民道德之改进，孜孜矻矻六年于兹。入其乡，有学校、有公园、有布厂；无盗贼、无游民，无嗜烟赌博之人；男耕女织，各尽其能，各乐其业。苟斯乡也，几疑为人间乐土，世外之桃源"[1]。

20 世纪 20 年代，被誉为"最有希望的农村"的上海杨思乡的发展，是工业资本家建设农村的典范。杨思乡共有村民 16731 人，农业人口占 70%，"乡民类皆薄有积蓄。考杨思乡之所以有今日之状况者，固因地理优胜，亦人事有以致之。该乡乡董穆抒斋氏，为实业界巨擘，对于桑梓颇思尽力。陈子馨氏之协助，当仁不让，而杨思乡之进步，大有一日千里之慨矣"[2]。穆抒斋、穆藕初等人在杨思乡设立恒大纱厂、恒源轧花厂、农事试验场、农工银行等各类企业，还"拟由周家渡筑一〔条〕七十公里之汽车路，横亘杨思乡而达南汇县"[3]，有力地促进了杨思乡的发展。

市镇的发展，推动了土地经营者等传统阶层向现代的转化。费孝通指出："由于市镇也是土地所有者聚集的地方，当他们生活在一个经济中心时，他们有更多的机会来利用他们从土地中积累的资本从事商业用途。"[4]

综上所述，日军侵占江南前，江南的社会经济已经发展到相当高的程度，并保持非常强劲的可持续发展势头，如果没有日军侵略战争的影响，江南地区还将获得进一步的发展。

早在 20 世纪 20 年代，列宁指出："东方许多国家，如印度、中国……这些国家的发展已完全按照整个欧洲的资本主义的方向进

---

① 《江苏武进长沟村农村改良会》，未署撰者，估计刊印时间 1932 年，第 22 页。
② 原颂周：《一个最有希望的农村》，《申报》，1921 年 4 月 3 日"星期增刊"第 3 版。
③ 原颂周：《一个最有希望的农村》，《申报》，1921 年 4 月 3 日"星期增刊"第 3 版。
④ Hsiao - Tung Fei, *China's Gentry*, Chicago：The University of Chicago Press, 1953, p. 103.

行。"① 南京国民政府的一系列财政经济政策，一定程度上保证了中国国民经济的发展。在国民政府的财政经济改革过程中，日本政府自始至终都充当了非常消极的角色，它不但利用不平等条约进行阻挠，而且更利用政治、军事手段进行破坏，像"九·一八"事变、"一·二八"事变、冀察等地的军事冲突、"八·一三"事变等，对中国的国民经济造成了巨大的损害。1931 年，时任日本对外同志会会长的陆军中将佐藤清胜在《满蒙问题与日本之大陆政策》一书中写道："东亚将来之经济活动上，最可惧者，为我对岸之中华本部。彼有莫大之埋藏物，于工业上大有发展之望，将来必为日本之一大劲敌……日本必须获得中华本部之一切矿山之利权，投资经营而开发之……日本不得不彻底殖民于满蒙，而为满蒙之主人翁。然满蒙染以日本人之碧血，暴有日本人之白骨，故日本人为该地之主人翁，极为正当。由满蒙之工业与农业上绝对权之所有，与经济上大活动，以作成日本之天地。至少必须与将来中华本部所兴大工业相对抗也。"②

需要特别指出的是，1936 年以前日本在华投资无论是增长速度还是投资总额都居各国之首。刺激日本投资的主要因素，一是投资中国的巨大利润。据统计，仅 1929 年一年，日本因投资中国东北获得的国民收入总额达 31427.7 万日元，若加上日本同东北贸易的间接利益（从东北输入日本的原料和半成品的加工工业的利润以及劳动者工资等），每年约 3.5 亿日元，占每年日本国民所得（100 亿—130 亿日元）的 3% 左右。③ 二是早在日本寺内内阁时期（1916—1918），日本政府即认为，日本缺乏工业原料，需仰给于印度、美国和埃及等国，若发生战争，原料供应就成了大问题。而中国"铁矿石灰之丰富，石油之有望，棉花之栽培，羊之饲养，及其他物质，举凡我国国民经济所必要者，与实行国防计划所必要之原料物质，皆能求之于中国。有

---

① 《宁肯少些，但要好些》，《列宁全集》第 43 卷，人民出版社 1987 年版，第 389 页。
② 日本检讨会：《暴日侵华排外之自供录》，民益印刷所 1932 年印行，第 196—197 页。
③ 杜恂诚：《日本在旧中国的投资》，上海社会科学院出版社 1986 年版，第 2 页。

如此关系，故掌握中国之支配权，从帝国独立上观之，亦最为紧急。"① 据估计，截至 1936 年年末，日本在华投资总额约为 838014.4 万日元。具体分布如下表 0 – 1。

表 0 – 1 　　　　　　　　日本在华投资区域分布

	投资额（万日元）	占总数的百分比（%）
大陆部分	623969.4	74.5
东北	444339.7	53.0
事业投资	93636.7	
关内	180173.10	21.5
借款	85993	
台湾地区	214045	25.5
合　　计	838014.4	100.0

资料来源：杜恂诚：《日本在旧中国的投资》，上海社会科学院出版社 1986 年版，第 11 页。

据表 0 – 1，1936 年以前，日本对东北的投资占对华全部投资总额的 53%，对关内的投资仅占对华全部投资总额的 21.5%。这与 1931 年"九·一八"事变后日本占领东北，着力经营东北有关。

1902—1934 年 30 余年中，日本对华投资增加达 1400 余倍；1931 年日本对华投资尚低于英国，1934 年已明显超过了英国。② 以投资对象而言，日本对华投资遍及铁道、交通、军事等部门。详见表 0 – 2（未包括中国台湾地区）。

据表 0 – 2，日本对华借款中，在铁道、交通、军事三个方面的借款占对华全部借款总额的 46.9%；日本在铁道、农矿、纤维、电气等具有战略价值的部门中的投资，占对华投资总额的 63.9%。因此，日本此期对华的投资，具有相当的战略考量，隐含着一定程度的战争准备，对中国经济具有较大的渗透作用。

---

① 原载邹鲁《日本对华经济侵略史》，中山大学出版部 1935 年版；转引自杜恂诚《日本在旧中国的投资》，上海社会科学院出版社 1986 年版，第 2—3 页。

② 张肖梅：《日本对沪投资》，商务印书馆 1937 年版，"序"第 1—2 页。

表 0 - 2　　　　　　　　日本在华投资分类表　　　　（单位：千日元）

（1）借款		（2）经济投资	
一般财政	142254	一般商业	162680
铁　　道	164219	各种制造业	144941
交　　通	75609	银行与信托	256332
军　　事	102559	铁道、运输、仓库	650152
产　　业	245090	土木建筑	31708
其　　他	646	农矿林业	206695
合　　计	730377	纤维工业	250645
		电气瓦斯	47211
		其　　他	56800
		合　　计	1807164
总计		2537541	

资料来源：张肖梅：《日本对沪投资》，商务印书馆 1937 年版，"序"第 4 页。订正了计算错误。

在中国经济飞速增长的情况下，以亚洲霸主自居的日本军国主义分子当然不能容忍中国发展壮大。国外分析家认为正是中国经济改革的成功，引起了日本军国主义分子的惊恐，促使他们悍然发动侵略战争，必欲毁之而后快。美国驻北平大使馆参赞弗·普·洛克哈特（F. P. Lockhart）在 1937 年抗战全面爆发后写道："日本军人抱有一种偏见，以为中国推行的统一全国、发展经济和改进军事的方案，近几年有了进展并获得明显成功，因此已经构成对日本安全的威胁。推迟目前所进行的摧毁那一方案的行动，只意味着以后再想去摧毁它就难于做到了。"①

①　［美］阿瑟·恩·杨格：《一九二七至一九三七年中国财政经济情况》，陈泽宪等译，中国社会科学出版社 1981 年版，第 319 页。

发动侵略战争，扼杀其潜在的竞争对手，把日趋强大的中国变为其殖民地，以掠夺和利用中国丰富的资源与美国争霸，是日本对华战争的主要目的；而首先占据中国经济的核心江南地区则是日本侵略者一箭双雕的策略。

二　选题旨趣

1937 年抗战全面爆发后，日军最先向上海地区发动大规模进攻，对南京国民政府予以最直接的打击。尽管宣传策略上日军有三个月灭亡中国的狂妄论调，但作为战争的发动者，日方无论如何要考虑战争的长期性、持久性以及物资巨量的消耗性。日方领导人始终明白，己方是资源相对匮乏的国家，江南地区丰富的资源是支撑日军更长期和更大规模战争的有力保障。因此，对日军在占领江南后的各种破坏和掠夺的研究，是理解抗日战争史非常重要的一环，也可以对中国人民在抗战中所遭受的损失进行一定程度的量化。

从 1931 年到 1945 年的 15 年间，日本侵略战争造成中国人员伤亡 3500 多万，直接经济损失约 1000 亿美元，间接经济损失约 5000 亿美元。① 对日军所造成的战争损失进行细致的考察，并对这些损失所产生的社会影响进行科学的研究，仍有大量的工作需要中外学界来完成。

江苏大部沦陷后，一些赈灾组织为了继续救灾事宜，对部分县市开展调查。1938 年 3—6 月，由南京安全区国际委员会转化而成的南京国际救济委员会（The Nanking International Relief Committee）委托金陵大学社会学系教授史迈士（Smythe）主持调查南京附近的灾情。南京市区的家庭调查每 50 家调查一家，共计调查 949 家；对江宁、句容、溧水、江浦、六合 5 县的乡村调查，共计 905 家。调查结果编成报告《南京地区的战争损害》（War Damage in Nanking Area）。结论

① 朱汉国、杨群主编：《中华民国史》第 4 卷"志三"，四川出版集团、四川人民出版社 2005 年版，第 425 页。

是南京市区每户平均损失 1261.77 元，江宁、溧水、六合、江浦、句容等县农户平均损失 318.91 元。在调查涉及的 100 天里，上述 5 县农村死亡人数为 3.1 万人，每 7 户中有一人被杀害。江浦县被害人数占总人口的 4.5%。到 1938 年 3 月底，农村被抓人口仍有 13.3 万人未能归家。1938 年 12 月，由伪江苏省政府第二科编制的《江苏各县灾况调查统计图》显示，苏南常熟等 15 县加之苏中南通县、如皋县难民达 3921355 人，死亡 76941 人；句容等 16 县财产损失 73090 万元；丹阳等 13 县被毁房屋 257588 间；金坛等 10 县被毁农具 182781 件；青浦等 12 县损失耕牛 34590 头；青浦等 9 县农作物损失 71043 担。[①]

　　1938 年 10 月 15 日，黄炎培等建议中央政府设立抗战公私损失调查委员会，作为将来向日方提出赔偿的依据等。[②] 1939 年，湖北省政府秘书厅编制《抗战两年来湖北省公私损失统计》，[③] 在对日战争的两年里，湖北平民死亡 34000 多人，受伤 3 万多人，流亡 30 万人，征兵 22 万人，征夫 40 万人，总损失 922537391 元法币。1940 年 10 月 8 日，国民政府军事委员会发布抗战损失查报从速填送训令。[④] 1941 年 4 月 10 日，国民政府军事委员会发布抗战所受损失尚未填报从速补报训令；1941 年 5 月 21 日国民政府军事委员会抄发划一抗战损失财产等办法训令，对抗战损失给出了详细的计算办法。[⑤] 以后陆续还有相关的训令。1946 年 5 月 20 日至 6 月 2 日，国民参政会第四届第三次大会在南京举行。行政院赔偿委员会向大会作工作报告，列举我国抗战损失的各项具体数字为：全国公私财产直接和间接损失为

---

①　孟国祥：《江苏抗战损失调查与研究的若干问题》，《档案与建设》2010 年第 7 期，第 27—28 页。

②　张宪文主编：《南京大屠杀史料集》（16）《抗战损失调查委员会调查统计》（上），江苏人民出版社、凤凰出版社 2014 年版，第 1 页。

③　湖北省政府秘书厅编制：《抗战两年来湖北省公私损失统计》，1939 年印行。

④　张宪文主编：《南京大屠杀史料集》（16）《抗战损失调查委员会调查统计》（上），江苏人民出版社、凤凰出版社 2014 年版，第 3 页。

⑤　张宪文主编：《南京大屠杀史料集》（16）《抗战损失调查委员会调查统计》（上），江苏人民出版社、凤凰出版社 2014 年版，第 6—12 页。

559.43844 亿美元，全国人口伤亡总计 12784974 人（其中平民伤亡 9134569 人、军人伤亡 3650405）。"这组数字并不能如实反映出我国在对日抗战期间蒙受惨重损失的全貌。"①

1944 年，韩启桐完成《中国对日战事损失之估计（1937—1943）》，系统地研究了日本侵华战争给中国造成的各项损失。②

1947 年，南京赔款委员会公布中国政府及私人直接战争损失总数为 310 亿美元以上。③

袁成毅认为，中国抗战财产损失是一个涉及范围广、调查与统计难度非常大的研究课题，同时也是极容易引起争议的话题，因为不同的调查与统计方法会产生较为悬殊的结果。正因为如此，战后 60 多年里，关于中国抗战财产损失总数出现了多种说法。国民政府调查的数据并不能全面地反映出中国抗战实际的财产损失情况，而后来一些学者各种各样的估计又往往缺乏实证性。继续开展对中国抗战财产损失的实证性研究就显得尤为重要。④

据袁成毅估计，从 1931—1945 年中国最低限度的人口伤亡数为 22828469 人，其中军人伤亡 4285820，平民伤亡 18542649。⑤ 在日本侵略浙江的八年时间里，浙江省平民因战争所致的直接伤亡人数大致在 34 万以上，间接死亡人数达 100 万以上。⑥

2004 年，中共中央党史研究室决定开展"抗日战争时期中国人口伤亡和财产损失"的课题调研。从次年开始，组织全国党史部门围绕这一重大课题，开展了系统深入的调研工作。其基本任务是按照实

---

① 郭希华：《抗日战争时期中国损失调查及赔偿问题》，《历史研究》1995 年第 5 期，第 177—181 页。

② 韩启桐：《中国对日战事损失之估计（1937—1943）》，中华书局 1946 年版。

③ 《抗战损失初步估计》，《财政评论》第 17 卷第 1 期，1947 年 7 月，第 82 页。

④ 袁成毅：《关于中国抗战财产损失研究中的几个问题》，《抗日战争研究》2008 年第 2 期，第 171—195 页。

⑤ 袁成毅：《抗战时期中国最低限度伤亡人数考察》，《杭州师范学院学报》1999 年第 4 期，第 30—35 页。

⑥ 袁成毅：《抗战时期浙江平民伤亡问题初探》，《民国档案》2004 年第 1 期，第 66—73 页。

事求是的原则，调查更加翔实、有力、具体、准确的档案、材料、事实，更加准确地掌握日本军国主义的侵略罪行以及在各个不同领域、地区和方面对中国造成的破坏和损失。包括各个省、自治区、直辖市在抗战中的人口伤亡和财产损失情况；历次重大战役、战斗中中国军队的伤亡情况；日本从中国掠走各种资源的情况；日本从中国掠走和破坏文物的情况；日军在中国制造的一系列重大惨案；中国劳工的损失情况；中国妇女遭受日军性侵犯的情况，包括"慰安妇"的情况；日军在中国使用细菌武器、化学武器及其造成伤害的情况；日本侵略在其他方面给中国造成破坏的情况；等等。① 与本书关系较大的成果有如下三种。

一是江苏省委党史工作办公室编《江苏省抗日战争时期人口伤亡和财产损失》，② 收录江苏省抗日战争时期人口伤亡和财产损失调研报告，日军在南京的大屠杀、无锡县民族工商业损失等专题研究，世界红十字会南京分会埋尸等档案，伪维新政府内政部统计司灾区难民调查、丹徒县城乡灾情调查、无锡事变损害状况等档案，以及大量的口述资料。

二是浙江省委党史工作办公室编《浙江省抗日战争时期人口伤亡和财产损失》，③ 收录浙江省抗日战争时期人口伤亡和财产损失调研报告，日军在浙江实施细菌战、浙江蚕丝业损失、日军在宁波犯下的性侵犯罪行、日伪对嘉兴的经济掠夺等专题调研，浙赣战役日军使用毒气、日军在鄞县暴行调查、日军修建宁波庄桥机场侵占土地报告等档案，以及陈天风、林小增等38位当事人的证言。

三是上海市委党史工作办公室编《上海市抗日战争时期人口伤亡

---

① 李忠杰：《〈抗日战争时期中国人口伤亡和财产损失调研丛书〉总序》，《中共党史研究》2015 年第 1 期，第 5—12 页。
② 江苏省委党史工作办公室编：《江苏省抗日战争时期人口伤亡和财产损失》，中共党史出版社 2014 年版。
③ 浙江省委党史工作办公室编：《浙江省抗日战争时期人口伤亡和财产损失》，中共党史出版社 2014 年版。

和财产损失》，① 收录上海市抗日战争时期人口伤亡和财产损失调研报告、日本侵华期间上海企业损失、抗战时期上海教育文化事业的损失、上海日军"慰安妇"人数调研、侵华日军在崇明制造的惨案等专题，以及伪督办上海市政公署警察局、上海特别市市政府社会局等档案和当事人证言。

目前学界对抗战期间日军的暴行及罪行有了较多的研究，对抗战各类损失也有了较科学的计量，但对当时中国最发达地区江南所遭受的全方位损害尚缺乏非常系统的研究。近年来，随着历史资料越来越丰富、国际交往越来越密切、技术手段越来越进步，深化对抗战时期江南经济研究的条件有了很大改善，这也促使我们深切地关注这一领域。本书希望为这一领域的研究深化聊尽绵薄之力。

本书采用计量史学的方法，以数据叙事、论事。数据所得，既要有可靠的历史依据，同时尽量采用多方资料互相印证，以形成证据链。慎用或不用暂时无法鉴别的孤证和数据。

随着新资料的大量挖掘，已可以证实前人诸多抗战史统计存在遗漏和偏差的情况。笔者希望这些关键数据的进一步修正，在百家争鸣的前提下，未来学界能达成相对的共识。因此，本书对目前抗战史学界所常用的重要数据仍谨慎地予以保留，而把着重点放在观察日军的损害对江南地区的经济和社会发展趋势所造成的负面影响方面。

---

① 上海市委党史工作办公室编：《上海市抗日战争时期人口伤亡和财产损失》，中共党史出版社 2016 年版。

第一章　日军在江南的暴行

日本维新以后，全力专注于可用于战争事务的国力的提升，甚至片面地注重军事力量的扩张，使许多日本的武装人员乃至政治人物沦为单纯的战争机器，充满了暴力思维，特别是军人带有较浓厚的野蛮兽性，而有悖于近代社会的人文素养和人道精神。

唐以后，中国江南成为鱼米之乡的代名词，长期作为传统中央政府最主要的财政来源。日军的破坏，使这里的民众饱受战火的折磨和摧残。

第一节　战时人口损失情况

有学者认为，德日法西斯军队在"二战"中对被害国人民都有骇人听闻的大屠杀、种种虐杀和人体实验的暴行，两者暴行的动机与目的并不完全相同。德军主要是为了实行纳粹党对犹太民族的种族灭绝政策；而日军则是为了"膺惩"受害国的民众，发泄其兽欲和服务于侵略需要。日军的残暴较之德军有过之而无不及，甚至在暴行方式、程度、规模方面，都有超过德军的表现。①

一　滥杀平民

1932 年 1 月 28 日至 3 月 3 日 "一·二八" 事变时期，日军的暴

---

① 马振犊：《侵华日军暴行与纳粹暴行比较研究初探》，《南京大屠杀史研究》2011年第 3 期，第 7—28 页。

行主要局限在上海地区。战事发生 16 小时后，《申报》即刊发《日人到处掷弹》《四处投弹之日军飞机》《闸北方面日机抛掷炸弹》《日机在浦东区掷炸弹》等报道。

据报道，1 月 29 日，"见我方大批逃难人众，日机竟抛掷一弹，炸死难民多人。逃难之人因四处铁门封锁，多从苏州河乘船至英租界。最可感念者为上海自来火行之西人及工人等助救难民，约数万人上岸，日飞机在法租界金利源日字八号码头投下一弹，炸伤该局稽查一人与小工两名。又在新开河泰丰船票局前投掷一弹，伤人力车夫工人及路人各一名。午后更用引火弹，到处乱投，引起商务印书馆等大火，电话局被火毁坏。东宝兴路双十里中国电话分局有女子话务员二十人……不意突由飞机掷下一弹，陈宅炸坏，此二十名话务员几遭炸死"①。当日下午 2 时半左右，"有一男偕妇孺两人，行经北四川路蓬路附近，被驻守之日兵，将男子用刺刀戳毙"。29 日一天，送到同仁医院救护的战地受伤难民达 50 多人。②

1932 年 2 月 29 日，日军攻占宝山县江湾圣塘，杀害 40 多名村民，有 7 个人被他们露尸村外，以狼狗咬食。③

"一·二八"事变造成上海平民死亡 1739 人，失踪 985 人，受伤721 人，其他各种受损害者 25098 人。详见表 1-1。

抗战全面爆发后，日军在江南地区屡次进行大规模屠杀平民的行为。

1937 年"八·一三"事变伊始，日军用重达数百磅的巨型炸弹轰炸上海平民。8 月 14 日下午 4 时 35 分，日军在爱多亚路大世界门前投下 200 余磅的巨型炸弹 2 枚，当场炸死平民 445 人。④ 8 月 23 日中午，日机炸死先施公司 170 余人。⑤ 8 月 28 日午后，日机轰炸上海南火车

---

① 《炮火中十六小时目击激战详况》，《申报》1932 年 1 月 30 日，第 3 版。
② 《死伤人民之调查》，《申报》1932 年 1 月 30 日，第 3 版。
③ 炎林：《日军暴行录》，中国人民政治协商会议上海市宝山区委员会文史资料委员会编《宝山史话：纪念"一·二八"淞沪抗战六十周年专辑》，1992 年，第 100 页。
④ 《昨大世界门前飞机坠弹惨剧》，《申报》1937 年 8 月 15 日，第 6 版。
⑤ 《南京路堕弹确系日飞机炸弹》，《申报》1937 年 8 月 25 日，第 1 版。

表 1-1   1932 年上海"一·二八"平民伤亡统计

	死亡	受伤	失踪	其他	原注
闸北	876	469	720	17963	查本表内受伤者反较死亡者为少，似不合理，盖因轻伤者多未具报，实因此民众对社会局所制之登记报告，均以财产为主要目的，而于人事、伤害部分，除死亡外，不甚注意故也
吴淞	346	119	142	2847	
江湾	331	59	53	226	
真如	7	5	1	115	
沪南	1	3	2	767	
引翔	18	5	5	402	
彭浦	1	3		28	
蒲淞				30	
殷行	8	7	3	72	
洋泾	37	1	1		
特一		23	50	2200	
特二	7			175	
杨行	61	2	5	89	
大场	34	9	6	180	
南翔	9	7			
宝山	3	2	5		
嘉定		6	2	4	
安亭		1			
总计	1739	721	985	25098	

说明：原稿"伤害"总计与各区合计数少 2 人，"其他"总计与各区合计差 1 人，皆予订正。

资料来源：中国人民政治协商会议上海市宝山区委员会文史资料委员会编：《宝山史话：纪念"一·二八"淞沪抗战六十周年专辑》，1992 年印，第 144 页。

站，当场炸死 200 余人。[①] 9 月 5 日 7 时半，15 架日机在沪西北新泾

[①] 《日方对炸南站事矫词掩饰：死伤人数调查明确，事实所在岂能讳诬》，《申报》1937 年 9 月 1 日，第 2 版。

周家桥中山路等处乱投重型炸弹，"无辜市民死伤者达三百余人之多"①。9月3日上午10时许，日机6架飞临杨行镇上空，"时该镇东市张家桥积谷仓正临时救急，开仓平粜。居民往粜者颇众，致被敌机察觉，疑有军事行为，遂投下炸弹七八枚，当即炸死无告居民二十余人，受伤十余人"。次日午后3时，日机十余架再往杨行投弹轰炸，"竟将该镇倪行桥迤西至孙家桥一段最热闹市街完全炸毁，死伤二三十人"②。9月6日7时许，日机出现于上海西北新泾一带上空，在庇亚士路炸死难民6人，伤2人。③9月9日9时许，日机在沪南炸死炸伤百人左右，"同仁辅元堂急派员前往工作，共殓埋尸身三十余具，尚有十余具系由家属自殓。伤者人数较多"④。

1937年9月21日，日军轰炸松江久大糖坊防空洞，炸死30余人。⑤11月5日，日军在松江倪家村杀害平民49人。⑥同日，日军侵入金山卫，杀害1015人。⑦1938年3月4日，日军在钱家草杀害35人。⑧

与上海一样，江南其他地区也遭受日军的轰炸和屠杀。据1938年12月伪江苏省政府二科极不全面的统计：嘉定、金山、松江、吴县、武进、丹徒、江宁、丹阳、句容、青浦、江浦、常熟、昆山、吴江、无锡15县死亡76702人，⑨县均死亡5113.5人。

现根据各县地方志编纂委员会新编的县志将1937—1945年抗战

---

① 《敌机十五架轰炸沪西，无辜市民死伤数百人》，《申报》1937年9月5日，第7版。

② 《敌机连日轰炸杨行》，《申报》1937年9月7日，第1版。

③ 《敌机又轰炸沪西》，《申报》1937年9月7日，第1版。

④ 《敌机今晨又大肆暴行，死伤平民约百人》，《申报》1937年9月9日，第7版。

⑤ 朱曜辉口述：《记久大糖坊防空洞被炸惨状》，政协松江县委员会文史组编《松江文史》第6辑《纪念抗日战争胜利四十周年专辑》，1985年，第62页。

⑥ 《倪家村血泪史》，政协松江县委员会文史组编《松江文史》第6辑《纪念抗日战争胜利四十周年专辑》，1985年，第59页。

⑦ 金山县金卫人民公社：《十月初三惨案碑记》，政协松江县委员会文史组编《松江文史》第6辑《纪念抗日战争胜利四十周年专辑》，1985年，第66页。

⑧ 新浜乡志办：《钱家草惨案纪实》，政协松江县委员会文史组编《松江文史》第6辑《纪念抗日战争胜利四十周年专辑》，1985年，第60—62页。

⑨ 中共江苏省委党史工作办公室编：《侵华日军在江苏的暴行》，中共党史出版社2001年版，第388页。

全面爆发期间被日军直接杀害的无辜平民统计如下：

青浦县 1583　崇明 400—500　宝山 11233　上海 380　嘉定 16000　南汇 1262　奉贤 521　昆山 376　太仓 130　吴江 2373　常熟 1300　宜兴 1331　吴县 10000　无锡 14250　江阴 20274　武进 8790　溧阳 6044　金坛 700　丹徒 3911　句容 3000　溧水 1860　扬中 224　江宁 9160　余杭 14325　富阳（包括新登）2431　临安 1400　桐庐 1287　淳安 20　建德 160　萧山 30　诸暨 2089①

以上 31 县被日军直接杀害的农村平民共 136800 余人。

以上数字中没有包括那些比较模糊的统计（如"杀死多人"等），且遗漏极多。

以青浦县为例，据新编《青浦县志》所载，日据期间，青浦县被杀害人数共为 1583 人，②而据汪伪政府的一次赈灾报告所云，仅 1940 年春在青浦蟠龙附近，"各乡镇因游匪活跃，以日军扫荡，横遭焚杀惨祸，乡民被杀者达二千人，房屋被毁者，不可胜数"。日军在青浦的一次清乡，就造成"青沪沿线，遗尸遍地。逃难抵沪者讲，沿路踏尸而过"③。

1937 年淞沪会战期间，嘉定县被杀平民 4000 余人，受伤 1.7 万

---

①　这些县志包括：上海市青浦县县志编纂委员会编《青浦县志》，上海人民出版社 1990 年版；上海市崇明县县志编纂委员会编《崇明县志》，上海人民出版社 1989 年版；上海市宝山区地方志编纂委员会编《宝山县志》，上海人民出版社 1992 年版；上海县县志编纂委员会编《上海县志》，上海人民出版社 1993 年版；上海市嘉定县县志编纂委员会编《嘉定县志》，上海人民出版社 1992 年版；上海市南汇县县志编纂委员会编《南汇县志》，上海人民出版社 1992 年版；上海市奉贤县县志修编委员会编《奉贤县志》，上海人民出版社 1987 年版；昆山市地方志编纂委员会编《昆山县志》，上海人民出版社 1990 年版；太仓县志编纂委员会编《太仓县志》，江苏人民出版社 1991 年版；吴江市地方志编纂委员会编《吴江县志》，江苏科学技术出版社 1991 年版；江苏省常熟市地方志编纂委员会编《常熟市志》，上海人民出版社 1990 年版；江苏省宜兴市地方志编纂委员会编《宜兴县志》，上海人民出版社 1990 年版，等等。

②　上海市青浦县县志编纂委员会编：《青浦县志》，上海人民出版社 1990 年版，第 532 页。

③　中国第二历史档案馆馆藏汪伪振务委员会档案，《调查常熟、昆山、太仓、松江、金山、青浦等县灾况报告书（1940 年 9 月）》（调查员王宗汤），全宗号 2076，案卷号 569。

余人。1937 年 8 月至抗战结束，全县被日军杀害 1.66 万人，其中男 9475 人、女 6000 余人、儿童 1108 人。重伤 2.4 万余人、轻伤 2.59 万人。失踪 440 余人。① 前述《嘉定县志》数据中少了 600 人。

1937 年 8 月 23 日下午 2 时许，8 架日机轰炸常熟县城，投弹 10 多分钟，城内被炸 8 处，以益琴布厂、聚丰园损失最大，房屋全塌，死伤数十人。10 月 12 日 12 时 10 分，2 架日机在城区上空。轮番投弹，历时 20 多分钟，死伤平民 100 余人。11 月 13 日，日军向常熟县城进犯，沿途被害群众 3000 余人。仅吴市一带，就被日军杀害 571 人，被奸污妇女 374 人，被关被打 1511 人。日军入城前后杀害无辜群众达 1500 人左右。并挨家挨户搜查年轻妇女。南门居民和附近农民结队去莲墩浜公堂搬运食盐，日军架机枪扫射，当场杀 300 多人。② 仅此，常熟被害人数不少于 5000 人，远远超过《常熟县志》所列的 1300 人。

在萧山，从 1937 年 11 月 30 日至 1939 年 9 月，日军先后共出动飞机 73 次、近 200 架轰炸城厢镇，投弹 530 多枚，炸死市民 605 人。③ 1939 年 3 月至 1942 年 5 月，萧山临浦镇先后遭日机轰炸十多次，投弹 200 余枚，有一半以上房屋被炸毁（不含日军放火烧毁），炸死、炸伤近千人。1939 年 3 月 9 日，日军出动飞机 27 架次轰炸临浦镇达 2 小时左右，投掷炸弹和燃烧弹近百枚，炸死近 200 人，炸伤 400 余人。仅山阴街的网船埠两边石壁小弄中就炸死、压死 30 余人。1943 年 11 月中旬，日伪军对越王庙发动突袭，杀死、烧死庙内人员 200 余人；在下山途中，被俘的 30 余人中被日军野蛮刺杀 14 人；被

① 肖银摘编：《日本侵略军在嘉定犯下的罪行》，中国人民政治协商会议上海市嘉定区委员会文史资料委员会编《嘉定文史》第 11 辑《纪念抗日战争胜利五十周年专辑》，1995 年，第 16 页。

② 江苏省常熟市地方志编纂委员会编：《常熟市志》，上海人民出版社 1990 年版，第 692—693 页。

③ 城厢镇党史调查组：《侵华日军血洗城厢镇罪行录》，中共萧山市委党史研究室、政协萧山市委员会文史工作委员会编《抗日战争在萧山》，萧山市文联印刷厂 1995 年印，第 152 页。

日军捕捉至临浦的 24 人（包括孕妇），则分两天刺死。[1] 1942 年夏天，日军对徐童山进行烧杀，300 余间民房被毁。被日本兵刺死、劈死、烧死的村民达三四十人。[2] 1940—1943 年，日军在长山乡先后杀有名有姓村民 30 余人、抗战军人 6 人。[3] 据此，萧山实际被日军杀害的人数达 1500 人左右，新编《萧山县志》仅列举 30 人。

1937 年 11 月 25 日，日机在淳安城水门口，炸毁渡船 1 只，死 5人、伤 1 人。1938 年 2 月，日机在淳城镇炸死 8 人、伤 6 人。1941年，日机在新安江沿江两岸和威坪等地投弹，炸死 12 人、伤 19 人。6 月 2 日，日机在淳城镇炸死炸伤十余人。1942 年 7 月 17 日，日机轰炸淳安中学，死 5 人、伤 1 人。[4] 仅此处所列淳安被日机炸死的平民即近 40 人，前文所列为 20 人。

1942 年日军在建德县梅城炸死炸伤群众 322 名，[5] 而前文所列为160 人。

据对章伯锋、庄建平主编的《抗日战争》第七卷《侵华日军暴行日志》的统计[6]：1937 年，日军在上海（不包括嘉定、青浦）残杀 22988 人，打伤 5961 人，强奸 265 人，统计时伤亡合计的 3455人；[7] 1938—1945 年，日军在上海残杀 1011 人，强奸 20 余人（另有行乐所掳掠妇女数百人"皆一丝不挂"，形同强奸），打伤 40 余人，

---

① 孔子贤：《日本侵略军在临浦欠下的罪行》，中共萧山市委党史研究室、政协萧山市委员会文史工作委员会编《抗日战争在萧山》，萧山市文联印刷厂 1995 年印，第 159—161 页。

② 陈出新：《徐童山下惨案》，中共萧山市委党史研究室、政协萧山市委员会文史工作委员会编《抗日战争在萧山》，萧山市文联印刷厂 1995 年印，第 188 页。

③ 楼天育整理：《日寇在长山乡（今塔楼镇）犯下的罪行简述》，中共萧山市委党史研究室、政协萧山市委员会文史工作委员会编《抗日战争在萧山》，萧山市文联印刷厂 1995 年印，第 191—192 页。

④ 淳安县志编纂委员会编：《淳安县志》，汉语大辞典出版社 1990 年版，第 544 页。

⑤ 建德县志编纂委员会编：《建德县志》，浙江人民出版社 1986 年版，第 626 页。

⑥ 对该书中的"10 余人""40 余人""300 余人""700 以上""300 余人"之类的数字，仅按 10 人、40 人、300 人、700 人统计，不计其余数；对"五六十人""七八百人"之类的数字，则取中数 55 人、750 人；"数十人"则取 30 人。

⑦ 章伯锋、庄建平主编：《抗日战争》第七卷《侵华日军暴行日志》，四川大学出版社 1997 年版，第 157—162 页。

统计时伤亡合计的 30 多人。①

最近的研究认为：在 1932 年"一·二八"期间和 1937 年"八·一三"后的 8 年里，总计日军在上海地区造成的非军事人员死亡约在 25 万人以上。②

1937 年 9 月，日机轰炸宁波栎社机场，死伤 30 余人。1939 年 4—5 月，日机炸死宁波居民 170 余人、士兵数十人，炸伤 300 余人。次年 9 月 4 日至 9 日，日机炸死 86 人、炸伤 150 余人。1941 年 10 月 9 日，日机轰炸象山石浦，炸死 21 人。12 月，日机轰炸柴桥镇，炸死 4 人。次年 6 月，日机轰炸柴桥，炸死、炸伤居民 31 人。新编《宁波市志》认定，1938 年 5 月至 1945 年日军共炸死宁波居民 538 人。③ 但最新的统计表明，日军的轰炸，造成宁波死伤 3217 人。④ 宁海县城沦陷期间，在城居民受害更甚。1945 年 6 月 29 日，日军在城东杀死严全贵。7 月杀死 8 人。8 月 14 日，杀 1 人。15 日，逼死 1 人。⑤

1937 年 10 月 15 日上午 9 时，2 架日机侵入吴江县平望镇上空，炸死 18 人。11 月 14 日，日军取道黎里后长荡，侵占平望，200 名来不及避难的居民全被枪杀，遗尸于地。⑥

1937 年 11 月 16 日，沙洲县塘桥镇遭日军 3 架飞机轰炸，投弹 3 枚，炸死 6 人、伤 3 人。11 月 20 日，日军一步兵团进入沙洲县港口镇，封锁街道口，残杀群众 18 人，糟蹋妇女 10 多人。11 月 25 日，日军在杨舍镇杀四五人。1938 年 8 月 21 日，日军在塘桥镇枪杀 36 人。⑦

---

① 章伯锋、庄建平主编：《抗日战争》第七卷《侵华日军暴行日志》，四川大学出版社 1997 年版，第 162—165 页。

② 张铨、庄志龄、陈正卿：《日军在上海的罪行与统治》，上海人民出版社 2015 年版，第 377 页。

③ 宁波市地方志编纂委员会编：《宁波市志》，中华书局 1995 年版，第 2040 页。

④ 浙江省宁波市委党史研究室：《宁波市抗日战争时期人口伤亡和财产损失》（上），中共党史出版社 2015 年版，第 25 页。

⑤ 宁海县地方志编纂委员会编：《宁海县志》，浙江人民出版社 1993 年版，第 656 页。

⑥ 吴江市地方志编纂委员会编：《吴江县志》，江苏科学技术出版社 1991 年版，第 633 页。

⑦ 张家港市地方志编纂委员会编：《沙洲县志》，江苏人民出版社 1992 年版，第 646 页。

　　1937 年 11 月 12 日，日军在湖州荻港登陆，对平民肆意屠杀。事后，经该镇负责人章苍林检点尸体，共计 41 具；又在港里捞起一艘被日寇击沉的小汽轮，内有 2 人被杀害。当天，日军到达袁家汇，"在该镇杀人放火，火光烛天，一夜间全镇成为一片焦土。该镇居民及外来难民，仓皇乘渡船向对岸农村逃命，日军以机枪扫射，致使无一生还"。1937 年 11 月 24 日，日军攻占湖州，城内被害者尸体有 300 余具。① 1937 年 11 月 19 日，日军杀害南浔镇居民 400 余人。日军占领湖州的半年内，仅日本军官下田氏一人即杀害平民不下 40 人。1938 年冬，日军对安吉县城进行轰炸，残杀 300 余人。1938 年 3 月 26 日，日军在德清创公里杀害 30 余人。1942 年，在湖州长超乡，日军一次扫射，杀害 8 名年青村民。② 前述湖州被杀害者人数达 1100 多人。

　　1937 年 11 月 20 日，日军在嘉兴新丰镇残杀数十人。③ 在陶家笕杀害百姓六七人，在王江泾镇杀害 20 人，在新农乡杀害 3 人，在田乐乡大坝村杀死、奸死 6 人；1938 年，在余新镇屠杀 38 人，在澄溪乡杨溪村杀死 2 人，在新篁镇烧死居民 20 多人，在竹林乡永丰村杀死 11 人，在新塍镇烧杀 3 人，在步云乡杀害 8 人。1939—1940 年，在新篁镇又烧杀十七八人，1940—1944 年日军在洪合乡泰石村杀害 13 人，1940—1941 年日军在凤桥镇杀害 28 人，1940—1941 年日军在洛东乡杀害 16 人（其中 14 名青壮年被日军绑在树上刺死），1941 年在步云乡黄庄村杀 3 人，1943 年在大桥乡杀害 2 人。④

　　1937 年 11 月 22—23 日，日军 1187 人、战马 164 匹进攻无锡东

---

　　① 凌以安：《湖州沦陷前后》，中国人民政治协商会议浙江省湖州市委员会文史资料研究委员会编《湖州文史》第 3 辑《抗日战争史料专辑》，1985 年，第 40 页。

　　② 徐阿高等：《斑斑血泪，罄竹难书》，中国人民政治协商会议浙江省湖州市委员会文史资料研究委员会编《湖州文史》第 3 辑《抗日战争史料专辑》，1985 年，第 54—58 页。

　　③ 嘉文：《日军侵占嘉兴城情况实录》，中国人民政治协商会议嘉兴市委员会文史资料工作委员会编《嘉兴市文史资料》第 1 辑《抗日战争史料专辑》，1986 年，第 2—3 页。

　　④ 焦征：《日寇在嘉兴郊区的暴行》，中国人民政治协商会议嘉兴市委员会文史资料工作委员会编《嘉兴市文史资料》第 1 辑《抗日战争史料专辑》，1986 年，第 42—56 页。

亭。在仅战死 5 人，伤 16 人的情况下，日军进行了大屠杀。① 根据不完全统计，全乡被杀害 1821 人；被强奸的妇女 504 人，奸后被杀害 21 人。②

1937 年 12 月 1 日，日军突入江阴县城，用军车架设机枪，边扫边进，住在西城角及南街一带的老弱妇幼欲从西门外逃，悉被杀死。当天全城搜索，见人便杀。杜康巷红十字江阴分会内避有 52 人，被日军发现，先将章星白为首的分会工作人员 12 人关押，再将其余 40 人排在空场上用机枪集体扫杀。次日，日军威胁利诱章星白等出面组织维持分会，11 人无一屈从，随即被押赴方桥南塊河沿用机枪扫杀。在黄田港口的煤炭码头，上百人被刺杀后，弃尸江中。③

1937 年 12 月 2 日，日军占领金坛县城，7 天内杀害无辜平民近 200 人。④

1938 年 2 月 12 日，日军二三十人闯入太仓浮北申新轧花厂，将 10 名工人浇上汽油活活烧死。10 月 27 日下午 4 时许，日机在朝阳门外柏家宅炸死 12 人、伤 5 人。⑤

1938 年 2 月 18—20 日，日军在余杭县乔司镇连续烧杀三天，被害平民 1300 余人，毁房 700 余间。⑥ 3 月 4 日，日军包围了余杭县午潮庙。庙里难民有 400 名左右，日军对数十名成年女难民进行轮奸，对 300 多名男难民进行屠杀。⑦

---

① 步兵第三十八聯隊前衛司令官助川大佐：《江蘇省無錫縣東亭鎮附近戰鬪詳報》第 5 号（昭和 12 年 11 月 23 日，步兵第 38 連隊），アジア歴史資料センター（JACAR）：C11111199800，第 118 頁。

② 华振范：《日本侵略者在东亭乡的暴行》，中国人民政治协商会议江苏省无锡县委员会文史资料研究委员会编《无锡县文史资料》第 2 辑，1985 年，第 65 页。

③ 江阴市地方志编纂委员会编：《江阴县志》，上海人民出版社 1992 年版，第 909—910 页。

④ 金坛县地方志编纂委员会编：《金坛县志》，江苏人民出版社 1993 年版，第 577 页。

⑤ 太仓县志编纂委员会编：《太仓县志》，江苏人民出版社 1991 年版，第 667 页。

⑥ 郑安君：《余杭乔司"千人坑"——日本侵略军屠杀乔司人民纪实》，中共杭州市委党史研究室、杭州市政协文史资料委员会编《杭州抗战纪实》，1995 年印行，第 59 页。

⑦ 徐士剑等：《午潮庙惨案》，中共杭州市委党史研究室、杭州市政协文史资料委员会编《杭州抗战纪实》，1995 年印行，第 65 页。

1938 年 2 月 27 日至 8 月 16 日，日机在慈溪炸死 25 人，炸伤 50 余人。1939 年 6 月 23 日，日机轰炸范市，炸死炸伤 40 余人。①

1938 年，平湖大头浜约有 50 名村民被日军集体枪杀。② 日军在平湖大规模屠杀平民的事件有石桥惨案、庄家浜惨案、清司乡大屠杀、寂照庵惨案、石墙惨案、南栅塘血案、磨子桥"百人坑"惨案、厍浜惨案。据统计，平湖抗战时期人口伤亡人数达 7292 人，其中直接伤亡 7125 人（死 6442 人、伤 539 人、失踪 144 人），间接伤亡 167 人（被捕 101 人、灾民 39 人、劳工 21 人，其他 6 人）。日军强征劳工 35419 人，从事修筑工事、运输物资等劳务，其中死 5 人、伤 7 人、失踪 9 人。③

1938 年 5 月至 1940 年 10 月，日机在绍兴炸死 323 人、伤 545 人。日军侵占新昌 3 年杀死民众 763 人、伤 184 人，拉夫致死 46 人。④

1939 年 7 月 5 日，日机在奉化县城投弹 6 枚，居民死伤数十人。12 月 12 日，日机轰炸溪口，居民死伤 40 余人，蒋经国母毛福梅遇难。次年 2 月 10 日，日机再炸溪口，居民死伤 40 余人。1940 年 7 月 25 日，江口、西坞等村遭日机轰炸，死伤 20 余人。1945 年 11 月溪口镇公所公布，在沦陷 1576 天里，总计被枪杀 217 人，被抓失踪 73 人。⑤

1941 年 12 月 31 日，日军进攻上虞县仁东村，死难者 100 余人。次日，日军抓走禹山头李家湾山庄 14 个壮年，其中 11 人被杀害。⑥

----

① 慈溪市地方志编纂委员会编：《慈溪县志》，浙江人民出版社 1992 年版，第 638 页。
② 平湖政协文史委员会：《日寇在金山咀、白沙湾一带登陆情况》，中国人民政治协商会议嘉兴市委员会文史资料工作委员会编《嘉兴市文史资料》第 1 辑《抗日战争史料专辑》，1986 年，第 14 页。
③ 蒋苍苍：《平湖抗日战争综述》，辛春喜主编《铭记历史：日军登陆平湖侵略史实口述实录》，新华出版社 2016 年版，第 7 页。
④ 李石民：《日寇暴行撮录》，绍兴市政协文史资料委员会编《绍兴文史资料》第 9 辑《抗战八年在绍兴》，1995 年，第 107—108 页。
⑤ 奉化市志编纂委员会编：《奉化县志》，中华书局 1994 年版，第 646 页。
⑥ 周儒良：《日寇在嵊县的累累罪行》，中国人民政治协商会议嵊县委员会文史资料委员会编《嵊县文史资料》第 3 辑《抗日战争胜利纪念专辑》，1986 年，第 155—163 页。

日军侵占上虞期间，杀害（包括空袭）939人。[①]

1937—1945年，桐乡被日伪杀害773人、伤732人；[②] 在嘉善，日军暴行造成全县死亡平民22511人；[③] 鄞县被日军杀害17500人。[④]

据南京国际赈济委员会的调查，日本侵略军蹂躏南京城的最初几个月中，江宁、句容、溧水、江浦、六合（部分）等县被日军杀害的平民有4万余人，其中多数是农民。[⑤]

除了使用常规武器屠杀中国平民外，日军还使用国际公法禁止的生化武器。

1939年日军在南京设立荣字第1644部队，此为细菌战的秘密部队，属于满洲第659部队（1941年更名为"日本关东军驻满洲第731防疫给水部队"）系统。共有12个支队，人员约1500人。部队地址在原南京中央医院旧址。据该部队长佐藤俊二回忆："南京荣字第一六四四部队在培养致使细菌方面的生产能力，每一生产周期内计达十公斤。"该部队除了以活人进行细菌病毒的感染实验外，还用活人做各种生物化学及医学实验。1942年10月即杀害100多人。"除前述百余人外，历年被杀害者为数甚多。"[⑥]

1940年10月27日，日军荣字第1644部队在宁波投下鼠疫杆菌，第一次感染（指跳蚤投下后直接咬人造成的鼠疫流行）至少达111人。宁波现存确切姓名、地址、死亡时间的受害者有楼镇海、王领弟、赖福

---

① 李石民：《日寇暴行撮录》，绍兴市政协文史资料委员会编《绍兴文史资料》第9辑《抗战八年在绍兴》，1995年，第108页。

② 曹文琪：《桐乡县遭受浩劫损失录》，中国人民政治协商会议浙江省桐乡县委员会文史资料委员会编《桐乡文史资料》第14辑《桐乡市抗日战争史料》（2），1995年，第20—26页。

③ 本书编委会编：《抗战档案》（下），中央文献出版社2005年版，第917页。

④ 鄞县县政府统计室：《鄞县抗战期间被灾损失情况表》（1），中国人民政治协商会议宁波市暨各县（市、区）文史委员会、宁波市档案馆合编《宁波文史资料》第12辑，1992年，第269页。

⑤ 南京市人民政府研究室：《南京经济史》（上），中国农业科技出版社1996年版，第393页。

⑥ 卢江：《日军南京荣字第一六四四细菌战部队暴行》，《江苏文史资料》编辑部编《江苏文史资料集萃》（政治卷），1995年，第185—188页。

生、赖朱氏、赖阿德、赖明文、赖福生子、王阿菊、王李氏、胡世桂、胡陈氏、胡贡庆、胡菊仙、胡阿毛、俞阿根、俞元德、徐李氏、陈积荣、陈周氏、姚小娥、应全兴、郭惠林、胡陈氏、茅树福、卢桂生、卢潘氏、卢夏娣、卢英娣、武春元、武菊妹、张遂荣、董阿康、蒋阿宝、蒋徐阿香、蒋信发、陆金友、范富康、陶金甫、吴瑞堂、毛施氏、葛顺官、蔡小狗、陈银根、孔阿兴、蒋阿华、陆兴庄、赵意心、梁其林、梁如荣、王长有、王招生、徐家林、夏福林、丁文章、陈福水、高阿宝、冯云生、陈莲生、韩雪蛟、陆梅友、陆美英母、陆可安、陆朱民、戴吴春兰、李之会、王厂台、王阿定、王胡氏、王娣弟、王仁林、王小宝、王月宝、王月仙、周徐氏、张阿定、徐生来、徐许氏、徐翠琴、徐祥水、徐鸿水、徐长夫、徐鑫林、徐吴氏、徐朱氏、徐小春、徐正春、朱陈氏、朱雨生、朱英侠、徐阿花、陈忠瑞、陈炳然、陈康阳、袁梅信、周洪生、干周氏、柴定祥、孙阿三、沈金氏、王正行、陈阿四、陆德友、徐安行，共 103 人。[①] 第二次感染（指跳蚤投下后导致当地老鼠感染和鼠疫外传，造成范围更大的鼠疫流行）造成 1450 人死亡。[②]

　　日军还在上海、苏州、嘉兴、平湖等地多次施放毒气，残杀中国平民。[③]

　　① 黄可泰辑录：《日军空投鼠疫菌后死亡者名单》，中国人民政治协商会议宁波市暨各县（市、区）文史委员会、宁波市档案馆合编《宁波文史资料》第 12 辑，1992 年，第 230—239 页。说明：1994 年，这个名单增加到 106 人（参见黄可泰、吴元章主编《惨绝人寰的细菌战——1940 年宁波鼠疫史实》，东南大学出版社 1994 年版，第 25—30 页）；1995 年再增加到 111 人（参见黄可泰、吴元章主编《惨绝人寰的细菌战——宁波成为日军的鼠疫试验场》，《浙江文史资料选辑》第 56 辑，1995 年 6 月，第 196—201 页）。
　　② 汪鹤飞：《侵华日军实施宁波细菌战的史料实证研究》，《宁波广播电视大学学报》2017 年第 4 期，第 122—128 页。
　　③ 虞和平主编：《中国抗日战争史料丛刊》（315），大象出版社 2016 年版，第 116 页；张伯兴主编：《海外南京大屠杀史料集》，南京出版社 2007 年版，第 127 页；浙江省平湖县县志编纂委员会编：《浙江省平湖县志》上海人民出版社 1993 年版，第 723 页；中国人民政治协商会议浙江省桐乡县委员会文史资料委员会编：《桐乡文史资料》第 14 辑《桐乡市抗日战争史料》，1995 年，第 95 页；日军情报资料：《日本軍浙江作戦に毒ガス使用》，アジア歴史資料センター（JACAR）：A03024833400；日军情报资料：《敵側、毒ガス戦で応酬と声明》，アジア歴史資料センター（JACAR）：A03024834700；日本防衛省防衛研究所：《毒を以て毒に報いよ！警告案に対する各紙論評》，アジア歴史資料センター（JACAR）：C13050217900。

此外，江南地区有大量民众对日军的残暴行为进行过反抗，其中许多人被日军以各种各样的方式所杀害或残伤。现将江南11个县所统计的抗日被害、伤残人数列表如下：

表1－2　　　　　　　江南抗日死亡、伤残人数统计

县份		人数	男	女	幼童	不明
扬中	重伤	14	9	2	1	2
	轻伤	25	15	4	6	0
	死亡	38	26	5	2	5
	合计	77	50	11	9	7
金山	重伤	34	18	1	1	14
	轻伤	400	134	89	70	107
	死亡	193	125	32	14	22
	合计	627	277	122	85	143
川沙县	重伤					
	轻伤					
	死亡	31	29	2		
	合计	31				
无锡	重伤	103	76	16	6	5
	轻伤	222	145	54	13	10
	死亡	897	570	220	22	85
	合计	1222	791	290	41	100
江浦	重伤	229	172	48	6	3
	轻伤	317	244	56	7	10
	死亡	1020	710	240	14	56
	合计	1566	1126	344	27	69

续表

县份		人数	男	女	幼童	不明
吴县	重伤	6	3	2		1
	轻伤	10	8	2		
	死亡	137	117	13	6	1
	合计	153	128	17	6	2
南汇	重伤	10	9	1		
	轻伤	7	6	1		
	死亡	115	91	18	6	
	合计	132	106	20	6	
溧阳	重伤	3995	1903	1513	432	147
	轻伤	9664	4722	3784	864	294
	死亡	6044	2605	1435	1339	665
	合计	19703	9230	6732	2635	1106
高淳	重伤	122	73	29	18	2
	轻伤	192	125	37	19	11
	死亡	1395	1082	196	29	88
	合计	1709	1280	262	66	101
江宁	重伤	3124	1404	960	458	302
	轻伤	5413	2699	1451	744	519
	死亡	8245	4811	1890	1286	258
	合计	16782	8914	4301	2488	1079
崇明	重伤	70	40	30		
	轻伤	120	87	33		
	死亡	122	101	21		
	合计	312	228	84		
共计		死亡 36474 人，重伤 15414 人，轻伤 32740 人				

资料来源：江苏省公安厅藏档案：《江苏省抗战期间阵亡人数统计》，芬特号 6，目录号 8，案卷号 4。调查时间 1946 年；江苏省档案馆馆藏档案：《抗敌伤亡人民调查表》，全宗号 1002，目录号乙，案卷号 2947。

　　据表1-2，被日军杀害的抗战人口达36474人、伤残48154人。被杀害的人口中，绝大部分来自农村，其中大部分为农民。据对部分被害的抗战人员身份的调查，其职业分布如表1-3。

表1-3　　　　　　　日据时期被日军杀害抗战人员职业调查

县份	人数	职业			
		农	工	商	其他
川沙县	25	8	9	8	0
江浦县	160	135	4	13	8
扬中县	16	4	0	6	6
昆山县	23	6	4	4	9
奉贤县	49	20	6	14	9
太仓县	70	44	0	9	17
合计/占比%	343/100	217/63.3	23/6.7	54/15.7	49/14.3

　　说明：各县总人数合计343人，右侧"职业"栏人数为337人。

　　资料来源：江苏省档案馆馆藏档案：《抗敌伤亡人民调查表》，全宗号1002，目录号乙，案卷号2947。

　　在表1-3中身份明确的343名遇害者中，来自农民的人口为217人，占总数的63.3%。

　　实际上，直接被日军杀害的人口仅是这次战争中死亡人口的一小部分，还有许多人口死于战事结束后的各种疫病或饥荒。据伪维新政府的调查："此次事变，附近铁路公路沿线区域之农民死于轰炸及炮火流弹者为数殊不鲜。……事变之前，尚有被强迫受壮丁训练，补充兵役，因而战死沙场者。且大战之后，必有大疫。而战后农村对于防疫设备极感困难，将来农民之牺牲于疫病者为数亦必更巨，则此次事变对于农村人口直接及间接之死亡率，虽现尚不能知其确数。惟其数字，必将惊人，当可断言也。"①

---

　　①　庶：《维新政府农林行政之机构及善后方策》，伪维新政府实业部主办《实业月刊》第1期，1938年6月出版，第113—114页。

宝山县全县直接被日军杀害 11233 人，另有 23000 人死于战祸，①间接致死的人数为直接被害人数的 2.05 倍。新编《南汇县志》载，抗战期间直接被害 1262 人；而档案所载的各类被害人数实际达 12800人，后者是前者的 10.14 倍。详见表 1-4。

表 1-4　　　　　南汇县抗战期间非自然死亡人数

农民	工人	商人	学龄儿童	幼童	老弱	合计
10000	800	500	1000	300	200	12800

资料来源：江苏省档案馆馆藏档案：《调查各地房屋损毁程度》，全宗号 1009，目录号乙，案卷号 1738。

战争中的直接死亡者多是青壮年，而间接死亡者则多为老、弱、病、残、幼。表 1-4 中，南汇县儿童和幼童的死亡达 1300 人。其他像病人因停止常规救治、妇女被奸淫死亡等均未计入，显然有较大的遗漏。

二　其他暴力侵害

江南地区有大量妇女被日军奸污或是被迫提供性服务。苏州陷落后，有 2000 多名妇女被掳去供慰安所的日军奸淫；无锡沦陷后，有 3000 多名妇女被日军掳去奸淫。杭州城被日军攻占后，被抓走的 2 万余名妇女，分上、中、下三等，编成号码由日军挑选奸淫。②

她们除遭受直接的暴力伤害外，相当多的妇女被感染了性病。据日本陆军省大本营陆军部研究班调查，天津医院检出的日军性病感染者占检测者的 12%；1939 年 11 月至次年 11 月，杭州医院收治了

---

① 上海市宝山区地方志编纂委员会编：《宝山县志》，上海人民出版社 1992 年版，第804—806 页。

② ［日］矢野玲子：《慰安妇问题研究》，大海译，辽宁古籍出版社 1997 年版，第50—51 页。

16350 名患有性病的日军官兵。[1] 1943 年 2 月，日军第 15 师团军医部对南京、芜湖、金坛、镇江、巢县和溧水的"慰安妇"进行检诊，在 2230 名"慰安妇"中，检出 143 人患有性病。[2]

除直接遭受日军暴行的无辜平民和抗日群众外，大量农村平民被日军抓去服各种各样的苦役，有的被抓去当伪军，有的被拉去当民夫，有的为日伪军筑碉堡、修公路、运送战争物资等。仅溧阳一县，被抓服苦役者达 654705 工。[3] 江宁县汤山区兴义乡在抗战期，被日军强迫征工建筑孝陵卫区马群镇飞机场的民工，每日 200 名，工作达半年之久；修筑京（宁）汤马路、京（宁）龙马路，每日服役民工也达 200 名，工作 2 个月；被调遣至外地服役，战后回乡者约 50 人，失踪约 30 人。[4]汤泉区被征做苦役的人数更多，所受的折磨也更重。详见表 1 - 5。

表 1 - 5　　　抗战时南京市汤山区汤泉乡被日军强迫征工及
苦待损失查报（1946 年查报）

保别	强迫征工情形及数量	苦待情形	死亡人数	失踪人数
第一保	1939—1945 年，每月平均被日军强征约 800 工。每工 2000 元计算，每月损失 160 万元	常以恶犬狂吼或用水灌、吊打等酷刑	7	
第二保	1939—1945 年，每月平均被日军强征约计 900 工。每工 2000 元计算，每月损失 180 万元	常以恶犬狂吼或用水灌、吊打等酷刑	13	

---

① 大本营陆军部研究班：《支那事变の経験に基づく無形戦力軍紀風紀関係資料》第 1 件《性病患者の状況》，1940 年 11 月，アジア歴史資料センター（JACAR）：C11110765000，第 2 頁。

② 苏智良：《日军"慰安妇"研究》，团结出版社 2015 年版，第 220 页。

③ 江苏区档案馆馆藏档案：《溧阳县抗战时期损失报告书》，全宗号 1009，目录号乙，案卷号 1742。

④ 江苏省南京市江宁区档案馆馆藏档案：《抗战事项卷》（一）"损失调查"，全宗号 209，目录号 1，年代号民国 35 年，卷号 10。

续表

保别	强迫征工情形及数量	苛待情形	死亡人数	失踪人数
第三保	1945年7月，被日军1936部队强迫征工830工，挖掘壕沟、修筑马路、砍斫路边树木。每工约2000元，合计损失166万元	正值农忙之时强迫征工，不给工资，反以木棍殴打		
	1939—1945年，每月平均被日军强征约计800工。每工2000元计算，每月损失160万元	正值农忙之时强迫征工，不给工资，反被殴打		
	1945年7月，被日军强征750工，挖掘壕沟、修筑马路、砍斫路边树木。合计损失150万元	正值农忙之时强迫征工，不给工资，反被殴打		
	1939—1945年，每月平均被日军强征约计800工。每工2000元计算，损失12800万元	常以恶犬狂吼或用水灌、吊打等酷刑		7
第二保	1939—1945年，每月平均被日军强征约计900工。每工2000元计算，80个月共损失14400万元			13
合计	28016万元		20	20

资料来源：江苏省南京市江宁区档案馆馆藏档案：《抗战事项卷》（一）"损失调查"，全宗号209，目录号1，年代号民国35年，卷号10。

江宁每个镇被征做苦工的人数通常都在数百人左右。详见表1-6。

表1-6　　　江宁麒麟、东流、汤山镇人民被日军征服劳役调查

（1938年3月1日起）

地区	征集部队番号及主管姓名	服役种类	服役地点	服役时间	强征		被强征服役损失工资数
					人数	工数	
麒　麟、东流镇	横山部队日本空军番号不详	土工杂务等	马群附近建筑飞机场	每人每日8小时	按要求，两镇每日200人上工	4000工	当时每人每工4角，该军队发给4角。损失总数计1600元
汤山镇古泉乡	中岛部队番号不详	土工杂务等	修建炮校、汤山兵工厂	每天八九小时	按要求，每日200人	6000	损失总数2400元

资料来源：江苏省南京市江宁区档案馆馆藏档案：《抗战事项卷》（二）"损失调查"，全宗号209，目录号1，年代号民国36—37年，卷号71。

　　在南京、上海一带，被日军强征去修筑军事工程的民夫，在工程完工后，日伪当局为防"泄密"，将征来的数万名民工惨无人道地集体杀害。更多的人在服役中被折磨致死。

　　沦陷区的青壮年农民因不堪日伪的殖民统治和残酷蹂躏，纷纷逃亡他乡。据1938年5月的调查，江宁县农村的乡民被迫逃亡的人口达11.1万人。而据战后调查，当时江宁每区都有数千人被迫流亡，详见表1-7。

　　表1-7中江宁三个乡区的流亡人口达3万人。再据前引新编方志的数据，江浦等县流亡人口有近6万人，句容15000余人、富阳87850人、桐庐16400人；江阴为军事重地，这里农民被迫流亡的数量也最多，达254000人。

　　据汪伪政府的调查：江宁，"被灾（兵灾、匪灾、旱灾）之严重为江南各县冠，面积占全县百分之九十，灾民约有二十余万，占全县总人口百分之五十强"①。事实上，高淳县比江宁县受战祸影响更重，

————————

　　①　中国第二历史档案馆馆藏汪伪振务委员会档案：《调查江宁县报告》（调查员邓复初），全宗号2076，案卷号569。1940年10月。

表 1-7　　　　　　江宁部分乡村流亡人力损失调查

(1937 年 11 月 10 日至 12 月 2 日)

乡　区	流亡人数				流亡人力工资损失总数
	男	女	儿童	合计	
汤泉乡	约 4000	3000	2000	9000	1937 年陆续回乡者占 60%，经济损失总额约 20 亿元
第 13 区	约 7000	约 5000	约 3000	15000	约 25 亿元
汤山区兴义乡	约 3000	约 2000	约 1000	6000	1937—1938 年年回乡者约半数，于当时计算损失约计 79 万元。嗣后回乡者人数虽少，工价提高，总工价约为 5 亿元

资料来源：江苏省南京市江宁区档案馆馆藏档案：《抗战事项卷》（二）"损失调查"，全宗号 209，目录号 1，年代号民国 36—37 年，卷号 71。

"全县受灾（兵灾、匪灾、火灾、拆让房屋灾）……人口百分之百，亦云惨矣"①。句容县人口共计 284455 人，受灾（兵灾、匪灾、旱灾）面积约 1500 平方公里，受灾人口约占全县半数。② 溧水总面积约 500 平方公里，人口 19 万余，受灾面积约 200 平方公里，被灾人口 8 万余，占全县人口 50% 弱。③ 丹徒县共有人口 452570 人，灾民共 145251 人，占全县人口 32% 以上。④ 受灾人口约占全县总人口三分之一的丹徒县，竟是苏南受灾最轻的县！

中国方面的情报指出：沪宁会战结束后，"日军别动队在'扫荡'我游击队的题目下不断在乡间袭击，致使农民的工作几乎无法进

---

① 中国第二历史档案馆馆藏汪伪振务委员会档案：《调查高淳县总报告》（调查员邓复初），全宗号 2076，案卷号 569。1940 年 10 月。

② 中国第二历史档案馆馆藏汪伪振务委员会档案：《调查句容县总报告》（调查员邓复初），全宗号 2076，案卷号 569。1940 年 10 月。

③ 中国第二历史档案馆馆藏汪伪振务委员会档案：《调查溧水县总报告》（调查员邓复初），全宗号 2076，案卷号 569。1940 年 10 月。

④ 中国第二历史档案馆馆藏汪伪振务委员会档案：《丹徒县灾况报告书》（调查员朱世良），全宗号 2076，案卷号 569。1940 年 10 月。

行。乡间比较能干的青年均逃避，因日阀在各地拉夫用作工人或补充伪军。青年女人原先参加一部分农田工作者，现为着免被奸污，也不得不行逃去。结果只有老年男女留在乡下去做农田工作"[1]。

第二节　日军对公私财物的焚劫

有人估计"一·二八"事变日军给上海市住户、商店、房产、工厂四项所造成的损失达 14 亿至 15 亿美元。[2]

1932 年事变结束后，上海钱业公会的调查为：（1）全市损失 1560049871 银元。（2）全市被侵占面积 118.5 平方公里（474 方里），直接受害家庭 180816 户，计 814084 人，占当时全市人口之半。其中死亡 6080 人，受伤 2000 人，失踪 10400 人。（3）被占领区内价值 8 亿银元的财产约损失了 70%，价值 2.4 亿银元的房屋损失 85%，全市财产损失 788173492 银元。（4）被占领区有大、专学校 10 所，中学 31 所，小学 192 所，失学学生 39735 人，辍业教职员 3107 人。资产损失 13682390 银元。（5）受损害的工厂 597 家，直接损失 97151287 银元（就已有报告计算），失业工人 25 万人，损失工资 2250 万银元。（6）被损害的商号 12915 家，直接损失 598136074 银元。（7）全市银行、钱庄的业务减少 85%。（8）铁路损失 16893317 银元。（9）公用事业损失 10742025 银元。（10）治安设备损失 540 万银元。（11）市政府财政收入减少 221287 元。[3]

一　焚烧房屋

1937 年日军全面侵华后，除随意杀害平民外，还到处烧毁房屋。

---

① 《敌掠夺京沪路一带稻米》，《敌伪经济情报》（油印本）1939 年第 5 册（下），第 12 页。

② 杨凯：《新中国成立前的抗战财产损失调研》，《百年潮》2018 年第 4 期，第 73—80 页。

③ 《沪变损失初步估计》，《钱业月报》第 12 卷第 4 号，1932 年 4 月，第 6—7 页。死亡人数与前文数据略有出入，概因钱业方面的统计，可能有遗漏。

据伪维新政府的调查：“京沪、杭沪一带房屋被焚到处皆见，其中以常州、无锡、嘉兴、松江为甚，一片焦土，惨不忍睹，人民流离失所，无衣无食者不知凡几。”①

1937年8月20日，日军轰炸松江，光启中学被炸毁。29日，莫家弄、菜花泾等处被炸，民房多处被毁。9月3日，斜塘铁路被日机炸毁。10月24日，日机向西门外钱泾桥、仓桥一带居民区投燃烧弹，造成重大伤亡。10月28日、29日，日机向城厢投弹200余枚，毁屋极多。11月1日，钱泾桥、小仓桥又遭猛炸，大火延烧甚广；西门外北起菜花泾，西抵小仓桥均落有炸弹。同日，日机3批轰炸松江，炸弹集中落在府前街、三公街、大吴桥、艾家桥、普照寺桥、丰乐桥、佛字桥一带，城外诸行街、莫家弄也被炸，毁屋无数。11月2日上午，日军重型轰炸机5架，在新东一带轰炸，每遇竹园、树林，则用机枪扫射；城内法院向西至超果寺均被投弹轰炸。4日，日军重型轰炸机分2批起飞轰炸，米市渡轮码头被毁。5日、6日，日机40余架狂炸松江，城内外各处被炸，全城大多成废墟。②

地处长江口的崇明县的损失更加惨重。据1938年3月22日《文汇报》报道：“崇明沦陷后，城内损失惨重，为近百年来罕有之浩劫，各处大火余焰，迄昨午仍未止熄，大通纱厂、富安纱厂、崇明中学暨各机关均遭焚毁，平民住宅暨热闹市区，则多被炮毁或焚毁，县城内疮痍满目，景象至惨，人民被杀戮者甚众，尤以光头青年被杀最惨，目下城内住户不到往常十分之一，各店门可罗雀。”③

据汪伪政府在1940年的调查，松江县“城内被毁房屋达十之八九，城外十之七八，满目疮痍，状殊可悯。……并查悉战前城内居

---

① 中国第二历史档案馆馆藏伪维新政府档案：《实业部派员调查京杭杭沪两铁路沿线实业状况》，全宗号2103，案卷号408。

② 上海市松江县县志编纂委员会编：《松江县志》，上海人民出版社1991年版，第279页。

③ 转引自上海市崇明县县志编纂委员会编《崇明县志》，上海人民出版社1989年版，第265—266页。

民，约有二万七千余人，现仅有六千余人，身入其境，不禁感慨系之"①。泗泾镇"经过二三次大火，几无完整房屋，居民大都暂搭草屋，聊避风雨"。叶谢、张泽等镇"当日军在金山嘴登陆时，适当其冲，焚杀甚烈"②。

金山县"地处海滨，'八·一三'战事西移，日军在金山嘴登陆时，首当其冲，各乡镇被灾甚重，县治所在地之朱泾镇，房屋被毁者十之三四，泖港区泖二乡，因沿松枫公路，所有民房被毁无遗。抽查时查见原有村落，现已丛草荆棘，一片荒地矣。被灾居民均架草棚暂住，聊避风雨，状殊可悯"③。

青浦县虽在"八·一三"事变中受灾较轻，但"城厢房屋被毁者十之三四，其他各乡镇如朱家阁、天马山等处亦相若"。太仓县"受'八·一三'兵灾，以刘〔浏〕河为最重，城厢次之。刘〔浏〕河一片瓦砾，已无完整房屋存在。城厢房屋被毁坏亦达十之五六"④。

在江阴，1937 年 8 月 16 日至 12 月 2 日，日机对县城和重要市镇轰炸达 103 次，投弹 800 多枚，最多一天出动 96 架次，毁损房屋 30475 间。同年 12 月，日军占领江阴县城后奸淫杀掠，有计划地纵火 3 天。城厢内外燃烧绵延半个月。东大街从方桥到高巷，变成一片瓦砾场。北部从定波桥到黄田港，街市化为废墟。华澄布厂 5 个分厂被焚毁。南菁中学 5 幢楼房及积存的 3 万多册藏书，包括清代著名学者、创办人王先谦收藏的珍本（内有宋版）1 万多卷全部被焚毁；刊刻《皇清经解续编》的全部木版、新建礼堂和 41 间校舍、整个寿山小学均被付之一炬。被日伪掠夺运走的物资，计米 600 万石、麦 200 万包、棉花 100 万担、蚕丝 200 万担、布匹 100 万匹。各大小工厂机

---

① 中国第二历史档案馆馆藏汪伪振务委员会档案：《调查常熟、昆山、太仓、松江、金山、青浦等县灾况报告书（1940 年 9 月）》（调查员王宗汤），全宗号 2076，案卷号 569。

② 中国第二历史档案馆馆藏汪伪振务委员会档案：《调查常熟、昆山、太仓、松江、金山、青浦等县灾况报告书（1940 年 9 月）》（调查员王宗汤），全宗号 2076，案卷号 569。

③ 中国第二历史档案馆馆藏汪伪振务委员会档案：《调查常熟、昆山、太仓、松江、金山、青浦等县灾况报告书（1940 年 9 月）》（调查员王宗汤），全宗号 2076，案卷号 569。

④ 中国第二历史档案馆馆藏汪伪振务委员会档案：《调查常熟、昆山、太仓、松江、金山、青浦等县灾况报告书（1940 年 9 月）》（调查员王宗汤），全宗号 2076，案卷号 569。

器或被毁或被拆走，沿江仓库、煤栈、油库均被劫掠一空。损失总值合 1945 年法币 371098 亿元。①

据汪伪政府调查，江阴县"在事变时兵灾损失亦重，城厢房屋被毁三分之一"②。该县居民王仲卿 1938 年 4 月 20 日回到祝塘，家信中写道："见乡下住宅、街上店屋均一片焦土，满目凄凉，实为心痛，平日服用各物又未带走，尽付一炬，连田中收起之稻亦尽烧去。"③

1937 年 11 月，日军在无锡东亭乡烧毁房屋 13340 间，烧毁稻谷 15518 亩。④

据汪伪政府调查，无锡县"在事变时受灾甚重，城区及附郭被毁房屋百分之四十"。武进县"在事变时遭受损失奇重，城内及附郭房屋被毁两分之一"⑤。宜兴县"在事变时中日军两度进出，以致遭受损失较他县更重，城内及附郭被毁房屋百分之九十，所剩房屋亦均破坏不堪，满目疮痍，情况至惨，城内居民现仅三千余人，城外附郭各乡六万六千三百余人，综观城内市容，不及一小乡村，其萧条情形可见一斑，恐非数十年难于复兴"⑥。丹阳县"在事变时城区居民逃避一空，遗火蔓延焚烧数日夜，以致被毁房屋百分之七十"⑦。

1937 年 10 月 15 日日机侵入吴江县平望镇，炸毁民房 40 多间。11 月 14 日，日军放火焚烧平望镇和附近农村的房子，烧了 3 天 3 夜。

---

① 江阴市地方志编纂委员会编：《江阴县志》，上海人民出版社 1992 年版，第 909—910 页。

② 中国第二历史档案馆馆藏汪伪振务委员会档案：《调查无锡、武进、江阴、宜兴、丹阳、金坛等县灾况报告书（1940 年 9 月）》（调查员凤思永），全宗号 2076，案卷号 569。

③ 《王仲卿致王贻荪信》（江阴祝塘，1939 年农历 1 月 23 日晚），转引自王正华《关山万里情——家书中的战时生活（1937—1945）》，《"国史馆"学术集刊》第 17 期，2008 年 9 月 1 日，第 91 页。

④ 华振范：《日本侵略者在东亭乡的暴行》，中国人民政治协商会议江苏省无锡县委员会文史资料研究委员会编《无锡县文史资料》第 2 辑，1985 年，第 65 页。

⑤ 中国第二历史档案馆馆藏汪伪振务委员会档案：《调查无锡、武进、江阴、宜兴、丹阳、金坛等县灾况报告书（1940 年 9 月）》（调查员凤思永），全宗号 2076，案卷号 569。

⑥ 中国第二历史档案馆馆藏汪伪振务委员会档案：《调查无锡、武进、江阴、宜兴、丹阳、金坛等县灾况报告书（1940 年 9 月）》（调查员凤思永），全宗号 2076，案卷号 569。

⑦ 中国第二历史档案馆馆藏汪伪振务委员会档案：《调查无锡、武进、江阴、宜兴、丹阳、金坛等县灾况报告书（1940 年 9 月）》（调查员凤思永），全宗号 2076，案卷号 569。

据日伪出版的《吴江自治委员会一周（年）纪念概况》中记载，平望区房屋被毁 643 宅、620 间，镇东近郊潘家兜、沈家扇、陆家扇、湾菱港、羊毛湾、大河港 6 村房屋多数被毁。《吴江清乡》中称，平望镇市街被焚者达三分之二，满目断墙残壁。①

日军侵占太仓县城后，大肆抢劫金银珠宝、古玩书画等贵重物品，接着纵火烧房。从西门向东一直烧到飞云桥，老大街闹市被烧成一片瓦砾，古老的卫前湾就此消失。②

1937 年 11 月 21 日，日军在沙洲县港口镇烧毁民房 240 余间。1941 年 3 月 14 日，日军舰 1 艘载 100 多名日伪军由三叉港口上岸，经张家港到后塍洗劫，历时 5 小时，全镇商店货物被掳掠一空，损失时价值 15 万多元，并掳走商人 6 名。③

1937 年 12 月 2 日，日军占领金坛县城，当天纵火焚烧房屋，大火月余未熄，全城四分之一的房屋 5000 余间被烧成灰烬，繁华的思古街变成一片废墟。日军入城后 3 日之内，把资金最雄厚、存货最多的溥源当铺和东门大街的义昌当铺的金银首饰、珠宝翠玉、各式钟表、名人书画和精致的铜锡器抢劫一空。④ 汪伪政府的调查称：金坛县"在事变时城区被毁房屋估计百分之四十，损失亦重"⑤。

1937 年 9 月，日机轰炸宁波，邻近民房皆成焦土。1939 年 4—5 月，日机先后 9 次轰炸宁波城区灵桥门、江东大校场、灵桥路一带，毁房 2000 余间。次年 9 月 4 日至 9 日，日机空袭宁波城区，毁房 3100 余间。1941 年 4 月，日机 3 架空袭郭巨镇，毁民房 347 间。10 月 9 日，日机 4 架轮番轰炸象山石浦，毁民房 1700 余间。12 月，日机 12 架轰炸柴桥镇，毁房 14 间。次年 6 月，日机 4 架轰炸柴桥，毁民房 100 余间；12 月柴桥再度被炸，毁房 6 间。1938 年 5 月至 1945

① 吴江市地方志编纂委员会编：《吴江县志》，江苏科学技术出版社 1991 年版，第 633 页。

② 太仓县志编纂委员会编：《太仓县志》，江苏人民出版社 1991 年版，第 667 页。

③ 张家港市地方志编纂委员会编：《沙洲县志》，江苏人民出版社 1992 年版，第 646 页。

④ 金坛县地方志编纂委员会编：《金坛县志》，江苏人民出版社 1993 年版，第 577 页。

⑤ 中国第二历史档案馆藏汪伪振务委员会档案：《调查无锡、武进、江阴、宜兴、丹阳、金坛等县灾况报告书（1940 年 9 月）》（调查员凤思永），全宗号 2076，案卷号 569。

年日军投降，日机出动 511 架次，炸毁、烧毁宁波房屋 6815 间。①

1937 年 11 月 25 日，日机在淳安城水门口，炸毁渡船 1 只。1938 年 2 月，日机在淳城镇炸毁民房 149 间。1941 年，日机在新安江沿江两岸和威坪等地投弹，炸毁威坪小学和民房 8 间。1942 年 7 月 17 日，日机轰炸淳安中学，毁房 98 间。② 1937 年 11 月至 1939 年 9 月，全县主要集镇均遭日机轰炸。日军先后出动飞机 192 架次，轰炸 72 次，投掷各种炸弹 530 枚，炸毁房屋 4585 间。县城城厢镇尤为惨重。1937 年 11 月 30 日，日机 28 架次穿梭轰炸近两个小时，投弹 120 余枚，大批房屋被毁。③

1937 年 12 月 24 日，日军侵占富阳县城后，放火烧掉后上街、桥西、吉祥寺、市心弄所有店房、民宅。几天内，将桥西至太平庵半里多范围的民房全被撤毁，门板、木料搬去修工事、筑岗楼碉堡。④

1938 年 2 月 27 日、1939 年 6 月 23 日、8 月 16 日，日机三度轰炸慈溪第一名镇观海卫，在下营街、南门街、水门南街等处毁房 80 余间。⑤

1938 年 5 月至 1940 年 10 月，日机对绍兴各县空袭 101 次，出动飞机 250 架次，投弹 1085 枚，毁屋 2127 间，震倒房屋 1468 间。⑥

1939 年 12 月 12 日，日机 6 架轰炸奉化溪口，文昌阁及民房 100 余间被毁。次年 2 月 10 日，日机 9 架再次滥炸溪口，毁屋 60 余间。至 1945 年，奉化遭受日军空袭 20 次，炸毁房屋 400 余间。1945 年 11 月溪口镇公所第 83 号呈文载，溪口 15 保沦陷期间，全毁半毁洋房 223 间、楼房 1990 间、平房 1172 间，被抢米 1.5 万石、谷 23 万斤、茶叶 2 千余箱，并被抢走耕牛、猪、鸡及大批实物细软，被砍大树

---

① 宁波市地方志编纂委员会编：《宁波市志》，中华书局 1995 年版，第 2040 页。
② 淳安县志编纂委员会编：《淳安县志》，汉语大辞典出版社 1990 年版，第 544 页。
③ 萧山县志编纂委员会编：《萧山县志》，浙江人民出版社 1987 年版，第 782 页。
④ 富阳县地方志编纂委员会编：《富阳县志》，浙江人民出版社 1993 年版，第 695 页。
⑤ 慈溪市地方志编纂委员会编：《慈溪县志》，浙江人民 1992 年版，第 638 页。
⑥ 李石民：《日寇暴行撮录》，绍兴市政协文史资料委员会编《绍兴文史资料》第 9 辑《抗战八年在绍兴》，1995 年，第 107—108 页。

4899 株、竹 150 万株；汽车站、医院、公园等被破坏。① 据奉化县政府社会科战后不完全统计：沦陷 4 年，损失折合 1945 年法币 9357.76万元，其中农业损失 8967 万余元，工业 145 万元，商业 32 万元，交通 11.76 万元，房屋烧毁损失 140 余万元，其他 62 万余元。②

1942 年日军飞机 4 次轰炸建德县梅城，炸死炸伤耕畜 4000 多头，炸毁房屋 3000 多间，烧毁物资折价 100 多万元。1942 年 12 月 13 日，日机在建德县寿昌镇毁房 200 多间，更楼镇房屋大部分被毁。③

1938—1940 年，上虞县 12 个主要集镇遭日机空袭 20 余次，投弹80 余枚，其中百官镇损失最重。1947 年上虞县政府公布，抗战期间上虞遭日伪毁屋 5709 间，财产损失在 5000 亿元以上（当时法币值，不含东关区）。④

桐乡被日伪烧毁房屋 10090 间，损失物资总值 18588751700 元（1946 年币值）。⑤ 在嘉善，日军毁房 80580 间。⑥

以下将前引新编县志中有确切统计的被毁房屋数量，列举如下。

被日军毁坏的江南 19 县房屋数量：

青浦 10642　崇明 5650　宝山 106815　上海 5500　吴县8407　无锡 160000　武进 36580　丹阳 140000　句容 233500溧水 11200　江宁 155000　杭县 325555　富阳（包括新登）53240　临安 3450　于潜 1850　昌化 130　桐庐 9608　萧山38429　诸暨 22800

以上 19 县被毁房屋共 1328000 多间。

---

① 奉化市志编纂委员会编：《奉化县志》，中华书局 1994 年版，第 646 页。
② 奉化市志编纂委员会编：《奉化县志》，中华书局 1994 年版，第 647 页。
③ 建德县志编纂委员会编：《建德县志》，浙江人民出版社 1986 年版，第 626 页。
④ 上虞县志编纂委员会编：《上虞县志》，浙江人民出版社 1990 年版，第 618 页。
⑤ 曹文琪：《桐乡县遭受浩劫损失录》，中国人民政治协商会议浙江省桐乡县委员会文史资料委员会编《桐乡文史资料》第 14 辑《桐乡市抗日战争史料》（2），1995 年，第20—26 页。
⑥ 本书编委会编：《抗战档案》（下），中央文献出版社 2005 年版，第 917 页。

另据战后国民政府的调查，各县房屋损失情形如下：

扬中 607、川沙 249、金山 925、昆山 22772、无锡（东亭、前洲）13157、[①] 溧阳 111654 间。[②]

日军在对江南的八年战争中，更毁坏或抢走了其他许多财物。据国民党县政府上报，溧阳县住户粮食损失达 1897306.3 万元、衣物损失 1288962.4 万元、家具损失 567239.7 万元，除古玩、书画 608389件，价值无法估计外，住户直接损失 136383819130 元，公私直接与间接损失达 226514132630 元（1945 年法币）。[③]

日军侵占金坛期间，全县被抢走现金十数万元，金银首饰及其他贵重物品 2 万余件。[④] 句容县内的日军烧毁衣服 46.1 万余件，农具、家具 110.2 万件，金饰品 200 余两，银饰品 900 余两。[⑤]

据陈文《一年来的杭县政情》，日军在余杭县期间，造成农产物损失约值 730.426 亿元（1946 年 6—7 月份币值）。[⑥] 抗战期间，江苏省农业改进管理委员会在武进损失衣服 200 件，合 14 万元，家具 240件，合 300 万元，书画 160 件，合 140 万元。[⑦]

二　迟滞乡村发展

水利事业在战时倍受破坏。1936 年以前，江苏"水利冠全国者，皆人事之功焉，迨经八年抗战[⑧]，堤塘失修，川渠沟港淤垫，以致水

---

① 江苏省档案馆馆藏档案：《房屋损毁及木材、石灰调查》，全宗号 1009，目录号乙，案卷号 1739。
② 江苏省档案馆馆藏档案：《溧阳县抗战时期损失报告书》，全宗号 1009，目录号乙，案卷号 1742。
③ 江苏省档案馆馆藏档案：《溧阳县抗战时期损失报告书》，全宗号 1009，目录号乙，案卷号 1742。
④ 金坛县地方志编纂委员会编：《金坛县志》，江苏人民出版社 1993 年版，第 577 页。
⑤ 句容市地方志编纂委员会编：《句容县志》，江苏人民出版社 1994 年版，第 647 页。
⑥ 余杭县志编纂委员会编：《余杭县志》，浙江人民出版社 1990 年版，第 591 页。
⑦ 江苏省档案馆馆藏档案：《抗战损失》，全宗号 1004，目录号乙，案卷号 487。
⑧ "八年抗战"系原文如此。以下对引文中出现的"八年抗战"不另注。

患频仍，民生凋敝"①。丹阳城西北的练湖，在战前建有钢筋混凝土结构的 5 门水闸及辟闭涵洞 3 座，"在抗战期内，均损坏失效"②。

　　日军的侵略还中断了江南其他乡村改良之路。1937 年 3 月 28 日，吴稚晖、叶楚伦、钱新之、李登辉、吴南轩等同赴无锡踏勘复旦大学新校基太湖边大雷嘴，荣德生等将其毗连之私地捐赠给复旦。复旦决定于是年秋在该地鸠工兴建新校，拟将上海之文、理学院迁此，并增设农学院、工学院，此事还得到了蒋介石的首肯。③ 7 月 8 日，市川修三向广田弘毅报告了复旦大学在无锡营建分校的各项进展。④ 战事爆发后，复旦内迁无锡太湖边建分校事被长期搁置。这对大雷嘴周边乡村都是莫大的损失。

　　1937 年 5 月，上海纱布厂商"以镇江地当江河之会、南北交通孔道，将来盐垦区开发后，棉产丰富，实为一适宜于棉纱轻工业区域。拟于镇江近郊设立一纺织村，采用合作方式。凡属村民，发经机件，自行纺织，若干年后，机器即归村民所有。闻省政府方面已赞成此举"⑤。可惜，日军的侵略使这项极为可行、极有创造性的乡村改良道路半途而废。

　　日军对江南的教育设施破坏极为严重。

　　以 1937 年法币计，战时上海 7 所市立中学直接损失 2316080 元，38 所私立中学直接损失 139339452 元；37 所私立中小学直接损失 9168857 元；79 所市立小学直接损失 19128549 元；112 所私立小学直接损失 20522574 元。7 所市立小学间接损失 8960 元；7 所私立中学间接损失 1500705 元；3 所私立中小学间接损失 13755 元；19 所私

---

① 江苏省档案馆馆藏档案：《抗战损失》，全宗号 1004，目录号乙，案卷号 483—494，缩微胶片第 110 页。

② 江苏省档案馆馆藏档案：《抗战损失》，全宗号 1004，目录号乙，案卷号 483—494，缩微胶片第 112 页。

③ 复旦大学档案馆选编：《抗战时期复旦大学校史史料选编》，复旦大学出版社 2008 年版，第 214 页。

④ 市川修三：《無錫ニ復旦大学分校卜民衆教育総館設置計画ニ関スル件》（昭和十二年七月），アジア歴史資料センター（JACAR）：B05016174600。

⑤ 《镇江筹设纺织村》，《纺织时报》第 1388 期，1937 年 5 月 31 日，第 4 版。

立小学间接损失 35549 元。① 以上共计 192034481 元。

1938 年 11 月 8 日日本驻苏州副领事市川修三调查了江苏 16 个县学校受损情况，其中 14 个县在江南地区，现将江南 14 县学校受损情况列表如下：

表 1－8　　　　江苏 14 县学校受损情况（1938 年 11 月）

县别	战前校数	1938 年 11 月学校数	战前学生数	1938 年 11 月学生数
武进	380	8	46812	1919
无锡	402	90	43393	9983
常熟	200	56	15459	4408
松江	219	5	21973	640
吴县	231	47	37366	12592
句容	122	2	6717	257
青浦	166	56	14197	4395
太仓	125	137	9709	9002
吴江	137	19	15170	4170
嘉定	129	67	14389	3810
江宁	110	14	14536	1466
丹徒	124	8	13849	1595
昆山	137	14	14166	1659
金山	108	3	8796	965
14 县	2590	526	276532	56861

资料来源：日本外务省档案：苏州副领事市川修三：《江苏省政府管下十六县教育状况报告》（昭和十三年十一月八日），アジア歴史資料センター（JACAR）：B05016183300。

据表 1－8，1938 年战事结束后苏南 14 县的学校数和学生数均仅相当于战前的五分之一。

1937 年 10 月至 1944 年 10 月，私立无锡国学专修学校校产逐年

---

① 上海市委党史研究室编：《上海市抗日战争时期人口伤亡和财产损失》，中共党史出版社 2016 年版，第 127 页。

累积的损失时价值法币 6030500 元；1944 年 10 月学校财产直接损失价值法币 17262350 元。① 该校战时转迁湖南、广西桂林，原有图书 8 万册，战时损失过半。荣德生创办的私立无锡大公图书馆，战前已收藏古籍 18 万卷，藏书遭到严重损毁。② 无锡省教育学院和省无锡师范学校校舍被日军占为马厩，竞志女中校舍成为伪警察局的牢房。③

日据期间，江苏省立镇江图书馆至少损失图书 6 万册以上，苏州图书馆损失普通图书 12798 册，国学图书馆损失图书约 7 万册（印行秘籍约 9 万册不计入），三大省立图书馆损失图书 14 万册以上。苏州图书馆损失杂志期刊 927 种，计 15163 册；报纸汇订本 26 种，计 1747 册。南京龙蟠里书库损失善本（宋明元版）141 种，计 542 册，以及 283 位名人手札 1042 函，共 3417 页。私人藏书，仅江苏 13 位学者就已损失 5299 册。④

杭州沦陷后，浙江图书馆大学路总馆被日军占为军营，馆舍遭到严重破坏，书库中钢铁书架及其他设备荡然无存。新民路分馆被汪伪政府改为"浙江省立图书馆"总馆。浙江图书馆藏书 20 万册则分藏杭州民家，后为日伪搜获大部。浙图损失图书报刊 10 余万册。浙江各县各公共图书馆，藏书多遭日军破坏，桐庐、分水两县图书馆各遭日机轰炸两次，后复遭日军破坏。国立浙江大学在杭州损失中文图书 11049 册、西文图书 1182 册；1941 年暑期清点，共损失图书 31880 册。国立杭州艺专（今中国美术学院）战前有藏书 14450 册，战后尚存 7394 册。⑤

浙江平湖 26 所中小学损失平房 172 间、楼房 7 间、教学设备

---

① 陈国安、钱万里、王国平编：《无锡国专史料选辑》，苏州大学出版社 2012 年版，第 182—183 页。

② 孟国祥：《抗战时期的中国文化教育与博物馆事业损失窥略》，中共党史出版社 2017 年版，第 14 页。

③ 孟国祥：《江苏文化的劫难（1937—1945）》，南京出版社 2013 年版，第 116 页。

④ 孟国祥：《抗战时期江苏图书损失概述》，《民国档案》2009 年第 3 期，第 105—111 页。

⑤ 顾志兴：《杭州藏书史上的浩劫——侵华日军对杭州藏书事业的破坏》，宋涛主编《近代化进程中的杭州：民国杭州研究论文集》，杭州出版社 2011 年版，第 454 页。

1937 件。1937 年 11 月 23 日，创办于光绪廿八年（1902）的平湖最早的现代学校稚川初中被日军焚毁，烧毁教室 9 间、办公室 6 间和一大批教学仪器，建于同治年间的守先阁藏书楼同时烧损。不久后，日军再次放火，将 40 余万册藏书及大批宋、元以来的历代珍贵名家字画焚烧殆尽。抗战期间，平湖教育系统共有师生 17 人伤亡，其中教职工 13 人、学生 4 人。日军还对一些文化设施与寺庙进行了毁灭性的破坏。1937 年 11 月 6 日，日军飞机投弹击中平湖最大的娱乐场所新民戏院，导致这个拥有 984 个座位的戏院被炸毁。1938 年，日军在平湖县宝塔圩强行拆除明代报本寺的房屋 63 间。①

　　1937—1945 年，浙江省各类图书馆减少 100 多个，藏书损毁 50 多万册。②

　　日据前江南农村的社会保障体系在中国最具特色，官办、民办慈善机构种类繁多。日军占领江南期间，这些机构绝大多数惨遭破坏，有的还被日军占为他用。如松江县，"查悉前项慈善款产，最近经谘讯会议议决，由友军〔指日军——引者注〕接收，改为'日交俱乐部'，并以醉白池为部所，向县府提取前项慈善款四万七千元为修理费，业已开始动工。嗣经地方人士力争，现虽允准养老等事业，暂仍其旧，勉予维持，但添日人六名为董事会董事云"③。

　　日据前苏南义庄在社会救济、普及教育、维护社会秩序等方面发挥着非常重要的作用，这个地区有的义庄也遭到了破坏。表 1－9 是无锡东河头陈氏义庄战时的损失情形。

　　昆山赵氏义庄中，庄祠面积达 2 亩，"古香深处"花园及藏书楼造价 2 万银元。1937 年日军侵占昆山，庄祠与节孝坊全部被毁，古

---

①　蒋苍苍：《平湖抗日战争综述》，辛春喜主编《铭记历史：日军登陆平湖侵略史实口述实录》，新华出版社 2016 年版，第 7 页。
②　袁逸：《抗战时期浙江省图书馆事业的损失》，《中国图书馆学报》2000 年第 5 期，第 83—84 页。
③　中国第二历史档案馆馆藏汪伪振务委员会档案：《江苏省分会调查各县灾况报告》，全宗号 2076，案卷号 569。

香深处藏书被洗劫一空。① 日军占据荡口后，长期把华氏新、老义庄作为军事据点。② 嘉庆十七年（1812）徐达源等创建的苏州黎里众善堂，主要从事收遗骸、施棺、恤嫠等善举。1923 年黎里市民公社指定专人为贫病者施医、施药，对贫苦者施米、施棺、恤嫠，抗战时陷于停顿。③ 常熟西门外山塘翁氏义庄，为原湖北巡抚翁同爵及子翁曾纯、翁曾荣等建，有田 1000 余亩，④ 日据前有房屋 30 间，另有厅堂、厢房、花园等占地 6 亩余，内设历代祖先神位供祭祀之用。日军占领常熟，翁氏义庄房屋与石梅祠堂悉数被毁。⑤

表 1-9　　　　　　　无锡东河头巷底陈导源义庄战时损失

损失项目	单位	数量	1937 年法币（元）
房屋	间	10	80000
器具	件	55	30000
杂物	件	24	15000
书籍	本	200	15000
合计			140000

江苏省档案馆藏档案：《无锡县抗战期内财产损失的调查》，全宗号 1009，目录号乙，案卷号 1116。调查时间 1946 年 2 月。

日军的焚劫严重地损毁了江南地区的公私财物，重创了江南地区民众赖以生活的物质条件。对各类文化设施的摧残，降低了江南民众的精

---

① 赵绵行：《正仪赵氏天水义庄》，中国人民政治协商会议江苏省昆山市委员会文史征集委员会编《昆山文史》第 10 辑，1991 年，第 218 页。

② 中共苏州市委党史工作办公室：《中共苏州地方史（1919—1949）》第 1 卷，中共党史出版社 2001 年版，第 216 页。

③ 苏州通史编纂委员会编：《苏州通史》（16）"图录卷"，苏州大学出版社 2019 年版，第 278 页。

④ 庞鸿文纂修：《重修常昭合志》卷十七"善举志（义庄附）"，光绪三十三年刻本，第 19 页上一下。

⑤ 沈秋农：《常熟翁氏家族在日本侵华战争中的惨重损失》，王忠良主编《翁同龢研究（2018）》，文汇出版社 2018 年版，第 257 页。

神生活水平。对慈善机构的破坏，摧毁了江南较为完善的社会保障体系。

第三节　日军暴行与南京社会经济

目前学界对日军占领南京后的行为及这些行为的影响的陈述，不少是事后或是旁观者所作，带有一定的缺憾。现根据中国第二历史档案馆藏汪精卫伪政府振务委员会档案中的难民要求救济的申请书，对日据前期日军在南京的行为进行印证，并对南京社会经济的影响作一阐述。

中国第二历史档案馆收藏的汪伪政府振务委员会难民申请救济档案，① 主要是难民们向汪伪政府呈递的救济申请书及汪伪政府对申请书的批复。其中难民申请书有 1000 余份，绝大部分申请书是在 1940年 9 月至 1941 年 1 月份交递的。从内容上看，难民的成因都与日军侵占南京有关，许多人是日军暴行的直接受害者，因而，这些申请书是研究日军暴行及其他行为最可靠的证据之一。这是因为：第一，在日伪军队的刺刀下，而中国军队又处于防守和退却的时期，作为伪政府首都的市民，自然不敢夸大日军的任何恶行。第二，申请救济的当事人，均为下层民众，为了获得振务委员会的批准，经常对日军的恶行作掩饰，这是完全可以理解的。第三，最为重要的是，所有申请书均有汪伪政府任命的坊长、保长或甲长等基层政务人员作为证明人，

---

① 本节所用 14 卷档案分别是：中国第二历史档案馆馆藏汪伪振务委员会档案《南京市难民请求救济》，全宗号 2076，案卷号 611（1940 年 5、6 月）；《请求收容救济》第 1册，全宗号 2076，案卷号 550（1940 年 9、10 月）；《请求收容救济》第 2 册，全宗号 2076，案卷号 551（1940 年 10 月）；《请求收容救济》第 3 册，全宗号 2076，案卷号 552（1940 年 10、11 月）；《请求收容救济》第 4 册，全宗号 2076，案卷号 553（1940 年 11月）；《请求收容救济》第 5 册，全宗号 2076，案卷号 554（1940 年 11 月）；《请求收容救济》第 6 册，全宗号 2076，案卷号 555（1940 年 11 月）；《请求收容救济》第 7 册，全宗号 2076，案卷号 556（1940 年 11、12 月）；《请求收容救济》第 8 册，全宗号 2076，案卷号 557（1940 年 12 月）；《请求收容救济》第 9 册，全宗号 2076，案卷号 558（1940 年 12月）；《请求收容救济》第 10 册，全宗号 2076，案卷号 559（1940 年 12 月）；《请求收容救济》第 11 册，全宗号 2076，案卷号 560（1940 年 12 月、1941 年 1 月）；《请求收容救济》第 12 册，全宗号 2076，案卷号 561（1944 年 1 月）；《请求收容救济》第 13 册，全宗号 2076，案卷号 562（1944 年 1 月）。以下所有表格中的资料均来自上述 14 卷档案，不另注。

振务委员会并作相关的调查、复核，才能作出审批。无论如何，申请书中涉及日军暴行等方面的内容是无可置疑的。另外，从这些申请书中足以看出1937年日军占领南京后至1941年以前数年间的南京社会经济状况。

一 救济书中的大屠杀

日军占领南京后，伤害平民人身的暴行主要有屠杀、奸淫、拉差、殴打，等等。

难民们的申请书大量揭示了日军占领南京后，确凿无疑地对南京的和平居民，而非抵抗者或是有抵抗倾向的人进行了大规模惨无人道的肆意屠杀。

按当时振务委员会的规定，只有身体残疾的人或60岁以上的孤寡贫困老人才能受到救济。出于种种原因，如绝大部分被害者遗属不愿接受伪政府的救济，有的是全家被害，有的被害者遗属避走他乡等，向振务委员会提出申请救济的难民仅是庞大难民人数中的极少部分。毕竟，申请救济不是被害者遗属登记。即便如此，申请书中明确地写明至少有1名直系亲属（有的全家被害）直接被日军杀害的难民约占申请救济的难民总数的10%，如果包括笼统地说家中有人死亡的难民在内，死难者遗属约占难民总数的20%。我们从中选出95位，以此分析日军屠杀难民的概况。

为了真实反映难民所述的历史状况，现对难民申请书所述的内容按原文摘录如下：

表 1 - 10　　　　　　　　　**家人遭受屠杀的难民**

编号	姓名	住　　　址	年龄	申请书中所述情形（原文摘录）
1	魏王氏	门东三条营20号		事变时全家避入难民区，（本人除外）皆被杀害。……窃妇家门不幸，一家老幼此次事变，均遭惨亡，房屋被焚
2	韩江氏	明丸廊63号		事变时，夫被为军拉出，以致身亡

续表

编号	姓名	住　　址	年龄	申请书中所述情形（原文摘录）
3	尹吴氏	门西柳叶街 67 号		丈夫惨遭杀戮
4	周张氏	长乐路 394 号	54	乃以佣工度母子之生活……距〔讵〕料中日战事告发，京地失守，氏乃偕子避难于难民区中。不幸日军入城后，氏子被误认为中央军而枪杀
5	陈周氏	门东蔡家苑 7 号	50	窃氏夫陈德云在事变前曾住南门外邓府山，向以照管市府官地，服侍花卉。不料事变，氏夫惨遭戮杀。儿子被拉差
6	童吴氏	谢公祠 28 号	68	氏中年守节，矢志抚孤，全恃针业，所获勉将孤子教养成立，支撑门户，已历二十余年之久。讵于民二十六年，南京事变发生，租屋被毁，儿、媳同时殉难，只氏一人遇救幸免
7	马鲁氏	门东库上第 9 号	40	窃氏夫先前向以种菜帮工度糊，未料事变后被乱军强拉充役……惨遭枪戮
8	庆邱氏	借居磊功巷 15 号	45	窃氏妇亲夫自由事变避居乡间，不料身受皇军枪弹毙命
9	朱沈氏	门东仓门口 15 号	47	窃氏夫向作耕种菜园度日，不幸事变，被乱军戮杀伤命
10	戴金氏	高家苑 7 号	64	窃难妇中道衰落，氏夫早亡，数十年青灯独守，讵知先年京乱，逆子不幸身亡
11	徐杨氏	箍桶巷 50 号	54	窃氏夫祖籍安徽，由事变随夫返里避躲危险，避险逃难在外，因夫在途惨遭伤命，目不忍睹
12	陈王氏	石榴园 12 号	68	三十岁守寡，抚养二龄孤子……不幸又值兵燹，儿、媳相继死亡
13	万匡氏	大油坊巷 93 号	56	窃氏素系乡黎，全凭苦力度日，此次兵燹，夫死子散，倾家无归
14	李本锦			窃商民向系缎业，经营多年，自事变后，妻亡子伤，现时苦孤无依

续表

编号	姓名	住 址	年龄	申请书中所述情形（原文摘录）
15	石李氏	转龙车 10 号	52	由兵燹事变，大子被遭惨命〔杀〕，二子又遭拖差外出三年有余，至今音信全无
16	蒋董氏	三条营 10 号	42	窃孀氏夫在事变时，替主人看守房屋被害
17	冯赵氏	方家巷 16 号	65	至事变前后，在膺福街第八十四号开设钰大茶叶店，营业数年，全家懒〔赖〕以糊口。于事变后，逆子贪店，将氏等送居难民区，不幸友军检查，将逆子击伤身死店内
18	吴陈氏	三条营 10 号	62	不料事变，阖家长幼丧亡，只存氏孤身一人
19	徐德成	小英府 5 号	61	窃因兵燹事变，将妻惨遭伤命
20	陈周氏	南站外邓府山脚下 50 号	60	窃夫陈德元，由兵燹事变，被乱军惨遭伤命.
21	王朱氏	大树城 1 号	57	迨事变后，儿、媳双双遇害，家具什物复被掳一空，住宅陷于炮火
22	朱翰清	门西	75	事变阖家离散，亲生独子朱荣斌布业，为乱军拉去刀劫丧命。灾民只此一子，断绝宗祀
23	黄翁氏	新桥船板巷 56 号	51	丈夫早丧……前赖长婿及诸亲共同抚养，正事变以来，诸亲星散，长婿身殉国难
24	容王氏	门东半边营 21 号	51	孤寡无依，儿子在世之时做生意度日，不幸事变时惨遭流弹击毙，所有陋屋数椽同归于尽
25	黄张氏	转龙车 6 号	60	夫早亡，尚有一子，向系经商。前岁京市事变后，忽被军队击毙
26	张朱氏	泥马巷老踹布坊 36 号	73	自事变后，一子在乱世身死，无儿无女
27	尹王氏	凤游寺 10 号	57	早年丧夫，抚三孤子二十余载，终于长成自立，有所期望，岂料事变，遭兵燹被击毙

续表

编号	姓名	住　　址	年龄	申请书中所述情形（原文摘录）
28	薛戴氏		65	氏子因事变时遭惨死
29	陈杨氏	石观音 21 号	56	窃夫存世，向作菜园帮工度糊，未料事变，夫忽遭惨害伤命
30	周宗湖	大光路都统巷 4—2 号	55	事变之前即在乡间私塾内充当教授……时逢事变，全家伤亡，仅剩民之一身
31	陈王氏	乱石堆 7 号	49	氏夫以菜贩营生，相依度日，氏一生并无子女，孤苦之人，不料此次事变，氏夫惨遭劫〔难〕而亡
32	李兆有	绿竹园 4 号	66	民一生仅有一子，相依度日，不料此次事变，民子惨遭劫而亡
33	梁李氏	双塘园 17 号	48	不料兵燹事变，因夫忽遭拉差，未幸惨遭戮亡
34	李士保	大树城 3 号	40	妻躲避兵燹，不幸惨遭身亡
35	徐长有	煤灰堆 1 号	58	京畿事乱，子、媳遭亡
36	孙陈氏	六角井 4 号	62	事变之时房屋烧毁，儿死媳走
37	张章氏	磨盘街 4 号	72	昔年事变后，孤子死于非命
38	周唐氏	三茅宫后街 203 号	65	氏手工生活，两子小贩营生。适因事变……长子永清误遭损〔殒〕命，次子被军拉夫外出，迄今数载，音信杳然
39	崔刘氏	长乐路 297 号	65	仅有一子经营商业……不幸事变时身死，兼之家中被劫一空
40	秦唐氏	避驾营 9 号	58	氏夫于事变时在中华门外邓府山无故突遭惨死，只有一子同时先后亦被当差，一去未回
41	冯王氏	小油坊巷 8 号	40	窃氏夫兵燹事变将夫惨遭戮亡，其形悲极万分，不忍睹，另〔令〕人闻之酸鼻，可悲可惨，但氏子又被作工拉去，一年有余毫未见消息

编号	姓名	住 址	年龄	申请书中所述情形（原文摘录）
42	王唐氏	方家巷 11 号	65	窃氏夫由兵变时，忽遭惨死，痛不忍睹，其形悲惨可怜已极
43	蔡元康	转龙巷 17 号		当战事方殷之际，民之老妻、儿、媳等相继惨遭炸弹炮火身亡，而家资什物复被掳一空，房屋则被焚为灰烬
44	李葛氏	三条营 32 号		子李金源，年三十一岁，时民国二十六年事变时被难
45	吴李氏	孝顺里 20 号		前因事变，由南乡龙都镇逃难来京，子、媳均被乱军中枪杀
46	朱刘氏	新路口 6 号		窃氏由兵燹事变将子协同难区避难，不幸被乱军戮遭惨死
47	李梁氏	边营 7 号		自事变时，丈夫与公公均皆惨遭流弹击毙
48	陈阳氏	边营 1 号		窃氏夫前作机业，自事变时惨遭流弹击毙
49	杨明顺	膺府街 55 号		自事变时，全家被难
50	陈登科	桑树园 5 号		自事变女儿死去
51	王贵祥	太平桥 33 号		由兵燹事变，逃难在外，子、媳全伤丧命
52	严许氏	边营 2 号		氏夫前作工业，自事变时惨遭流弹击毙
53	黄翁氏	船板巷 56 号		长婿身殉国难
54	蒋顾氏	通济门菜市巷 14 号		自事变时，不幸两子惨遭流弹击毙
55	朱王氏	九儿巷 9 号		窃氏夫由兵燹事变，被乱军将夫惨杀亡故，另〔令〕人惨不忍睹
56	刘陈氏	下浮桥小回龙街 31 号		子被乱军枪杀
57	王傅氏	大光路 123 号		氏只生一子，在溧阳县保安队服务，事变时被飞机轰炸亡故
58	李陆氏	钞库街 37 号		前遭事变以来，其子已遭惨死，加之家中各物均化为乌有

续表

编号	姓名	住　　址	年龄	申请书中所述情形（原文摘录）
59	秦王氏	谢公祠 12 号		二十六年事变，幼女惨死，住宅又为暴徒掠空
60	蔡葛氏	三茅宫 9 号		生下一子，名汉清，现二十七岁，娶有王氏，妻室现年二五，不料事变殒命
61	周锦章	踹布坊 7 号		事变后，将子伤亡
62	萧韩氏	小荷花巷 13 号		氏夫前作商业，自事变时惨遭流弹击毙
63	孙兴开	方家巷 14 号		自兵燹事变，阖家老少逃难死亡
64	王叶氏	扫帚巷 61 号		生有一子，素以皮匠为业……不幸于事变时被友军枪杀，寡媳逃往他方，至今三载无处探寻
65	吴李氏	孝顺里 20 号		前因事变被兵灾避难，于京家下子、媳均受枪杀死亡
66	吕长有	贵人坊 15 号		窃民子，大的由兵燹事变惨遭戮命
67	纪金氏	半边营 40 号		窃氏夫避难异乡，遇害丧命
68	朱马氏	蔡家苑 19 号		窃氏夫由兵燹事变惨遭戮亡
69	陈王氏	剪子巷 36 号		因事变时夫遭劫而亡，殊为惨伤
70	张朱氏	饮虹园 32 号		窃氏夫向以医科为生，不料兵燹事变奔往全椒避难，将夫惨遭戮亡，一及各种箱箧什物抢掠已空
71	王怀庆	三条营 29 号		窃民经营商业，自事变时妻女被炸身死
72	方匡氏	大油坊巷 93 号		此次兵变，夫死子散
73	魏王氏			窃氏妇亲夫自由事变避居乡间，不料身受皇军枪弹毙命，已故几载
74	王大祥	谢公祠 15 号		追经事变后，氏一家大小六口，妻亡子呆，媳改嫁
75	祝周氏	小西湖 10—1 号		窃氏夫由兵燹事变被遭戮亡
76	金宛氏	长乐路 117 号		氏子被事变，遭难

编号	姓名	住　址	年龄	申请书中所述情形（原文摘录）
77	冯赵氏	上江考棚 16 号		窃氏子女……由兵燹事变，不幸被乱军惨遭戮亡
78	余胡氏	莲子营 68 号		窃氏夫因昔年时局变乱之际，忽被打死，家中房屋已被焚毁，什物等件全行损失，家兄、嫂均被打死
79	刘吴氏	钞库街 40—1 号		夫由兵事变后在途苦力生活，不料拖拉性傲，顾念家中，未从，将夫在途惨遭戮亡，尸身无寻，惨不忍睹
80	陈吴氏	大荷花巷 2 号		仅一子，于事变时，遭劫而亡，殊为惨痛
81	俞开银	陈家牌坊 41 号		仅一子，于事变时遭劫而死，殊为惨伤
82	杨家有	乱石堆 7 号		窃民子由兵燹事变被乱军拖去，惨遭身死
83	柴童氏	棉花廊 98 号		二孙逃难来京……大孙儿惨遭身亡，二孙儿不幸在京做劳工，不料被拉差外去，至今三年，未见消息
84	郭魏氏			子亡媳故
85	王何氏			一经事变，不幸子、媳惨死
86	任王氏			不幸事变之际，婿家全数殉难
87	刘金明			窃氏只有一子，事变时被乱兵枪杀
88	黄翁氏			事变时，长婿身殉国难
89	杨毕氏			窃氏夫由兵变时惨遭身亡，家下被难，洗劫一空
90	李士保			由兵变时乡下房屋焚烧，母被乱军戮杀
91	邓傅氏等三人			自遭事变，住屋被焚，〔多名〕壮丁被戮
92	祝缪氏	殷高巷 51 号		窃氏夫祝仁偕由兵燹变乱时，被乱军惨遭戮亡
93	孙杨氏	小荷花巷 13 号		窃氏夫前帮人种地为业，不幸事变时惨遭溜〔榴〕弹毙命

续表

编号	姓名	住　　址	年龄	申请书中所述情形（原文摘录）
94	谈王氏	玉振街 18 号		由事变前氏子被日军戮害丧命
95	孙陈氏	小油坊巷 14 号		窃氏缘〔原〕有一子，于事变时，在南京被日军拖差，至〔今〕尚无下落，氏媳亦被日军击毙

说明：表中编号为笔者所加。下同。

从表 1-10 难民申请书的叙述中，我们可以看出日军在南京的屠杀具有以下特点。

第一，日军曾针对包括难民区在内的所有无辜难民，而非仅是被怀疑为中国军人的难民进行过大屠杀。

据抗日战争结束后南京大屠杀幸存者们的证言，日军占领南京初期，对难民区进行了逐个搜查，凡是头上有帽箍印、手上有老茧的青年人一律被认为是中国军人而予以杀害，这些证言得到了当年屠杀者的证实。如日军进行屠杀的当事人山本五郎（化名）在 1937 年 12 月 14 日的日记中写道："上午 8 时 30 分，中队列队进入难民区。残兵败卒都化装成便衣大多扔掉军服和武器，与成百上千的难民混在一起。我们和支那的警官对他们进行一一检查，找出像溃军似的军官。因为一个队很难执行屠杀任务，所以向第一机枪队借来两挺重机枪，再将中队的六挺轻机枪及全部步枪都集中起来，然后将这些残兵败卒带到远处城墙的山边，轻重机枪一齐扫射，予以全部杀死。"[①] 这类记述较多，不一一列举。由于幸存者们在难民区目睹的也多是年轻人被抓走、残杀，这些叙述者和当事人日记均认为日军进入难民区所屠杀的人是被怀疑为中国军人的难民。确实，日军在难民区以这类形式和借口屠杀的青年人相当之多。周张氏（编号 4）等人的叙述也印证了这一事实："以佣工度母子之生活……距〔讵〕料中日战事告发，

---

① 〔日〕本多胜一：《南京大屠杀始末采访录》，刘春明等译，北岳文艺出版社 2001 年版，第 289 页。

京地失守，氏乃偕子避难于难民区中，不幸日军入城后，氏子被误认为中央军而枪杀。"①

　　另外，日军不但大批残杀了被怀疑是溃军的年轻人，而且肆意滥杀包括难民区在内的所有平民，有的平民甚至全家老幼在难民区内悉数被害。家住门东三条营 20 号的魏王氏（编号 1）等人叙述："事变时全家避入难民区，（本人除外）皆被杀害。……窃妇家门不幸，一家老幼此次事变，均遭惨亡……"孝顺里 20 号吴李氏（编号 45）："前因事变，由南乡龙都镇逃难来京，子、媳均被乱军中枪杀。"任王氏（编号 86）："不幸事变之际，婿家全数殉难。"充分说明日军对难民区内外难民的残杀是不分男女老幼的，被害者并不完全是因为被怀疑为溃军。据南京大屠杀的当事人斋藤次郎的日记记载："（1937 年 12 月 14 日）到下午 5 时左右，受命集合的数千名俘虏，使宽敞的场地变成了黑压压的人海。他们中年轻的十二三岁，年长的五十出头，服装也是形形色色，使人不禁怀疑，这些人果真是军人吗？仅山田旅团抓获的俘虏就合计一万四千余名。"②类似的记载随处可见。负责扫荡难民区的日第九师团步兵第七连队队长伊佐一男在 1937 年 12 月 16 日的日记中记录其一个连队就杀害了难民区难民 6500 人。③

　　从谢公祠 28 号童吴氏（编号 6）等人的叙述中可以看出有许多女性被害："南京事变发生，租屋被毁，儿、媳同时殉难，只氏一人遇救幸免。"谢公祠 12 号秦王氏（编号 59）："二十六年事变，幼女惨死。"三茅宫 9 号蔡葛氏（编号 60）："生下一子，名汉清，现二十七岁。娶有王氏，妻室现年二五，不料事变殒命。"上表中确切写明的被害女性即达 20 余人，确凿地证明了日军不但曾对所有难民进行

---

　　① 中国第二历史档案馆馆藏汪伪振务委员会档案：《请求收容救济》第 1 册，全宗号 2076，案卷号 550。1940 年 9、10 月。

　　② ［日］本多胜一：《南京大屠杀始末采访录》，刘春明等译，北岳文艺出版社 2001 年版，第 296 页。

　　③ ［日］本多胜一：《南京大屠杀始末采访录》，刘春明等译，北岳文艺出版社 2001 年版，第 361 页。附注：该连队的战斗详报记录该队杀害了 6670 人。"在被杀害的难民区里的普通男子，要比原中国兵还多。"

过大屠杀，还有大量针对女性的暴行。

第二，日军不但在市区对南京平民进行了大屠杀，而且在外地同样进行了屠杀；大屠杀中的被害者既有留在市区未及躲避的市民，还有许多已逃避到乡间、外地甚至外省的南京平民。

在日军占领南京时，不但躲进安全区的难民没有获得安全，许多逃到乡间的难民同样难逃被残杀的厄运。磊功巷15号庆邱氏（编号8）的申请书中写道："窃氏妇亲夫自由事变避居乡间，不料身受皇军枪弹毙命。"大光路都统巷4—2号周宗湖（编号30）"事变之前即在乡间私塾内充当教授……时逢事变，全家伤亡，仅剩民之一身"。方家巷14号孙兴开（编号63）："自兵燹事变，阖家老少逃难死亡。"孝顺里20号吴李氏（编号65）："前因事变被兵灾避难，于京家下子、媳均受枪杀死亡。"李士保（编号90）："由兵变时乡下房屋焚烧，母被乱军戮杀。"

在外省被屠杀的南京平民也为数不少。据箍桶巷50号徐杨氏（编号11）的申请书叙述："窃氏夫祖籍安徽，由事变随夫返里避躲危险，避险逃难在外，因夫在途惨遭伤命，目不忍睹。"饮虹园32号张朱氏（编号70）："窃氏夫向以医科为生，不料兵燹事变奔往全椒避难，将夫惨遭戮亡，一及各种箱箧什物抢掠已空。"由此可见，南京大屠杀中被杀害的平民其分布地域相当广泛，不但大量的平民在城区被屠杀，还有相当数量的平民在外地（包括外省）被杀害。

第三，日军对南京市民的暴行，既包括地面部队，也包括其他兵种（如空军、海军）的屠杀行为。

日军在地面部队进攻南京前，曾进行大规模的空袭，空军先于地面部队屠杀了大量的平民。大光路123号王傅氏（编号57）的申请书中写道："氏只生一子，在溧阳县保安队服务，事变时被飞机轰炸亡故。"三条营29号王怀庆（编号71）："窃民经营商业，自事变时妻女被炸身死。"转龙巷17号蔡元康（编号43）："当战事方殷之际，民之老妻、儿、媳等相继惨遭炸弹炮火身亡，而家资什物复被掳一空，房屋则被焚为灰烬。"边营35号汤徐氏："一子遭飞机轰炸失踪。"① 花圳岗 105 号黄陶氏："窃夫向以机业生计，尚苦，事变又避灾躲让，被飞机将夫黄福金腿部轰残废。"②

日本海军也参与封锁长江，协助地面部队的进攻，同样造成了南京平民的伤亡。据半边营 39 号杨成林在申请书中的叙述："窃民家有八口，由兵燹事变时，全家避难外出又遭〔封锁扫射〕，乘船过江淹死七口。"③

第四，尤应值得注意的是，日军即使在零星残杀南京平民时，也常常是当众虐杀，以收恐吓之效，许多被逼旁观的平民往往受到较大的惊吓，发疯等心理致残的人非常之多，更不要说那些受害者的亲属们所受的心理折磨和心理打击了。大量心理致残的平民是日军在南京造成的又一巨大恶果。

汪伪政府振务委员会的档案中，有许多生活不能自理的人是因日军暴行而导致心理残疾的平民。门西柳叶街 23 号王茂林："窃民由事变被乱军飞机轰炸，将身体炸吓痴傻。"门东双塘园 29 号陈贵芝："窃民向以农工为业，不料事变被飞机轰惊，痴似呆残而〔难〕自立。"④ 小西湖 1 号丁周氏（1868 年生）的申请书中叙述："氏伤子多年……媳兵变时被吓身死。"⑤ 张广德（时年 63 岁，无居处）："向以苦力为生，经事变受吓……发疯。"⑥ 长乐路 282 号马黄氏（1889 年生）："自事变衣物荡然，生计断绝，氏夫因惊病身亡，氏子在乱

① 中国第二历史档案馆馆藏汪伪振务委员会档案：《请求收容救济》第 3 册，全宗号 2076，案卷号 552。1940 年 10、11 月。

② 中国第二历史档案馆馆藏汪伪振务委员会档案：《请求收容救济》第 3 册，全宗号 2076，案卷号 552。1940 年 10、11 月。

③ 中国第二历史档案馆馆藏汪伪振务委员会档案：《请求收容救济》第 3 册，全宗号 2076，案卷号 552。1940 年 10、11 月。

④ 中国第二历史档案馆馆藏汪伪振务委员会档案：《请求收容救济》第 1 册，全宗号 2076，案卷号 550。1940 年 9、10 月。

⑤ 中国第二历史档案馆馆藏汪伪振务委员会档案：《请求收容救济》第 4 册，全宗号 2076，案卷号 553。1940 年 11 月。

⑥ 中国第二历史档案馆馆藏汪伪振务委员会档案：《请求收容救济》第 2 册，全宗号 2076，案卷号 551。1940 年 10 月。

中失散，存亡莫卜，痛夫思子，以致目盲耳聋。"① 磨盘街 2 号宋马氏："自事变后，衣物荡然，生计断绝……氏夫因惊致病，死在何处，家中完全不知道否，氏子中途死了。"② 暂住双塘园 17—1 号魏蒋氏（时年 34 岁）："夫于事变时被军队拉差而去，迄今音讯杳无，存亡未卜……加之氏因受环境刺激过深，染成痼疾。"③

据南京江宁镇姚传海口述："1937 年 12 月，日本人进犯江宁，我们全家逃到新济州，只留下祖母看家。后来，祖母目睹了日军的暴行，觉得害怕，也逃到新济州。由于祖母受到日本人的惊吓，不久后病故。……据祖母讲，她亲眼看到，一个姓胡的 70 多岁的老头子，被日本人看到了，日本人举枪把他打死了。还有一个叫戴毛的人，四五十岁，被日本人用东洋刀砍了一半的脖子。当时人还没有死，呼吸道没断，一直在喷血，走到东湖的时候倒地死亡。"④ 据谢修华口述，"有一次，日本兵怀疑一个大胡子是军人，逼他跪在地上，然后把枪架在他肩膀上，射死了远处的一头牛，那个大胡子吓得瘫在地上。"徐存兰亲睹日本开枪把一妇女肠子打出，并烧死 3 名孩子，直到 2006 年"还有时做噩梦，梦见自己被日本鬼子吓得到处跑"⑤。郭正余口述："日本人来的时候，我 14 岁，吓得不得了……日本人穿便衣来了，吓得我们不知道往哪里跑。"⑥ 傅余有曾目睹母亲被两名日军强奸。⑦ 纪允兰称："我亲眼见到山塘有许多死人。鬼子用机枪把人扫

---

① 中国第二历史档案馆馆藏汪伪振务委员会档案：《请求收容救济》第 3 册，全宗号 2076，案卷号 552。1940 年 10、11 月。
② 中国第二历史档案馆馆藏汪伪振务委员会档案：《请求收容救济》第 3 册，全宗号 2076，案卷号 552。1940 年 10、11 月。
③ 中国第二历史档案馆馆藏汪伪振务委员会档案：《请求收容救济》第 3 册，全宗号 2076，案卷号 552。1940 年 10、11 月。
④ 张宪文主编：《南京大屠杀史料集》（37）《幸存者调查口述续编》（上），江苏人民出版社、凤凰出版社 2014 年版，第 18 页。
⑤ 张宪文主编：《南京大屠杀史料集》（37）《幸存者调查口述续编》（上），江苏人民出版社、凤凰出版社 2014 年版，第 20 页。
⑥ 张宪文主编：《南京大屠杀史料集》（37）《幸存者调查口述续编》（上），江苏人民出版社、凤凰出版社 2014 年版，第 37 页。
⑦ 张宪文主编：《南京大屠杀史料集》（37）《幸存者调查口述续编》（上），江苏人民出版社、凤凰出版社 2014 年版，第 12 页。

死后摔到这里来，经常性的。"① 这些惨状对正常人的心理打击非常严重。

江宁铜井镇毕光生口述："小山坎上有个老人，叫吴春江，当时有五个外边来的妇女，躲在他家。三个妇女躲在床下边，没被鬼子发现。另外两个妇女被三个鬼子在床上侮辱了。在床下边的妇女吓呆了，村里人把她们拉出来的时候，谁都不认识了，神志不清。"② 王芝兰口述，"有一次，鬼子进村，我姨娘、妈妈和几个妇女躲在地窖里。姨娘抱着一个小孩，当时孩子正在吃奶。小孩哭得很厉害，其他的妇女觉得害怕，说：'不能哭啊，被鬼子听到不得了的。'姨娘为了不让孩子出声，紧紧捂住孩子的嘴，结果，就把孩子活活地捂死了"③。可以想见，这位姨娘一辈子都会生活在杀死亲子的痛苦、自责之中。

南京市政府 1947 年的调查报告说："有财物被掠夺，儿子被枪杀、老母复因惊恐丧命者。"据市民邓志陆控告："民母八十高年，受此惊恐之余，战栗腿软。神志沮丧……终因惊恐过度，不久因病谢世。"④

综上所述，汪伪政府振务委员会的难民申请书确凿地证明了日军占领南京时对难民区内外所有的平民进行了屠杀，南京被杀害人口中有许多人是逃避到外地（包括外省）后被害的，除地面部队外，日军其他兵种同样有针对南京平民的凶残暴行，日军暴行给南京人民心理上的伤害之大尤应值得学者们的重视。

---

① 张宪文主编：《南京大屠杀史料集》（37）《幸存者调查口述续编》（上），江苏人民出版社、凤凰出版社 2014 年版，第 15 页。

② 张宪文主编：《南京大屠杀史料集》（37）《幸存者调查口述续编》（上），江苏人民出版社、凤凰出版社 2014 年版，第 116 页。

③ 张宪文主编：《南京大屠杀史料集》（37）《幸存者调查口述续编》（上），江苏人民出版社、凤凰出版社 2014 年版，第 109 页。

④ 邹明德等：《侵华日军在南京进行大屠杀》，中国人民政治协商会议江苏省南京市委员会文史资料研究委员会：《史料选辑》第 4 辑《侵华日军南京大屠杀史料专辑》，1983 年，第 18—19 页。

二 南京人口锐减

日军占领南京后，除被屠杀者外，还有大量的平民失踪、被拉夫，造成人口锐减，给南京社会经济带来极其恶劣的影响。

据记载，日军对南京市民进行屠杀后，用投江、掩埋、浇汽油焚烧、在民居内毁尸等种种手法毁灭罪证，因而南京平民失踪的现象极为普遍。

现将家人失踪的难民列举数例如下：

表 1－11
家人失踪的难民

姓名	年龄	住址	申请书中所述情形（原文摘录）
江杨氏	53	石观音 30 号	事变之前本有一女，事变发生，母女离散，杳无踪迹
罗施氏	36	马道街 30 号	自去年氏夫出门找朋友谋事，至今一年多无有音信回来
张陈氏	72	船板巷 25 号	儿失散
谢刘氏	19	边营 79 号	窃氏夫自事变时逃难在外，三载以来，无有音信
杨王氏	39	20 坊 9 保 9 甲	夫……于事变后，忽然失踪
哈少田	71	饮虹园 28 号	窃民子在难民区避难，不幸被乱军捉去，至今三年杳无踪迹
谢姜氏	64	北山门内 7 号	窃民国二十六年度友军侵京，氏夫谢国洪及其外孙被其俘虏，此去三年有余杳无住〔佳〕音
石永龄	62	转龙车 10 号	由兵燹事变，儿子失落无踪，杳无信息
朱徐氏	66	孝顺里 26 号	事变时子外出，于今三年杳无音信，传闻在外遇险
郑饶氏	55	张家衙 11 号	窃因兵燹事变，仅靠子婿度糊，未料变乱时，避难奔走三年，至今三年消息全无
王郑氏	61	能仁里 55 号	仅有一子，相依度活，不幸自遭事变走失无踪，迄今三载有余，音信全无

姓名	年龄	住址	申请书中所述情形（原文摘录）
唐姚氏	62	磊功巷 30 号	自事变时，氏夫外出自今数载，音信毫无
周丁氏		长乐街 44 号	丈夫在兵灾时逃难未归
何得财		璇子巷 22 号	妻在战乱中失散
张永彬		井家苑 27 号	战事使自身失业、儿子失踪
林刘氏		小仙鹤街 38 号	事变时两子失踪

表 1-11 中失踪的人（包括妇女、儿童），经过家人数年的找寻，仍无消息，估计他们多已被日军残杀灭迹。

家人被日军拉夫的难民也随处皆有。现将振务委员会档案所载的这类难民扼要列举如下：

表 1-12　　　　　　**家人遭拉差的难民**

编号	具呈人	年龄	住址	申请书中所述情形（原文摘录）
1	杨洪氏		佐营 12 号	儿杨荣贵逃难时被日军拉夫
2	张钱氏		三条营 22 号	儿子被拉差失踪
3	蒋邓氏	49	小膳府 8 号	事变时……夫拉夫出外，至今无有下落
4	窦汤氏	60	洋虎仓 2 号	但氏子由事〔变〕时在难民区被乱军拖差外去，至今音信全无
5	马金贵	56	校尉营 18 号	窃民向做炒货店营业，帮工度糊，不料由兵燹事，拖拉外出，在途偶得吐血咳喘症
6	于陈氏	70	府东大街 158 号	窃氏子由兵燹事变被拉差外去，至今三年有余，毫无信息
7	张陈氏	69	陈家牌坊 16 号	但氏子兵燹事变后，拖差外出，在途偶得病症，忧虑老母无养，不幸死矣
8	祁长生	74	新路口 1 号	有一小儿，因中日事变被友军拉差，至今未有回来

编号	具呈人	年龄	住址	申请书中所述情形（原文摘录）
9	徐周氏	46		窃自事变拉差出去，现今夫有病，回来十月二十八日故去
10	祁王氏	54	三条营2号	夫因事变被征夫役死亡
11	丁周氏	72	小西湖1号	氏伤子多年……抛子丁有恒，一俟由兵荒辽乱，被乱〔军〕拉差外出
12	沈杨氏	68	小膴府6号	窃氏子向系帮人家工作度糊，由兵燹事变忽遭乱军拖去，至今三年消息全无
13	王冯氏	47	复成桥棉鞋营44号	窃氏夫由兵变被乱军拖差外出，至今三年未见消息
14	倪石氏	40	鼓楼三条巷8号	窃夫在难民区避难，由事变被乱军捉去，将近三年，音信全无
15	周惠兰	63	第二区二十坊九保	民子被军拉夫外出，迄今四载音信杳然
16	李王氏	60	马道街11号	两儿均被拖差出外，迄今三载，杳无信息
17	金陈氏	72	十间房2号	事变时，氏子被拖差惊吓而死
18	陈刘氏	50	饮虹园31号	由兵燹事变，因夫被拉差外出，至今三年有余，未见消息
19	蔡松林	75	木匠营21号	窃民被事变时，民子被拉夫未回
20	刘王氏	42	小心桥34号	窃氏夫去岁帮日本作工，不料趁作工，拉差外出，至今年余未见消息
21	童世荣	60	胡家花园15—2	有二子，大儿拖差在外
22	周王氏	60	徐家巷51号	事变时氏子又被拉差外出，数年以来，迄无音信
23	江段氏	74	三条营21号	事变时，子与孙均被乱兵拖去，至今杳无音信
24	陶戴氏	47	宝塔根222号	窃氏夫由兵燹事变，被日军拉差外出，至今三年有余毫无消息，尚未知死生

续表

编号	具呈人	年龄	住址	申请书中所述情形（原文摘录）
25	姚家彬	48	仓门口 12 号	窃民由兵燹事变，在杭属被拉差至京
26	李蕲氏	65	中营 29 号	原有一子，事变前，经拉差，不知去向
27	周夏氏	67	西搁漏街 2 号	向以机房为生，事变时，氏子熊生被征外出，迄今数年杳无音信
28	朱杜氏	50	集庆路 166 号	子因事边〔变〕之时，又被日军拖差，至今音信全无
29	王石生	81	瞻园路 141 号	子彼〔被〕拉夫而去，至今无信，未知生死
30	胡居氏	64	大油坊巷 69 号	向靠儿子作苦工度日，不料儿子被拉差失踪，四处寻找无着，至今生死不明
31	龚谭氏	62	太平桥 31 号	自事变时，氏媳病故，……氏子被军队拉夫数载未回，生事〔死〕莫卜
32	陆娄氏	61	猫鱼巷 12 号	氏夫自事变时被军队拉夫，数载未回，生死莫卜。以事理论，军队拉夫无如此长久时间，恐氏夫已随战士〔死〕于疆场
33	舒陈氏	53	豆腐坊 9 号	所有三子，长子、次子习学医业，在皇军入城时，被拖差作为使用，两年以来，信息毫无，想已凶多吉少
34	潘魏氏	81	大中桥儿园 49 号	所生一子被日军拉夫，至今未得音信，儿媳因夫拉差不见回信，于今年思夫期久病故
35	杨马氏	53	边营 35 号	自事变发生仓皇避难，氏夫及长男均被拉差前去，迄今不知下落
36	刘傅氏	55	大光路 27 号	夫……事变时避难在难民区，后我黄〔皇〕军入城，第三日将氏夫拉差拖去，至今数年询无音信
37	窦长银	42	石观音 2 号	窃以民向以种田为生，于二十七年兵乱时抓差外出，迄年三载，近因身受重伤，腿骨跌断，致成残废。……家中妻子，于兵乱时携子女三人逃出，至今未回，生死不知

续表

编号	具呈人	年龄	住址	申请书中所述情形（原文摘录）
38	王潘氏		朱状元巷 24 号	夫……皇军进城之际，拉差出外，迄今三载音信杳然，生死不卜
39	李王氏	32	转龙巷 1 号	氏夫向作苦工度日，不料被拉差失踪
40	吕张氏	53	仓门口 27 号	窃氏夫自事变时被掠，迄今三载杳〔杳〕无音问
41	马李氏	73	莲子营 34 号	自事变后子被友军俘虏，迄今未回……弱媳操劳过度，一病而亡
42	毛谢氏	52	转龙居〔车〕16 号	缘氏夫自国难时被拉差外出，至今杳无音信
43	侯玉龙	32	大火瓦巷 22 号	胞弟……兵燹事变被乱军拉差外出
44	刘李氏	68	孝顺里 15 号	窃氏由兵燹事变，将子被乱军拉差外出，至今三年有余，消息全无
45	王祝氏	66	河边水巷 83 号	自事变时，氏子被军队拉夫，至今数载生死莫卜
46	胡绣章	70	内桥湾 78 号	平时全赖长子接济，又被拉夫，全无信息
47	张周氏	46	边营 13 号	京变之后，我儿被……日军拖差外出，不知去向
48	朱杜氏	62	仓门口 166 号	氏夫向业银匠，于事变时亡故，子亦被拖差出外，音信全无，寡媳去岁亦相继病故
49	黄坤奇	74	剪子巷 58 号	窃民子由燹事变，被乱军拉差，至今三年毫无消息
50	孙张氏	63	小西湖 23 号	由兵燹事变，不料氏子被乱军拖差外出，至今三年有余，毫无消息
51	汤正荣	62	石观音 28 号	民向以机业度生，不料兵燹事变后儿子被乱军〔拉〕差外出
52	黄聂氏	76	剪子巷 37 号	因儿由事变抓差外出四年未回，亦无佳音
53	王吴氏	26	仁厚里 5 号	窃氏夫向作苦工度日，不料被拉差失踪

编号	具呈人	年龄	住址	申请书中所述情形（原文摘录）
54	毛谢氏	52	转龙居〔车〕16 号	缘氏夫自国难时被拉差外出，至今查〔杳〕夫〔无〕音信
55	汪换奎	72	三条营 22 号	子二十八岁，由二十六年被友军强拖而去，至今三载音信无踪
56	李国银	69	水齐庵 11 号	事变之后，因有一子拉扶〔夫〕出去，四年有余，音信全无
57	孙奚氏	36	仁厚里 5 号	窃氏夫由兵事变乱时，被乱军拉差外出，至今三年有余，毫无消息
58	许罗氏	55	定盘巷 7 号	窃氏子由兵事变被乱〔军〕拖差外出，至今三年有余未见，消息尚未知
59	王祝氏	67	牌楼水巷内草房 83 号	窃氏子由兵燹事变被乱军拉差外出，至今三年有余，音信全无。后经本土人拉差数人返归，言氏子惨遭伤命，痛伤惨悲
60	黄张氏	61	第一区贵人坊三号	有一子，名黄长贵……不意于往年京变发生，被军队拉夫，至今沓〔杳〕无音讯
61	高俞氏	63	长乐路 290 号	窃氏向系跟子度糊，不料兵燹事变，被拉差外去三年有余，至今消息全无
62	郑杨氏	62	转龙巷 27 号	氏夫故、媳亡，子又被拉
63	殷李氏	66	小膺府 19 号	窃氏历靠子殷长生作土种菜营生，不料于前年冬遭中日战事，氏子长生被日军拉去当夫，将近三载……今春媳妇闻伊夫死在江西
64	周王氏	75	锅底塘 49 号	所生一子因事变时替差拖去使用，相近三载闻在本京南门外牛首山脚下被难。……儿媳逐日心中闷急成病，未经数月亦亡故
65	易董氏	62	莫愁路 153 号	有一子……因事变之时拖差他往，迄今三年有余，杳无信息
66	钱缪氏	79	边营 31 号	窃氏子由兵燹事变被拉差外出，至今三年音信消息全无

续表

编号	具呈人	年龄	住址	申请书中所述情形（原文摘录）
67	张王氏	64	白下路 1 号	窃孤子此次事变至被拖差外出，至今不知〔下〕落，媳亦亡去
68	程林氏	62	小荷花巷 10 号	氏子程斌事变时在难民区被拉差未回，至今杳无音信
69	陆娄氏	51		夫因事变被拖差他往，未有归
70	曾徐氏	72	桑树园 21 号	由兵燹事变后，被乱军，外加拖差至今有余三年矣，毫无音信
71	张燕氏	69	来凤街 4 号	原有子一人，以成衣为业，事变后被军队拉差一去不返
72	许廷贵	54	小公庙 4 号	民子自事变时被军队拉夫数载未回，生死莫卜，民媳亡故
73	黄裕昌	72		民国二十七年在本京难民区扶〔拉〕夫将近三载有余，未见回音

从表 1-12 所录难民申请书的叙述中，可以看出日军视南京平民如奴隶一般。据十间房 2 号金陈氏（编号 17）的申请书中叙述："事变时，氏子被拖差惊吓而死。"鼓楼三条巷 8 号倪石氏（编号 14）："窃夫在难民区避难，由事变被乱军捉去。"三条营 22 号汪换奎（编号 55）："子二十八岁，由二十六年（1937）被友军强拖而去……"由此可见日军拉夫抓差的手段是极其野蛮的。

日军视民夫的生命如草芥。对许多被折磨惨死的民夫，日军竟不屑通知其家属，沙场累累白骨，多是亲属梦里牵挂之人。民夫的亲属们只能通过间接手段辗转打听亲人的消息。据牌楼水巷内草房 83 号王祝氏（编号 45）的叙述："窃氏子由兵燹事变被乱军拉差外出，至今三年有余，音信全无。后经本土人拉差数人返归，言氏子惨遭伤命，痛伤惨悲。"小膺府 19 号殷李氏（编号 63）叙述："窃氏历靠子殷长生作土种菜营生，不料于前年冬遭中日战事，氏子长生被日军拉去当夫，将近三载……今春媳妇闻伊夫死在江西。"无法打听消息的家属只能靠推论判断亲人的存活，正如猫鱼巷 12 号陆娄氏（编号 32）所述的那样："夫自事变时被军队拉夫，数载未回，生死莫卜，以事理论，军队拉夫无如此长久时间，恐氏夫已随战士〔死〕于疆场。"

民夫们的亲属承受着巨大的身心折磨，其痛苦从下述申请书的叙述中可见概貌。大中桥儿园 49 号的潘魏氏（编号 34）："所生一子被日军拉夫，至今未得音信，儿媳因夫拉差不见回信，于今年思夫期久病故"①。锅底塘 49 号周王氏（编号 64）："所生一子因事变时替差拖去使用，相近三载，闻在本京南门外牛首山脚下被难。……儿媳逐日心中闷急成病，未经数月亦亡故。"转龙车 6 号黄潘氏的申请书中写道："民国二十六年惨遭事变，氏子又被拉夫他往，音信全无，氏哭子丧明"②。避驾营 4 号王柏氏："夫在事变时被拉失踪，女儿急疯"③。边营 46 号方刘氏："生活赖婿，事变被征夫役，未归，女于本年四月间病故"④。牛市 6 号项盛旺："两小子又被拖差出去，迄今音信毫无。……不无忧闷，以致双目受伤"⑤。

三　公私财物的毁劫

日军针对南京公私财物的暴行，不包括抢劫在内，有以下 3 个方面。

第一，对平民家宅的焚烧。从难民申请书中可以看出许多富裕或

---

① 中国第二历史档案馆馆藏汪伪振务委员会档案：《请求收容救济》第 5 册，全宗号 2076，案卷号 554。1940 年 11 月。

② 中国第二历史档案馆馆藏汪伪振务委员会档案：《请求收容救济》第 3 册，全宗号 2076，案卷号 552。1940 年 10、11 月。

③ 中国第二历史档案馆馆藏汪伪振务委员会档案：《请求收容救济》第 3 册，全宗号 2076，案卷号 552。1940 年 10、11 月。

④ 中国第二历史档案馆馆藏汪伪振务委员会档案：《请求收容救济》第 3 册，全宗号 2076，案卷号 552。1940 年 10、11 月。

⑤ 中国第二历史档案馆馆藏汪伪振务委员会档案：《请求收容救济》第 3 册，全宗号 2076，案卷号 552。1940 年 10、11 月。

小康平民的家宅、财物被日军焚毁一空，经济方面遭受巨大的损失，精神方面遭受沉重的打击。现将申请书中家宅、财物被焚的难民择要列举如下：

表 1 – 13　　　　　　　　　**家财被焚烧的难民**

姓名	住　址	年龄	申请书中所述情形（原文摘录）
杨唐氏	仓门口 9 号	62	氏先夫在日，开森泰帽店，兵燹时，店被焚烧，寸草未留，家内掳抢一空。氏子在难民区内拉夫外出，至今音信全无
谷保山	小心桥东街三号	70	房屋被火焚化，是物空净
张高氏	积善里 27 号	68	窃氏由兵燹事变将屋焚烧殆尽，一及家内什物被苦友搜掠已空
袁张氏	孝顺里 24 号	68	因子被拉差外出，家中被火，国难时焚毁一空
马张氏	小西湖 29 号	52	自事变后，住宅毁于炮火，以致无家可归
陆丁氏	花露岗 89 号	63	事变后，房屋被焚，孑然一身
张旺和	剪子巷 29 号	57	实因事变，家屋被焚罄，生子拖差三载，音信全无
史文奎	泰仓巷 19 号		因事变，房屋被焚，无处栖身
冯刘氏	五福街 24 号	59	旧居之房屋焚毁一空
崔南中	孝顺里 24 号	63	自事变以后，家业凋零，房屋又被乱兵焚去
关柱亭	尚书里 192 号		二十六年又被事变，受痛苦之灾，家中一焚而净，妻死家散
赵王氏		62	事变前所有数间破房、在通济门外米行、大街被焚
刘刚利	止马村 148 号	72	由二十六年大日本皇军进南京城……小杂货店房屋火烧，片瓦无存
金氏	转龙车 2 号	55	昔年突受兵燹之时，焚烧房屋殆尽，加之本夫被流弹夭伤

姓名	住　　址	年龄	申请书中所述情形（原文摘录）
谈子英		49	自事变，家产房屋焚毁一空，旧居三条营十九号房屋完全焚毁
赵廷英	门西六渡庵 9 号	34	其父赵子在日乃南京布业之董，不料自其父亡故后，复经此次事变，家产尽绝，复被火焚，所有亲邻相识之人均因事变逋散各方
张氏	西城六度庵 9 号		此次事变，丈夫因病身亡，所招之养老女婿被拉差一去未回，被灾后，其家忽被火焚烧
翁毛氏	饮虹园 28 号	61	事变被焚烧殆尽
王马氏	柳叶街 23 号	68	窃因兵燹事变，将住屋焚毁烧尽，凄身无住，无家可归，交加一子被乱军拖去外出，将近三年有余，毫无音信，尚未知生死如卜
王茂林	门西柳叶街 23 号	52	窃民由事变被乱军飞机轰炸，将身体炸吓痴傻，一及房屋被火焚烧殆尽，凄身无宿，飘流无归
常耀鑫	门东磊功巷 15 号	65	窃寒儒向系清白读书，自〔由〕事变家屋被焚一空，钱财又被掠罄
翁陶氏	饮虹园 28 号	61	事变时被火焚烧殆尽
夏丁氏	钞库街 32 号	46	夫生前开设小杂货店，历有数载，不料于前年冬遭遇中日战争，房店被烧，所有一切货物、器皿等件均化为乌有。遭此浩劫，忧愤苦闷，急成痨病，二年余矣，于今年五月间病故，遗下孤儿两口，全无生计
杨高氏	小膺府 8 号	36	先夫杨志刚经营商业，尚称勤俭，事变前开设恒昌号煤炭店于本京大油坊巷天然池对面，营业尚佳，五口之家，得以无饥。奈自事变发生，停止营业，避难乡间，先夫剧烈患病，九死一生。……岂料房屋用具均已付诸一炬，先夫目睹神伤，一恸几绝……撒手长辞。……去春大儿被拉差，迄无下落，小女夭亡，庵尼拒绝久住
蔡仁福	剪子巷 19 号	62	中日发生战事，房屋被烧，仅有一子，已被军队拉去，迄经三载，永无音讯

续表

姓名	住　址	年龄	申请书中所述情形（原文摘录）
韩炳华	中华东门仓门口27 号	62	窃民向在京开设绸布染衣店，此次事变店遭焚毁，即告失业
王周氏	集庆路 79 号	54	故夫在日向以经商为业，一家三口差堪温饱，不幸事变发生，住屋被焚，夫遭病故，子被拖差而去，迄今音信全无
刘李氏	仓巷 120 号	51	因事变之时房屋焚尽
哈李氏	二区三坊五保七甲30 号	42	事变之际，逃避乡间，家宅更为劫火所焚，一切衣服什物俱成烬灰

由于大量的平民家宅、财物被焚毁，许多战前生活富足的市民，劫后被迫沦为贫民，有的更在忧愁困闷中含恨死去。

第二，对各类重要企业的破坏和劫管。据伪维新政府的调查，南京许多重要企业被战火破坏。战时下关发电所曾遭日机轰炸，上坊门发电所附近地区外线受损失较大。南京自来水厂至清凉山配水池的铁管被日军炸坏，损失惊人，后被兴中公司派员接管。大同面粉公司于战时全被焚毁。附近旧扬子面粉公司，原有钢磨 31 台，日产粉能力8000 包，战时不少房屋被焚毁。龙潭中国水泥公司，战时职员大多散失，战后被日军进驻，后被日本三菱系盘城水泥（セメント）株式会社劫管。①

第三，日军破坏了南京传统的支柱产业。战前南京的丝织和绸缎业极为发达，年产额达数千万元，机工不下 10 万人，赖以为生的人口达数十万。战时丝织和绸缎业均惨遭破坏，机户普遍停产，机工大量失业。现将失业为难民的机工、织工扼要列举如下：

---

① 中国第二历史档案馆馆藏汪伪振务委员会档案：《本会参事吴经伯呈振务委员会》（1941 年 8 月），全宗号 2076，案卷号 595。

表 1 - 14　　　　　　　　　　**失业为难民的机工、织工**

编号	具呈人	住　址	年龄	受灾原因（原文摘录）
1	韩徐氏	中华东门仓门口27号		夫向在京经营染绸衣店，事变时倒闭，由此即告失业
2	高明光	门东石观音傍3号		以机业帮工度糊，事变后各邻舍未及自顾不周，而且米珠无物不昂
3	陈金荣	门东库上3号		以机业络白丝度活，由事变前停业数年，事变后绝食断顿
4	戴万氏	终所巷30号		平日夫在，手工度日……事变后物价上涨
5	李文清	转龙车17号		因事变，机业停业
6	梁贾氏	仓门口74号		向作机业，素不够维持资生
7	王进和	西水庵14号		自事变后，机工完全停止
8	袁汝槐	贵仁坊11号	60	前机工缎业职机为业，嗣因失职〔业〕，以作小本生意
9	徐卢氏	马道街26号	46	机房失业
10	高吴氏	终所巷30号	67	战前素以机房为业，战后失业
11	李起荣	中营28号	56	前作机工，失业
12	潘海景	新路口22号	76	受兵燹，失去机业
13	陈刘氏	仓门口5号	62	夫因机业渐衰，忧病而死
14	王丁氏	仁厚里17号	35	窃氏夫前作机业，自事变时家中被掠一空，无力复业
15	崔发炳	边营30号	60	窃民向机业能较度糊，因兵燹事变，日见衰败
16	赵陈氏	边营1号	35	氏夫前作机业，自事变时家中被掠一空，无力复业
17	花镇明	崇恩街3号	54	窃民自幼学艺缎机手工，向依给生活，自身一口，权能糊口度日，不料事变发生，本市缎机生意大半停歇，民所学手艺虽告中断，以至无依生活

续表

编号	具呈人	住　址	年龄	受灾原因（原文摘录）
18	刘明清	蔡板桥	60	向操缎业手工，事变后失业三载，全赖同乡被助
19	陶徐氏	转龙巷18号	69	窃氏向以帮机房络丝针工度糊，由兵燹事后失败，营业衰颓
20	蔡陈氏	高家苑11号	72	兹因事变之后，较前缎机业失败，工作全无

从表1-14可以看出，日据时期南京的丝织、绸缎业大面积地停业，说明这一行业已然衰败。丝织与绸缎业涉及国内外市场、生产、运输、原料、资本和劳动力等社会经济的许多方面。在日军的严密封锁下，运输不畅，市场萎缩，原料供应不足，生产场所被普遍破坏，劳动力损失严重，这一行业的衰败是必然之势。

战前南京木业极为发达。上新河一带一向为顺江而下的木材集中地，各种木商、木工等依靠木业为生的人数以万计。战时木业损失极大，木商、木工大量失业。大油坊巷41号李锡钱的申请书中写道："民自幼系木匠手艺糊口……〔事变后〕不能工作。"钞库街45号陈冯氏叙述："儿原为木工，事变时失业贫病而死。……带七岁与十一岁两孙乞讨。"[1] 内桥小王府园9号常坤山也系"木匠失业"[2]。

作为消费城市的南京，洋广货等奢侈品及食料商、绸布、棉纱业、粮食面粉业、油糖业、杂货业非常发达。昔日商市繁盛地点如中山路、太平街、下关、夫子庙等处，战后多已衰败零落，只有中山路一带少量未被烧毁的房屋，被日本人进占开设商店，太平街与国府路、莫愁路、山西路等成为临时旧货小吃市场，有不少小摊贩，但这

---

① 中国第二历史档案馆馆藏汪伪振务委员会档案：《请求收容救济》第1册，全宗号2076，案卷号550。1940年9、10月。

② 中国第二历史档案馆馆藏汪伪振务委员会档案：《请求收容救济》第3册，全宗号2076，案卷号552。1940年10、11月。

些小摊贩属小本经营，均为维持生计的难民所设立。夫子庙及下关因房屋被毁太多，商店寥寥无几。①

南京的消费资料基本上依靠周边县份供给，周边地区经济的凋敝，直接加重了南京城区经济的衰退，造成居民生活的恶化。

各业萧条，经济凋残，物价飞涨，南京平民生计面临严重的威胁。这从难民申请书的叙述中可以看出一斑。详见下表：

表 1 – 15　　　　　战事结束后南京一般平民的生活状况

编号	具呈人	住址	年龄	受灾原因（原文摘录）
1	徐汪氏	门东新路 7 号		近来米价飞涨，各物昂贵，女工等事无处寻做，以致生活无着
2	张邵氏	第 3 区第 7 坊		媚妇带三子，各业萧条，物价上涨……靠洗衣购豆渣为生
3	吴刘氏	剪子巷 19 号		从平民工厂中失业
4	何则兴	观音阁 48 号		战变失业
5	张树培	船板巷 63 号		孤苦无依
6	李可永	长乐路 332 号		向业皮匠，事变后，住户了〔寥〕落，致生意清薄
7	孙长清	小心桥 16 号	58	小贩，失业
8	马德龄	琵琶巷 14 号	56	小贩，生活无着
9	刘学高	剪子巷 73 号		小贩、拉车，无法谋生
10	于谢氏			往年以得利息为生，自事变后，债户星散
11	谈王氏	玉振街 18 号	65	经营小店失业
12	桑姚氏	转龙巷 6 号	48	夫做小贩，无以求温饱

---

① 《实业部特派员京沪线视察报告》，伪维新政府实业部主办《实业月刊》第 1 期，1938 年 6 月出版，第 177 页。

编号	具呈人	住址	年龄	受灾原因（原文摘录）
13	张蒋氏	健康路 548 号	68	事变以来，女工全无
14	马忠信	小西湖 3 号	42	昔年依赖小本为生，不料近年来突受米珠薪桂，无力购买面粉充饥
15	刘吴氏	金沙井 17 号	67	事变后，女婿失业
16	吴忠英	大中桥尚书里 199 号	58	窃民家贫如洗，全赖手艺，藉维生活。不料年岁空荒，食米昂贵，谋生不足，失业多年
17	江开福	新路口 30 号	56	民昔年依靠瓦匠手艺糊口，不料于前岁突受兵燹之时，顿其失去生活，由昔年心急过度，忽得半身不遂
18	罗施氏	马道街 30 号	36	氏夫前作商业，自事变时，家中被掠一空，无力复业
19	陈李氏	仓门口 27 号	47	窃夫平素经商，事变后家产荡然
20	王振纲	小心桥 28 号	58	窃民向以帮工度糊，由事变后停工未作
21	易朱氏	东井巷 24 号	57	氏夫以前布店为生计，实因军兴以后失业
22	吴正海	太平门 16 号	61	素以小本营生，勉强糊口，但自今年以来，贩卖不易
23	井升余	莲子营	53	向以打线为业……虽有线店营业，无多销场

　　从表 1-15 中可知，从前做工、经商、放利贷、拉车、皮匠、瓦匠、打线、帮工、开小店等行业的平民，劫后大量失业，生活无着，说明当时南京经济的凋零是整体性的。

　　贫民生活无着，使劫后死亡人数大幅度上升。作为遭受日军暴行最惨烈的南京市，间接致死的市民比比皆是。五板桥 15 号蒋韩氏（时年 49 岁）的申请书中写道："夫蒋仲明向经小商，于前年冬遭遇莫大浩劫，铺屋被烧，一贫如洗，受此灾害，忧愁苦闷，百病丛生，已于今年〔1940〕五月二十日病故。"长乐街 12 号翁刘氏："兵燹之后，子寿椿生意不遂，以致郁闷伤肝，操劳过度，不幸……逝世。"① 豆腐巷 3 号骆余氏："夫于事变时将所有衣履悉被损失一空，衣食难周，千思万虑，因而致疾，一病不起。"② 三条营 20 号倪何氏："夫倪长银自事变后失业，惨遭病故。"③

南京人口在战前达 130 余万，到 1938 年南京人口总数仅为 40 余万，不及战前的三分之一，社会经济的惨况可想而知。直到 1940 年 2 月，新民学院职员松本多利卫对南京调查时，仍然发现南京城内的治安状况非常糟糕，白天单人活动极其危险，夜间更没有安全保障。④

小 结

就战区而言，日军侵略战争首先造成了人口的大量伤亡。日军攻占江南城乡时，多进行烧、杀、奸淫、抢劫、破坏等各种暴行。日军侵占江、浙、沪后，给当地的城市乡村造成了巨大的损害。

日军在攻占江南时，对江南城乡进行了肆无忌惮的狂轰滥炸、焚烧劫掠，甚至使用国际公约禁止的细菌武器和毒气，使江南人口损失巨大，不少城市残败不堪，农村经济遭受重创。日军在许多市县乡村进行过规模较大的屠杀等各种破坏活动，直接摧毁了当地的各类产业。尤其在南京进行的屠杀、拉丁、焚烧、劫管，使这个往日繁华的国都，大量的平民家庭破碎。幸存者既要承受生计无着、物价飞涨带来的痛苦，同时还承受着亲人被残杀等日军恐怖活动带来的身心折磨。日军造成心理致残的人口，与其造成的身体致残的人口同样是社

---

① 中国第二历史档案馆馆藏汪伪振务委员会档案：《请求收容救济》第 1 册，全宗号 2076，案卷号 550。1940 年 9、10 月。

② 中国第二历史档案馆馆藏汪伪振务委员会档案：《请求收容救济》第 9 册，全宗号 2076，案卷号 558。1940 年 12 月。

③ 中国第二历史档案馆馆藏汪伪振务委员会档案：《请求收容救济》第 3 册，全宗号 2076，案卷号 552。1940 年 10、11 月。

④ 日本興亜院華北連絡部：《治安状況調査の件》，アジア歴史資料センター（JA-CAR）：C04122507800。

会性的恶果。加上居民生活水平的急剧下降，战事结束后江南人口仍不断地大量死于远未结束的战灾。

日军在江南的各类残忍行径，带有非常明显的反人道、反人类色彩，与近代主流思想意识所强调的以人为本、生命为重的伦理观念相背离。表明日军尽管有着较强的战斗力，但日本根本不可能领导构建新的亚洲秩序。

第二章 农村经济的衰变

以上海为中心的南京、镇江、常州、无锡、苏州和浙北的宁波、绍兴、杭州、嘉兴、湖州是当时中国农村经济最为繁荣的地区，南宋时即有"苏湖熟，天下足"的美誉。日军从上海发动侵略战争，这个地区大部分沦为战场，战争造成的损失极为惨重，甚至连伪维新政府也把这次侵略战争称为"华中浩劫"[①]。

由于日伪的破坏和许多掠夺式的举措，在日据期间，富庶的江南农村急剧衰落。本章主要利用伪维新政府、汪伪政府、抗战后国民政府的调查以及近年来日方公布的资料，对江南农村的各项损失作一统计，并对这一时期江南农村经济的状况作一阐述。

第一节 日军对农业生产的破坏

日本土地资源缺乏，本国的农业生产无法维持大规模的侵略战争。1936 年，日本对江南的经济做过非常系统的调查。其结论为，江苏省"各种物产在中国各省中最为丰富。农产物中米、棉为大宗，其次为大豆、麦、茶、麻、果实"[②]。浙江"作为工业原料的各种物

---

① 《实业部特派员京沪线视察报告》，伪维新政府实业部主办《实业月刊》第 1 期，1938 年 6 月出版，第 152 页。
② 日本国际协会编：《支那各省经济事情》下卷第 20 编，日本国际协会 1936 年发行，第 285 页。

产非常丰富"①。1937 年 2 月，日军参谋本部调查的华中重要国防资源包括米、小麦、小麦粉、皮革、棉花、棉制品、羊毛、毛织物、麻类、麻制品、桐油、盐。日军对其在江、浙、沪地区的产量、产地胪列极为详备。②

宋庆龄指出："日本的农业也逐年在衰落。一九二九年它的农产是四十五亿日圆，一九三五年是卅二亿日圆。农产品与工业品市价的差异，一天天显著，农产品的环境更加不利。一九三六年贫苦农民的债券，已达五千兆日圆。同时日本每年还须向外输入大量食粮，以维持已经低落的生活。日本农民受着三种榨取的痛苦，地主的地租榨取到百分之五十到六十，政府每年都在增加租税以供应军部的巨大费用，在工业品价格日益提高的情形下，农民是更加贫困了。"③

1939 年 7 月，周恩来撰文指出："经过十六个月的战斗，敌人虽占领我许多城镇和交通要道，然而他们损失兵力五六十万，分散兵力达百万以上，财政支出近一百万万，经济生产日益衰落。"④

一　生产资料的损折

侵华时期，日军一方面对中国农村进行肆意的破坏，另一方面则进行疯狂的掠夺。

经历过江南地区战事的日军随军记者冈田酉次写道："在中日两军作战期间，损失最为惨重的就是交战区和部队驻扎区内的中国百姓。家园被烧毁，家产和物资不是被掠夺就是被征收，收成在望的农

---

① 日本国際協会编：《支那各省经济事情》下卷第 19 编，日本国際協会 1936 年发行，第 173 页。
② 参谋本部庶务课长上村利道：《中支那重要国防资源调书送付の件》，1937 年 2 月，アジア歴史资料センター（JACAR）：C01004304100。
③ 宋庆龄：《中国是不可征服的》，上海市长宁区档案馆等编《抗战文选》，中西书局 2015 年版，第 32 页。
④ 周恩来：《抗战两年》，章开沅总主编，中共中央党史和文献研究院、中共重庆市委编《中国共产党关于抗战大后方工作文献选编》（1），重庆出版社 2019 年版，第 164 页。

作物也毁于一旦……农村的满目疮痍真是笔墨难书。"① 在苏南地区作战的日军士兵曾根一夫写道，日军过了苏州后，自带的粮食吃光，军方下达在当地征发粮草的命令。此后，"日军经过的几乎所有街道和村落没有留下一只鸡、一个土豆。很多人被刺刀和子弹夺去了生命，幸存下来的人也没有了粮食。很多都饿死了"。②

据伪江苏省政府二科 1938 年 12 月极不全面的统计：常熟、吴江、丹阳、丹徒、吴县、嘉定、武进、青浦、江宁、句容、金山、昆山、江浦、金坛、无锡 15 县有难民 3908514 人，失业 326458 人；嘉定、金山、吴县、武进、丹徒、江宁、丹阳、句容、青浦、江浦、常熟、昆山、吴江、无锡 14 县损失财产 72892 万元；丹阳、常熟、江浦、句容、无锡、武进、吴江、吴县、丹徒、昆山、江宁 11 县被毁房屋 251641 间；金坛、句容、太仓、江宁、昆山、青浦、丹徒、吴江、江浦、松江 10 县被毁农具 182781 件；青浦、金山、江宁、句容、金坛、太仓、昆山、丹阳、武进、吴江、松江、江浦 12 县损失耕牛 34590 头；青浦、江宁、无锡、松江、江浦、武进、昆山、吴江、句容 9 县损失农作物 71043 担。③ 以上县均难民 244282 人、失业20403.6 人、损失房屋 22876.5 间、农具 18278 件、耕牛 2882.5 头、农作物 7933.7 担。

截至 1943 年，江苏沦为战场的农田为 19347.3 万亩，灾区面积达 31075.6 万亩，两项合计为 50422.9 万亩，占江苏农田总面积的91.6%。"本省农业富饶，素称鱼米之乡，第经敌伪八载荼毒……农村几频〔濒〕绝境。"④ 浙江沦为战场的农田为 8470.2 万亩，灾区面

---

① 张宪文主编：《南京大屠杀史料集》（10）《日军官兵与随军记者回忆》，江苏人民出版社、凤凰出版社 2014 年版，第 418 页。

② 张宪文主编：《南京大屠杀史料集》（61）《日军官兵日记与回忆》，江苏人民出版社、凤凰出版社 2014 年版，第 536 页。

③ 中共江苏省委党史工作办公室：《侵华日军在江苏的暴行》，中共党史出版社 2001年版，第 388 页。

④ 江苏省档案馆馆藏档案：《抗战损失》，全宗号 1004，目录号乙，案卷号 483—494，缩微胶片第 36 页。

积达 13569.6 万亩，两项合计为 22039.8 万亩，占其农田总面积的 97.7%。[①] 江浙两省作物减产数量见表 2 – 1。

表 2 – 1　　　　　　　　　沦陷区作物减产损失估计

区域	陷区原辖耕地总面积 （千公亩）	受损作物面积 （千公亩）	损失数量 （千公石）	损失价值 （千元，1937 年币值）
江苏	563214	869278	249917	1836890
浙江	253188	151467	38776	285004
合计	816402	1020745	288693	2121894

资料来源：韩启桐：《中国对日战事损失之估计（1937—1943）》，文海出版有限公司 1974 年影印，第 63 页。

即便按表 2 – 1 非常保守的估计，截至 1943 年，日军在江、浙造成的农作物受损 102074.5 万公亩，损失近 2.9 亿公石，合 1937 年法币 21.2 亿余元。

据伪维新政府的调查：沪宁会战后，"江浙皖各处农区，因此次事变，所受损失之大小及破坏程度之轻重，视其地点之沿线铁路公路线与否即可区别之。盖铁路公路沿线区域为两军接触之区，损失较大，破坏较重。而非铁路公路沿线区域则损失较微，破坏亦较轻也"[②]。

实际上，沪宁会战发生时，正值秋谷行将登场之际，战区内铁路、公路沿线的农田，秋谷大都未来得及收获。离铁路、公路较远的地区，农民虽然勉强收获，但所收米谷，多被焚烧抢掠。至于春熟小麦、大豆及菜蔬等，大都未能播种。即便在没有被战火波及的区域，

---

① 韩启桐：《中国对日战事损失之估计（1937—1943）》，文海出版有限公司 1974 年影印，第 13 页。

② 庶：《维新政府农林行政之机构及善后方策》，伪维新政府实业部主办《实业月刊》第 1 期，1938 年 6 月出版，第 113 页。

收成也只有平时的半数。①

为应付侵华战争的需要，日军还强占民地，拆毁民房，兴建机场、仓库、兵营、码头、汽车修理厂等军事设施。1938 年，日军在宝山丁家桥建立王浜飞机场，强占土地 2858 亩，平毁村庄 22 个、民房 759 间，172 户百姓流离失所。同年，又在大场圈占土地 4136 亩建大场飞机场，17 个村庄被毁、397 户百姓无家可归。次年，日军在江湾兴建机场，圈用土地 7000 亩，殷行镇和周围 48 个村庄全毁，1121 户 6000 余乡民流离失所。日军为兴建马桥军用仓库、场中路兵营及汽车修理厂而强圈大量民地，使 300 余户乡民无家可归。据日伪上海市政府地政局关于日军在沪圈用民地等情况的报告记载，日军在宝山县境建机场、仓库、军营共占土地 51199 亩。②

战争还破坏了正常的社会秩序，严重地威胁着人民正常的经济生活。据伪维新政府的调查："近来各县城区虽较为安静，然近郊及四乡仍盗匪横行，散兵袭击，以是民不聊生，困苦难言。"③

1933 年江、浙、皖三省所产粮食、棉花产量分别为 591951500、7769000 担。战争至少使粮棉产量减产一半，仅粮棉减产就使得三省农民损失 965627250 元。④

日军战前调查江苏南部有驴 375390 头、骡 36293 头、⑤ 水牛798000 头、黄牛 1235000 头。⑥ 句容、金坛、溧阳、溧水等县用于生

---

① 庶：《维新政府农林行政之机构及善后方策》，伪维新政府实业部主办《实业月刊》第 1 期，1938 年 6 月出版，第 114 页。

② 上海市宝山区地方志编纂委员会编：《宝山县志》，上海人民出版社 1992 年版，第806 页。

③ 中国第二历史档案馆馆藏伪维新政府档案：《实业部派员调查京杭杭沪两铁路沿线实业状况》，全宗号 2103，案卷号 408。

④ 庶：《维新政府农林行政之机构及善后方策》，伪维新政府实业部主办《实业月刊》第 1 期，1938 年 6 月出版，第 115 页。

⑤ 日本陆军省参谋本部调查报告：《中支那に於ける驢及騾の飼養分布、能力並に用途》，アジア歴史資料センター（JACAR）：C13110008000。

⑥ 日本陆军省参谋本部调查报告：《中支那に於ける黄牛及水牛の飼養分布、能力並に用途》，アジア歴史資料センター（JACAR）：C13110008800。

产和交易的牛、驴均繁多；吴江等则是水牛的生产地。[①]

日军在战争期间，一直掠夺中国农村的役畜运输军用物资或作为食材。1937 年 11 月 5 日，日军在金山县塔港增丰村一次杀耕牛 54 头；次日，在亭林镇抢走耕牛 340 头；同月，在山阳镇杀死耕牛 708 头。[②] 在日据期间，桐乡损失耕牛 12450 头。[③] 日军在溧阳县抢走牛 19216 头、猪 143236、羊 9261、鹅 6322、鸡 1326454、鸭 226116 只。[④] 日军在金坛抢走耕牛数百头，猪数千只。[⑤] 句容县被日军烧死、打死耕牛等大牲畜 1000 余头，金饰品 200 余两，银饰品 900 余两。[⑥] 满铁对无锡的调查显示，无锡小丁巷村在事变中损失鸡 56 只。[⑦]

伪维新政府调查称，沪宁会战后，"各处农民有流落异乡未能回家从事耕种者，有虽已回家而房屋被焚，无处容身者。亦有房屋虽尚幸存，而耕牛农具戽水机器等均已丧失殆尽，仍无力从事于耕耘者"[⑧]。

据日本方面 1939 年对江南部分地区的统计，该地区战前有水牛和黄牛 155500 头，战后仅剩 108900 头，损失了约 30%；战前有猪 128.5 万头，战后尚余 77.1 万头，损失了 40%；战前山羊 233400 只，战后 163400 只，损失了 30%；战前马 2400 匹，战后有 2100 匹，损失了 12.5%；战前驴、骡分别为 19 万和 900 头，战后有 15 万和 700 头，损失 21—22%；战前鸡鸭鹅 12575800 只，战后 10060600

① 興亜院華中連絡部：《中支那二関スル畜産資源牲畜關調査報告書》，华中调查资料 148 号，1941 年 7 月刊印，第 14 页。

② 章伯锋、庄建平主编：《抗日战争》第七卷《侵华日军暴行日志》，四川大学出版社 1997 年版，第 160—161 页。

③ 曹文琪：《桐乡县遭受浩劫损失录》，中国人民政治协商会议浙江省桐乡县委员会文史资料委员会编《桐乡文史资料》第 14 辑《桐乡市抗日战争史料》(2)，1995 年，第 21 页。

④ 江苏省档案馆藏档案：《溧阳县抗战时期损失报告书》，全宗号 1009，目录号乙，案卷号 1742。

⑤ 金坛县地方志编纂委员会编：《金坛县志》，江苏人民出版社 1993 年版，第 577 页。

⑥ 句容市地方志编纂委员会编：《句容县志》，江苏人民出版社 1994 年版，第 647 页。

⑦ 南滿洲鐵道株式會社調查部：《江蘇省無錫縣農村實態調查報告書》，大陆新报社 1941 年印，第 85 页。

⑧ 庶：《维新政府农林行政之机构及善后方策》，伪维新政府实业部主办《实业月刊》第 1 期，1938 年 6 月出版，第 115 页。

只，损失 20%。① 需要说明的是，战前与战后的对比，仅是简单的数学减法，没有考虑战事结束一年多时间里新的繁衍增长数字。

由于日军肆意屠杀、虐待农村平民，烧毁房屋、抢劫财物，许多农民被迫逃难他乡，农村劳动力锐减。此外，由于日军大批掠夺捕杀耕畜，以及在农家四处逃难过程中耕畜因无法饲养而大批死亡，致使日占时期，南京许多县份农村役畜损失达 70% 以上。劳动力和役畜减少，使农业生产耕作失时，种植粗放，有的甚至荒芜弃耕，农业生产急剧衰落。其间，南京郊县主要农产物稻米产量仅及战前的40%。② 伪维新政府的调查也称，战前南京农业极其发达，每年米麦产量颇丰，1937 年 11 月日军进攻南京时，当地小麦虽已下种，但因乡民大量逃亡，次年春小麦大多未能刈收。1938 年春耕，因农民回家仍然较少，当年秋收不及往年的一半。镇江的大、小麦幸已大部分播种完毕，但在公路两旁 3 里之内的农田仍受到一定程度的损失；预计 1938 年其他地区的收成只能达到 1937 年度的七成。③

据对 1936 年度苏州地区粮食产量的调查，米 2020697 石、麦613283 石、豆 163729 石、菜籽 73651 石。1938 年春，因农民逃亡极多，小麦多未能按时种植。即使在未被战火波及的地区，种植面积也仅及平时的半数，稻作仅及平时的十分之七。农民的农具、耕具大半损失于战火，耕牛损失 2000 头以上。④

1938 年年初，专家估计江南及安徽部分产米区损失的稻米以每担 8 元计，价值 18400 万元以上。⑤

---

① 興亜院華中連絡部：《中支那ニ関スル畜産資源牲畜關調査報告書》，华中调查资料148 号，1941 年 7 月刊印，第 17 页。

② 南京市人民政府研究室：《南京经济史》（上），中国农业科技出版社 1996 年版，第 393—394 页。

③ 《实业部特派员京沪线视察报告》，伪维新政府实业部主办《实业月刊》第 1 期，1938 年 6 月出版，第 168 页。

④ 《实业部特派员京沪线视察报告》，伪维新政府实业部主办《实业月刊》第 1 期，1938 年 6 月出版，第 146 页。

⑤ 《经济简讯·苏浙皖产米区战事损失重大，沦陷区产米约二千余万担，农民流离失所秋收殊杞忧》，《商业月报》第 18 卷第 6 期，1938 年 6 月出版，第 11—12 页。

日伪军经常对农民的农具肆意破坏，由此造成许多农田荒芜，不少农家弃耕。

下表是伪维新政府对沪宁会战后，调查江苏 5 个县农户资产所受的损失情形。

表 2 - 2　　　　江宁、句容、溧水、江浦、六合（半县）
农户因事变所受之损失　　　（货币为 1937 年法币）

类别		每户所受损失	单价（元）	每户损失的平均值（元）	所有农户损失总数	所有农户损失总值（元）
牲畜（头）	水牛	0.32	70.00	22.40	59536	4167520
	牛	0.11	55.00	6.05	20465	1125575
	驴	0.18	30.00	5.40	33489	1004670
	总计	—		33.85	113490	6297765
谷类（担）	小麦	1.004	5.00	5.02	186794	933970
	大麦	0.612	3.00	1.84	123862	371586
	稻	2.664	3.00	7.99	495637	1486911
	谷粒	0.127	2.75	0.35	23628	64977
	黄豆	0.972	4.30	4.18	180840	777612
	其他	0.492	4.00	1.97	91536	366144
	总计	—	—	21.35		4001200
农具（件）	犁	0.49	6.50	3.18	91164	592566
	耙	0.41	5.50	2.25	76280	419540
	抽水机	0.57	33.00	18.81	106048	3499584
	四齿锄	1.67	1.00	1.67	310703	310703
	锄	0.01	1.00	0.01	1860	1860
	其他	0.001	0.50	0.0005	186	93
	总计	—	—	25.92		4824346
总计		—	—	81.12		15123311

资料来源：《实业部特派员沪杭线视察报告》，伪维新政府实业部主办《实业月刊》第 1 期，1938 年 6 月出版，第 209 页。

据伪维新政府劫后调查，苏南一带，"至于农具及耕牛等，则更属毁损无余。"[1] 仅南京市及江宁、句容、溧水、江浦、六合 5 县的农村损失，计牲畜损失价值 6297765 元、粮食损失 4001200 元、农具损失 4824346 元（1937 年法币值）。"观此六处之损失已如是之巨，其他当可类推矣。"[2]

战火波及镇江，1937 年 11 月 28 日清晨，日机沿着镇江运河轮番轰炸，河中数百艘船只均被炸沉，船上人员绝大部分被炸死。[3]

占领镇江后，日军成群结队下乡去抢劫。菜蔬、鸡、鸭、牛、猪、鸡蛋都在抢劫之列。"由低级官或上等兵领带，到挨家各户抢劫东西，有的随带夫子来扛，有的还要叫主人家的人，跟着送去。比较富有之家，东西太多，就来大卡车装。兵各个人所抢用物东西常有随手抛弃，刚在东家劫得，忽又抛弃西家。遇有拿不走，搬不动的，常常一拳一脚，乱摔乱掷，必破坏而后快。也有身着所抢女衣，一番戏弄，随又掷去，或将所抢东西，随便乱送给人。也有一个时期，专门到人家搜寻字画绣货，装在镜框里的，就把镜框打坏，拿出心〔芯〕子带走。省立图书馆收藏古书字画，悉已捆载而归。又有时候，搜劫马草、煤炭、木柴、火炉、烟囱、脸盆等件，至后各家早已没有柴烧，哪里还有木柴，那么，门窗隔扇，一切木器家伙，鬼就随便搬走，去做他的燃料。最酷虐的，是抢棉被褥，兵一来，就把人家床上盖的垫的，搬一个空。"[4]

抗战结束后，国民政府对将日据时期苏南农村农具损失与农家失耕情形，以乡镇为单位进行了全面的统计，现为节省篇幅起见，我们现随机抽取 60 个乡镇的农具损失与农家失耕情形列表如下：

---

① 庶：《维新政府农林行政之机构及善后方策》，伪维新政府实业部主办《实业月刊》第 1 期，1938 年 6 月出版，第 114 页。

② 庶：《维新政府农林行政之机构及善后方策》，伪维新政府实业部主办《实业月刊》第 1 期，1938 年 6 月出版，第 114 页。

③ 杨瑞彬：《日寇对镇江的轰炸》，中国人民政治协商会议镇江市委员会文史资料委员会编《镇江文史资料》第 25 辑，1993 年，第 88 页。

④ 镇江市关心下一代工作委员会、镇江市档案馆：《镇江沦陷记》，南京出版社 1992 年版，第 12—13 页。

表 2-3　　　　日据时期苏南农村农具损失与农家失耕情形一览

地　　　区	农田（亩）		户口		农具损失	
	总面积	战时荒芜	总户数	失耕户	全损户占%	半损户占%
镇江辛丰区大同乡	18400	213	1080	48	8	11
镇江上党区普济乡	13884	678	1126	65	4	3
镇江高资区高资乡	5200	328	1128	54	5	4
镇江城区京岘乡	7933	424	1284	66	4	2
镇江大港区大港镇	10133	568	1122	58	4.5	2
镇江宝堰区宝堰镇	11214	588	998	56	4.5	3
镇江高桥区连城乡	13268	684	1189	61	5	4
金坛县第1区沈溪乡	13000	250	1200	14	10	70
金坛县第2区尧塘乡	11500	150	1080	7	15	68
金坛县第3区儒林乡	10500	75	1001	6	20	65
金坛县第4区社头乡	13000	120	1250	11	25	55
金坛县第5区唐王乡	11560	35	1208	8	12	74
金坛县第6区临山乡	9650	41	1180	5	19	57
吴江城区湖梅乡	12000	1200	800	92	50	25
吴江同里区尖山乡	12000	100	900	87	50	25
吴江盛泽区盛南乡	12000	90	900	75	50	25
吴江黎里区大义乡	16000	200	1100	100	50	25
吴江震泽区双杨乡	21000	99	1000	85	50	25
吴江严基区徐源乡	10900	95	700	20	50	25
吴江平望区十三乡	9200	53	700	39	50	25
吴江芦墟区秋水乡	8300	30	300	5	50	25
吴县第四区包殿乡	1765	140	750	150	3	58

续表

地　　　区	农田（亩）		户口		农具损失	
	总面积	战时荒芜	总户数	失耕户	全损户占%	半损户占%
吴县第一区沧浪乡	1866	190	599	40	20	74
吴县第三区光福乡	1500	300	650	150	30	30
吴县第七区盛浜乡	18000	200	9000	120	10	10
吴县第十二区潦田乡	12400	500	6000	80	20	10
吴县第八区枫桥乡	9450	210	1540	170	50	10
无锡县东亭区吴仓乡	22300	110	859	8	24	51
无锡县城区黄泥乡	19872	100	897	8	29	50
无锡县长安桥区斗山乡	21425	150	879	12	28	52
无锡县张泾桥区八士桥乡	21870	110	915	12	28	51
无锡县安镇区东棣乡	27584	110	1325	18	24	42
无锡县荡口区南金乡	31250	124	1045	5	21	54
无锡县前洲区金丽乡	27456	95	1003	7	21	42
无锡县洛社区杨墅园乡	20784	85	895	5	26	35
无锡县藕塘桥区盛福乡	21450	85	897	4	22	42
无锡县周新镇新安乡	22724	75	885	4	21	33
无锡县自治实验区玉祁乡	24310	58	1021	5	24	45
宜兴县孝候区隐风乡	45809	84	2340	21	60	40
宜兴县和桥区漕桥	10000 多	0	1500	3	60	40
宜兴县张渚区太华乡	3500 多	0	1000	0	70	30
宜兴县竺西区区亭镇	13000 多	10 多	2100	0	70	20
丹阳县第七区留合乡	4770	0	620	8	50	15
丹阳县第四区张堰乡	4870	2300 *	770	12	20	75

续表

地　　区	农田（亩）		户口		农具损失	
	总面积	战时荒芜	总户数	失耕户	全损户占%	半损户占%
丹阳县第五区德平乡	4500	2300 *	682	24	20	80
丹阳县第六区访仙乡	11000	1200 *	1850	25	15	70
丹阳县第七区荆林乡	6200	800 *	1050	10	25	60
武进县第一区龙游乡	8800	300	1050	125	10	20
武进县第二区陈渡乡	8300	270	1240	120	9	16
武进县第三区奔牛镇	8630	450	1400	150	8	19
武进县第五区戚墅堰镇	8950	340	1050	125	15	23
武进县第五区横山桥镇	8600	380	1210	180	10	80
武进县第七区湖塘桥乡	8800	360	1500	120	9	15
武进县第九区庄村镇	9000	125	1350	150	25	18
太仓县双凤区双凤乡	13950	270	1150		27	30
太仓县璜泾区璜泾	16500		1450		30	35
太仓县城厢区南郊乡	9000		1430		3	40
南汇县周浦区胜桥乡	18000	200	1540	53	3	10
南汇县惠南区严路镇	10000	30	2682	10	24	20
南汇县竹桥区江镇乡	15000	500	2100	80	6	28
合计（60 个乡镇）	803827	18582	81470	2976	1506	2091

说明：带 "＊" 号者系 1938 年荒芜土地。

资料来源：江苏省档案馆馆藏档案：《农具损失情形调查》（一）、《农具损失情形调查》（二）、《武进县农具损失情形》，全宗号 1004，目录号乙，案卷号 2051；江苏省档案馆馆藏档案：《农具损失情形调查》（二），全宗号 1004，目录号乙，案卷号 2052。

以上 60 个乡镇中，失耕土地共 18582 亩、失耕户 2976 户，每个乡镇平均失耕 309.7 亩、49.6 户；农具全部损失的户数占总户数的 24.9%，农具半损的农户占总户数的 33.25%。前文所述，江南农户的农具多是比较先进而又贵重的机器或机械。

二 农业改良机关的毁失

江南地区是战前国民政府与其他各种社会团体进行乡村建设的重点地区，各种农事改良机关非常之多，这些机关在改良种子、活跃农村金融、推广农业技术、推销农产品方面发挥了巨大的作用。战前江苏省麦作试验场育成了438号麦种，稻作试验场育成了314号稻种，"质佳产高，推广极具成效"①。仅南京较著名的农事机关就有十数处。战事发生后，主持人均避难他往，农业改良工作完全停止，各机关室内物品，多被劫掠一空。

兹将南京各被劫农业机关抄录于下。

表2-4　　　全面抗战初期南京被劫掠的农业改良机关一览

名　称	地　址
牛首山中央模范农场	中华门外牛首山
中央大学农场	中华门外板桥
中央大学畜牧场	中华门外铁心桥
救济院农场	中华门外铁心桥
汤山在央模范林场	中华门外邓府山
遗族学校农场	汤山
中央农业实验所	中山门外
中央党部农场	中山门外孝陵卫
中央大学大胜关农场	中山门内
中山林园	水西门外大胜关
晓庄政治学校农场	燕子矶晓庄
中央大学农学院	三牌楼小门口

资料来源：《实业部特派员京沪线视察报告》，伪维新政府实业部主办《实业月刊》第1期，1938年6月出版，第174—175页。

---

① 江苏省档案馆馆藏档案：《抗战损失》，全宗号1004，目录号乙，案卷号483—494，缩微胶片第38页。

苏州原有二处农业机关。一为省立农具制造所，在胥门外枣市桥，专门制造各种新式农具出售给农民。战后主管人员被迫逃亡，所内所存机器散失殆尽。据战后调查，该所共损失房屋 32 间、六尺钻床 10 架、小号钻床 8 架、九尺车床 10 架、大磨床 15 架、六尺车床 10 架、八尺钻床 8 架、中号钻床 9 架、12 匹引擎 8 只，等等，价值 4335785 元。[1]

另一为设于苏州阊门虎丘西南的西郭桥的江苏省稻作试验场吴县分场。1938 年伪维新政府的报告称，由于战后无人经管，该场内生财器具，悉数被毁，收存的稻谷也被军队掠走。[2] 据战后南京国民政府调查："自民二十六年十一月沦陷后，本场场务亦即随之停顿，所有工作人员大率西迁，场内无人照管，日寇占据该县后，即将本场水泥楼房完全付之一炬，即又将四周平房拆去，几度从事破坏，即今仅剩房屋七间，然已败陋不堪。而场内仪器农具家具等或任意焚毁，或为搬移应用，以致全部物件荡然无存。"[3]

镇江时为江苏省会。江苏省农业改进管理委员会损失洋房 1 幢（计 24 间），价值 20000 元；全部家具 150 余件，约 5000 元；全部什物计 200 件，约 3000 元。[4] 职员个人还损失许多房屋、家具、衣服等，其中刘三诗个人损失 39657 元，苏又兴损失 620 元、崔寿彭 449 元、姜钺 23335 元、张世庆 13300 元、闵锡钧 6500 元。[5]

江南其他地区的农业改良机关在战争时期均程度不同地受损，现将这些机关的受损情形列表如下：

---

① 江苏省档案馆馆藏档案：《抗战损失》，全宗号 1004，目录号乙，案卷号 487。

② 《实业部特派员京沪线视察报告》，伪维新政府实业部主办《实业月刊》第 1 期，1938 年 6 月出版，第 146—147 页。

③ 江苏省档案馆馆藏档案：《调查各场所战时损失情形及目前状况》，全宗号 1004，目录号乙，案卷号 2054。调查时间 1947 年。

④ 江苏省档案馆馆藏档案：《抗战损失》，全宗号 1004，目录号乙，案卷号 487。

⑤ 江苏省档案馆馆藏档案：《抗战损失》，全宗号 1004，目录号乙，案卷号 486。

表 2－5　　　　　　　江南农业改进机关战时损失情形调查

机关名称	地址	损失情形	备考
江阴县农业检查所	江阴南门外	房屋 4 间，耕具、农具、家具全部被毁，损失豆麦各约 500 石，价值 800 万元	
江苏省无锡县农业推广所	无锡县周泾巷	原有西式平房 35 间，全部被日军拆毁。十八、四十五马力戽水机各 1 架、机船两只被日军运去。办公桌、椅、床铺用具 100 余件、各种小型农具计 90 余件、乳牛 2 头、猪 4 头、乳羊 6 只被日军抢走	房屋约 8750 万元，戽水机约 5900 万元，机船 3600 万元，办公用品约 800 万元
嘉定县农业推广所	东门外先农坛	瓦、草房 24 间。农具一应俱全，引擎 3 只、寄存引擎 4 只、牛 2 头、羊 7 头、鸡 300 只，农产品稻、棉、麦，树苗约 3 万棵，木椅 8 张、桌 2 张，全部厨房用具，床铺 8 张，锅 6 只、大小碗 4 桌，长凳 20 余条，缸 5 只、床袋 50 只，书籍 300 本，天平、显微镜等 5 付，实验台 2 只，挂图 50 幅，棉稻、动物标本各 50 件	上、下车 2 座
松江县农业推广所农林场及分场	松东北门内小北庵及亭林	办事处 1 幢，稻田 63 亩，全部仪器及农具均损失，计 2 亿元	
江宁县淳化农场	淳化镇	草房 2 幢 18 间，牛 8 头、骡马牲口 4 匹，大车 3 辆，棉花 300 担，杂粮 100 担及农具，约合 5000 万元	
江宁县东山示范农场	东山镇	洋房 2 幢 10 间，牛 2 头，锄、锹、粪桶等农具 40 副，林苗 50 万株，计 1 亿元	
合作农场	太仓西门外仓桥	房屋损失约 820 万元，设备损失约 140 万元，家具损失约 210 万元，农具损失约 62 万元，农产损失 223 万元。计 1455 万元	
上海县农业推广所	俞塘	平房 7 间、鸡舍 3 间、猪舍 2 间，打水机 1 座，牛 2 头，农具全套，喷雾器 1 架，稻谷 40 担，棉花 15 担，桃树 300 株，种猪 4 头、鸡 50 只	

续表

机关名称	地址	损失情形	备考
丹阳县农业改良场	城内西门大街	房屋 8 间	
江苏省丹阳合作实验区	东门外尹公桥	房屋 30 余间	
丹阳县实验农民教育馆	西门外黄陵	房屋 10 余间	
武进县卜弋桥农村改进实验区	卜弋桥镇	一切生财等，损失约合时价 2000 万元	
武进县东翰农村改进实验区	东翰	一切生财等，损失约合时价 2000 万元	
武进县堰城农村改进实验区	堰城	一切生财等，损失约合时价 2000 万元	
武进县马迹山农村改进实验区	马迹山	一切生财等，损失约合时价 2000 万元	
镇江县立杨巷农场	杨巷	房屋 8 间合 8000 万元，树苗 80 万株合 1200 万元，农具及林具约合 600 万元，办公桌 12 张约值 240 万元，家具等物约合 400 万元，草房 6 间合 900 万元，大豆 80 担合 360 万元	
昆山县农业推广所附设正仪农场	正仪区	各类房屋全毁，六匹马力抽水机 1 部，犁耙等农具全套，耕牛 2 头，猪鸭等	
青年会农村服务处	吴县第九区夷陵乡	全部办公器具	

资料来源：江苏省档案馆藏档案：《农业改进机关战时损失情形调查》，全宗号 1004，目录号乙，案卷号 2054。调查时间 1946 年 12 月。

战前，中国、中央、交通、中国农民四行及许多商业银行在江南地区办理农业仓库 260 余家，"仓库营业成绩特佳"。战事发生后，"上海之四行、大通、大陆、国华、亚洲等仓库，江苏之南京、镇江、无锡、常熟、吴县、武进暨浙江之嘉兴、硖石、杭州、吴兴等地之银行仓库，或被炮毁，或被劫掠，损失殆尽……总共损失达二万万六千万元，或尚超过此数云"[①]。

上述农业改良机关的损毁，严重地破坏了江南农村的社会生产力，不但使江南农业生产再也无法获得先进的科技扶持，各种农产品质量退化，而且造成了农村商品化程度下降，金融呆滞。在日据以前，江南地区实为中国农村的希望和楷模，由于日军的侵略，江南农业现代化进程被打断，一个最有希望的农村成了一方残败不堪的瘠土。

三　农产品的毁劫

在江南农产减收的情况下，日军为了"以战养战"，在江南大量掠夺农产。战事结束近一年，伪维新政府的调查称："此次京沪、杭沪一带，人民于战时之损失惨不忍言，战后人民对于其所有物仍无处分之可能，就其大者言之，如京、杭、苏、锡等地仓库机房所堆存米、麦、面粉、丝茧等货物，无论系属自有或系受押，在在均为私有之物，依历史上战争之向例，应有自由处分之权，但迄今仍然封闭，物主无权提取，损失可观，长此迁延，人民生产之资力已告缺乏，商业何以繁荣？"[②]

日军在金坛曾直接抢走粮食千余担，[③] 在句容抢夺粮食66.25万余担，[④] 在扬中县抢去粮食110.3万斤，[⑤] 余杭县在日伪侵占期间，被抢走公粮3750余石。[⑥] 建德县被抢粮食4400石，其中稻谷3600

---

① 《经济统计·江浙战区仓库损失统计》，《国际劳工通讯》第5卷第8期，1938年8月出版，第194—195页。

② 中国第二历史档案馆馆藏伪维新政府档案：《实业部派员调查京杭杭沪两铁路沿线实业状况》，全宗号2103，案卷号408。

③ 金坛县地方志编纂委员会编：《金坛县志》，江苏人民出版社1993年版，第577页。

④ 句容市地方志编纂委员会编：《句容县志》，江苏人民出版社1994年版，第647页。

⑤ 扬中县地方志编纂委员会编：《扬中县志》，文物出版社1991年版，第441页。

⑥ 余杭县志编纂委员会编：《余杭县志》，浙江人民出版社1990年版，第591页。

石、大米 800 石。①

从日军特务机关在苏州掠走的农村物资来看，几乎无所不有。详见下表：

表 2 - 6　　　　苏州日军特务机关批准运出物资数量

（1938 年 8 月至 1939 年 3 月）

品名	8 月	9 月	10 月	11 月	12 月	1 月	2 月	3 月
白米	21500 石 1155 担	1280 担	454 包 4980 担	20449 担 82 石	25343 担 14 石	16391 石 54894 担	18410 包 21522 担	84964 包、 89001 担
小麦	7470 袋 15213 担	19209 袋	1480 袋 13852 担	32442 担 522 石	20490 包	108600 袋 2740 担	721 担	
老酒	1500 瓶		548 坛	722 坛	3080 坛	3810 坛	1044 坛	3961 坛
鲜鱼	184 担	565 担	739 担	115 担	225 担	354 担	118 担	542 担
虾	33 担	416 担	678 担	137 担	460 担	330 担	200 担	485 担
鸡蛋	16 万个		5016 担	471350 个	67.9 万个	51 万个	22 万个	34.1 万个
白鱼干	68 担							
生猪	40 担							
活鸡	44 担			30 只				
猪肉	14 担	13 担						59 担
鲜百合	297 担	97 担						
鲜藕	1120 担	200 担						
茭白	2138 担	1913 担	55 担					
芋艿	176 担	141 担	220 担	38 担				
山药	38 担	50 担						

---

① 吴康福：《日寇侵略建德的罪行》，中共杭州市委党史研究室、杭州市政协文史资料委员会编《杭州抗战纪实》，1995 年印行，第 47 页。

续表

品名	8月	9月	10月	11月	12月	1月	2月	3月
蔬菜	100 担					204 担		
干百合	1052 担	494 担	420 担	315 担	40 担			420 担
卤菜	61 担	38 担		76 担	508 担		22 担	189 担
酱菜	4 坛							
糟腐乳	500 担							171 担
糖果	719 担		272 担	215 担	176 担	346 担	167 担	314 担
梅干	150 担	15 担	30 担	32 担				663 担
青红羔	14 担						2 担	
青糖	8 担							
蜜枣	6 箱	5 担		2 担		4 担	1 担	
玫瑰花	44 件	87 斤	2 担	10 担		2 担		54 担
土烧酒	735 担	1149 担	850 担	2035 担	802 坛			10 坛
绍兴酒	312 担	3 担						
白蜜	11 担	3 担						
面粉	500 包			300 包			200 包	
茶叶	245 担	246 担	492 担	382 担	382 包	89 担	17 担	475 担
生蟹		12 担	113 担 500 斤	35 担				
活野鸭		13 担	7 担	1860 只	600 只			
猪肚腰		7 担						
猪油		8 担	115 担	84 担	64 担	87 担	492 担	
腌肉		5 担						
鱼干		259 担	56 担	83 担	81 担	58 担	2 担	1 担
生菱		5 担	201 担					

续表

品名	8 月	9 月	10 月	11 月	12 月	1 月	2 月	3 月
金针菜		54 担	72 担	5 担		3 担		
生葱		25 担				10 担	30 担	
昆布		1 担						
白果		703 担	602 担	114 担				
栗		417 担	632 担	50 担	19 担			
麸皮		340 担		70 担				450 担
米糖		39 担	55 担		30 担	3 担	3 担	4 担
蚕豆		15 担	48 担	300 担				
大豆		100 担		30 担			31 担	60 担
豆粉		17 担						10 担
果酒		3 箱	40 箱					
菜籽油		120 担	250 担		1000 担		160 担	600 担
菜油脚		60 担						
糟米		196 担						
盐梅实		14 担	35 担					
松子		1 担					4 担	
咸猪肉			43 担	40 担		343 担		
猪内脏			105 担	66 担	50 担	77 担		
咸鱼			56 担					
牛油			80 担	3900 担		20 担	2 担	382 担
羊油			186 担					
骨油			75 担	47 担				
麻实油			14 担					
桐油			5 担					

品名	8月	9月	10月	11月	12月	1月	2月	3月
花生油				2担				
火油		510斤	267斤					
柴油		20斤						
茨菇		20斤						
青菜		40斤		10担				
生姜		14斤						
咸菜			106担					
花生			37担	50担				
芡实			82担	79担	4担	3担		46担
干笋			20担			1担	9担	
红白糖			322担	54担				
蜂蜜			38担					12担
小豆			350担					
赤砂糖			700包					
白砂糖			280包					
冰砂糖			1担	2担				
角砂糖			70包					
藕粉				10担	5担	4担	9担	40斤
瓜子				19担	15担	116担	10担	
胡麻				10担				
芹菜				210担				
笋				14担	38担	36担		
辣椒				26担				
胡桃肉				1担				

续表

品名	8月	9月	10月	11月	12月	1月	2月	3月
扁豆				40担	113担	5担		135担
绿豆				300担				
山薯粉				51担	32担	7担		
绿豆粉					41担			
大豆粕					160担			4885担
皮蛋					400斤			
鱼肚					1担			
金柑子						5担		60担
棉籽								42担
梅酱								8担

资料来源：日本陸軍省陸軍糧秣本廠档案：《蘇州にて搬出許可せられたる物資数量表》，アジア歴史資料センター（JACAR）：C11110473600。

在所谓的"和平"时期，日军在江南大量采购军粮。为了保证军队的粮食供应，日方实际上是从江南人民口中夺食。

战前无锡米市各堆栈贮米达 400 多万石，[1] 1939 年 3 月，无锡一个月移出米"850775 俵 6075 瓧"（合 140 余万石）。[2] 在日军禁止大米流动的情况下，这些白米大部应该被日军"购"为军用。据汪伪政府 1940 年的调查，因日军掠夺式的"采购"，江南许多著名的产米县发生了米荒。如昆山，"全县农田约一百万亩，每亩产米一石，约共产米一百万石。除其他农产约以七折计，每年净产米七十万石，全

---

[1] 朱海容、祝永昌：《无锡的米市及行规习俗》，上海民间文艺家协会、上海民俗学会编《中国民间文化（稻作文化田野调查）》1994 年第 2 期（总第 14 集），学林出版社 1994 年版，第 82 页。

[2] 山田部隊本部経理部：《金融情報》（第 26 号）（蘇州、無錫）昭和 14 年 4 月 25 日，アジア歴史資料センター（JACAR）：C11110901200，第 7 页。

县人口约仅二十七八万人，故产米年有过剩。近因友军〔指日军——引者注〕大量采运，致起严重恐慌"①。松江县，"本为产米区，年有过剩，过去一年中，友军〔指日军——引者注〕采运军米，除四乡不计外，就城厢附廓而言，达万石以上。又因各乡各自禁运，以致城区米荒，较四乡为尤甚"②。金山县，"该县农产，稻八成，棉二成，全县产米，足供全县食用。过去一年中，友军〔指日军——引者注〕设'军粮局'采运军米达万石以上，故米价增加不已，现在米价，每石五十元左右，所有存米，足继新谷登场，如友军〔指日军——引者注〕不再大量采运，米价尚有下跌之势"。青浦，"该县农田约七十二万亩，种棉花者极少，全县产米数量，达一百十余万石，年有过剩，过去一年中，友军设'米谷组合'，采运军米达六、七万石，以致发生米粮恐慌"③。

并且，据汪伪政府的调查，"友军〔指日军——引者注〕以半价向米商采办"④。可见日军的采购，实与掠夺无异。1938 年，苏州米价每担在 760—1120 元，1940 年 12 月，本地大米在上海批发市场的进价为每百公斤 72—78 元。⑤ 以每石 60 公斤计，日军半价收粮，每石掠走了 21.6—23.4 元。1941 年 2 月，日军向苏州索米 10 万屯（1屯约合 7 石），半月左右就要备齐 5 万屯。⑥

1940 年 7 月，汪伪政权成立后，经争取，日军把苏北地区的军粮收购权转让给汪伪政权，日军仍保留苏、松、常地区的军米收购。这

---

① 中国第二历史档案馆馆藏汪伪振务委员会档案：《调查常熟、昆山、太仓、松江、金山、青浦等县灾况报告书（1940 年 9 月）》（调查员王宗汤），全宗号 2076，案卷号 569。

② 中国第二历史档案馆馆藏汪伪振务委员会档案：《调查常熟、昆山、太仓、松江、金山、青浦等县灾况报告书（1940 年 9 月）》（调查员王宗汤），全宗号 2076，案卷号 569。

③ 中国第二历史档案馆馆藏汪伪振务委员会档案：《调查常熟、昆山、太仓、松江、金山、青浦等县灾况报告书（1940 年 9 月）》（调查员王宗汤），全宗号 2076，案卷号 569。

④ 中国第二历史档案馆馆藏汪伪振务委员会档案：《江苏省分会调查各县灾况报告》，全宗号 2076，案卷号 569。1940 年 10 月。

⑤ 陸軍省支那派遣軍経理部：《支那派遣軍経理月報》附録第 13《12 月中支各地卸売物価一覧表》，1941 年 1 月，アジア歴史資料センター（JACAR）：C11110783200。

⑥ 支那派遣軍総司令部：《軍用米の調弁状況其の他に関する件》，1941 年 2 月 10日，C04122829600，第 693 頁。

些地区包括松江、青浦、金山、嘉善、平湖、吴县、吴江、太仓、昆山、常熟、无锡、常州、江阴和宜兴诸县。①

1941年4月，武进县城81家粮行被封，凡5岁以下、50岁以上者不得吃大米，青壮年每人每天只供应大米半升（相当7两半），所扣下的粮食均被充作"军粮"②。

米粮供应不足，阻断了江南农村商业化的进程与专业化分工。如太仓县，"按该县农田约八十万亩，棉花占七成，稻占三成，每年产米不足自给，平日仰给于常熟、昆山等县，现因各该县禁运出口，来源稀少，故米价日涨"。汪伪政府为了解决粮食短缺，只得牺牲农民的副业生产，提出"在此粮食发生严重恐慌时，似应督促农民多种禾稻，以期供求适应"③。

综上所述，日军发动的侵略战争，使江南的大量良田沦于战火，由于日军的掠夺，向来被誉为鱼米之乡的江南农村，在日据期间竟长期处于米荒中。尤为令人痛心的是，这场侵略战争打断了江南农业的现代化进程，阻断了江南农村的改良建设和社会发展。

第二节　副业和林业的摧损

战前，江南整个经济生态非常优越。除了现代工业和农业比较发达外，还体现在传统的副业（包括手工业）十分兴旺，与工业和农业相辅相成，吸收农村富余劳动力，增加农村人口的收入。与苏北平原相比，江南多山多林，尤其是城市周边地区，经过南京国民政府的建设，林业成就显著，发展势头良好。

---

① 林美莉：《日汪政权的米粮统制与粮政机关的变迁》，《"中央研究院"近代史研究所集刊》第37期，2002年6月，第145—184页。

② 江苏省武进县志编纂委员会编：《武进县志》，上海人民出版社1988年版，第669—670页。

③ 中国第二历史档案馆馆藏汪伪振务委员会档案：《调查常熟、昆山、太仓、松江、金山、青浦等县灾况报告书（1940年9月）》（调查员王宗汤），全宗号2076，案卷号569。

一 残破的副业经济

战前江南农村的副业经济极为发达，日据期间副业损失极为惨重。

战前上海地区的副业农场极多，大半集中在江湾。规模较大的副业农场有民生农场、畜植公司、复兴农场、立达学园附设农场、中国兔蛙场等。战事发生后，民生农场和畜植公司各约 15 万元牲畜，其他农场各约数万元牲畜动物，总价 70 万余元，"完全毁于炮火"①。

上海江湾引翔是养鸡业集中地区，有鸡场四五家，资本自 3000 元至 5 万元不等，"战后毁损无遗"。上海、无锡等处有养蜂场十四五家，以华绎之、戚秀甫所办蜂场规模最大。华绎之青青蜂场总场在无锡，蜂场设于松江亭林、嘉兴濮院、杭州塘栖镇等沿沪杭线水路各村庄；戚秀甫蜂场设在徐家汇附近。战事发生后，华绎之蜂场 500 多群蜜蜂"散去十之八九，其他各蜂场亦以蜂去场空，无形停闭"。"在上海附近养蜂事业，可谓完全毁去。总计损失达十万金以上。"按正常速度，华绎之蜂场的恢复至少要四五年。②

战前南京中央大学不遗余力地推进各项副业的发展，战时被破坏劫掠一空的试验场达五家。详见下表：

表 2-7 　　全面抗战初期中央大学被劫掠的副业改良机关一览

名称	地址
中央大学农学院蚕桑试验场	太平门外
中央大学农学院蚕桑馆	三牌楼小门口
中央大学农学院牧场	成贤街

---

① 《经济·江湾农场损失奇重》，《现世报周刊》第 14 期 1938 年 8 月 6 日，第 6 页。
② 《经济简讯·战后养蜂事业损失达十万元以上》，《商业月报》第 19 卷第 1 期，1939 年 1 月出版，第 12 页。

续表

名称	地址
中央大学农学院牧场	龙蟠里
中央大学农学院劝业农场	劝业会场所

资料来源：《实业部特派员京沪线视察报告》，伪维新政府实业部主办《实业月刊》第1期，1938年6月出版，第174—175页。

江、浙二省农民的副业以蚕桑为大宗。战前江苏省有桑园约95万亩，年产茧18万余担。到1945年，江苏桑园仅存半数，产量降为3万担左右。[①]

许多蚕业改良机关与棉业机关一道在战时被破坏严重。详见下表：

表2-8　　　　江苏省棉业、蚕业改进机关战时损失情形调查

机关名称	地址	损失情形	备考
镇江江苏省立棉作试验场南汇分场	周浦区苏桥乡南邑17保2图	瓦房12间、草房4间，轧花厂内有小引擎1座、轧花机数架、耕牛1头、手耕农具数十件、日常用具数十件	原有设备、房屋均毁失无存
武进县蚕桑改良区	东门外东仓桥南	房屋20余间，时价6000万元；所有农、家具标本、仪器约合时价6000万元	
武进县立初级女子蚕桑职业学校	东门外东仓桥南	房屋40余间，合计价12000万元；校具仪器、养蚕等用具合时价8000万元	
昆山县农业推广所	马鞍山前	礼堂3间、宿舍5间、厨房2间、温床1座及所有设备（合2000余万元），桑园30余亩、桑树2400多株，苗圃2亩，有白杨等万余株	

① 江苏省档案馆藏档案：《抗战损失》，全宗号1004，目录号乙，案卷号483—494，缩微胶片第42页。

机关名称	地址	损失情形	备考
江宁县横溪农场	横溪镇	蚕室 2 幢 14 间、茧灶 4 副、制种室 1 幢 6 间、茅屋 2 幢 14 间及饲蚕用具全部、桑田 300 亩及苗圃 20 亩、牛 6 头及农具等，约值 2 亿元	

资料来源：江苏省档案馆馆藏档案：《农业改进机关战时损失情形调查》，全宗号 1004，目录号乙，案卷号 2054。调查时间 1946 年 12 月。

沪宁会战后，各蚕种场不但蚕种散失大半，就是冷藏、检子等，也无法继续办理。副业方面损失更大的依旧为铁路、公路沿线区域的居民，他们的桑树"均被砍伐净尽"，致使养蚕副业完全停顿。离铁路、公路沿线较远的地区，虽然能够照常育蚕，但 1938 年"所育之蚕，较之去年，不及半数"[1]。整个农村副业的损失可想而知。

苏州设有蚕种场多家，战时损失情况如下：

表 2 - 9　　　　　苏州蚕种制造场调查（1937 年法币值）

场名	资本额（元）	战后损害估计（元）
大有	100000	50000
浒关	20000	10000
壬戌馆	20000	10000
三丰	30000	5000
于园	10000	2000
虎丘	15000	2000
永新	15000	5000

---

① 庶：《维新政府农林行政之机构及善后方策》，伪维新政府实业部主办《实业月刊》第 1 期，1938 年 6 月出版，第 115 页。

续表

场名	资本额（元）	战后损害估计（元）
天远	15000	3000
国华	2000	1000
合计	227000	88000

原注：苏州农种场多在浒关，故受战时损失殊大，本年（1938）销种仅及往年之半数。厂屋及设备亦有焚毁被劫等，幸该制种业向来努力，或可于短期内有一部分恢复之望。

资料来源：《实业部特派员京沪线视察报告》，伪维新政府实业部主办《实业月刊》第1期，1938年6月出版，第147—148页。

江苏另一蚕桑生产地无锡的蚕种场同样被战事波及。据对无锡一处农民财产损失的调查，其中大部分财产是蚕具。见表2–10。

表2–10　　　　无锡南门外新安镇下塘财产损失报告单
（1937年11月25日）

损失项目	单位	数量	购置时价值（元）	损失时价值（元）
蚕室	间	13	14300	14300
楼房	间	12	10800	10800
地下室	间	6	9000	9000
平房	间	14	8400	8400
蚕匾	只	2200	2200	2200
蚕架	付	132	1980	1980
蚕网	张	5000	250	250
显微镜	架	2	800	800
制种板	块	1300	910	910
制种架	付	30	600	600
给桑架	付	80	240	240

续表

损失项目	单位	数量	购置时价值（元）	损失时价值（元）
铝圈	盘	7500	1410	1410
其他蚕具			2000	2000
蚕种	张	12684	10147.2	10147.2
蛾口茧	担	12	2160	2160
厨房用具			500	500
家具什物			2000	2000
运桑船	只	3	1050	1050
合计			68747.2	

资料来源：江苏省档案馆馆藏档案：《无锡县抗战期内财产损失的调查》，全宗号1009，目录号乙，案卷号1116。调查时间1946年2月。

无锡郊区有大新、天一、东亭三家蚕种场被损毁。[1]

在无锡堰桥镇，第九保第二甲第九户胡鸿勋、胡鸿羲、胡鸿均所属的安定蚕种制造场，创办于1928年，生产双喜牌蚕种，"设备完全，成绩优良，历年销路推广产额日增"。1937年11月26日，该场北部房屋2幢及有栏杆房1幢全部被焚毁，所有器具、仪器、衣饰、图书、字画等均付之一炬，荡然无存。[2]详细损失情形见下表：

表 2-11　　　　　无锡安定蚕种场各项损失

分类	1937 年价值（法币元）
房屋	9600
器具	22279

---

① 《实业部特派员京沪线视察报告》，伪维新政府实业部主办《实业月刊》第1期，1938年6月出版，第152—153页。

② 江苏省档案馆馆藏档案：《无锡县抗战期内财产损失的调查》，全宗号1009，目录号乙，案卷号1116。调查时间1946年2月。

续表

分类	1937 年价值（法币元）
仪器药品	2725
生产品	17277
其他	9650
共计	61531

资料来源：江苏省档案馆馆藏档案：《无锡县抗战期内财产损失的调查》，全宗号1009，目录号乙，案卷号1116。调查时间1946年2月。

　　无锡洛社镇孙励青的通裕、利大茧行东临皋桥、南面惠山、北滨运河及京沪铁路，为常州、无锡水陆要道，面积计达9.5亩，建有平屋、楼房96间，茧灶72副，沦陷时被日军轰炸，全行全部焚毁。①详情见下表：

表 2－12　　　　　**无锡洛社通裕、利大茧行战时损失一览**

项目	数量	损失时价值
平房	10 间	
楼房	40 间	
茧灶	60 副	50 万元
厂间	20 间	
蚕坊	20 间	
生财	全部	

江苏省档案馆馆藏档案：《无锡县抗战期内财产损失的调查》，全宗号1009，目录号乙，案卷号1116。调查时间1946年2月。

　　战前常州蚕桑业极为发达，家家养蚕，战事结束后，"今则与春

---

　　① 江苏省档案馆馆藏档案：《周新镇区方湖乡公私财产损失调查表》，全宗号1009，目录号乙，案卷号1116。调查时间1946年2月。

耕并废矣"①。现将常州蚕种场受损情形列表如下：

表 2 - 13　　　　　　　　　　　常州蚕种制造场调查

制种场名	场址	战后情形
福安制种场	定东乡	战前存有蚕种纸 6000 张，今售出一半
双全制种场	升西乡	战前存有蚕种纸 3000 张，今售出 1000 张
中南制种场	延政乡	全部焚毁
咸丰制种场	太平乡	战前存有蚕种纸 500 张，今售出 100 张
大有制种场	太平乡	全部焚毁
双生制种场	升西乡	全部焚毁
马山制种场	迎春乡	全部焚毁
三山制种场	丰北乡	战前存有蚕种纸 6000 张，今售出 4000 张
东门制种场	定东乡	全部焚毁
大丰制种场	新塘乡	战前存有蚕种纸 5000 张，今售出 1500 张
大生制种场	城内	战前存有蚕种纸 5000 张，今售出 2000 张
大福制种场	德释乡	全部焚毁
河丰制种场	惠化乡	战前存有蚕种纸 5000 张，今售出 2000 张
振华制种场	通江乡	战前存有蚕种纸 1500 张，今售出 400 张
河东蚕种场	河东乡	蚕室、附属室、贮藏室及杂室被炸，损失 31501.51 元

　　资料来源：《实业部特派员京沪线视察报告》，伪维新政府实业部主办《实业月刊》第 1 期，1938 年 6 月出版，第 161—162 页；江苏省档案馆馆藏档案：《抗战损失》，全宗号 1004，目录号乙，案卷号 487。

　　浙江沪杭路沿线、杭嘉湖地区在战前年生鲜茧 120 余万担。估计农民自缫的土丝总值在 1 亿元以上。战事发生后，丝商、厂商停业，

---

　　① 《实业部特派员京沪线视察报告》，伪维新政府实业部主办《实业月刊》第 1 期，1938 年 6 月出版，第 160 页。

育蚕农户多避难外逃，加上各地治安不靖，军情紧急，1938 年蚕、丝两业仅占往年的十之二三。①

日军攻占镇江时，江苏省棉作试验场总场面积原有 332 亩，房屋 32 间（其中瓦房 22 间、草房 10 间），大水牛 4 头、小水牛 1 头、六匹马力柴油引擎 1 具、32 寸辊轴轧花机 4 架、牛力轧花机、人力轧花机各 1 架，另有牛力打水用具 2 架、棉花条播机 4 架、五齿中耕器 8 架、洋犁 4 架、磅秤 1 具、高倍显微镜 1 架、精细天平 5 架、铁搭小锹一应俱全。战后，"除总场场地无损外，其总分各场房屋、仪器、什物、机器、农具、牲畜、卷宗、文件、家具全部被掠夺，焚毁无存。据有关人士估计，如上设备，根据目前物价状况，恐至少须〔需〕二十亿元"②。

棉花长期以来为江苏省大宗出产物，为了保证日本纱厂的原料供应，日军对江南的棉花进行统制。据《苏浙皖淮四省棉花收买要纲》的规定："中日军政当局依据统盘指导方针，关于运输警备、走私、隐藏等徇棉统会之请示，设法采取所需一切措置。""凡已收买之棉花应全部集中棉统会，严禁私行采购本厂自用或囤积用之棉花。"③棉花统制极大地压低了棉花的收购价格，挫伤了棉农的生产积极性。1937 年江苏有棉田 1182375 亩，年产皮棉 2331015 担；1945 年战争结束后，棉田面积仅有 375140 亩，生产皮棉 775541 担，不及战前的三分之一。④

镇江地区战前建有许多特种农场，这些农场在战争中遭受不同程度的损失。详见下表：

---

① 《实业部特派员沪杭线视察报告》，伪维新政府实业部主办《实业月刊》第 1 期，1938 年 6 月出版，第 178 页。

② 江苏省档案馆馆藏档案：《查报各机关迁移及抗战损失费》，全宗号 1004，目录号乙，案卷号 489。

③ 中国第二历史档案馆馆藏日军档案：《卅三年度苏浙皖淮四省棉花收买要纲》，全宗号 2012，案卷号 5979。

④ 江苏省档案馆馆藏档案：《抗战损失》，全宗号 1004，目录号乙，案卷号 483—494，缩微胶片第 39 页。

表 2 - 14　　　　　　　　　　镇江副业农场受损一览

场名	地址	面积（亩）	出品	战后损失情形
惠农鸡场		2	鸡蛋	种鸡大部被抢
新农园第一种苗场	新洲中兴镇	400	种苗	损失较轻
新农园第二种苗场	南门车站	10	园林设计	损失较轻
中国养蜂场	宝盖路	数亩	蜂蜜	被毁，损失极重

资料来源：《实业部特派员京沪线视察报告》，伪维新政府实业部主办《实业月刊》第 1 期，1938 年 6 月出版，第 169 页。

茶叶是江南另一重要副业，也是用于出口的大宗商品，往往丝、茶并称。是以茶业的发展在战前很受地方政府的重视。

1905 年南京两江总督衙门派遣郑世璜等人赴印度、锡兰等地考察茶叶事务。郑回国后，编写了一本详细的考察报告，名为《乙巳考察印锡茶土日记》，并向两江总督周馥建议，以 10 万元或 200 万元两种方法开设机器制茶公司。[1] 1907 年，江南商务局在南京钟山设立植茶公所，用科学方法对茶叶加以改良。[2] 1929 年，茶叶专家吴觉农任浙江建设厅长，派遣俞海清对杭州、湖州各县的茶叶情况进行调查，著有《浙省杭湖两区茶叶调查报告》，吴觉农拟具改进浙江茶叶计划，拟对浙江茶叶进行改良。1933 年，吕允福奉国民政府行政院农村复兴委员会之命，对余杭等地进行考察，并主要在宁波、绍兴平水茶区作栽种、运销方面的详细调查。1934 年，吕允福任职绍兴浙江第五农场，对平水茶区特别关注，与绍兴县政府合办平水茶业指导所，向上海寰球铁工厂购置制茶揉捻机，并自制改良茶具等。1935 年春，在绍兴、萧山、嵊县、上虞茶村中指导采制方法，并办理茶厂登记调查事宜。[3]

---

① 《中国考察印锡茶业的第一人》，《茶报》第 1 卷第 2 期，1937 年 5 月出版，第 26 页。

② 叶知水：《近十年来中国之茶业》，《中农月刊》第 5 卷第 5、6 期，1944 年 6 月出版，第 118—119 页。

③ 吕允福：《浙江茶业新建设史的回忆》，《乡建通讯》第 10 期，1939 年 9 月 20 日出版，茶叶管理专栏第 1—2 页。

国民政府行政院农村复兴委员会和全国经济委员会农业处对茶叶振兴事宜多有规划，组织和推动了茶叶生产技术的改进、茶叶海外销路的调查及茶叶改良场的设立等。[①] 1935 年，浙江省省立农业处在嵊县设立浙江省茶叶改良场，拥有土地 200 余亩，芝山西北部原有茶园约 100 亩作为普通栽培区，西南部 30 亩作为苗种区，东北部茶地约 100 亩作为育种及栽培试验区。[②]

战前湖州所产茶叶、毛茶约 3 万担，杭州四周产毛茶 4 万担，由上海土庄制茶厂入山选购，装沪改制箱茶后托洋庄茶栈售于洋行，转运出口。[③] 全面抗战初期，浙江茶叶出口数量几及全国出口总额的半数。[④]

沪宁杭战事对浙江茶业打击极为严重。1938 年春，浙北多地沦陷，伪维新政府调查称："自事变后，关于茶叶行政之组织全部解体，所有国立及省立之指导与试验等机关，如茶叶改良场、模范合作社、茶叶指导所、生产合作社、仓库等，或毁于炮火，或在不属现政府〔指伪维新政府——引者注〕统治范围下之浙东。故目前浙省于茶业行政方面可谓全无。"[⑤] 茶叶管理部门称，浙江"人心浮动，金融停滞，春茶上市，茶商或畏惧风险，或困于金融，咸抱观望，遂致山价惨跌。每担毛茶仅八九元"[⑥]。

日军占领湖州、杭州等地后，为了以茶牟利，对茶叶贸易进行"统制"。并以"合作"之名，要求茶叶商人领取"采办通行证"，凭证方可运销毛茶。每张采办通行证须向日方缴纳"证费"，即茶叶

---

① 邹秉文：《抗战与茶业》，《贸易月刊》第 2 卷第 7 期，1941 年 7 月出版，第 1 页。

② 《浙江省茶业改良场三年事业计划纲要》，《浙江省建设月刊》第 10 卷第 8 期，1937 年 8 月出版，第 1—页。

③ 李震：《暴日掠夺下的上海茶业》，《茶声半月刊》第 1 卷第 14 期，1940 年 1 月出版，第 153 页。

④ 浙江省油茶棉丝管理处茶叶部编印：《二十八年度浙江省茶叶管理报告书》，无出版信息，第 1 页。

⑤ 中国第二历史档案馆馆藏伪维新政府档案：《派员调查杭嘉湖各产茶区域产销状况》，全宗号 2103，案卷号 413。

⑥ 浙江省油茶棉丝管理处茶叶部编印：《二十八年度浙江省茶叶管理报告书》，无出版信息，第 1 页。

"每担自五六元起至十余元不等"，此外，还须缴纳茶叶税每担26元。战前杭州毛茶每担在35—90元，1939年涨至180—260元；湖州毛茶则自每担60—120元涨至200—300元。日方还设立福利茶叶公司，经理为三井洋行职员，把中国茶叶运往青岛、台湾与日茶混合，出口赚取外汇，并借机扩充日茶出口。①

日军对茶叶的统制，使得上海茶叶市价高于浙江茶区价格2—3倍，走私成为浙江茶区最普遍的现象。1939年，从浙西北茶区偷运到日占区的茶叶达1万担。②

日军还在杭州设立公茂茶行，"每日派敌兵分途拦截茶叶，强售该行，并于三墩地方，设茶行四五十家，凡游击区及半游击区，则利用伪维持会或奸商，辗转收买。其尤异者，即敌商常穿便衣，乔装华人，伙同当地奸商，下乡收购特产"③。

江南农村的手工业同样惨遭破坏。战前苏州手工业非常发达，浒关的织席、唯亭的编毯、城乡女工的顾绣等非常著名，使用铁机、木机的丝织厂遍及城乡内外，战事结束后，手工工人大多逃散，工场存料机件均遭毁损，许多厂屋更被军队侵占。现将伪维新政府战后对苏州手工业的调查情形列表如下：

表2-15　　　　　　　　　苏州手工业调查

业别	家数	战后现状
摇袜	60多	少数复业
制帽	数十家	少数复业
制扇	百余家	在停顿中

---

① 李震：《暴日掠夺下的上海茶业》，《茶声半月刊》第1卷第14期，1940年1月出版，第153页。
② 默思：《浙西茶业诸问题》，《浙茶通讯》第11期，1940年8月11日，第1版。
③ 浙江省档案馆、中共浙江省委党史研究室编：《日军侵略浙江实录（1937—1945）》，中共党史出版社1995年版，第456页。

续表

业别	家数	战后现状
象牙骨货	50 多	少数复业
车玉器	30 多	少数复业
红木器	60 多	在停顿中
皮箱	50 多	少数复业
置器	数十家	少数复业
顾绣	百余家	少数复业
丝边	30 多	在停顿中
织席	数百户	少数复业
毛毯	数十户	在停顿中
烧窑	十余户	在停顿中

资料来源：《实业部特派员京沪线视察报告》，伪维新政府实业部主办《实业月刊》第 1 期，1938 年 6 月出版，第 149—150 页。

战前宜兴的陶制品遍销江苏、浙江、安徽、山东、河北、湖北及东北各省，并远销日本、印尼、新加坡、泰国、南美等地。宜兴共有 10 座紫砂龙窑，在战时有 7 座被日军改筑成为碉堡，被毁厂房达 100 多间。战前从事紫砂陶器生产的技工达 1000 余人，而战时则不到 100 人。[①]

战前江阴有各种织机 10.1 万多台，年产小土布约 230 万匹、改良土布约 350 万匹。日军侵占江阴期间，对机制纱实行统制，"布厂十仅存一"[②]。

江南副业、手工业品同样被日军视为军需物资。1940 年 2 月，日本陆军省的报告《长江下游地区战时粮秣资料》中列入的浙江副业

---

① 祝慈寿：《中国近代工业史》，重庆出版社 1989 年版，第 769 页。
② 顾一群、肖鹏编著：《漫话无锡》，江苏省政协文史资料委员会等编《江苏文史资料》第 120 辑（《无锡文史资料》第 41 辑），江苏文史资料编辑部 1999 年印，第 20 页。

包括杭县的织麻布、制草鞋、豆腐皮、编竹篮、黄烧纸、养蚕桑；海宁的纺纱织布、剥棉、养蚕；富阳的造草纸、造黄白纸；余杭的造黄烧纸；临安的造纸；嘉善的织土布；桐乡的养蜂、织绸等。[1] 这基本上包含了江南农村的主要副业。不同于对待江南工业的政策，日军对待江南副业、手工业除了破坏，一向予夺予取，连虚假的"复兴"计划都没有。

战前江南农村一向有春季借款养蚕等生产性行为。农村经济带有明显的季节性，农民多依赖"农民的银行"——典当等进行资金周转。据浙江大学对海宁等地的调查，农民从典当押款用于购买蚕种、肥料、种子、农具、家畜的比重占典当放款总额的42.8%。[2] 每年的2—3月份，江南茶季启动，茶农往往需要雇佣短工帮助采摘、运输等；3—5月份为茧季，农民需要大量资金来采购桑叶、雇短工。这些季节都需要典当调度大量的资金供农村使用。到了6月份，由于农村开始插秧种稻，农民需要购种施肥，仍然需要相当的资金，而此时国内其他商业较为平淡，正如金融界称之"清水六月"，银行、钱庄资金相对过剩，典当正好可以向银钱业借款，再转押给农民。9月份以后，国内银钱业用款处于最紧张的时期，而此时农民由于卖粮卖棉花等，手中资金相对充裕，正可归还典当押款，"典当收回本利，故收入颇多"，再归还银钱业借款，极大地提高了资金的利用率。"盖典当之营业，在与人民以资金之周转，故人民需用资金正殷之时，即典当出本日增之时。反之，人民资金有余之时，即典当取赎日盛之时，如影随形，不爽毫厘。农民春种秋收，典当则春当而秋取，此其大概情形也。"[3]

据伪维新政府报告，浙江平湖、嘉善、嘉兴、绍兴及江苏松江、吴县、海门、南通、武进、镇江沦陷后，仅典当方面的损失就达3000万元以上。这些地区的典当"或被劫，或被炸，或被焚，竟无

---

[1] 陆军省陆军粮秣本厂：《楊子江下流地域の戰時糧秣資料》，1940年2月，アジア歴史資料センター（JACAR）：C11110474700。

[2] 林和成编：《中国农业金融》，中华书局1936年版，第437页。

[3] 林和成编：《中国农业金融》，中华书局1936年版，第452页。

一幸免"①。典当业被毁，势必严重影响农村的金融流通，阻滞副业生产的发展。

战前，官商各银行在江浙地区放出大量的农贷，主要集中在江南地区。"战事发生后，农民四散奔逃，当地银行亦纷纷迁入安全地带，致放出之款未能收进者为数甚巨。"农民未及偿还的农贷达 6000 万余元。国营银行占 6/10，商办银行占 4/10。②

从满铁调查者对无锡乡村的调查，也可看出农村借贷方式及金融流通方面的改变（见表 2－16）。

表 2－16　　　　　　无锡小丁巷、郑巷、杨木桥负债情况

时间	借款次数	所占百分比	金额（元）	平均年利率（％）
1917—1921	1	4.17	200	15
1927—1931	8	33.33	1295	15
1932—1936	11	45.83	372	15
1937—1938	1	4.17	30	8
1939 年以后	3	12.5	140	17
合计	24	100	2037	15

资料来源：南滿洲鐵道株式會社調查部：《江蘇省無錫縣農村實態調查報告書》，大陆新报社 1941 年印，第 113 頁。

上表中，战前无锡农村借款比较频繁，且年利率均在 15％，这是对一个借、贷双方均比较合理的利息。1937—1938 年，仅有 1 起借款事件，年利息竟低至 8％，这是一种在农村不可能正常维持的利率，对贷出方严重不利。而 1939 年后的借款也仅有 3 起，年利率达

① 《战区典当业损失惨重》，伪维新政府实业部主办《实业月刊》第 1 期，1938 年 6 月出版，第 124 页。

② 《经济简讯·江浙被陷区农贷损失达六千余万》，《商业月报》第 18 卷第 8 期，1938 年 8 月出版，第 12—13 页。

到 17%，明显高于战前，对借方较为不利。是以战事发生后，无锡乡村的借贷事件极大地下降，严重地影响了社会生产。

二 中断的林业建设

战时林木是国防资源的一部分。中国因缺乏汽油，尤其是在海外交通受阻之时，作为交通运输的能源，多靠桐油、柴油和木炭等林产品。其他如橡胶、枪托、枕木、桥梁、营房、金鸡纳霜（奎宁——引者注）和其他药材等均出自林业。[1] 1946 年，南京政府初步统计战时全国林业损失合 1937 年法币 147162.6 万元，合美金 43410.8 万元。[2]

战前，江南是民国政府植树造林的重点地区。1915 年，杭州笕桥设立苗圃。同年，南京金陵大学农学院增设林科，次年改称农林科。1916 年，北京政府明令每年清明节为植树节。此后，江、浙各地均开展植树活动。1917 年，在建德设立了浙江省甲种森林学校，培育林业人才。1924 年森林学校合并到省立甲种农业学校，建德森林学校原址改为省立模范林场，1928 年改为省立第一造林场。1929 年在杭州西湖设立省立第一林场，建德林场改为省立第二林场。[3] 同年，国立中央大学设立森林系，1930 年金陵大学也改农林科为森林系。[4] 1930 年，南京国民政府成立农林部，内设林政司；次年又设立中央林业试验所。

江、浙两省在战前均设有林业行政机关，专管林业事务。江苏省设有林务局，浙江省设有农业改良场。中央模范林区管理局也设在江苏省，下设汤山林场、钟汤林场、小九华山林场、牛首山林场、龙王

---

① 程跻云：《战时林业问题》，《林学》第 9 期，1943 年 4 月出版，第 3 页。

② 张宪文主编：《南京大屠杀史料集》（41）《中央机构财产损失调查》，江苏人民出版社、凤凰出版社 2014 年版，第 676 页。

③ 李守藩：《战时本省林业之动向》，《浙江农业》第 40、41 期合刊，1941 年 3 月出版，第 5 页。

④ 郝景盛：《中国林业之过去与未来》，《文化先锋》第 3 卷第 4 期，1944 年 1 月 1 日出版，第 34 页。

山林场模范场 5 处。江、浙二省各县均设有县立林场或苗圃。①

可以说，战前江南地区的林业建设方兴未艾。各县建筑铁路及公路时，在路基两旁遍植树木。1932 年，仅位于首都南京城外老山的江苏省教育林即植树 18 万多亩、694 万多株；1916—1932 年 6 月，该林场支出 48 万余元，1932 年后每年常规经费 3.2 万元。② 1935 年，江苏省政府所在地镇江一县的造林经费达 2770.12 元。③ 1934 年，江苏除教育林、私人林地外，仅有森林面积 11 万亩，林木约 800 万株。但江苏林业发展势头非常迅猛，1934—1936 年，造林面积 16 万亩，植树 3000 万株。镇江、句容、江宁、溧阳、宜兴等县山地较多，是江苏重点造林地区，省政府下令于 3—5 年内，这些县的全部荒山要完成造林；各县所有野生幼树一律善加保护，严禁任意砍伐。④ 1935 年，浙江全省造林 55011 亩；⑤ 当年全省有森林 1207 万亩，全省山地尚有 89% 待造林。⑥

1938 年，战事造成长江下游地区各木行"所有水陆树木存货损失重大，较其他各业为巨，且放出账款，无从收回"。长江下游地区木行业损失在 3 亿元以上。⑦

战争对江、浙二省的林业同样损害很大。杭州沦陷后，浙江"当局于军事倥偬之下，无暇顾及林业之设施，除丽水、青田两场外，余均暂交当地县政府保管。省有森林业务，至是又受一大打击。至各县有林业，更无问津者矣。民有林地，以民国廿五年来桐油价格突

---

① 李守藩：《战时本省林业之动向》，《浙江农业》第 40、41 期合刊，1941 年 3 月出版，第 5 页。

② 陈嵘：《中国森林史料》，中国林业出版社 1983 年版，170—171 页。

③ 《镇江县二十四年度劳动服务报告书》，《江苏建设》第 3 卷第 9 期，1936 年 9 月 1 日出版，"报告"第 15 页。

④ 陈植：《江苏省三年来林业之动向》，《江苏省政建设月刊》第 4 卷第 4 期，1937 年 4 月出版，第 12—13 页。

⑤ 浙江省林业厅区划办公室编：《浙江省林业区划》，中国林业出版社 1991 年版，第 46 页。

⑥ 李守藩：《浙江之林业》，《浙江经济月刊》第 3 卷第 3 期，1947 年 3 月出版，第 3 页。

⑦ 《经济统计·长江一带木业损失统计》，《国际劳工通讯》第 5 卷第 8 期，1938 年 8 月出版，第 195 页。

涨，烧垦之风大炽，林木之摧残日烈。兼以物价高昂，薪柴腾贵，径寸之木均以斧斤。森林面积之削减，亦遂与日俱进矣"①。1942 年，建德沦陷，林业改进区财产遭劫，山林被毁，房屋、仪器、标本大部分损失。"实施甫年余之林业经济经营，受此一致命打击，而付诸泡影。至林产制造示范场筹备经年，开工制造，仅可月余，即遭敌机炸毁。继以沦陷，全部机件及购备之大批原料，以及房舍工场悉遭损毁。于敌退后虽即拨巨款筹计复兴，但痛深创巨，物价已大非昔比，不能恢复旧观矣。"②

日军为修建军事据点、修路造桥、"清障""清乡"、补充军需燃料等，掠夺和破坏了浙江大量林业资源。1937 年日军占领杭嘉湖地区后，开始对这一区域林业资源进行掠夺与破坏。特别是以清除障碍为目的，对沪杭、苏嘉铁路沿线树木进行野蛮砍伐。1940 年日军越过钱塘江，扩大了对浙江的侵略范围，绍兴、宁波等地林木遭到了日军的焚毁和掠夺。日军的肆意砍伐，使得浙江的林业资源及生态环境遭到了严重的损害，部分地区的森林覆盖率至今未恢复到战前的水平。与此同时，日军也对浙江的茶油、桐油、棕片等林副产品进行了疯狂掠夺。③

富阳县场口镇有李宝濂于 1929 年组织栽植的马尾松 10 万株，被日军全毁。④ 1941 年日军占领宁波后，四处掠伐木材，奉化金鳌山蔽天松柏被砍伐一空，溪口被砍古树 4899 棵，其他树木不计其数。日军在奉化江口一带掠伐木材，装运 80 多船。⑤ 1943 年 9 月起，日军到镇海河头上宋、杜夹岙、里邱等村伐木烧炭，作为汽车燃料，共建炭窑 10 余座，砍伐树木 1330 株、毛竹 24000 株。1945 年上半年，日

---

① 李守藩：《战时本省林业之动向》，《浙江农业》第 40、41 期合刊，1941 年 3 月出版，第 5 页。

② 李守藩：《浙江之林业》，《浙江经济月刊》第 3 卷第 3 期，1947 年 3 月出版，第 4 页。

③ 杨沫江：《抗日战争时期日军对浙江林业资源的掠夺与破坏》，《军事史林》2019 年第 5 期，第 62—67 页。

④ 富阳县林业志编辑小组：《富阳县林业志》，1992 年打印本，第 8 页。

⑤ 《宁波林业志》编纂委员会编：《宁波林业志》，宁波出版社 2016 年版，第 72—73 页。

军再次砍伐树木、毛竹多株。① 战时鄞县林业损失达 3796 万元。② 战前德清有山地 3.04 万亩，其中 90% 以上属林地；因日军封锁，山区粮食短缺，纷纷毁林种粮，山林遭到破坏；仅筏头乡竹林被砍伐的面积达 41%。③

1938 — 1947 年，浙江全省平均每年仅育苗 274 亩，造林 5000 亩左右。④

在江苏，"此次事变，各处林场苗圃在战区内者，均受损甚巨。而沿铁路及公路之树木则均被砍伐一空，丧失殆尽。第树木种植虽易，长成颇难。……今以数十年之努力毁于一旦，则林业者所受此次事变之打击，其损失诚不可以数字计矣"⑤。

日据前，苏南大部分县份设有林业改进机构，这些机构在日据时期均惨遭破坏。详见下表：

表 2 - 17　　江苏省林业改进机关战时损失情形调查（1946 年）

机关名称	地址	损失情形	原注
江苏省溧阳县农业推广所	溧阳县第一区清溪乡狄家界村石灰岭	楼房 3 间、草屋 6 间。林地面积约计 1000 余亩，植有 16 年生黑松 1 万株、13 年生 5 万株、12 年生 6 万余株、11 年生 2 万株、9 年和 6 年生各 1 万株、13 年生马尾松 1 万余株；农具 300 余件，家具 130 余件	在战前亦称农业推广所，胜利后于 1945 年 12 月恢复

---

① 浙江省宁波市镇海区委党史研究室编：《宁波市镇海区抗日战争时期人口伤亡和财产损失》，中共党史出版社 2015 年版，第 12 页。

② 傅璇琮主编：《宁波通史》（5）《民国卷》，宁波出版社 2009 年版，第 215 页。

③ 《德清县志》编纂委员会编：《德清县志》，浙江人民出版社 1992 年版，第 197 页。

④ 浙江省林业厅区划办公室编：《浙江省林业区划》，中国林业出版社 1991 年版，第 46 页。

⑤ 庶：《维新政府农林行政之机构及善后方策》，伪维新政府实业部主办《实业月刊》第 1 期，1938 年 6 月出版，第 116—117 页。

续表

机关名称	地址	损失情形	原注
江苏省省立林业试验场溧阳分场	溧阳县第一区仙鹿乡大山下村	瓦屋6间，林地面积约计630市亩，植有7年生麻栎5万株，8年生马尾松9万余株，13年生黑松6万余株，农具110余件，家具80余件	上项房屋林木系被日伪焚毁盗伐，今林场机构尚未成立
江宁县东善林场	东善桥	茅房4幢28间，牛8头、骡马牲口6匹、大车4辆，其余农具均遭损失，约值1亿元	
江苏省林业试验场青龙山分场	江宁上方镇青龙山	林区1000亩，松30万株、林苗20万株，草房5间，牛3头及林具等，约值1亿元	

资料来源：江苏省档案馆馆藏档案：《农业改进机关战时损失情形调查》，全宗号1004，目录号乙，案卷号2054。调查时间1946年12月。

在南京牛首山普觉寺，设有林场总办事处及第一分处、林工宿舍及林具储藏室，战时均被焚毁。林警室及办公室虽然存在，但门窗、楼板等均被拆一空，器具被劫掠无余。寺外苗圃的数间平屋、林工宿舍则悉数被焚。牛首山的天然林木，原来极为茂盛。这里树龄达数百年的苍松翠柏被砍伐一空，人造林被砍伐十分之二。该场附设的国药圃的药材被拔得精光。祖堂、大山、吉山等各分处的损失，与总场大致相同，房屋虽仍存在，但所有门窗、器具等均损失无存。祖堂山的天然林被砍伐一空。①

镇江跑马山苗圃："所造之林均被莠民砍伐一空，仅残存办公室八间。厨室二间亦复瓦残房破，门窗俱无，余则或烧或毁，不复存在。场地则荆棘塞途，蓬蒿满目，仪器、家具、农具等一无所有。"②

---

① 《南京牛首山林场视察纪》，伪维新政府实业部主办《实业月刊》第3期，1939年1月出版，第162页。

② 江苏省档案馆馆藏档案：《调查各场所战时损失情形及目前状况》，全宗号1004，目录号乙，案卷号2054。调查时间1947年。

镇江句容茅山自古林木蔽翳，郁郁葱葱。南朝陶弘景隐居郁冈，率弟子遍植青松。后人在其地建万松道院，松杉行列如盖如幢。唐文宗、宋真宗为保护茅山山林，均发布禁山文告。民国前期，句容县南二乡（天王寺）农会会长赵经培率全乡栽树10余万亩，以松为大宗，桑次之，竹与桃李又次之。战前，江苏省林业试验场工赈造林1.1万亩，计400多万株，有松、麻栎、油桐、茶、竹类等，日军侵占后至1947年，这些林木仅剩十分之一。[①]

日伪在苏南地区"清乡"，经常筑起几十公里长乃至数百公里的竹篱笆，[②] 这需要砍伐大量的树竹。日军曾在金坛等县大量砍伐树木；[③] 在溧阳砍伐树、竹分别为69952000、1356200担。[④]

无锡惠山有松柏200余亩，约20万株。五里湖畔曾首植行道树，计有白杨2000株，枫杨500株。沦陷期间，风景林木几乎被敌伪破坏殆尽。惠山也成濯濯童山和污秽不堪的丛葬区。[⑤]

另外，前文所述，日军在江南炸毁、烧毁各类房屋以千万间计，这些房屋的恢复和修理，要耗去巨量的树木，这是日军对林业的间接破坏。

第三节　日军对渔业和矿产的劫掠

江南地区无论是海洋，还是河湖，渔业资料极为丰富，这是"鱼米之乡"最重要的构成条件。江南也蕴藏大量的矿产，上海、南京、杭州更是许多矿业的总公司所在地。

---

① 句容市地方志办公室编：《句容茅山志》，黄山书社1998年版，第292页。

② 赵直、倪勤：《火烧竹篱笆》，中国人民政治协商会议江苏省丹阳县委员会文史资料研究委员会编《丹阳文史资料》第2辑，1984年5月，第33页。

③ 金坛县地方志编纂委员会编：《金坛县志》，江苏人民出版社1993年版，第577页。

④ 江苏省档案馆藏档案：《溧阳县抗战时期损失报告书》，全宗号1009，目录号乙，案卷号1742。

⑤ 沈虹太：《日军铁蹄下的园林名胜》，中国人民政治协商会议江苏省无锡市委员会文史资料研究委员会编《无锡文史资料》第11辑，1985年，第106页。

一　渔业的衰落

据台湾方面 1926 年调查，中国沿海各省每年海产品价值210061391 银元。[1] 江、浙两省沿海为中国渔业最发达的地区，海产鱼类主要有鲨鱼、马鲛鱼、米鱼、鲷、太刀鱼、银刀鱼、鰤鱼、鲳鱼、比目鱼、鲻鱼、鲚鱼、章鱼、乌贼、黄鱼、鲞鱼、乌贼、带鱼、海蜇、海底鱼、昆布、虾、蚶、海苔等。嵊山浪岗附近的银刀鱼延绳渔业是江苏沿海非常重要的捕捞业，在鱼汛期，每船所捕鱼类价值200 银元左右。浙江高头、黄龙、四礁、岱山、大洋山、小洋山、大戢山、黄石等渔场的大对渔船，每船每季所得约 2500 银元。[2] 战前仅舟山渔场年产值达"二千数百万元"[3]。

抗战结束时，国民政府派员到闽、浙两省调查，广东省委托广东省农民银行进行五个县的抽查，并联络各省水产教育管理人员估计战时渔业损失。其中渔轮 400 余艘损毁（台湾未列入）；帆船渔业损失估计 2.8 万余只；各省水产学校、各省水产试验场房屋设备均毁失；战前已有鱼市场水产工厂的损失；渔民牺牲与损失；养殖事业战时损失。以上种种经审议损失总值达 1.2 亿美元以上。[4] 1946 年，南京政府统计全国渔业损失合 1937 年法币 246754.8 万元，合美金 72789万元。[5]

据 1938 年统计，因日军封锁，舟山群岛渔民每季带鱼汛损失 48万元、小黄鱼汛损失 124 万元、墨鱼汛损失 4.8 万元、夏季杂鱼讯损

---

[1]　臺灣總督官房調查課：《支那の漁業》，《南支那及南洋調查》第 94 輯，1925 年 3月，第 38 頁。

[2]　臺灣總督官房調查課：《支那の漁業》，《南支那及南洋調查》第 94 輯，1925 年 3月，第 29—31 頁。

[3]　陸軍糧秣本廠研究科莊司憲季：《中支那に於ける漁業問題》，1940 年 1 月，アジア歷史資料センター（JACAR）：C14110505000，第 757 頁。

[4]　侯朝海：《中国水产事业简史》，上海人民出版社 2016 年版，第 56 页。

[5]　张宪文主编：《南京大屠杀史料集》（41）《中央机构财产损失调查》，江苏人民出版社、凤凰出版社 2014 年版，第 676 页。

失 30 万元。① 1938 年江、浙两省渔业几乎全部停止, 尤其是 4、5 月间为黄鱼收获期, 渔业损失极大。仅舟山列岛、华顶山等渔区的渔民损失就达 1000 万元左右。②

宁波战前有各种渔船 1500 余艘, 各县沦陷后, 渔业一落千丈。渔船"除一小部分留于穿山方面者尚可捕鱼外, 余者或不能出海, 或改为客船, 当占总数之大部分。无辜而遭击沉或焚毁者亦为数不少。故宁波渔业仅及战前十分之一"③。日军侵占 8 年, 鄞县一县渔业损失 8040 万元。④

1945 年与 1938 年相比, 浙江省登记的渔船减少 6436 艘、渔商船减少 1064 艘, 失业渔民 16993 人, 捕捞物每年减少约 130 万担。⑤ 江苏泗礁山和嵊山损失中对渔船、张网渔船和小对渔船 280 艘、渔具 4148 副。⑥ 崇明、浦东、金山登记有详细姓名的被日军毁劫渔船 56 艘。浦东地区另有 14 条流网船在淞沪战事首月人船失踪, 原因不明。详见下表:

表 2 - 18   1937—1945 年江苏崇明、浦东、金山被日军毁劫的张网渔船

姓名	数量	损失日期	损失地点	损失原因	吨位
顾桂芳	1	1937 年 10 月 30 日	崇明二条竖河	日军烧毁	52
宋汉忠	1	1944 年 8 月	山东滴水口	日军烧毁	45
宋汉忠	1	1937 年 8 月 30 日	山东石岛	日军强占	25

① 《经济简讯·浙海渔业损失概况》,《商业月报》第 18 卷第 9 期, 1938 年 9 月出版, 第 18 页。

② 《王部长对农村渔业复兴之说明》, 伪维新政府实业部主办《实业月刊》第 1 期, 1938 年 6 月出版, 第 224 页。

③ 《国内劳工消息》,《国际劳工通讯》第 8 卷第 9 期, 1941 年 9 月, 第 66 页。

④ 傅璇琮主编:《宁波通史》(5)《民国卷》, 宁波出版社 2009 年版, 第 215 页。

⑤ 饶用泌:《浙江省之渔业救济》,《行总农渔》第 4 期, 1946 年 3 月出版, 第 6 页。

⑥ 农委会第一组:《中国沿海各省渔业调查(四、江苏省)》,《行总农渔》第 5 期, 1946 年 4 月出版, 第 20 页。

续表

姓名	数量	损失日期	损失地点	损失原因	吨位
顾允昌	1	1938 年 11 月 12 日	刘河	日军强占	25
张亦樊	1	1944 年 5 月	苏鲁洋面	日军拖去	40
徐文铨	1	1943 年	旧黄河口	日军拖去	40
龚元	1	1944 年 3 月 10 日	山东乳山口	日军拖去	90
吴双元	1	1942 年 5 月 10 日	小青山口	日军拖去	35
张念依	1	1942 年 6 月	旧黄河口	日军拖去	50
倪根甫	1	1942 年 6 月	旧黄河口	日军拖去	40
施志相	1	1942 年 6 月	旧黄河口	日军拖去	30
张象其	1	1942 年 6 月	旧黄河口	日军拖去	25
倪克贤	1	1942 年 5 月 15 日	山东港口	日军烧毁	60
陶老虎	1	1938 年 11 月	小竖河港口	日军烧毁	10
孙留福	1	1938 年 11 月	小竖河港口	日军烧毁	12
姚大耶	1	1938 年 11 月	小竖河港口	日军烧毁	15
从广益	1	1938 年 11 月	小竖河港口	日军烧毁	12
施再亲	1	1938 年 11 月	小竖河港口	日军烧毁	10
施江狗	1	1937 年 11 月	小竖河港口	日军烧毁	15
吴清耶	1	1937 年 11 月	小竖河港口	日军烧毁	15
汤文才	1	1937 年 11 月	小竖河港口	日军烧毁	15
杨林江	1	1937 年 12 月	小竖河港口	日军烧毁	10
龚福生	1	1937 年 12 月	小竖河港口	日军烧毁	10
樊清耶	1	1937 年 12 月	小竖河港口	日军烧毁	10
陈进祺	1	1937 年 12 月	小竖河港口	日军烧毁	10
张山狗	1	1937 年 12 月	小竖河港口	日军烧毁	15
朱希江	1	1937 年 12 月	小竖河港口	日军烧毁	15

续表

姓名	数量	损失日期	损失地点	损失原因	吨位
黄春江	1	1937 年 12 月	小竖河港口	日军烧毁	15
吴承嘉	1	1940 年 7 月 20 日	三沙浜口外	日军烧毁	27
李张氏	1	1939 年 12 月 9 日	崇明东横	日军烧毁	50
周甫清	1	1940 年 7 月 20 日	三沙浜口外	日军烧毁	17
顾祝三	2	1937 年 11 月	浦东	日军烧毁	不详
沈阿监	1	1937 年 11 月	浦东	日军烧毁	不详
张毛男	1	1937 年 11 月	浦东	日军烧毁	不详
罗阿桃	1	1937 年 11 月	浦东	日军烧毁	不详
杨阿魏	1	1937 年 11 月	浦东	日军烧毁	不详
钱三桃	1	1937 年 11 月	浦东	日军烧毁	不详
罗金奎	1	1937 年 11 月	浦东	日军烧毁	不详
顾友三	1	1937 年 11 月	浦东	日军烧毁	不详
吴腊和	1	1937 年 10 月	金山港	日军劫走	不详
俞阿棠	1	1937 年 11 月初三	金山港	日军劫走	不详
杨秋生	1	1937 年 11 月初三	金山港	日军劫走	不详
褚阿根	1	1937 年 11 月初三	金山港	日军劫走	不详
褚腊和尚	1	1937 年 11 月初三	金山港	日军劫走	不详
沈金坤	1	1937 年 11 月初三	金山港	日军劫走	不详
范阿德	1	1937 年 11 月初三	金山港	日军劫走	不详
王杏生	1	1937 年 11 月初三	金山港	日军劫走	不详
陆小和尚	1	1937 年 11 月初三	金山港	日军劫走	不详
张四泉	1	1937 年 11 月初三	金山港	日军劫走	不详
陆宝根	1	1937 年 11 月初三	金山港	日军劫走	不详
杨阿六	1	不详	不详	日军焚毁	不详

续表

姓名	数量	损失日期	损失地点	损失原因	吨位
张伯泉	1	1937 年 11 月初三	不详	日军劫走	不详
陆根和	1	1937 年 11 月初三	不详	日军劫走	不详
张炳奎	1	1937 年 11 月初三	不详	日军劫走	不详
张银根	1	1937 年 11 月初三	不详	日军劫走	不详
艘渔船	14			人船失踪	
合计	55				840（已知）

资料来源：农委会第一组：《中国沿海各省渔业调查（四、江苏省）》（上），《行总农渔》第 5 期，1946 年 4 月出版，第 21—23 页。

江苏全省战时损失渔船 855 艘。[1]

1937 年 8 月，日军侵占嵊泗列岛达 3 个月。在各渔岛上烧杀抢掠，建立军事基地，强拉渔民做苦力，给嵊泗渔业造成严重危害。1939 年 3 月 18 日，日本海军一部从舟山窜至嵊山，残杀渔民 53 人。同时，日本渔轮在侵华日本海军兵舰掩护下，公开地大批侵入中国领海，霸占嵊泗一带的优良渔场，对中国海洋渔业资源肆意掠夺。[2] 日军在嵊泗渔场的暴行见表 2－19。

1939 年日本在定海枪杀渔民 29 人。1940 年 4 月，在岱山烧毁民房 300 余间，烧死 1 人。同年 9 月，日伪军在定海马岙乡烧毁 740 余户居民的房屋 2100 间。1944 年，日军折磨死数百名修建定海机场和嵊泗"自杀艇"掩蔽体工事的渔民。1945 年 8 月 14 日日军投降前一天，在秀山刺死 17 名青年渔民。[3]

1940 年 6 月 6 日，日军一艘巡洋舰在象山檀头山渔场，炮击东门

---

[1]　农委会第一组：《中国沿海各省渔业调查（四、江苏省）》（下），《行总农渔》第 6、7 期，1946 年 6 月出版，第 23 页。

[2]　郭振民：《嵊泗渔业史话》，海洋出版社 1995 年版，第 78 页。

[3]　舟山市地方志编纂委员会编：《舟山市志》，浙江人民出版社 1992 年版，第 729 页。

岛作业渔船，击沉多艘，烧毁 11 艘，用铁丝绑走渔民 32 人，浇上汽
油活活烧死。7 月 17 日，日军掠走镇海妇女 180 人，入夜在城区武宁
镇、西门外纵火，烧至 22 日，焚毁小港、港口、江南等地房屋三分
之一，未及逃出城者 9 人被杀。1941 年 4 月 19 日至 22 日，屠杀镇海
渔民 40 余人，蹂躏妇女 40 余名。[①]

表 2－19　　　　　　　　　**日军在嵊泗渔场的暴行**

乡镇名	时间	日军暴行	
		杀人数	毁房数
泗礁山		4	
五龙北朝阳、外山嘴	1937 年 8 月 18 日	2	108
黄龙山		1	
滩浒岛	1937 年 8 月	3	100 多
箱子岙	1940 年 3 月 18 日	53	
五龙会城岙	1941 年	3	
五龙田岙等修工事	1944 年	240	
高场湾	1944 年 8 月	1	
大洋	1944 年冬	10	
高场湾	1945 年 4 月 15 日	6	
合计		323	208 多

资料来源：嵊泗县志编纂委员会编：《嵊泗县志》，浙江人民出版社 1989 年版，第
453—454 页。

上海沦陷后，不少民营渔轮遭日军劫夺、征用或破坏。

为了统制上海、南京等地的鱼类市场和掠夺中国的渔业资源，日
军在上海设立了许多渔业机构，主要有华中水产株式会社、帝国水产
株式会社、林兼商店、东方制冰工场、上海东洋贸易株式会社、上海

---

① 宁波市地方志编纂委员会编：《宁波市志》，中华书局 1995 年版，第 2040—2041 页。

冷冻株式会社等。以华中水产株式会社的规模最大。1938 年 12 月，该公司酝酿成立时，《申报》即指出："如其成立，沿海几省数百万渔民将全受其垄断，用心之毒辣可见。"[1] 华中水产株式会社总公司设在上海麦克利克路 35 号，名义上资本总额 500 万日元，实际资本总额为 316.5 万日元。现物出资 133 万元（日方 100 万、中方 33 万元），现金出资 367 万元（日方 347 万元、中方 20 万元）。常务董事为长田景贞、谢芝庭、内藤谨三郎。[2] 该公司业务包括经营鲜鱼批发市场和其他水产物交易、华中地区所有汽、机渔轮与渔网捕捉以及冷藏运输等。[3] 此前成立的"上海鱼市场组合"与华中水产株式会社合并，"垄断本埠渔业"[4]。

1939 年 10 月底，华中水产株式会社拥有拖网轮船 4 只、手缫网发动机渔船 14 只、运搬船 7 只，合计 25 只。[5] 在 1938 年 11 月 6 日至 1939 年 10 月 31 日期间，该公司在上海鱼市场经手鱼类产品达日金 14554437.77 元、在南京鱼市场达日金 85582.50 元。[6] 尤为重要的是，该公司拥有在中国东海、黄海等海域捕捞的特权，第一年即在中国海域捕捞鱼产品 203383 箱，共值日金 1043185.03 元，[7] 第二年捕获鱼产品 318000 余包，合日金 250 余万元之巨。[8]

内地渔业同样受到一定的影响。江苏"东邻大海，境内湖沼罗布，

---

① 《日伪企图统制水产，设立"华中水产会社"》，《申报》1938 年 12 月 29 日，第 10 版。

② 中支那振興株式會社编：《中支那振興會社関係實業公司現況》，1939 年版，第 17—18 頁。

③ 第三委员会委员长青木一男：《華中水産株式会社設立要綱ニ関スル件》，アジア歴史資料センター（JACAR）：A04018468500。

④ 顾孝慧：《日方攫夺华中经济全貌》，《申报》1939 年 2 月 6 日，第 8 版。

⑤ 中国第二历史档案馆馆藏日军档案：华中水产股份有限公司：《第壹期决算报告书》（1938 年 11 月 6 日至 1939 年 10 月 31 日），全宗号 2012，案卷号 5937。

⑥ 中国第二历史档案馆馆藏日军档案：华中水产股份有限公司：《第壹期决算报告书》（1938 年 11 月 6 日至 1939 年 10 月 31 日），全宗号 2012，案卷号 5937，第 7 页。

⑦ 中国第二历史档案馆馆藏日军档案：华中水产股份有限公司：《第壹期决算报告书》（1938 年 11 月 6 日至 1939 年 10 月 31 日），全宗号 2012，案卷号 5937，第 7—8 页。

⑧ 中国第二历史档案馆馆藏日军档案：《华中水产股份有限公司第贰期决算报告书》（1939 年 11 月 1 日至 1940 年 10 月 31 日），全宗号 2012，案卷号 5937，第 6 页。

江河纵横，渔业繁盛，第经敌伪摧残，一落千丈"①。1938 年 3 月 12日，日军出动 1400 多人，占领太湖西北部有着 4000 多名居民的马山岛，烧毁渔船 40 多条，焚毁房屋 3600 多间，杀害平民 1500 多人。②

无锡地滨太湖，鱼产一向丰富，附近许多居民赖此生活。以捕鱼和养鱼为业者占全县人口的 1/4。每年出产的各类鱼（包括养殖的内河鱼和太湖野生的外河鱼）数十万担。战前一向自由买卖，沦陷后，这些鱼运赴城市或外埠销售，须先向鱼市场（后改为无锡县水产运销合作社）登记，由鱼市场代领"搬出证"，此手续极为烦难。渔户和商贩只得把鱼类直接卖给鱼市场。"日人统制水产物之严厉，非但船运未领搬出证者绝对禁止，即旅客偶乘火车携带一些，如数量稍多，亦有被没收之虞。"③

无锡沿梁溪湖一带两岸有鱼池 3500 亩，以出产鲭、鲲、鲫、虾、蟹等著称。战事发生后，地方土痞随意捕捉，每日至该地抢鱼达数担至十余担不等，甚至连五六寸的小鱼也被捕走。④

杭州地区的渔业，战前以钱塘江至富春江一带鲥鱼、城河鲫鱼、西湖鲤鱼产量最盛，其余虾、蟹水族亦较他处所产者为优，赖以为生者计有渔船 200 余户，渔民六七百人，平均每日每船可捕鲜鱼百斤左右，除供本市出售外，剩余均运销苏、沪各地。"事变以还，沿江一带划为军区，禁止捕捉，以致渔民生计颇感困难。"⑤

1940 年日方准备在太湖地区强迫农家建立 5 万个以上的养鱼池，养殖鳟、鲤、鲋、鳗等，以供给军用。⑥ 这个计划至少部分得到实施。

①　江苏省档案馆馆藏档案：《抗战损失》，全宗号 1004，目录号乙，案卷号 483—494，缩微胶片第 48 页。

②　参见施公惠《日军在无锡地区的暴行》，黄胜平、郑晓奇主编《江南文史钩沉》，甘肃人民出版社 2003 年版，第 431 页。

③　《抗战前后之无锡经济及社会状况》，《敌伪经济情报》（油印本）1940 年第 10 期，第 18 页下。

④　《实业部特派员京沪线视察报告》，伪维新政府实业部主办《实业月刊》第 1 期，1938 年 6 月出版，第 158 页。

⑤　伪杭州市政府编：《杭州市三年来市政概况》，1941 年 6 月 20 日印，第 168 页。

⑥　陆军省陆军糧秣本廠档案：《太湖魚族調査報告》，アジア歴史資料センター（JA-CAR）：C11110474200。

如同年2月，日军粮秣本厂派人与太湖东山区区长席裕焜商谈在东山养鱼，作为日军军食事宜。[①]

可见，在日据期间，整个江南的渔业等均惨遭破坏，并以被迫远低于市场的价格向日军提供军食。

二 矿业的窃采

日本很早就介入中国的矿业，清末通过借款控制汉冶萍公司。[②]民国初年，大肆介入中国东北的矿业。[③] 同时，日本通过中日实业公司，为山东博山铁矿、安徽裕繁公司、湖南开源煤矿、湖南锑矿、凤冠山煤矿等大量借款。[④]

抗战前，日本商务官横竹平太郎作为商务机密提交给外务大臣币原重喜郎的报告中，提到所调查的浙江北部矿藏有：银矿2处（建德县北荻村、淳安县西乡六都）；铜矿3处（桐庐定安乡彰义庄、淳安县西乡八都、遂安县南乡五都）；铁矿2处（建德县西小洋庄铁山坞、淳安县南乡廿九都）；锑矿6处（淳安县西乡剑门山和北乡2处、遂安4处）；银铅矿3处（桐庐钟山乡苔山1处、遂安东乡2处）；铜铅矿1处（淳安县富德源双溪口）；煤矿10处（桐庐安定乡兴茂庄、至德乡冷坞和皇甫村3处，淳安县西乡、北乡、脚银塘3处，建德西乡、铜官埠、铁山坞、北乡坞龙山4处）。[⑤]

① 陸軍糧秣本廠：《東洞庭山資源調査報告》，1941年2月，アジア歴史資料センター（JACAR）：C11110474300，第196—197頁。

② 内閣総理大臣伯爵山本権兵衛：《漢冶萍公司の沿革及び現状》，1913年，アジア歴史資料センター（JACAR）：A08071813300；陸軍大臣伯爵大山巌、海軍大臣伯爵西郷從道：《漢冶萍煤鉄廠鉱有限公司ニ対シ資金融通ニ関スル件》，1913年，アジア歴史資料センター（JACAR）：A01200095800。

③ 落合謙太郎、石本鏆太郎：《支那鉱業条例ニ依ル日支合弁鉱業ニ関スル件》，1914年，アジア歴史資料センター（JACAR）：B10074119200。

④ 大蔵省：《漢冶萍及対支事業会社現状及将来》，アジア歴史資料センター（JACAR）：A08071810000。

⑤ 横竹平太郎：《支那鉱山関係雑件浙江省ノ部》，1925年，アジア歴史資料センター（JACAR）：B04011114800，第382—383頁。

日方在抗战全面爆发前就觊觎浙江长兴的煤矿、江苏卧牛山的铁矿、[①]浙江宁海澜头山石矿。[②] 创办于 1934 年 11 月的浙江淳安县民生锑业公司开业后，三井洋行即派员把产量、矿质、利润等调查得清清楚楚。[③]

需要说明的是，尽管江南的矿藏不是太丰富，但却是许多矿业总公司的所在地。控制江南地区同样是控制许多矿产的捷径。

据日方调查，其矿区不在江南，但总公司在上海的中国矿业公司有：山东枣庄的中兴煤矿、河南安阳的六河沟煤矿、江苏铜山的华东煤矿、湖北大冶的汉冶萍煤铁矿、江西乐平的鄱乐煤矿、安徽怀远的大通煤矿、江苏萧县的大中煤矿、安徽符离集附近的烈山煤矿、安徽贵池的沙溪煤矿、安徽当涂的福利民铁矿。[④] 矿区在安徽贵池的馒头山煤矿协记公司，总公司设在南京；[⑤] 矿区在浙江武义的璋华弗（氟）石矿，总公司设在杭州。[⑥]

日军在上海设有非常重要的钢铁冶炼厂——中山钢业厂，系日本中山制钢公司的分工场，坐落在上海浦东周家渡，有熔铁炉和平炉各 2 座。[⑦]

1938 年 4 月 8 日，日军成立华中矿业股份有限公司，总部设在日本驻上海大使馆，公司设有秘书课、总务部、资财部、矿业部，以及马鞍山、桃冲、凤凰山、铜官山、湖州、象山、栖霞山等矿业所，南

---

① 日本外务省外交史料馆战前期外务省记录：《長興炭鉱関係》，1934 年 9 月，アジア歴史資料センター（JACAR）：B09041955700，原编号 E—2189；日本外务省外交史料馆战前期外务省记录：《長興炭鉱関係》，1935 年 10 月，アジア歴史資料センター（JACAR）：B09041955100，原编号 E—2189。

② 松本正美：《支那鉱業一覧表及英領ボルネオマヌカム島調査報告書》，台湾拓殖株式会社 1938 年印，第 76 頁。

③ 横竹平太郎：《「アンチモニー」鉱山》，1935 年，アジア歴史資料センター（JACAR）：B09041955800。

④ 松本正美：《支那鉱業一覧表及英領ボルネオマヌカム島調査報告書》，台湾拓殖株式会社 1938 年印，第 1—2、5—8、15、31、39、56 頁。

⑤ 松本正美：《支那鉱業一覧表及英領ボルネオマヌカム島調査報告書》，台湾拓殖株式会社 1938 年印，第 30 頁。

⑥ 松本正美：《支那鉱業一覧表及英領ボルネオマヌカム島調査報告書》，台湾拓殖株式会社 1938 年印，第 75 頁。

⑦ 国立公文書館藏档案：《日本及び日本支配地域における鉱工業製品の工場別生産高一覧表》，1940 年，アジア歴史資料センター（JACAR）：A03032202600，第 11 頁。

京、杭州、宁波等六个出张所，一个中央工作所，各类主事、参事、技师、警员等 1746 人。[①] 日军制定了确保对中国重要国防资源铁、铜、锡、铅、亚铅（锌）、锑、锰等开采方针。[②]

日军占领苏州后，以苏州电气公司名义开采太湖西山煤炭，每日采 18 吨。[③] 1939 年，镇江日军宣抚班班长加藤秘密与伪实业部华中矿产公司合作，在高资开采煤、铁、磷等矿产以及大理石、花岗石、石灰石、陶土、石墨等石产，"采得之材料，悉被运沪"[④]。同时，在镇江附近还发现黑铅（石墨）矿，矿区约 400 亩，矿质良好，藏量丰富，可作为军用物资，日方对此加以采掘利用。[⑤]

氟石（萤石）是重要的化学原料与冶金催化剂。日军强占的氟石矿主要在江南的浙江北部地区。详见下表：

表 2-20　　　　　　　　**日军在浙江占据的部分氟石矿一览**

矿山名	所在地	矿物含量（%）	资本系统
日铁湖州矿务所	吴兴县	60—80	日铁
泷山丁家山矿	吴兴县	90—95	日铁
杭浔（？）	吴兴县		久大洋行
城阳山	吴兴县		北田洋行
东山			若井洋行
鹤山			北田洋行
临安公山	杭州西、义乌、金华		

资源来源：国立公文書館館藏档案：《日本及び日本支配地域における鉱工業製品の工場別生産高一覧表》，1940 年，アジア歴史資料センター（JACAR）：A03032202600，第 79 頁。

---

① 刘星期、张涌、赵霞、赵正光：《抗战期间日本对长江流域矿产资源的掠夺与我国军民的反掠夺》，《中国矿业》2016 年第 2 期，第 160—165 页。

② 陸軍特務部：《中支那地方重要国防鉱山資源の確保開発に関する処理要綱》，1938 年，アジア歴史資料センター（JACAR）：C11110918300。

③ 陸軍糧秣本廠：《西洞庭山資源調査報告》，1941 年 2 月，アジア歴史資料センター（JACAR）：C11110474400，第 205 頁。

④ 《镇江日军开采高资矿藏，石产亦已被开采》，《申报》1939 年 7 月 5 日，第 8 版。

⑤ 日本外務省外交史料館戰前期外務省記録：《英国人「エバンス」、江蘇省鎮江付近鉱山壳却関係》，アジア歴史資料センター（JACAR）：B09041955000，卷号 E—2189。

上表中并不包括所有被日军劫占的萤石矿。浙江象山县茅洋五狮山蕴藏丰富的萤石矿，日本派遣军命舟山警备区组成"象山茅洋氟矿护矿队"协助华中水产株式会社占领茅洋掠夺氟矿。日军从安徽、山东、江苏、上海等地抓来劳工500余人，赶走世居矿区的农民92户，建造厂房、驻军营房和劳工工棚，铺设轻便铁道，安装开矿设施进行开采。采下的氟矿用小火车拖到砺港埠，再用小火轮运至石浦堆石场（今海军码头）转往上海，最终转运日本。日军在茅洋约采氟石10万吨，运往日本约5万吨。因运氟石的"兴亚丸"被盟军飞机炸沉，约有5万吨未及运走，堆在石浦、砺港等埠头。矿上劳工在日军、监工奴役下过着非人的生活。住的是板房，房内无床，睡在地下，烂稻草当被。不少劳工衣不蔽体，病了不给医，不给吃。劳工多病死、饿死、累死、冻死。①

1942年5月31日，日军设立华中矿业股份有限公司浙东总局，专门从事浙东地区矿产勘探与开采，并成立中支矿业机关浙东新作战地调查和浙赣地区矿产调查队，从事浙赣地区矿产资源勘探。这些矿产有江苏江宁县铜井镇金银铜矿、栖霞山铁矿、锰矿、磷灰矿、浙江诸暨、湖州萤石矿等，主要品种有铜、铁、锰、磷、萤石等矿。②

对日军在江宁铜井镇的铜铁矿，该镇陈增文（生于1929年）2006年回忆：

> 鬼子抓人开矿，没有当地人，都是北方人，侉子。他们大约有百八十人，住在山里的庙里，现在拆了，没得了。侉子苦啊，睡稻草，上面铺一个麻包，有的有被子，有的没被子，就用别人不要的麻包，来卷身体。当时他们有一个带班的中国人，日本人把钱给那个中国人，那个中国人再把钱给侉子，侉子都是自己买粮自己吃，吃得饱的，没什么好的，日本人不管他们。当时死了一个侉子，这是我亲眼看到的，开矿，放炮，炮没响，他去扒开

---

① 象山县政协文史资料委员会编：《象山军民抗战实录》，1995年印，第37页。
② 刘星期、张涌、赵霞、赵正光：《抗战期间日本对长江流域矿产资源的掠夺与我国军民的反掠夺》，《中国矿业》2016年第2期，第160—165页。

看看。炮就爆炸了，把他炸飞了，人头、帽子、眼珠子都飞得了，其他人用芦席包包埋得了。开矿时我十一二岁，具体开了多少年，我也记不得了。等鬼子走了，那些人也散掉了。①

可见，日军不但对江南的矿藏进行了大肆劫掠，还对中国矿工进行了超经济的剥夺。②

小　结

由于日军肆意屠杀、虐待农村平民，烧毁房屋、抢劫财物，许多农民被迫逃难他乡，农村劳动力锐减。此外，由于日军大批掠夺、捕杀耕畜，加之农民逃难过程中大多数耕牛因无法饲养而大批死亡，致使日占时期许多县份农村役畜损失惨重，造成农业生产耕作失时，种植粗放，有的甚至荒芜弃耕。农业产量急剧下降，许多县份主要农产品产量不及战前半数。

由于日军的掠夺，被誉为鱼米之乡的江南农村，在日据期间竟长期困于米荒。与农业相似，整个江南农村的副业经济，包括蚕业、林业、茶业、手工业、棉业、渔业等均惨遭破坏，受灾破产的农村人口之多，为历史上所未有。尤令人痛心的是，这场侵略战争打断了江南农村的现代化进程，阻断了江南农村的改良建设和社会发展。加上日军破坏了江南农村的社会保障体系，受灾与破产的农民无法得到及时有效的救助，愈益加剧了江南农村的贫困化程度。

由于本土资源匮乏，日军对江南地区的矿产资源竭力进行掠夺。尽管江南地区不是矿藏丰富的地区，但却是许多矿业总公司的所在地。这个地区离日本本土较近，可以方便地使用海运，加之江南工业技术和设备均比较先进，因而这里的矿产对日军有着较大的吸引力。

---

① 张宪文主编：《南京大屠杀史料集》(37)《幸存者调查口述续编》（上），江苏人民出版社、凤凰出版社2014年版，第106页。

② 刘星期、张涌、赵霞、赵正光：《抗战期间日本对长江流域矿产资源的掠夺与我国军民的反掠夺》，《中国矿业》2016年第2期，第160—165页。

第三章　战火中的城镇经济

"九·一八"事变后，国民政府已认识到国势的危急及提倡工业之紧迫性。1935 年 4 月 1 日，蒋介石在贵阳发起国民经济建设运动；同年 8 月 8 日在成都召开的各省政府主席会议上，提出发展工矿业，以做好抗战准备的号召。[①]

在日军全面侵华前，我国工业主要集中在以上海为中心的江南地区。据 1936 年实业部调查统计，全国共有工厂 363322 家，其中沪、江、浙地区为 279756 家，后者占全国总数的 77.0%；以工人数量而言，全国男工 269659 人，其中沪、浙、宁 109904 人，后者占全国总数的 40.8%；全国女工 421805，其中沪、浙、宁 253098 人，后者占全国总数的 60.0%；全国童工 61831 人，其中沪、浙、宁 16552 人，占全国总数的 26.8%。[②]"八·一三"事变发生后，许多民营企业纷纷上书国民政府，要求协助工厂内迁。

第一节　工业设备和人员的内迁

卢沟桥事变后不久，国民政府成立了总动员设计委员会，由何应钦领导。1937 年 7 月 21 日，国家总动员设计委员会举行第一次会

---

① 参见庄焜明《备战与工业——抗战前中国工业政策及其推动机构（1931—1937）》（上），《近代中国》第 99 期，1994 年 2 月 10 日出版，第 157—158 页。

② 《全国工厂统计》，《国货年刊》，上海市商会商品陈列所 1936 年版，第 95 页。

议，① 其中机器化学组的一项提案决定调查上海各华商工厂现有工具机并接洽有无迁移内地的可能，估计迁移及建设费用、查明收买价格，由资源委员会担任调查。会后，参加机器化学组的资委会专门委员林继庸及庄前鼎、张季熙赴上海调查，并约机器厂代表颜耀秋、胡厥文到南京商洽。②

一　上海工厂西迁

1937 年 7 月 30 日，上海机器、冶炼、电机等行业召开执委会，动员迁厂。新民机器厂、上海机器厂、新中工程公司等表示愿意内迁。③ 8 月 3 日，林继庸再次到上海与大鑫钢铁厂等 8 家企业洽商。8 月 9 日，资源委员会向行政院提交《补助上海各工厂迁移内地工作专供充实军备以增厚长期抵抗外侮力量案》，内容为：（1）上海机器同业公会自愿将价值 400 万元的 2000 部机器及各厂技术工人迁往内地，政府拨给 40 万元经费用于装箱、搬运及津贴；政府每年拨给奖励金 20 万元，以 10 年为限；购地、建筑等费约需 200 万元，由政府与各银行协商以低息借给各厂家；建厂需地 500 亩，价值 5 万元，拟由政府拨给。（2）政府补助上海大鑫钢铁厂搬运费 10 万元并借给购地、建筑费 20 万元；补助中国炼气公司搬运费 1 万元，并由政府与银行协商借给购地、建筑等费用 4 万元；政府与银行协商，借给在中华橡胶厂搬运、购地建筑等费用 65 万元，并请政府每年拨奖励金 5 万元，以 10 年为限；提请政府借给康元制罐厂移迁费用 5 万元，并与银行协商借款 30 万元；提请政府与银行协商借给民营化学工业社搬运、建筑等费用 10 万元。8 月 10 日，行政院议决："奖金暂从缓议，余通过。由资源委员会、财政部、军政部、实业部组织监督委员会，以

---

① 中国第二历史档案馆：《抗战时期工厂内迁史料选辑》（1），《民国档案》1987 年第 2 期，第 35 页。

② 中国第二历史档案馆编：《中华民国史档案资料汇编》第 5 辑第 2 编，"财政经济"（6），江苏古籍出版社 1997 年版，第 386 页；《林继庸先生访问记录》，台北："中研院"近代史研究所 1984 年版，第 27 页。

③ 上海工商局等编：《上海民族机器工业》下册，中华书局 1966 年版，第 666 页。

资源委员会为主办机关，严密监督，克日迁移。关于印刷业之迁移，由教育部参加监督。"①

8 月 11 日，上海工厂迁移委员会成立。次日，上海工厂联合迁移委员会成立，由上海机器厂颜耀秋、新民机器厂胡厥文、新中工程公司支秉渊、大鑫铁厂余名钰、中华铁工厂王佐才、中新工厂吕时新、大隆机器厂严裕棠、万昌机器厂赵孝林、中国制钉厂钱祥标等 11 人组成。颜耀秋为主任，胡厥文、支秉渊为副主任。其时上海已极度混乱，日军在街上巡逻，住在租界外的人争相逃亡。8 月 13 日，战斗打响后，人心惶惶。南京政府的军代表王祄、实业部代表欧阳仑均想离开上海，林继庸遂要求他们写下全权委托书，由他以监督委员会主任委员名义全权处理拆迁工作。②

其时，各工厂大多与银行有债权关系。按规定，未得债权人允许，各厂不能擅动。但为了支持拆迁，各债权银行同意经监督委员会证明，由主任委员担保，即可拆迁。这样，林继庸 3 天即担保 5000 多万元的债务。③

"八·一三"战事发生后，上海工厂大多处于战火威胁之下，许多民族企业家誓不以厂资日，愿意为国民政府生产军用物资。拥有 300 余家工厂的中华国货联合会成立特种委员会，专为政府制造水壶、干粮袋、背包、皮鞋、胶鞋、刺刀、大刀、钢盔、制服、雨衣、营帐、电网、防毒面具、医药用品等。④ 8 月 22 日，顺昌机器厂首先内迁，5 天内即有顺昌、新民、合作五金等厂 22 船机件、160 余名技工首先运出。⑤ 至 9 月 12 日，首批内迁工厂达 21 家。

内迁各厂预定武昌徐家棚为机件材料集中地点，集中之后再分

① 中国第二历史档案馆编：《中华民国史档案资料汇编》第 5 辑第 2 编，"财政经济"（6），江苏古籍出版社 1997 年版，第 388 页。
② 《林继庸先生访问记录》，台北："中研院"近代史研究所 1984 年版，第 33 页。
③ 《林继庸先生访问记录》，台北："中研院"近代史研究所 1984 年版，第 35 页。
④ 中国人民政治协商会议西南地区文史资料协作会议：《抗战时期内迁西南的工商企业》，云南人民出版社 1988 年版，第 5 页。
⑤ 谭熙鸿主编：《十年来之中国经济》上册，中华书局 1948 年版，第 F5 页。

配西迁宜昌、重庆，南迁湘桂，北迁西安、咸阳。上海南市一带工厂机件，集中在闵行或南市起运；闸北、虹口、杨树浦一带工厂则先行抢拆至租界装箱，由苏州河或南市起运。凡经迁移委员会审查后准许迁移的机件材料、半成品、工具等，发给装箱费每立方尺 0.35 元，运费至武昌者每吨 53 元；成品运费准发至镇江，每吨 12 元。[①]

内迁工厂从苏州河经苏州至镇江移装民生公司江轮到达武汉，工厂联合迁移委员会派员驻苏州、镇江、武汉等各处设站接应。[②]

随着战事的进行，越来越多的民营工厂要求加入内迁行列。8 月底有 40 余家企业接洽内迁；9 月中旬，报名内迁工厂达 125 家。9 月 11 日，监委会公布了内迁新办法：（1）严格限制成品的运输；（2）原料、半成品及制成品与运费减半；（3）自镇江以后的运费一律自理；（4）生财运费全部自理，机件运费津贴照旧。[③] 国民政府的举措尽管招致人们的普遍不满，但不少企业以民族利益为重，仍自动进行内迁。

9 月 27 日，军事委员会工矿调整委员会成立，翁文灏任主任委员。在当天召开的关于迁移工厂会议上，议决了资源委员会提出的《上海工厂迁移内地扩充范围请增经费案》，对吴蕴初所办的天利氮化厂等补助迁移费 40 万元，另拨厂地 370 亩，商请银行借款 170 万元；对三北、公茂、和兴等 8 家造船厂补助迁移费 7.6 万元，另拨地皮 60 亩，商请银行借款 25 万元。会议同时作出了《关于以后工厂迁移原则决议》，将迁移工厂分为指定军需工厂和普通工厂，对指定军需工厂（主要为机器、化学、冶炼、动力燃料、交通器材、医药等）的内迁，国民政府实行补助，全国各地补助总额暂定为 500

---

① 林继庸：《民营厂矿内迁纪略》，《工商经济史料丛刊》第 2 辑，文史资料出版社 1983 年版，第 122 页。

② 林继庸：《民营厂矿内迁纪略》，《工商经济史料丛刊》第 2 辑，文史资料出版社 1983 年版，第 122—123 页。

③ 中国人民政治协商会议西南地区文史资料协作会议：《抗战时期内迁西南的工商企业》，云南人民出版社 1988 年版，第 9 页。

万元；对普通工厂，凡愿迁移、并经政府核准者，可以免税、免验、减免运费、提供运输便利或征收地亩等援助，"惟因财政所限，不补助迁移费，关于迁移后之安插及工作问题，亦以由厂家自行筹划为原则"①。

民营工厂内迁过程中经常遭到日机的轰炸。船舶时常被军队征用。因此，内迁途中，损失极为惨重。天利、天原化工厂迁运时，"日间敌机频仍，夜则军队禁止工作"；开船次日，"即有大队敌机前来轰炸，天原工厂全毁"②。荣家公益铁工厂有机器百余部，匆促间用木船迁运，沿途屡遭轰炸，运达重庆后各种设备仅剩1/4。③资本家与职工均表现出极大的爱国牺牲精神，"各厂职工正在拼命抢拆机器的时候，敌机来了，伏在地上躲一躲……看见前面同伴被炸死了……洒着眼泪把死尸抬到一边，咬着牙照旧工作。冷冰冰的机器，每每涂上了热腾腾的血"④。国民政府负责拆迁的林继庸，其间左脚受伤中毒，不能着地，每天用一只脚跳来跳去主持工作。⑤

尽管担任内迁运输工作的民生轮船公司克服极大困难，承受巨大牺牲，出动了可以出动的所有船只，但轮船远不敷需要，上海厂家还动用了499艘木船。大部分船只靠各厂自行寻找。由于机件笨重，木船载量不大，许多厂只得分批装运。华生电器厂内迁物资1200多吨，分6批共27艘船装运，最大的装272吨，最小的装8吨，持续了1个月。顺昌机器厂内迁物资343吨，分4批共17船装运，历时2个月。

内迁企业按行业分：机器五金业66家，占内迁厂总数的45%、

---

① 中国第二历史档案馆编：《中华民国史档案资料汇编》第5辑第2编，"财政经济"（6），江苏古籍出版社1997年版，第406页。

② 中国第二历史档案馆编：《中华民国史档案资料汇编》第5辑第2编，"财政经济"（6），江苏古籍出版社1997年版，第409—410页。

③ 上海社会科学院经济研究所编：《荣家企业史料》下册，第13页。

④ 林继庸：《民营厂矿内迁纪略》，《工商经济史料丛刊》第2辑，文史资料出版社1983年版，第123页。

⑤ 《林继庸先生访问记录》，台北："中研院"近代史研究所1984年版，第36页。

占该行业的 12% 左右；电机电器业 20 家，占内迁厂总数的 14%，占该行业的 8% 左右；化工业 25 家，占内迁厂数的 17%；文化印刷业 11 家，占内迁厂数的 8%；纺织业 10 家，占内迁厂总数的 7%；制罐、造船、食品等厂 16 家，占内迁厂总数的 11%。① 从迁委会成立到上海沦陷的短时期内，共迁出民营厂 146 家，工人 2100 多名，机件物资 1.2 万吨，占上海总厂数的 12%。②

1937 年 9 月，各厂器材开始运到武汉，内迁工作重心从上海移到汉口，在汉口成立了迁鄂工厂联合会办事处。11 月 18 日，国民政府在汉口成立了工矿调整委员会办事处。

1938 年 2 月，迁到武汉的上海民族工业共有 121 家，它们是：大鑫、新昌、顺昌等机器五金业 57 家；益丰、天原、天利等化工企业 23 家；华生、华成、振华等电机、电器业 19 家；康元、冠生园等制罐业 2 家；三北、华丰、茂昌等造船业 4 家；大公、生活、开明等文化印刷业 8 家；美亚、迪安、华成等纺织企业 4 家；六合建筑公司、源大皮革厂、四明糖厂、梁家记牙刷 4 家。③

1938 年 3 月，工矿调整委员会改组为工矿调整处。在武汉，经工矿调整处协助复工企业共有 60 余家。④ 迁鄂工厂联合会成立不久，兵工署即发来军需订单，计有手榴弹、迫击炮弹、洋镐、铁铲等，由迁鄂工厂联合会办事处分发各机器工厂生产。由于需求量颇大，这批订货足够全部机器工厂生产数月。不到 10 天，即有新民、合作、上海等 15 个机器厂开工生产；华丰、姚顺兴等 27 个机器厂先后复工。截至 1938 年 4 月 5 日，在武汉复工的机器厂达 42 家。⑤ 各机器工厂生

---

① 中国人民政治协商会议西南地区文史资料协作会议：《抗战时期内迁西南的工商企业》，云南人民出版社 1988 年版，第 18 页。

② 《林继庸先生访问记录》，台北："中研院"近代史研究所 1984 年版，第 204 页。

③ 中国人民政治协商会议西南地区文史资料协作会议：《抗战时期内迁西南的工商企业》，云南人民出版社 1988 年版，第 19—20 页。

④ 中国第二历史档案馆编：《中华民国史档案资料汇编》第 5 辑第 2 编，"财政经济"（6），江苏古籍出版社 1997 年版，第 444 页。

⑤ 上海工商局等编：《上海民族机器工业》下册，中华书局 1966 年版，第 669 页。

产了总值 178 万元的军需品。① 总计在武汉临时开工的工厂占当时迁达武汉厂矿总数的 1/3，其中机器翻砂工厂开工最多，占开工工厂总数的 50%；电机电器及无线电器材厂次之，占 24.44%；纺织工厂又次之，占 9.20%。②

民族工业向武汉的迁移，损失极大。保存下来的企业也只能在偏远地区进行复工生产，严重制约了其发展空间和生产效率。

另外，上海沦陷前后，有一些民营工厂由海路迁往香港。随着太平洋战争的逼近，一些迁入租界内的工厂也迁往香港。1940 年 5 月 11 日，经济部在给工矿调整处的训令中称："查上海国货厂商，因环境恶劣，激于爱国热忱，纷迁香港继续生产，其能挣脱敌人势力范围，于国家经济政策及后方日用品之供给，自多裨益。"并指示该处："惟为发展后方工业，促进内地生产起见，对于上海厂商仍宜助其内迁设厂。"该处即着手动员和资助新华橡胶厂、馥亚电池厂、永华贸易公司等企业内迁。由于这些在港工厂的原料须取给国外，后方尚无足够的替代品；内迁路途遥远，运输及资金极其困难；加之港英政府严禁金属及军需品出口，多数未能如愿内迁、但在香港沦陷前后，仍有许多技术人员和技工跨越万水千山奔赴大后方，参加西部地区的工业建设。③

二　其他地区厂矿内迁

全面抗战发生后，蒋百里曾建议将山东潍县、坊子等地的铁工厂进行迁移，国家总动员设计委员会秘书组即时将这一建议通报给工厂迁移委员会，并指出："上海工厂迁移，失之太晚，无锡、南通之工厂应速着手。"④

---

① 中国第二历史档案馆编：《中华民国史档案资料汇编》第 5 辑第 2 编，"财政经济"（6），江苏古籍出版社 1997 年版，第 445 页。

② 中国第二历史档案馆编：《中华民国史档案资料汇编》第 5 辑第 2 编，"财政经济"（6），江苏古籍出版社 1997 年版，第 279 页。

③ 参见黄立人《抗日战争时期工厂内迁的考察》，《历史研究》1994 年第 4 期，第 99 页。

④ 中国第二历史档案馆编：《抗战时期工厂内迁史料选辑》（2），《民国档案》1987 年第 3 期，第 29 页。

1937 年 11 月 1 日，军事委员会第 4 区及工矿调整委员会派员与江苏省政府主席及各主管人员拟定《江苏省迁移工厂要点》，计划对丝厂、面粉厂、火柴厂、榨油厂等基本上不予迁移；纱厂、布厂等只迁移设备较精部分；迁移地点宜避免集中武汉。具体内迁企业为：纺织业方面，有申新三厂、庆丰二厂、丽新纱厂、广勤纱厂、豫康纱厂、大成二厂、民丰染织厂、大生一厂及副厂、美仑织造厂（以上 10 厂皆先迁部分精新设备）、协新毛织厂、赓裕毛织厂、大生二厂、利用纱厂、利泰纱厂、苏纶纱厂；缫丝工业方面，有华新缫丝厂、永泰缫丝厂；面粉工业方面，有广丰面粉厂、泰和面粉厂；造纸工业方面，有利用纸厂、华盛纸厂；机器制造工业方面，有公益铁工厂、公艺机器厂、广勤机器厂、震旦机器厂、万盛机器厂、厚生机器厂；针织工业方面，有中华针织厂。[①]

11 月 15 日，工矿调整委员会分派林继庸、顾毓琭前往苏州、无锡、常州督劝工厂内迁。许多厂主观望犹豫，仅迁出无锡公益铁工厂、常州大成纱厂部分设备。[②] 此外，无锡庆丰纱厂、苏州苏纶纱厂也迁出部分设备。南京方面，迁出了永利公司机器厂及京华印书馆等工厂的全部或部分设备。[③] 这里设有范旭东创办的著名永利铔厂，1937 年 3 月开工生产。因 11 月开始承制军用化学品，未能停业，曾连遭日机轰炸三次，仅迁出一部分机件及铁工部全部。12 月，范旭东派林文彪等 9 名技术人员回厂拆迁，对不能拆迁的机件予以毁坏。林文彪等人所乘船只在南京城外三洲河口因战事被阻，林等冒险上岸，准备冲入厂中，可惜厂已被日军占领，毁厂未遂。[④] 中元造纸厂则由苏州浒墅关迁至杭州筹建新厂，不久，日军对杭州发动进攻，该厂只得将圆网机一部及木浆机抢运抵桂转川。

①　《抗战时期工厂内迁史料选辑》（3），《民国档案》1987 年第 4 期，第 58—59 页。
②　谭熙鸿主编：《十年来之中国经济》上册，中华书局 1948 年版，第 F5 页。
③　谭熙鸿主编：《十年来之中国经济》上册，中华书局 1948 年版，第 F6 页。
④　《林继庸先生访问记录》，台北："中研院"近代史研究所 1984 年版，第 50—52 页。

1937 年 11 月 15 日，工矿调整委员会派金开英、朱谦、陈良辅前往浙江督劝工厂内迁。武林、大来、协昌、胡金兴、应镇昌等 5 家机器厂将重要设备装箱启运，由于日军追迫甚急，只抢运出 50 箱机件至浙江内地。嘉兴民丰纸厂仅抢运出部分机件，西运到昆明。[①]

与上述民营企业内迁的同时，国营企业也进行了内迁。这些国营工厂主要为兵工企业，它们与民营工厂相比，尽管数量不多，但从机器设备、技术力量、企业管理和工人数量上看，大都是当时中国工业界设备较先进、规模较大的近代化工厂，而且与抗战军需有直接关系。这一阶段由兵工署和航空委员会直接组织迁移的兵工厂有金陵兵工厂、军用光学器材厂、中央修械厂、炮兵技术研究处、航空兵器技术研究处、中央杭州飞机制造厂。[②] 建设委员会所属的首都电厂、句容分厂和戚墅堰电厂的部分机件，也拆迁内地。[③]

抗日战争发生前，以工业而论，全国大多数工厂簇集于上海、江苏、浙江，沿江、沿海城市更为集中。企业大量内迁，使江南地区的工业基础被日军直接或间接摧毁，严重影响了江南地区近代经济的发展。

第二节　淞沪战役后的上海产业

1932 年日军发动的"一·二八"事变，给上海地区造成近 2 亿银元的物质损失。详见下表：

---

① 齐植璐：《抗战时期工矿内迁与官僚资本的掠夺》，《工商经济史料丛刊》第 2 辑，文史资料出版社 1983 年版，第 69 页；谭熙鸿主编：《十年来之中国经济》上册，中华书局 1948 年版，第 F5—F6 页。

② 参见黄立人《抗日战争时期工厂内迁的考察》，《历史研究》1994 年第 4 期，第 124—125 页。

③ 齐植璐：《抗战时期工矿内迁与官僚资本的掠夺》，《工商经济史料丛刊》第 2 辑，文史资料出版社 1983 年版，第 69 页。

表 3－1　　　　　1932 年上海地区 "一·二八" 事变损失表

（单位：银元）

	合计	住户	商号	工厂	房产	学校	公园	寺庵
闸北	132488721.25	37778020.12	33477041.89	51990969.32	5760098.40	2068465.50	1268826.02	145300
吴淞	16743096.41	5956460.87	4472304.69	4768100.45	577279	850735	108796.4	9420
江湾	7701349.91	4394961.41	1366784.3	1191283	136780.2	59160	552381	
真如	384820.95	284417	53189.95	40314			6900	
沪南	1274644.14	20386	994973.14	222666		36619		
引翔	633886.29	359355.69	159232.60	109962	5536			
彭浦	52799.00	35577	1662	15446		114		
蒲淞	33079.82	588	32469.82	22				
殷行	389614.60	332399.60	45315	11900				
洋泾	74295		72295	2000				
特一	9927446.95	617860.38	7851136.33	1445383.34	5520		7546.90	
特二	398049.68	4401.68	390974	2674				
杨行	84146	62765	21381					
大场	1076134.77	715085.77	328060	14000	1316	17673		

续表

	合计	住户	商号	工厂	房产	学校	公园	寺庵
南翔	283497.03	239845.03	43652					
宝山	286299.18	110946.58	175352.60					
嘉定	129500.57	60922.57	6734			61844		
安亭	6003.40	6003.40						
政府机关	25628717.85							25628717.85
合计	197596102.80	50979996.10	49492558.32	59814720.11	6486329.60	3094610.50	1944450.32	25483437.85

资料来源：中国人民政治协商会议上海市宝山区委员会文史资料委员会编：《宝山史话：纪念"一·二八"淞沪抗战六十周年专辑》，1992年印，第142—143页。

1937年8月13日至11月中旬的淞沪会战历时3月之久，市街战的激烈程度为近代中国前所未有，上海工业所遭受的严重损失可以想见。该市工厂集中于公共租界东、北两区，沪战发生后，这些地区很快被波及。据工部局战事结束后的调查，计两区迁移的工厂达422家，完全被摧毁的工厂达905家，只有沪西苏州河以南自曹家渡至叉角嘴地区的工厂未受战事影响。另据上海金城银行调查，自"八·一三"沪战爆发至1938年3月止，总计上海市及其近郊，中国工业的损失达155764千元，在战争发生的3个月中，直接为炮火所毁的物质损失达85484千元。以上两项数字由于调查不系统，统计并不全面。一般认为上海在沪战中被损毁的工厂达2000余家，直接损失总额1937年法币8亿元。[①] 据伪维新政府1938年的调查，上海各业受损情况如下：木工业23家、五金业72家、车轮业3家、化学品业49家、衣服业44家、食物饮料及烟草业40家、科学及音乐用具业3家、家具制造业2家、机器及五金制造业410家、砖瓦玻璃业8家、纺织业136家、皮革橡皮业19家、印刷及纸料等业75家、其他工业21家。[②]

一　日常消费品业

据国外学者调查，在所有的损失中，华商的损失最重。外商的工厂也有一定的损失，其中英国财产的损失约5万英镑；日本工厂和堆栈的损失约为6000万日元（合350万英镑），其中棉纱制造工业损失

---

① 据上海社会局的调查，沪战期间，上海工厂有2270余家遭受不同程度的损失，损失总额在8亿元左右，其中，闸北区的工厂全部被毁，虹口及杨树浦的被毁工厂约占70%。这个数字与日本人的调查数据基本相符。据日本大阪贸易调查所的统计，在南市未陷以前，上海已有1958家工厂被损毁，损失总额为56450万元，若将南市被毁工厂计算在内，则上海全市被损毁的工厂不下2000家，损失总额可达8亿元以上（郑克伦：《沦陷区的工矿业》，《经济建设季刊》第1卷第4期，1943年4月出版，第247页）。中国实业部估计上海工业损失为8亿元，复旦大学李权时估计为84450万元。美国驻沪商务副参赞的估计，也认为上海的工业全部损失约为8亿元，直接工业上的损失为65000万元（Robert W. Barnelt：《太平洋战事暴〔爆〕发前之上海工业》，《经济汇报》第5卷第9期，1942年5月1日出版，第25页）。

② 《上海公共租界内工厂损失估计》，伪维新政府实业部主办《实业月刊》第1期，1938年6月出版，第120页。

约为 1500 万日元。[①] 上海的华商纱厂共有 30 家，其中 23 家被毁或被迫停工，只有厂址在租界内的 7 家纱厂在沪战期间尚在开业。华商纱厂中每厂至少雇佣工人 600 名。日本纱厂也有 30 家，每家至少雇佣工人 2000 名，其中 1 家被毁，1 家无法开工。英国纱厂至少雇佣工人 3000 名，均未被战火波及。

上海一市被损毁的大丝厂达 33 家，毁坏的丝车数为 6836 部，仅这些丝车设备的价值即达千万元以上。租界内被毁损的小织绸厂达 118 家，在租界内生产的各厂，因上海纺丝厂大多被毁，熟丝供应断绝，多数只得改用进口原料。全市大小丝厂 400 家中有 300 家被毁损。上海周围的纺丝厂同样遭受重大损害。战事结束后的半年里，纺织业因厂屋毁坏及营业不振而所受损失估计有 1 亿元。据调查 1932 年中日战争以前，上海有纺织厂 108 家，"一·二八"事变减至 51 家，其中又有半数以上在 1937 年战事以后停闭。上海四郊被毁损各厂，从前共有工人 18896 名，资本总额计 2822580 元。据中国染织业公会估计，上海受损害的染织厂共有 190 家，损失金额共约 983 万元，该业失业工人为 21000 余名。上海原有针织厂 50 家，平均每家使用工人约 150 名，完全被毁损的工厂 15 家，其中 9 家在被毁损前，曾设法将其一部分机件运出。在战事结束后的 8 个月中，营业损失 40% 至 70% 的工厂有 15 家，其中大半设于法租界。华商针织厂中以华盛路五和织造厂受损失最为严重，该厂从前曾有工人 500 名。日商康泰袜厂在外商针织厂中受损失最严重。[②]

上海 15 家面粉厂有 8 家被毁，[③] 其中一家设于闸北，每日产额为 3500 包。[④]

---

① Robert W. Barnelt：《太平洋战事暴〔爆〕发前之上海工业》，《经济汇报》第 5 卷第 9 期，1942 年 5 月 1 日出版，第 25 页。

② 《上海工部局发表战后工业实况》，伪维新政府实业部主办《实业月刊》第 1 期，1938 年 6 月出版，第 131—132 页。

③ Robert W. Barnelt：《太平洋战事暴〔爆〕发前之上海工业》，《经济汇报》第 5 卷第 9 期，1942 年 5 月 1 日出版，第 26 页。

④ 《上海工部局发表战后工业实况》，伪维新政府实业部主办《实业月刊》（第 1 期），1938 年 6 月出版，第 135 页。

上海榨油厂有大昌新、大有馀、大德新、长德、顺馀、恒兴泰、穗丰、生和隆、立德等。除大有馀设在租界内，其他各厂均设在南市、闸北等处。"此次战事发生后，各厂所受厂房、机器及营业损失共达四百万元以上。"[1]

上海规模较大的肥皂厂有 6 家被毁，其中 1 家系英商所有，被毁后尚能恢复工作，另有 1 家系日商所有。[2] 华商皂厂损失最重。五洲药房固本皂厂，损失达 50 万元。江湾永华、蝴蝶两厂、南市同丰皂厂、闸北南洋烛皂厂及西区广东皂厂皆遭受重大损害。昆明路的日商瑞宝皂厂全部被焚。规模较小的皂厂及皮革厂，大都设于上海四郊，被战火毁坏殆尽。八字桥的精益皮革厂，全部毁于大火。白利南路的大华皮革厂因炮火而受重损。[3]

上海制造橡皮鞋及硬橡皮物品的工厂在陷日前达 35 家，且日益发达，战后仅剩 6 家，损失总额达 200 万元，因此而失业的工人约7000 名。租界外马路上 2 厂均毁于火；大连湾路的正泰橡胶厂损失最为严重。据橡胶业同业公会提供材料，宏大、信大、利亚、大中华、永和 5 厂直接毁于炮火的损失共为 123 万余元。此外，正泰橡胶厂全厂被毁，损失 48.3 万元；斜土路协康制胎厂被炮火所毁，损失约 30 万元。大中华厂除上海各厂直接损失 51.1 万余元外，1941 年 6月外埠各分支机构损失共达 536.2 万元。另外，该厂共有机器、原料、成品等 120 余吨被日军劫走。[4]

上海华商烟草业共有 18 家较大的工厂，其中 8 家全毁；外商烟

---

[1] 《本市私油充斥，油厂在战时损失甚巨，开工者少出货亦大减》，《商业月报》18卷第 6 期，1938 年 6 月出版，第 20 页。

[2] Robert W. Barnelt：《太平洋战事暴〔爆〕发前之上海工业》，《经济汇报》第 5 卷第 9 期，1942 年 5 月 1 日出版，第 26 页。

[3] 《上海工部局发表战后工业实况》，伪维新政府实业部主办《实业月刊》第 1 期，1938 年 6 月出版，第 133 页。

[4] 上海市工商行政管理局史料工作组等：《上海民族橡胶工业》，中华书局 1979 年版，第 41—43 页。

草业只有 1 家遭受损失，旋即修复。[①] 上海华商烟草业资本总额约在 1200 万元以上，损失价值约为 500 万元。百老汇路的南洋兄弟烟草公司厂屋受损严重，其次为汇山路的华成烟草公司，这两家公司原来雇佣工人约 6000 名。公平路的大东烟草公司受损也相当严重。杨树浦的颐中烟公司厂屋，曾被炮火击毁数处。[②]

战前，无线电等新式产业在上海的发展势头极为迅猛。战后，"据闻日军在占区域内完全禁止是项营业，人民使用收音机悬为厉禁，致内地无线电事业及材料行完全停业……沦陷地带营业毫无"[③]。

热水瓶业，立兴损失 12 万元、大华损失 9460 元、中华损失 2 万元、翔华义记损失 7 万元、光明顺记损失 9.5 万元、光明昌记损失 3800 元、中国厂损失 8.5 万元、光大文记损失 182491 元。[④]

沪战前上海有 4000 余家理发店，华界、租界各半。沪战后，租界中的 2000 余家尚能照常营业，所有华界中的理发业"惟大部因仓皇奔避，所有理发器具竟被毁于炮火之下，统计房屋装修与陈设资本，共计损失约四百万〔元〕以上"[⑤]。

战前上海鲜花业每年有 10 余万元收入，战后"四郊花园无法栽种，来源断绝，花市亦随之终了"[⑥]。

1932 年中日战事期间，商务印书馆在闸北损失达 1600 万元，事后该厂在闸北重建的一部分厂屋在 1937 年又受重创，损失在 50 万至 100 万元。另一规模较大的印刷公司中华书局，沪厂战后被迫停工。

① Robert W. Barnelt：《太平洋战事暴〔爆〕发前之上海工业》，《经济汇报》第 5 卷第 9 期，1942 年 5 月 1 日出版，第 26 页。

② 《上海工部局发表战后工业实况》，伪维新政府实业部主办《实业月刊》第 1 期，1938 年 6 月出版，第 135 页。

③ 《经济简讯·本市无线电材料营业衰落》，《商业月报》第 18 卷第 8 期，1938 年 8 月出版，第 30 页。

④ 《经济简讯·铜铁机器热水瓶三业战事损失百万元》，《商业月报》第 18 卷第 10 期，1938 年 10 月出版，第 15 页。

⑤ 《经济·理发业损失四百万》，《现世报周刊》第 15 期，1938 年 8 月 13 日，第 5 页。

⑥ 《经济简讯·本市鲜花业损失奇重》，《商业月报》第 18 卷第 8 期，1938 年 8 月出版，第 30 页。

开明书局的虹口厂屋，资本 30 万元，全部被毁。大连湾路的世界书局幸免遭殃，但厂屋则被日本军队占用。昆明路的华商三一印刷公司亦遭摧毁。总计全市被毁的小印刷厂约有 200 家。受损最重的外商印刷厂为齐齐哈尔路的日商中国橡皮印刷公司。[①]

二　工业用品行业

上海较大的化学工厂有 9 家被毁，其中各厂多出产硝酸及硝化物、工业酒精、酱油、氧及亚赢质瓦斯等。[②] 设在白利南路的天原电化厂，制造漂白粉及盐酸，资本 30 万元，战事结束后毁损殆尽。附近的天利厂生产硝酸、卤精、水硝酸、硝酸钙及硼砂等，肇新化学厂出产硫化钠及碳酸钙等，两厂均受到相当程度的损害。设于闸北的江湾化学厂，制造硝酸、木炭、酒精及蒸木油等，工厂 40% 被损毁。设在民生路的永和实业公司，专造牙膏、橡皮物品及油漆等，工厂几乎全部被毁。浦东的酒精厂受到不小损害。设于杨树浦的天一厂，制造味精及豆酱，全部被毁。制造气体的中国实业公司刚建成的新式工厂，厂址在辽阳路，落成不久，部分被毁损。江湾永固油漆厂被毁损。在闸北其他 3 家漆厂，也受到一定的损害。[③] 另外，上海闵行中孚兴业化学制造厂战时各类损失达 9200 万元，其中制成品损失 1200 万元、原料损失 2000 万元、机械及工具损失 4000 万元，其他方面损失 2000 万元。[④]

华商木料厂 22 家，均在租界外，大都被毁或损失惨重，被毁的英商和日商木厂各 1 家。[⑤] 沪西白利南路一带受害惨重，华商源茂

①　《上海工部局发表战后工业实况》，伪维新政府实业部主办《实业月刊》第 1 期，1938 年 6 月出版，第 135 页。

②　Robert W. Barnelt：《太平洋战事暴〔爆〕发前之上海工业》，《经济汇报》第 5 卷第 9 期，1942 年 5 月 1 日出版，第 26 页。

③　《上海工部局发表战后工业实况》，伪维新政府实业部主办《实业月刊》第 1 期，1938 年 6 月出版，第 132—133 页。

④　江苏省档案馆馆藏档案：《抗战损失》，全宗号 1004，目录号乙，案卷号 0486。

⑤　Robert W. Barnelt：《太平洋战事暴〔爆〕发前之上海工业》，《经济汇报》第 5 卷第 9 期，1942 年 5 月 1 日出版，第 26 页。

木厂、日商野村木材会社及英商贝乐、精艺公司的厂屋，均荡然无存，英商两家公司的损失约为 100 万元。设于虹口的美商上海建筑公司木材厂也遭受重大损失。浦东有火柴棒工厂 2 家，南市 1 家，均受损害。江湾另有 1 家全部被毁。[①] 南市外滩码头及半淞园路高昌庙一带较大的华商木料厂有聚丰、祥泰、顺泰、开泰、震昌泰、久记南栈、昌泰、正裕、永泰以及霖记木行。除胡裕昌木行搬出部分木材外，其余 20 余家"全部房屋财产、锯木机、各种木料以及高贵棺材等，总计价值一千七百数十万元，现均被日方攫取，损失净尽"[②]。

造纸厂中有 5 家全部被毁，14 家损失惨重，其中只有 4 家在沪战结束后复业。[③] 设立在上海、苏州、杭州、宝山、嘉兴等地的江浙造纸厂计有十余家，其中以上海天章及龙章造纸厂的规模最大，出品最多。战争发生后，各厂所在地相继沦陷。据纸业界调查，天章造纸厂因在沪设有东西两厂，厂屋机件幸未受损坏，但营业损失达 10 万余元。龙章造纸厂在南市日晖港的厂屋机件全部毁坏，损失达 10 万余元。宝山八字桥厂损失约为 30 万元，上海江南造纸厂损失约为 10 万元，上海造纸厂损失 7 万元，大中华纸厂损失 30 万元，华丰造纸厂损失 10 万元，大华、华成、竞成造纸厂各损失 5 万元。总计各厂厂屋、机器及营业损失至少为 250 万元。[④] 兹将战事结束半年后，伪维新政府对造纸业的调查结果附后：

---

① 《上海工部局发表战后工业实况》，伪维新政府实业部主办《实业月刊》第 1 期，1938 年 6 月出版，第 135—136 页。

② 《经济简讯·南市木行损失达二千万元》，《商业月报》第 19 卷第 3 期，1939 年 3 月出版，第 12 页。

③ Robert W. Barnelt：《太平洋战事暴〔爆〕发前之上海工业》，《经济汇报》第 5 卷第 9 期，1942 年 5 月 1 日出版，第 26 页。

④ 《江浙各造纸业蒙受巨大损失》，伪维新政府实业部主办《实业月刊》第 1 期，1938 年 6 月出版，第 119 页。

表3－2   1937—1938年上海造纸工业损失一览

厂址	厂名	资本额（法币：万元）	损失状况
上海	生记（音）	40	75%被毁
上海	天章	100	尚未估计
上海	竟成	75	仍在开工
上海	中国（美商）	200	仍在开工
上海	宝山	50	尚未估计
上海	江南	100	尚未估计
上海	上海	50	全部被毁
上海	大中华	100	尚未估计
上海	神州	15	全部被毁
上海	光华	5	全部被毁
上海	（名不详）	5	全部被毁
上海	硬纸板	75	尚未估计
龙华	龙章	200	尚未估计
合计	13厂	1015	

资料来源：《上海工部局发表战后工业实况》，伪维新政府实业部主办《实业月刊》第1期，1938年6月出版，第133—134页。

上海玻璃业同业公会会员工厂共有26家，其中13家制造玻璃瓶，5家制造热水瓶，2家制造化学器皿，6家制造各种杂项玻璃物品，各厂资本共计87万元。战事中损失总额约为半数。新华厂受损最重，该厂原有资本额24万元。中山路的福兴玻璃厂、设于塘山路的中汉公司均被毁损，[1] 中汉公司原有工人约300名。浦东热水瓶制造厂的闸北分

---

① 《上海工部局发表战后工业实况》，伪维新政府实业部主办《实业月刊》第1期，1938年6月出版，第134页。

厂全部被破坏。设在杨树浦制造电灯泡的工厂有 5 家被毁。①

被毁的机器工厂为数最多，仅公共租界内就有 410 家。此外还有设在闸北、南市的工厂亦有数百家均被殃及。闸北兆丰路麦伦中学北面，过去为机器与五金业工厂的汇集之处，战后"悉成灰砾矣"。租界以外损失较重的工厂，有南市的江南造船所、中央造币厂隔壁的大隆铁厂、闸北的民勤印刷机器制造厂及真如的中国科学仪器公司制造厂等。②

铜铁机器业方面，新申损失 129524 元、明锠损失 128534 元、广兴损失 77540 元、新民损失 26000 元、钧昌损失 14850 元、合作五金公司损失 95000 元。

设于华德路的康元制罐厂，置有新式厂屋，有工人 700 多名；昆明路的中国教育用品厂，设备完善，雇用熟练工人 200 名，两厂全部被毁。仅康元厂的损失就达 100 万元。新建成的江湾大华教育用品厂全部焚毁，落成不久的昆明路美商麻线厂厂屋及虹口的英商上海冷藏厂房屋均被毁。③

中国颜料工业受害惨重，被毁工厂达 190 家。缝织工厂被毁 50 家，9 家房产被毁，日商厂只有 1 家被毁。被毁的火柴匣制造厂 1 家。教育用品、苎麻品等工厂亦有多家被毁。电业约损失 3000 万元，自来水等公用事业损失约为 2600 万元，造船业损失约为 1650 万元。④

设在龙华的上海水泥公司所受损害非常严重，该公司损失的机器价值 200 万元。⑤

---

① 《上海工部局发表战后工业实况》，伪维新政府实业部主办《实业月刊》第 1 期，1938 年 6 月出版，第 135 页。

② 《上海工部局发表战后工业实况》，伪维新政府实业部主办《实业月刊》第 1 期，1938 年 6 月出版，第 136 页。

③ 《上海工部局发表战后工业实况》，伪维新政府实业部主办《实业月刊》第 1 期，1938 年 6 月出版，第 136 页。

④ Robert W. Barnelt：《太平洋战事暴〔爆〕发前之上海工业》，《经济汇报》第 5 卷第 9 期，1942 年 5 月 1 日出版，第 26 页。

⑤ 《上海工部局发表战后工业实况》，伪维新政府实业部主办《实业月刊》第 1 期，1938 年 6 月出版，第 132—133 页。

日军侵占宝山县后，仅据当时汪伪宝山区公署对蕴藻浜以北各乡的不完全统计：该地区商店损失 1073.04 万元，住宅毁损 16134.73 万元，农作物损失 672.5 万元，工厂损失 402.3 万元，堆栈仓库毁损 5 万元，学校毁损 183.97 万元，其他 182.29 万元，合计 18652 万元。加上南部繁华之地，损失则数十倍于此。①

上海 19 所大学及学院损失 600 万元，27 家中学损失 210 万元，42 所小学损失 26 万元，其他社会教育机关损失 200 万元，共计 1036 万元。②

淞沪战事中，日商工厂、船业、货栈等各项损失在 9500 万至 1 亿元之间。③

据《立报》1937 年 10 月 7 日、10 月 31 日、11 月 18 日的统计，上海在"八·一三"事变中的经济损失当在 37 亿元法币（1937 年币值）以上。在战后的损失调查中，上海市社会局收到的财产损失报告书近万份，其中民营工厂的申报户仅有 557 户，民营商业申报户 483 户。显而易见，呈报户与实际损失之间存在着巨大的差距。呈报的工厂户数仅为实际损失数的 15%，商业损失呈报户数仅占 5% 左右，许多规模较大的工厂如荣氏企业、天字号等受战后企业接收发还等问题的困扰，未能核算申报。由于按申报规定，必须提供原始凭证单据，而在日占时期，为逃避日军迫害，许多商户不敢保存重要往来文件，以致后来无以提证，影响了损失申报。④

以损失额对各业总资本的比率来看，仅上海、无锡、武进 3 地中国民族染织业损失即达 9749 千元，约占全国该业总资本的 80% 以上；

---

① 上海市宝山区地方志编纂委员会编：《宝山县志》，上海人民出版社 1992 年版，第 804 页。

② 《沪战中外损失八亿四千四百五十万元，文化机关损失一千余万元，华商航业损失约七千万元》，《商业月报》第 18 卷第 5 期，1938 年 5 月出版，第 5 页。

③ ［日］川岛氏：《上海战争中日人的财产损失》，潇生译，《四川经济月刊》第 9 卷第 5 期，1938 年 5 月出版，第 12 页。

④ 庄志龄：《上海抗战损失调查档案概述——以上海市金融业战时损失为例》，复旦大学中国金融史研究中心编：《民族救亡与复兴视野下的上海金融业》，复旦大学出版社 2016 年版，第 139 页。

橡胶业损失为 600 万元，占该业总资本的 70%；造纸业损失 64.6%，机器翻砂业损失 70.7%，烟草业损失 48.5%。[①]

沪宁之战给上海地区造成的损害是惨重的，即使日据期间伪政府采取了不少恢复性的措施和投资，试图使这一地区得以恢复，在某些方面也取得了一些成效，但无法从根本上弥补战争造成的损害。

第三节　中等经济城市的舛运

沪宁会战后，江、浙两省的城区大部分沦陷。江苏总城区为 64 个，沦陷 63 个，沦陷比率为 98.4%，其中经过战斗而沦陷的城区为 26 个；浙江总城区为 76 个，沦陷 59 个，占总数的 77.6%，经过战斗而沦陷的城区为 48 个。详见下表：

表 3-3　　　　　　　　江浙沦陷城区统计

区域	原辖总数	沦陷城区数		遭遇主要战斗区数		未遇主要战斗沦陷的城区总数
		数量	占比	数量	占比	
江苏	64	63	98.40%	26	40.60%	37
浙江	76	59	77.60%	48	63.20%	11
合计	140	122	87.1%	74	55.7%	48

资料来源：韩启桐：《中国对日战事损失之估计（1937—1943）》，文海出版有限公司 1974 年影印，第 10 页。

战争给二省城区造成的破坏极为严重。直到战事结束近 1 年，伪维新政府的调查报告仍指出："京沪、杭沪一带，如无锡、苏州、南京、杭州等地工厂林立，男女工人借以生活者约计有数百万之多，商业亦因是繁荣。此次战后各地工厂多被焚毁，无锡为尤甚。即或厂屋

_____

[①]　郑克伦：《沦陷区的工矿业》，《经济建设季刊》第 1 卷第 4 期，1943 年 4 月出版，第 248 页。

幸存，机械物件亦十不留一，工人失业，生活无着，嗷嗷待哺，弱者死于沟壑，强者铤而走险。"①

以下对二省重要城市的战后概况作一简述。

一　苏州

自唐代始，苏州被称为"天堂"，时为江南第一繁华之都。人称："在唐时，苏之繁雄固为浙右第一矣。"②明人认为，"若以钱粮论之，则苏十倍于杭"③。在清代，苏州是江苏巡抚和江苏布政使衙门所在地，是江苏的省城之一。开埠前的上海有"小苏州"之称。苏州文化对日本人有着重大影响。江户前期著名文学家人见竹洞诗称："师是苏州万里人，白云望尽一家亲。"④

1937年8月16日，日军两次出动飞机轰炸苏州。先后在葑门外飞机场、阊门外老五团（北兵营）以及道前街、西善长巷、朱家园、瓣莲巷、学士街、东西支家巷等处投弹。仅在西善长巷就炸死居民三四十人，炸毁民宅30多家。9月19日下午，日机轰炸平门火车站，投弹18枚，炸毁车站房屋及卫生列车和1列难民车，炸死炸伤难民四五百人。10月16日，日机又轰炸平门火车站，投弹27枚，并用机枪扫射，炸毁站屋和子弹车，伤亡旅客70余人。11月13至15日，日机连续3天在苏城内外夜以继日地大肆轰炸。投弹700多枚，使无数商店、民宅、工厂及车站、码头、铁路、桥梁、车辆、船只等被炸毁，连红十字会医院也被炸；无数居民、难民、士兵被炸死亡。城区被毁房屋4739间，死亡人数3738人，损失财产910余万元。另外，苏州城内约有被俘的中国士兵2000人左右，在日军两支先头部队大扫荡时被杀害，还有难民数千人被杀。⑤

---

① 中国第二历史档案馆馆藏伪维新政府档案：《实业部派员调查京杭杭沪两铁路沿线实业状况》，全宗号2103，案卷号408。

② 中华书局编辑部编：《宋元方志丛刊》第1册，中华书局1990年版，第1027页上。

③ 郎瑛：《七修类稿》，中华书局1959年版，第331页。

④ 人见竹洞：《竹洞先生诗文集》卷之一，人见文库宝永六年（1709）刊本，第101页下。

⑤ 吴县地方志编纂委员会编：《吴县志》，上海古籍出版社1994年版，第894—896页。

在日军侵略时，土匪乘机打劫，全城被洗劫 7 次。"正当商民受害殊甚，民生经济大伤元气。"日据前苏州人口为 36 万，战时人口大量逃亡，战后城内仅剩 2 万余人。①

苏州在战前有商店 6959 户；战事结束后，苏州城屡遭洗劫，"商货损失殆尽"②。

资本 240 万元的苏州电气公司战时被炸，房屋被损坏，一只新式布朗－鲍威利公司（Brown Boveri Corporation）生产的涡轮发电机被震毁。③ 被日军强占后，"任意滥用，毫不修理，致发电所内五千启罗西门子及四千五百启罗卜郎比两座透平机叶子均遭损坏，各式锅炉亦莫不损毁。他如杆线时遭敌机之轰炸与敌人之拆窃，更难恢复旧观，原存拔柏葛锅炉两座具擅被强装至扬州电气公司使用，其余各项损失笔难尽述。致昔日曾蒙建设委员会誉为民营电业模范者，今则百孔千疮矣。……损失数庞大，约计时值美金一百万元左右，至历年营业损失更难估计"④。现将该公司各项损失列表如下：

表 3－4　　苏州电气公司战时损失分类统计（1937 年法币值）

损失项目	购置时价（元）	损失时价（元）
发电设备	616417.85	562832900
供电设备	311400885	193139034
建筑部分	30460	7984300

---

① 《实业部特派员京沪线视察报告》，伪维新政府实业部主办《实业月刊》第 1 期，1938 年 6 月出版，第 145 页。

② 《实业部特派员京沪线视察报告》，伪维新政府实业部主办《实业月刊》，1938 年 6 月出版，第 148 页。

③ 《实业部特派员京沪线视察报告》，伪维新政府实业部主办《实业月刊》第 1 期，1938 年 6 月出版，第 150 页。

④ 江苏省档案馆馆藏档案：《苏州电气公司战时损失赔偿》，全宗号 1004，目录号乙，案卷号 0488。

续表

损失项目	购置时价（元）	损失时价（元）
楼窗材料	112069.56	43194720
物料	15634.31	47460
器具生财	224192.165	64457771
其他	5387	10774
共计	312405045.89	871666959

资料来源：江苏省档案馆馆藏档案：《苏州电气公司战时损失赔偿》，全宗号 1004，目录号乙，案卷号 0488。

　　苏州苏纶纺织厂股份有限公司在战时厂屋受到破坏，织部被炸 5 次，布机被毁 40 余台，纺部新旧二厂原有纱锭 51368 枚，同样受到破坏，纺机零件散失较多，公司厂屋还被日军侵占。

　　苏州葑门外觅渡桥有太和面粉公司 1 家，资本 36 万元，每日出粉 2000 包，战后因被日军侵驻数月，机件等损失不少。苏州鸿生火柴厂，"原料存货约损失十余万元"[1]。

　　苏州有造纸厂 3 家。其中以大华造纸厂规模最大，资本约 25 万元，生产各种黄纸版及其他纸张，每日出纸约 30 吨，价值 3000 余元，战时一部分厂屋被毁，损失约 5 万元，短期内不能复工。其次为苏州枫桥的华成纸厂，专制纸版，战后被日军进驻，迟迟无法复工，内部机器，毁坏严重。再次为浒墅关的中元造纸厂，"战时略有毁损"[2]。

　　总计苏州各业受损情形，见下表：

---

　　[1] 《实业部特派员京沪线视察报告》，伪维新政府实业部主办《实业月刊》第 1 期，1938 年 6 月出版，第 150—151 页。

　　[2] 《实业部特派员京沪线视察报告》，伪维新政府实业部主办《实业月刊》第 1 期，1938 年 6 月出版，第 150 页。

表 3 - 5   苏州各工厂受损一览

厂名	资本（元）	工人人数	损失情况
一、棉纺业			
苏纶		40000	损失较大
二、丝织业			
振亚		80	损毁甚微
大中			货物损失
汇丰		60	稍有损失
振美			损毁甚微
瑞生			损毁甚微
益大			损毁甚微
三五			有损失
元泰锦			货物机件均有损失
永华			稍有损失
大丰			稍有损失
鑫达		708	稍有损失
华盛			稍有损失
锦云			无损失
大有			稍有损失
皆祥			稍有损失
东吴		100	无损失
星源			无损失
大陆		80	有损失
鲍云记			稍有损失
永丰仁			稍有损失

续表

厂名	资本（元）	工人人数	损失情况
集成			无损失
松麟		70	稍有损失
华经			稍有损失
徐同泰			稍有损失
茂新			稍有损失
锦纶			稍有损失
天丰辛		60	无损失
泰来		50	无损失
咸吉			无损失
华国记			有损失
华成			稍有损失
三泰		80	损失极大
久昌余			无损失
宝康恒			稍有损失
三、面粉业			
太和公司	360000	100	机械损毁
四、火柴业			
大中华鸿生厂 民生	3650000	800	损失存货、原料
五、电气业			
苏州电气公司	2400000	140	机件房屋均损
六、制冰业			
北极冰厂	30000	7	

资料来源：《实业部特派员京沪线视察报告》，伪维新政府实业部主办《实业月刊》第1期，1938年6月出版，第151—152页（表）。

苏州不少市镇的损失极为惨重。平望镇完全被毁。盛泽镇的振丰丝厂、永利丝厂、大纶丝厂损失巨大，已无法恢复；其他织绸工厂因原料缺乏，致使工人大量失业。1938年春茧收成减半，春耕因农民资本无着落、军事警戒等关系，也大大减产。[①]

浒墅关另有远东实业公司陶瓷厂、榨油厂各1所。陶瓷厂厂屋在1937年落成，机器尚未装就，"战时厂屋毁损大半，至今接洽无人"。浒墅关同元油厂，系以前惠农油厂改组而成，战时厂屋全毁，恢复无望，损失约1万元以上。[②]

据伪中央储备银行调查，即使到1939年，其他行业多有恢复，"独工厂成立者，依旧无几，较多者如织绸厂三十五家、织布厂十五家，规模较大者且寥若晨星。嗣受统制影响，原料来源颇感缺乏，故各工厂时有停业之虑"[③]。

战前苏城有官商银行17家，钱庄10余家。银行吸收存款7000余万元，钱庄吸收存款1000余万元。战事发生，"各银行先后撤退上海，钱庄亦均停业收束，苏地金融，遂完全呆滞，市面亦同时停顿"[④]。

江苏省立苏州图书馆创立于1914年9月，利用正谊书院学古堂旧址，初名"江苏省立第二图书馆"；8月接收官书局更名为"官书局印行所"，藏书大多为学古堂旧籍，后陆续增加书刊。1927年7月更名为"第四中山大学苏州图书馆"，1928年2月改称"江苏大学苏州图书馆"，7月改为"中央大学区立苏州图书馆"。1929年7月，正式确定名称为"江苏省立苏州图书馆"。收藏各类图书10万册以上。据伪江苏省督学杨彬如报告："二十六事变猝起，馆务中辍，馆

①　《实业部特派员京沪线视察报告》，伪维新政府实业部主办《实业月刊》第1期，1938年6月出版，第145页。

②　《实业部特派员京沪线视察报告》，伪维新政府实业部主办《实业月刊》第1期，1938年6月出版，第150页。

③　伪中央储备银行调查处：《苏州经济概况》，《中央经济月刊》第1卷第6期，1941年11月出版，第58页。

④　伪中央储备银行调查处：《苏州经济概况》，《中央经济月刊》第1卷第6期，1941年11月出版，第55页。

舍藏书，均受损失。苏州自治会成立后，拟予接管，当是驻有军队，未能接收。"直到1939年5月，驻沧浪亭的日军他调，才归还旧馆。①馆内藏有官书版片71750片，日军撤走后，残存52050片。各典籍版片损失情况详见下表：

表3-6　　　　　　江苏省苏州图书馆官书版片损失情况

名称	原存片数	残存片数
古逸丛书	2415	1701
十三经校勘记	2242	2160
苏州府志	3914	431
江苏省全舆图 （与《江苏舆图》合并）	631	295
礼乐志	221	218
五礼通考 （与《诸礼通考》合并）	6036	5458
段氏说文	947	772
祁钮氏说文	874	625
正资治通鉴	5215	4744
续资治通鉴	3249	2882
宋文鉴	965	782
南宋文范	782	741
金文雅	122	111
金文最	651	570
元文类	472	342
明文在	432	196
明十三家	396	171
西汉会要	444	442

① 杨彬如：《省立苏州图书馆视察报告（附表）》，《江苏教育》第3期，1940年10月出版，第50页。

续表

名称	原存片数	残存片数
东汉会要	332	243
唐会要	1239	1150
唐律义疏	389	232
五代会要	305	286
辽史	625	526
金史	1091	829
元史	1852	1476
补元史	111	96
辽金元三史国解语	383	345
医林纂要	414	247
文选集评	578	565
碑传集	1964	1299
陶靖简集	192	100
东雅堂韩集	722	623
陶类文钞	282	105
杨园集	1060	618
其他	30203	20669
总计	71750 （原表为71650）	52050 （原表为52030）

资料来源：杨彬如：《省立苏州图书馆视察报告（附表）》，《江苏教育》第 3 期，1940 年 10 月出版，第 51—52 页。

由于城市被破坏，经济长期不振，米粮被日军过度"收购"。1941 年年初，伪中央储备银行的调查称："吴县原为产米之区，每年出产，除供本地人民食用外，尚余十之四五，转输他处。近年收获尚佳，然被人吸收，以致陈粮空虚，米价激增，最高峰曾达每石一百七十元，且较沪地为贵，实属惊人。"[1] 这种情形严重地影响了居民生活，许多居民无以温饱。汪伪政府建立后，曾有过小规模的救济。1942年3月吴县阊胥盘区的救济情况如下表：

表3-7　1942年3月苏州阊胥盘区地方公益会代发救济散麦统计

领麦堂名	地点	领麦数量（袋）	分发户数	户均（袋）
清节堂	普济桥	50		
金阊粥厂	阊门外谈巷	70		
桃坞粥厂	桃花坞宝城桥	40		
公益粥厂	南新路	50		
公益庇寒所	三六湾	25		
孤儿教养院	三六湾	20		
吴县养老所	山塘街	30		
游民习艺所	三六湾	30		
圣约翰堂	天赐庄	100	与博习医院共302户	0.46
博习医院	天赐庄	40		
救世堂	养育巷	100	334	0.3
浸会堂	苹花桥	70	130	0.54
新民堂	中街路	65	158	0.41
思社堂	养育巷	70	115	0.61
救恩堂	上津桥	100	102	0.98
崇道堂	齐门外大街	100	154	0.65
天恩堂	宝城桥	300	386	0.78

---

[1]　伪中央储备银行调查处：《苏州经济概况》，《中央经济月刊》第1卷第6期，1941年11月出版，第57页。

续表

领麦堂名	地点	领麦数量（袋）	分发户数	户均（袋）
使徒堂	民治路	40	49	0.81
浸礼会	谢衙前	120	270	0.44
浸会诊所	谢衙前	40		
乐群社	宫巷	100	与乐群诊所	0.50
乐群诊所	宫巷	40	共计 280 户	
共计 22 堂所		1285	2280（已知）	0.56（已知数计算）

资料来源：無錫警察局局長異垂覚：《支那事変関係一件/支那事変ニ伴フ状況報告/支那各地報告/蘇州情報》第一巻，アジア歴史資料センター（JACAR）：B0501400690，第90—91頁。

以一户五口计算，户均领得 0.56 袋散麦，人均仅有 6.8 公斤。苏州市民生活之艰辛可以想见。[1] 况且，作为鱼米之乡的苏州市民一向不习惯于食麦，日常主食是大米；这类散麦与饲料无异，更增加苏州市民的厌嫌。

二 无锡

战前，无锡为江、浙内地工业最发达地区，与南通同被誉为中国的模范县。

1924 年，藤村俊房调查，无锡工商业异常发达，有"小上海"之誉。这里有棉纺厂 6 家，仅申新三厂资本就达 300 万银元、纱锭 51800 枚、织机 500 台、职工 4600 名。缫丝厂 18 家（外加 1 分厂），总资本 106.1 万两白银、丝车 5990 部，职工 30500 人。面粉厂 6 家，年用麦量 300 万担。榨油厂 10 家，资本 91.6 万银元，每日产豆饼 4274 担、豆油 422 担。织布厂 17 家，布机 3564 台。化工、织袜厂各

---

[1] 战时日军的标准小麦，一般 60 瓩（公斤）一袋。散麦应该少于标准麦。见大蔵省《支那に於ける商品相場逆算比率調》，1944 年 10 月，アジア歴史資料センター（JACAR）：A17110571300。

4 家，电灯电力厂（包括纱厂电厂）7 家，另有太湖水泥厂、利农砖瓦厂、第一制镁厂、惠泉汽水厂、惠泉啤酒厂等。①

　　1937 年 11 月 25 日，日军占领无锡县城，疯狂地滥杀无辜。一批未及逃出城的妇孺老弱躲藏在普仁医院地板下被日军搜获，6 名男子当场被杀死。周山浜北广勤路长善坊 84 名群众躲匿在河边芦苇丛中被日军发现，用机枪扫射，仅有 3 人侥幸生还，81 人遭到杀害。11 月 29 日，日军强迫丽新纺织厂附近民众进厂搬布，借此拍摄"民众抢劫财物"的照片。然后，日军用机枪扫射，射杀 70 余人。日军在进城的一个多星期里屠杀手无寸铁的民众在千人以上。②

　　日军入城后先抢后烧，城区全部被焚的街巷有北大街、北塘街等 18 条；部分被焚的街巷有后竹场巷、贝巷等 36 条。其中无锡城厢闹市最为惨烈，自 11 月 26 日日军纵火至 12 月 14 日伪无锡县自治委员会成立，火始扑灭，延烧近 20 日之久。许多学校、商店、民宅被烧，全城被烧房屋达 16 万多间，其中工厂厂房 28537 间，商店 54268 间，学校、机关、团体房屋 10240 间，居民住房 65600 余间，名胜祠堂 2105 间。据不完全统计，在城区工商业界（不含绸布业）损失资产至少约合 687.5 万石（51562.5 万公斤）大米的价值，绸布业财产损失 2039947 元（1937 年法币值）。③

　　1938 年 6 月，伪维新政府的调查报告称：无锡"精华摧毁殆尽，损失数在万万以上。"无锡原有人口百万左右，农民和工人占十分之六七，战争造成的失业人口不可胜计。④

　　1939 年 9 月，山田部队本部经理部对无锡的调查报告中写道："无锡被这次事变损害得相当严重。城外工业区域大部分被破坏，此

---

　　① 藤村俊房：《無錫事情報告》，日本驻苏州领事馆报告（1924 年 6 月 23 日），アジア歴史資料センター（JACAR）：B03050363500。

　　② 无锡县志编纂委员会编：《无锡县志》，上海社会科学院出版社 1994 年版，第 783 页。

　　③ 无锡市地方志编纂委员会编：《无锡市志》，江苏人民出版社 1995 年版，第 2483—2484 页。

　　④《实业部特派员京沪线视察报告》，伪维新政府实业部主办《实业月刊》第 1 期，1938 年 6 月出版，第 152 页。

处华商纱厂完全毁坏，商业区域一半被破坏。"① 日军收集的美国报道，民众因日军暴行而逃离的城市，首列无锡。②

日军占领无锡期间，城区工商企业设施被烧、被抢或被拆毁十分之八九。其中纺织行业的业勤、广勤、豫康 3 个纱厂及丽新厂印染设备、试验室，直到 1949 年后尚未完全恢复。缫丝业遭到严重破坏，裕昌丝厂、永泰丝厂及华新丝厂被完全毁坏。至 1939 年，缫丝业仅恢复到战前的 20%。无锡的机器翻砂业原来比较发达，城区有 108 家之多。经日军的焚烧抢掠后，该行业的厂房设备全被毁坏或被拆运。

日军采用"统制""专买""禁运"等方式，迫使许多大型企业设备分散，生产技术倒退，产品质量下降。如缫丝业由机器缫丝改为半手工操作，产品由 3A 级下降为 E 级、F 级。③

战事结束后，无锡最繁华的商业区北塘一带尽成灰烬，商业中心逐渐转移到崇安寺一带，但这里的商业大都系小本经营的摊贩。战前无锡银行、钱庄业非常发达，战后大多收歇。"金融呆滞，至于极点。"④

战前无锡堆栈业十分繁荣。这些堆栈，"在战时有少数被毁者。而其余亦大都被劫一空。"现将无锡丝茧堆栈受损情形列表如下：

表 3-8　　　　　　　　　　无锡丝茧堆栈损失一览

栈名	数量（担）	商品	地址	职员人数	损失程度
瑞昶润	50000	堆存丝茧	西梁溪路	6	全部焚毁

① 山田部队本部经理部：《金融事情》第 56 号《無錫最近の経済事情》，アジア歴史資料センター（JACAR）：C11110907800，第 528—529 页。

② 内阁情报部情报缀：《日本軍の暴行説に支那民衆続々避難—米紙報道》，情报第四号，アジア歴史資料センター（JACAR）：A03024300900。

③ 无锡县志编纂委员会编：《无锡县志》，上海社会科学院出版社 1994 年版，第 783 页。

④《实业部特派员京沪线视察报告》，伪维新政府实业部主办《实业月刊》第 1 期，1938 年 6 月出版，第 155 页。

续表

栈名	数量（担）	商品	地址	职员人数	损失程度
瑞生	40000	堆存丝茧	工运桥沿河	6	已作兵站仓库
大有	30000	堆存丝茧	工运桥沿河	6	已作兵站仓库
怡新	40000	堆存丝茧	亮坝上	6	被毁
永大	30000	堆存丝茧	周山浜	6	货物被抢
宏泰	20000	堆存丝茧	东门外亭子桥	5	损失尚轻
宝丰	20000	堆存丝茧	东门外庙港桥	5	货物损失过半
协成	15000	堆存丝茧	工运桥沿河	5	全部焚毁
福裕	30000	堆存丝茧	冶坊场	5	损失极重
源慎	25000	堆存丝茧	冶坊场	5	损失极重
振裕	10000	堆存丝茧	龙船浜	5	无甚损失
乾益	32000	堆存丝茧	冶坊场	6	损失极重
慎德	8000	堆存丝茧	西村里	6	损失尚轻
宏仁		丝茧	西门外		被劫干茧 203 包，合 80 担。
合计	350000			72	

资料来源：《实业部特派员京沪线视察报告》，伪维新政府实业部主办《实业月刊》第1 期，1938 年 6 月出版，第 155—156 页；江苏省档案馆馆藏档案：《无锡县抗战期内财产损失的调查》，全宗号 1009，目录号乙，案卷号 1116。调查时间 1946 年 2 月。

同时，北塘、三里桥段粮行几乎全毁，其他段粮行也各有不同的损失。直到 1938 年秋冬，一部分粮行主才开始恢复营业。① 现将粮食堆栈受损情形列表如下：

---

① 无锡市粮食局编：《无锡粮食志》，吉林科学技术出版社 1990 年版，第 36 页。

表 3 - 9　　　　　　　　　　无锡粮食堆栈（仓库）一览

栈名	地址	经理	职员人数	损失情形
益源	蓉湖庄	唐晔如	3	存货多数被抢，现为兵站封管
锡丰	蓉湖庄	胡性禾	4	存货多数被抢，现为兵站封管
生和	蓉湖庄	唐秋农	4	存货多数被抢，现为兵站封管
复成	蓉湖庄	顾涤如	3	存货多数被抢，现为兵站封管
增益	蓉湖庄	周慕生	4	存货多数被抢，现为兵站封管
仁昌	李家浜	杨毓洲	3	存货多数被抢，现为兵站封管
福源	蓉湖庄	周友兰	4	被毁
中国二栈	丁垮里	陆征宇	5	焚毁
成泰	缸尖上	邹颂范	2	毁一部分
福康成	龙船浜	张仲涛	5	焚毁一大部分
达源	龙船浜	顾康伯	2	兵站封管
隆源	缸尖上	赵章吉	3	兵站封管
聚成	缸尖上	邵有成	4	兵站封管
兴仁	龙船浜	华绎之	5	兵站封管
宏仁	财神堂	华绎之	6	兵站封管
德新	酱园浜	杨融春	4	兵站封管
义昌	财神堂	华俊民	4	毁一部分
民益	坝桥下	施子祥	5	兵站封管，货物被抢
余新	石坡头	谈文明	2	兵站封管
中国二栈分栈	茅泾浜	陆征宇	4	兵站封管
同仁	茅泾浜	李叔与	5	兵站封管
懋昌	茅泾浜	张懋芳	3	兵站封管
元益	蓉湖庄	陈湛如	3	兵站封管

续表

栈名	地址	经理	职员人数	损失情形
复生	小三里桥	谢沛霖	3	兵站封管
慎德	西村里	浦文汀	2	焚毁
振益	南门	黄卓儒	2	被抢
振南	南门	黄卓儒	2	被抢
黄万益	南门	黄浩卿	2	被抢，损失极大
元兴	蓉湖庄	季郁文	2	被抢
泰丰	蓉湖庄	戈焕章	2	全部焚毁

资料来源：《实业部特派员京沪线视察报告》，伪维新政府实业部主办《实业月刊》第1期，1938年6月出版，第156—158页。

无锡福记猪鬃厂，"全部为兵灾所毁损"。按1937年币值计算，合40837.5元。①

徐紫楹经营的无锡光复路华丰染织厂，被日军抢走呢线多匹、线多件，损失合时价215108元，合1946年2月的币值664699000元。②详见下表：

表3-10　　　　　　　　华丰染织厂战时损失

损失项目	单位	数量	价　值	
			1937年法币（元）	1946年法币（万元）
住宅	间	12		
男色线呢	匹	8846	132690	39807

---

① 江苏省档案馆馆藏档案：《战时损失申请救济》，全宗号1004，目录号乙，案卷号0490。

② 江苏省档案馆馆藏档案：《无锡县抗战期内财产损失的调查》，全宗号1009，目录号乙，案卷号1116。调查时间1946年2月。

续表

损失项目	单位	数量	价　值	
			1937 年法币（元）	1946 年法币（万元）
女色线呢	匹	2211	39798	11718.3
42 支丝光线	件	32	17280	60416
42 支白线	件	21	9660	3360
40 支花线	件	25	13000	4500
40 支棉纱	件	1	400	155
32 支棉纱	件	6	2280	888
合计			215108	66469.9

资料来源：江苏省档案馆馆藏档案：《无锡县抗战期内财产损失的调查》，全宗号 1009，目录号乙，案卷号 1116。调查时间 1946 年 2 月。

　　战前无锡榨油厂比较集中，榨油业的原料、成品、下脚料皆可作为军用物资。战时被日军大肆劫掠和破坏。详见下表：

表 3 - 11　　　　　**无锡榨油厂损失情形（1939 年调查）**

厂名	厂址	厂房损失情形	机器损失情形	损失估计（万元）	现况
恒德	梁溪路	部分被焚	部分损毁	30	正在修理中
润昌记	南尖	部分被焚	部分损毁	10	先修理部分机械
邹成茂	江尖	部分被焚	部分损毁	3	现作腐乳
大昌	西新桥	部分被焚	部分损毁	2	复业
同协	太保墩	完整	部分损毁	0.5	复业
庄源	西门外	完整	完整	0.5	复业

续表

厂名	厂址	厂房损失情形	机器损失情形	损失估计（万元）	现况
荣康	钱桥镇	完整	部分损毁	不详	"合作"经营
俭丰	石塘湾	部分被焚	部分损毁	2	停业
三和	洛社	部分被焚	部分损毁	1.5	停业
合计				49.5	

资料来源：《抗战前后之无锡经济及社会状况》，《敌伪经济情报》（油印本）1940 年第 10 期，第 14 页下。

实际上，各榨油厂存货均被抢一空，"损失数目较房屋机器为重"①。恒德油厂办公楼被日军焚毁，仓库厂房墙坍壁倒。油池附近杀毙死尸 7 具，池内 30 万斤存油倾泻于地，仓库内存饼亦有损失。日军驻厂后，残剩物资时遭搬抢。②

战前陆右丰酱园酿酒每年用米 5000 石（米每石为 150 市斤），做酱用豆 2000 石（黄豆每石 130 市斤），做腐乳用豆 1400 石，经营商品几十种。日军入锡后，陆右丰大部分支店被毁，工场抢劫一空。③

战前无锡接入电话公司的乡镇电话有：东亭、江溪、坊前、长大厦、杨亭、八士桥、张泾、周新镇、巡塘、庙桥、板桥、青祁、高车渡、方桥、华大房庄、石塘、仙蠡桥、河埒口、陆庄、丁巷、荣巷、梅园、徐巷、鼋头渚、钱桥、毛巷、刘潭、塘头、寺头、张村、旺庄、尤家坦、陈家桥、胡家渡、堰桥、长安桥、新塘里、秦巷、前洲、玉祁、石塘湾、北七房、礼社、洛社、黄泥头等处。战时电话线

① 《抗战前后之无锡经济及社会状况》，《敌伪经济情报》（油印本）1940 年第 10 期，第 14 页下。
② 赵永良、蔡增基主编：《无锡望族与名人传记》，黑龙江人民出版社 2003 年版，第 409 页。
③ 陆福生、朱定仲：《百年老店陆右丰》，《无锡文史资料》第 10 辑，1985 年 4 月，第 123 页。

路大部被毁。①

无锡机器翻砂业毁于战火的房屋、设备和被日军查封掠夺的物资约值大米 20 万石。② 允利化学工业公司所有机器都被日本浪人盗走，大部分房屋沦为废墟。③ 无锡福记猪鬃厂，"全部为兵灾所毁损"；按 1937 年币值计算，合 40837.5 元。④ 无锡炽昌等五家机制砖瓦厂停办；⑤ 大窑砖瓦业损失严重，窑民邱阿毛等 8 人被日军残杀，50 余间窑房被毁，烧窑柴草被焚。⑥ 资金 20 余万元的大吉春药号除万元药品被转移外，全部生财、商品被焚。⑦

战事使无锡损失汽车 106 辆，⑧ 货运轮船损失 20 多艘。日军设立内河运输株式会社无锡出张所和无锡通运木船运输公司，分别控制了无锡至上海的轮船和木船运输。苏锡、新苏锡、江苏、民泰、宁泰、德丰等轮船运输局被日军勒令合并经营，改为裕民轮运局，由日本人任经理。无锡民族轮运业从此奄奄一息。⑨

中央机构在无锡损失器具衣物 300 余件，1937 年损失时价值 4000 元。中国通商银行无锡办事处生财 1742.46 元、库存硬币 600 元、办事处房屋押租 2076 元全部损失，共计 4418.46 元。⑩

---

① 张锡明：《抗战前的无锡邮电》，江苏省政协文史资料委员会等编《江苏文史资料》第 92 辑（《无锡文史资料》第 32 辑）《无锡城市建设》，无刊印时间，第 83 页。

② 中国资本主义工商业的社会主义改造编纂组：《中国资本主义工商业的社会主义改造（江苏卷）》（下），中共党史出版社 1992 年版，第 78 页。

③ 薛禹言：《建国前无锡最大的化工企业——允利化学工业公司》，《无锡文史资料》第 33 辑，1997 年 1 月，第 157 页。

④ 江苏省档案馆馆藏档案：《战时损失申请救济》，全宗号 1004，目录号乙，案卷号 0490。

⑤ 江苏省地方志编纂委员会编：《江苏省志》第 33 卷《建材工业志》，方志出版社 2002 年版，第 127 页。

⑥ 汪仲浩：《无锡南门大窑砖瓦业》，江苏省政协文史资料委员会等编：《江苏文史资料》第 92 辑（《无锡文史资料》第 32 辑）《无锡城市建设》，无刊印时间，第 144 页。

⑦ 《大吉春药店》，《无锡文史资料》第 15 辑，1986 年 11 月，第 81 页。

⑧ 无锡县志编纂委员会编：《无锡县志》，上海社会科学院出版社 1994 年版，第 399 页。

⑨ 《无锡市交通志》编纂委员会编：《无锡市交通志》，上海人民出版社 1990 年版，第 126 页。

⑩ 张宪文主编：《南京大屠杀史料集》（41）《中央机构财产损失调查》，江苏人民出版社、凤凰出版社 2014 年版，第 80、614 页。

无锡县立博物馆设在孔庙中，以大成殿及东西厢房作为陈列室等，用房 32 间。在孔庙原有祭器、乐器的基础上征集文献古物。1935 年 5 月，计有藏品 380 种 2346 件，其中有全套孔庙乐器、祭器，金石、雕塑、陶器、图书、碑帖及明代抗倭古炮等。日军把馆内藏品洗劫一空，从此该馆再也未能恢复。无锡《寄畅园法帖》是国内较为著名的碑刻，初刻于嘉庆六年，全帖 12 册。前 6 册选择秦氏家藏御赐《三希堂法帖》中最佳拓本摹刻，均为唐宋年间名帖。后 6 册是自宋至清的名家墨宝。这些石刻，在咸丰、同治年间散失一批，日军侵华期间又散失一批，仅剩些许残碑。1943 年 8 月 18 日，驻宜兴官林镇的日军 9 人乘汽艇至舍顶圩，强拉民夫 50 余人，将祠山庙中的巨钟劫走。[①]

随着战事西移，四散逃难的居民陆续回城。崇安寺、长安桥、桃枣河一带的小商贩，逐步增多，并逐步发展成小店铺。1938 年 1 月，经日本占领军和伪自治会批准成立的"米商联合办事处"，为无锡沦陷后的第一个粮食同业组织，较早复业的还有公泰五洋号和瑞康纱号。松茂百货店于 7 月在崇安寺建屋营业。1938 年年底，从城外北大街，北塘至三里桥段，渐次建房开业，市容逐步恢复。日商"东棉""岩田""竹林""大丸"等洋行，相继在园通路、盛巷等处设立"出张所"，开展纱布、棉花、五洋百货、粮食等项业务，强化对棉、粮、纱、布等重要物资的控制和掠夺。1939 年 8 月，苏州日军特务机关控制的合作社派员到无锡活动，企图从组织"消费合作社"入手，把工业、农业组织起来，控制全部物资。1940 年 4 月，为配合"清乡"，强化"政、社合一"，由伪县长兼任理事长，利用合作社名义搜刮农村物资。[②]

日据时期，无锡白米从 1938 年 1 月的每石 6 元 5 角，到 1941 年 11 月 9 日涨至每石 149 元。同日，黄金每两（十六两制）由 1938 年

---

① 无锡市北塘区地方志办公室编：《北塘区志》，无锡日报社印刷 1991 年版，第 579 页。

② 赵烈炎、朱文钰：《解放前的无锡商业》，《无锡文史资料》第 14 辑，1986 年，第 70—71 页。

1 月 2 日的 233 元上涨到 1960 元。到太平洋战争爆发，物价如脱缰之马，直线上升。1944 年 6 月，汪伪印发面值 500 元的中储券，再次引起各物暴涨。同年 8 月 4 日，黄金每两突破 5 万元，9 月 5 日的米价上涨到每石 7900 元，棉纱每件从 1938 年的 170 元，到 1944 年 11 月每件涨到 51 万元。其他各物随之上涨，短短 5 年里上涨达 2000 倍，以致民不聊生。稍有余钱者，争先恐后购货保值。市场上投机成风，空头栈单满天飞。①

无锡市民生活水平普遍下降。1941 年 11 月，各项生活待遇远较普通市民平均水准为高的无锡警察局局长吴垂莹向无锡日本领事馆警察署小野署长报告："本局警察薪饷菲薄，生活清苦，衣食为难。""贵国人士，在本邑经营商业，热心建设新秩序者，颇不乏人……因补助警察经费之不足，一致拟商请贵署转请在锡贵国商民慨予解囊赐助，以维警察生活，而现中日提携之花。"② 连警察局长都迹近乞食，大多数普通市民只能忍受囊空腹枵了。

1943 年，日伪加强物资统制，首先在无锡设立"米粮联营社"，全面负责军需、民食，禁止商民运销粮食，查封堆栈存粮，一时间粮源绝迹，存粮枯竭。无锡米市失去了集散调节作用。米价暴涨，民食恐慌。

1944 年，日伪设"棉纱布统制委员会"，强行低价收买工商业存纱存布。资本小的厂、店，相继倒闭。到同年 9 月恢复正常经营时，全市纱号减少 40%，仅存 36 家。③

1959 年，江苏省纺织工业厅厅长张再生报告："1937 年日军入侵，我省纺织工业受到惨重损失，仅无锡市被毁纱锭就有十七万枚，占该市纱锭总数 80%；缫丝机被毁九千一百余部，占该市缫丝机总

---

① 赵烈炎、朱文钰：《解放前的无锡商业》，《无锡文史资料》第 14 辑，1986 年，第 73 页。

② 無錫警察局局長異垂覚：《支那事変関係一件／支那事変ニ伴フ状況報告／支那各地報告／蘇州情報》第一卷，アジア歴史資料センター（JACAR）：B0501400690，第 8 页。

③ 赵烈炎、朱文钰：《解放前的无锡商业》，《无锡文史资料》第 14 辑，1986 年，第 73 页。

数72%"①。这个数据丝毫没有夸大的成分。棉纺和缫丝两业占据无锡现代工业总资本的百分之七八十，这两业的受损情况基本是整个城区工商业受损的比重。日军对城乡民众私人住宅、财产及社会公益设施实行焚烧劫掠，所造成的经济损失约10倍于工商界。②

三　常州

常州（武进县城）为江南著名文化、经济重镇，春秋时为延陵季子封地。战前有大成纱厂、常州纱厂等企业，织布业特别发达，榨油业也非常兴盛。

从1937年10月12日起至11月29日沦陷止，日机持续对常州进行狂轰滥炸。横林火车站、漕桥、寨桥、奔牛火车站、戚墅堰机车车辆厂、戚墅堰发电厂、常州火车站、武进电气公司、大成一、二、三厂、新丰街、北大街、县直街等处被炸得墙断壁残；南大街、西瀛里几乎是一片废墟。新丰街、常州火车站一次就被炸死、炸伤120余人；豆市河一次被炸死船民20余人。

11月27日，日军东路沿沪宁铁路，南路沿武宜公路向武进县城进犯。沿沪宁线进犯的日军，在横林、戚墅堰一带大肆烧杀。横林镇及其附近连烧3昼夜，焚毁房屋1180间，枪杀无辜百姓80多人，仅查家塘就有25人被推入火中烧死。享有"小无锡"盛誉的戚墅堰，街面仅剩3间半房屋，30多家粮行悉数被焚，成馀面粉厂只剩1个墙框架，米麦焦煳味顺风飘至数十里外。沿武宜公路进犯的日军放火烧毁鸣凰镇及附近民房200余间。11月29日，日军占领常州，城内大火接连烧了3昼夜。最为繁华的南大街，劫后仅剩4间店面，北大街仅剩下一钟楼及其下面的几间店面。东门的水门桥、东仓桥、牌楼弄一带，被烧毁房屋1470多间、商店200多家。白家桥南塊的新街和东仓桥下塘的黄泥街，被烧房屋140余间。11月30日凌晨3时，日军侵占奔牛

---

① 中国纺织编辑部编：《纺织工业光辉的十年》，纺织工业出版社1959年版，第105页。

② 无锡市地方志编纂委员会编：《无锡市志》，江苏人民出版社1995年版，第2483—2484页。

镇，店铺栉比的三里长街成为"火街"，被毁民房 1742 间，枪杀无辜百姓 401 人，其中在西园巷空地上用机枪集体扫射杀死 40 多人。①

战区内房屋十分之八被焚毁，致使大量平民无家可归，不得不避难他乡。常州原有人口 70 余万，战时人口大量流亡，据伪自治会 1938 调查，战后人口尚不满 5 万。② 据伪自治会秘书陈述，仅埋尸队掩埋的尸体就有 4000 余具。实际当不止此数。③

据不完全统计，常州城区（不包括戚墅堰机车车辆厂等）被毁民房、店堂、庙宇和厂房等各类建筑物共 9000 余间。④

战前刘国钧经营的大成纱厂被誉为中国纺织业的奇迹。大成三个厂均遭轰炸，尤以东门第三厂为甚。大成公司的厂房和机器材料损失合 1937 年的币值 514 万元。战事结束后，大成一厂长期驻有日军，禁止工人出入。民丰纱厂损失纱锭 1 万枚，布机准备间和浆缸 2 只全毁，被毁厂房 110 余间，损失银元 80 余枚，厂内花纱 20 余万元被毁，全厂损失七八十万元。

战前常州织布业有电机织布厂 30 余家，织机 5600 余台。鼎成布厂房屋机器被炸，连同存货损失三四万元。常州布厂、正裕布厂、大进福、大经均被日人接管经营。久成、民华、志成恒、久和、益民布厂则把机器迁到上海设厂。振新、裕成、裕新、裕民、万成因战时均有损失，至 1939 年底仍未复工。⑤

战前常州武进电气公司每日发电 3 万瓦。战时全部事务间被焚毁，机器受损，损失约合美金 30 万元；杆线、方棚损失无法估计。

---

① 江苏省武进县志编纂委员会编：《武进县志》，上海人民出版社 1988 年版，第 665—666 页。

② 《实业部特派员京沪线视察报告》，伪维新政府实业部主办《实业月刊》第 1 期，1938 年 6 月出版，第 160 页。

③ 江苏省武进县志编纂委员会编：《武进县志》，上海人民出版社 1988 年版，第 666 页。

④ 常州市地方志编纂委员会：《常州市志》第 3 册，中国社会科学出版社 1995 年版，第 1080—1083 页。

⑤ 《京沪沪杭沿线工业现状》，《敌伪经济情报》（油印本）1939 年第 6 期，第 2 页下—4 页下。

1938 年该厂复工供电，但每天仅开工 8 小时，发电 2000 瓦。[1]

常州戚墅堰电厂为国民政府建设委员会所创办，占地 200 余亩，内有锅炉 4 座、发电机 4 部。因战时被炸，致锅炉损毁，方棚间也被炸毁一部分。仅仓库材料一项损失达 43 万元。战前每小时发电量 22400 瓦，战事结束后，被日军劫管使用。被劫管的还有京沪铁路戚墅堰修机厂。戚墅堰车站旁大星面粉公司，在战时全部被焚毁。[2]

常州火车站附近开河路有恒丰面粉公司，战时损失极重，货物全部被劫。战事结束后，厂内长期驻有军队，机器零件等被损坏不可胜计。[3] 常州裕源成油厂，原来每天出油 50 担，战时损失甚巨。[4] 许恒丰榨油厂房屋机器毁损殆尽，损失约 10 万元。[5]

1941 年 12 月 8 日太平洋战争爆发后，日本侵略者为弥补钢铁不足，以收购"废铜烂铁"为名，挨家挨户迫交铜铁制品。还到工厂破坏机器设备充作"废铜烂铁"。常州城区裕民织布厂被砸毁布机 7 台，浆纱机 1 台；华昌染织厂 400 台布机悉数被毁；民丰纱厂被毁作废铁的机器 2 万多吨。[6]

常州商业，在战前较为繁盛。战后南大街、西瀛里等昔日繁盛地点均被焚毁。直到 1938 年人民返城尚少，复业商店寥寥无几。据伪自治会报告，向该处正式登记的商店尚不满 200 家，资本十分微薄。常州的贸易，输出品甚少，输入品除日用品外，其他种类很少，且这

---

[1] 《实业部特派员京沪线视察报告》，伪维新政府实业部主办《实业月刊》第 1 期，1938 年 6 月出版，第 162 页。

[2] 《实业部特派员京沪线视察报告》，伪维新政府实业部主办《实业月刊》第 1 期，1938 年 6 月出版，第 167 页。

[3] 《实业部特派员京沪线视察报告》，伪维新政府实业部主办《实业月刊》第 1 期，1938 年 6 月出版，第 162 页。

[4] 《实业部特派员京沪线视察报告》，伪维新政府实业部主办《实业月刊》第 1 期，1938 年 6 月出版，第 163 页。

[5] 《京沪沪杭沿线工业现状》，《敌伪经济情报》（油印本）1939 年第 6 期，第 4 页下。

[6] 江苏省武进县志编纂委员会编：《武进县志》，上海人民出版社 1988 年版，第 669—670 页。

些贸易大都被日商控制。①

据不完全统计，日军侵略造成常州地区的人口伤亡（包括间接伤亡）达 34.9 万人，财政损失合 1937 年法币 27.3 亿多元。②

四 镇江

战前，镇江有着江南典型的和平安详气象。1917 年，日本汉学家铃木虎雄游镇江时赋诗，"羁情不觉沧洲远，疑是丹青屏里游"；"青青杨柳渔村远，历历帆樯极浦回"③。

自 1928 年，镇江成为江苏省会，各项行政机关和事业机构非常完备。

1937 年 11 月，日机多次轰炸镇江城，许多民用建筑被炸毁，伤亡惨重。11 月 27 日从早到晚，日机分批轮番轰炸，投弹 140 余枚。西门大街、银山门商业区等到处断垣残壁；万家巷、日新街、义渡码头、牛皮坡、拖板桥、五条街、松花巷、鼓楼岗、家巷、下河头、牌坊巷、江照庵等处大批民房被炸倒焚毁。郊区的官塘桥、吕家湾等农村也未能幸免。在牌湾水塘旁躲避的 60 多人被全部炸死。12 月 8 日下午日军进入镇江城。日军把东门外第三十六标居民关进一室，放火焚烧，未烧死者一律砍死。宝盖山东一处防空洞中躲入大批平民，日军用机枪扫射，死者不下 300 人。节孝祠巷旁火星庙有美国牧师办的难民收容所，200 名难民被日军杀死。④伪维新政府称，战事过后，镇江江边一带，战时受损严重，"昔日大厦高楼，都被烧成灰烬"⑤。

日军从省政府的保险柜里直接劫走了 6 万元现金，这还不包括大

---

① 《实业部特派员京沪线视察报告》，伪维新政府实业部主办《实业月刊》第 1 期，1938 年 6 月出版，第 166 页。

② 常州市地方志办公室编：《常州史稿》（2）《近代卷》，凤凰出版社 2018 年版，第 139 页。

③ 铃木虎雄：《豹軒詩鈔》卷七，昭和（1926—1989）早年刊本，第 18 頁下。

④ 本书编委会编：《抗战档案》（上），中央文献出版社 2005 年版，第 168 页。

⑤ 《实业部特派员京沪线视察报告》，伪维新政府实业部主办《实业月刊》第 1 期，1938 年 6 月出版，第 167 页。

量的粮食；从镇江商会劫走了 10 万元。[1] 据 1938 年日伪丹徒县公署不完全统计，镇江死亡 4524 人，烧毁房屋 1.3 万余间。政府、银行的仓储物资以及民间大户损失合 1937 年法币 1000 万元以上。[2]

镇江自来水公司在战时虽损失较小，但战事结束后即被日军劫管。此外，顺泰源机器制冰场也被日本驻军衣粮厂劫为冷藏仓库。大中华火柴公司镇江荧昌厂损坏机器 6 部，损失达数千元。美商内河贸易公司被焚毁一部分机器房屋，损失达 2/3。贻成新记面粉公司损失面粉 7 万余包，全厂设备和货物损失在 40 万元左右。战前镇江各工厂中约可容纳 3000 余名工人，战后开业的工厂仅有 5 家，容纳工人仅千余人而已。[3] 且贻生（成）新记改为镇江面粉厂，由日本人高永六任经理，荧昌和内河两公司也均被日军劫管。战前镇江还有织布厂 2 家、丝厂 1 家，1941 年伪中央储备银行调查时，发现"今已无存"[4]。

镇江大照电气公司战前有职员 70 名，工人 160 名，以往每小时最多可发电 3200 千瓦，平均每日供电 2 万千瓦。战后职员减至 22 人、工人减至 100 名。每小时仅发电 900 千瓦，每日仅 5600 千瓦。线路损失三分之一，11000 只电表损失 5 千只，变压器损失 2 只。全部损失计 20 万元以上。[5]

战前城区有中央银行、中国银行、交通银行、中国农民银行、上海商业储蓄银行、江苏省银行各分行，除中央银行外，各行均经营各种商业往来贸易。战事结束后，各行均停业。1939 年，伪华兴商业银行在镇江设立办事处，只办理极少量的抵押放款，主要服务于当地

---

① ［加］卜正民：《秩序的沦陷——抗战初期的江南五城》，潘敏译，商务印书馆 2016 年，第 130 页。

② 丹徒县县志编纂委员会编：《丹徒县志》，江苏科学技术出版社 1993 年版，第 697—698 页。

③ 《实业部特派员京沪线视察报告》，伪维新政府实业部主办《实业月刊》第 1 期，1938 年 6 月出版，第 170—172 页。

④ 伪中央储备银行调查处：《镇江经济概况》，《中央经济月刊》第 1 卷第 5 期，1941 年 10 月出版，第 57 页。

⑤ 《实业部特派员京沪线视察报告》，伪维新政府实业部主办《实业月刊》第 1 期，1938 年 6 月出版，第 170 页。

的 30 多家日商洋行。①

　　据伪中央储备银行调查，战前镇江"平时商业相当繁荣，卷烟、煤油、火柴、洋烛、肥皂等五洋杂货自上海输入后，除留备本地应用者外，须转输江北旧扬州府属八县，如扬中、邵伯、泰州、泰兴、高邮、宝应等县。杂粮则由江北高邮等处运来后，一部分转运上海。故镇江实为吞吐港。'八·一三'后，整个商场，完全毁灭"②。

　　截至 1943 年 4 月 7 日，日伪以"镇江县纱布管理调剂委员会"名义封存的棉布 52044 匹、通州小布 5954 件、棉纱 5351 包，这些物品均被运入上海或日本国内。仅 1943 年 4 月 5 日至 7 月 16 日，日方以"统制""违禁"为名，在镇江"没收"平民法币 59793 元、铜元127385 枚、铜钱 1017 枚、铜丝及铜器 79.5 斤、紫铜 9 块、铜丝 5 圈、锡器 13 斤、锡 15 条、锡锭 34 块、铅条 32 根、铝 15 斤、米57.7 石、食盐 4277 斤、火柴 56 包、香烟 375 包等。1942 年 3 月中旬至 7 月，日军从镇江共掠取税收 3624138 元。③

　　日军对港口的船舶、码头、栈桥、仓库等设施进行破坏，原来较为繁荣的镇江港客、货运输一度全部停顿。战前镇江有轮船 74 艘，约 3048 吨；客驳 49 艘，约 3451 吨。战时或为日军占用，或被日机炸毁。轮船损失 80% 以上，客驳损失 90% 以上。仅轮船招商局镇江分局即损失房屋 247 间。④

　　省立图书馆和五三图书馆均遭焚毁，吴寄尘的绍宗楼藏书楼被日军占为据点。镇江师范的图书被日军当燃料烧掉，面积 500 余亩的镇江中学设备、校舍均毁于火。鹤林寺、竹林寺、招隐寺古迹"都被摧毁无遗，从前游人如织的名胜区，只剩了一片衰草颓垣的遗址"。金

---

　　①　伪中央储备银行调查处：《镇江经济概况》，《中央经济月刊》第 1 卷第 5 期，1941 年 10 月出版，第 55—56 页。附注：江苏省银行总行于 1937 年改迁镇江，原上海总行改为上海分行。

　　②　伪中央储备银行调查处：《镇江经济概况》，《中央经济月刊》第 1 卷第 5 期，1941 年 10 月出版，第 57 页。

　　③　李裕：《敌伪在镇江之经济掠夺》，《复苏》第 2 卷第 9 期，1944 年 11 月 1 日出版，第 14—15 页。

　　④　陈敦平主编：《镇江港史》，人民交通出版社 1989 年版，第 115 页。

山、焦山、北固山"也被灾很重，尤其是焦山，许多数百年前的古物，以及名人碑帖，都付之一炬。王羲之手书的瘗鹤铭也在被毁之列"[1]。焦山藏书化为灰烬。同时，日军侵占丹徒县高资镇，火烧文昌宫大院 4 间、高资小学房屋 10 余间。[2]

五 杭州

杭州为浙江省会，自唐代起，与苏州一道被誉为"天堂"。

战前杭州有 124682 户，596205 人；战后仅余 10 来万人，至 1938 年 6 月才恢复到 39526 户，180807 人。[3] 直到 1939 年 4 月推行保甲制时，"惟是时杭州人口尚属稀少，保甲长人选亦成问题"。1941 年，伪杭州市政府办理自治事务，进行人口登记，许多区"以人民稀少，均未举办"[4]。

淞沪会战期间，杭州是中国军队战争物资的集结地之一，大批军需品通过沪杭铁路和水路源源不断地运往前线，前线受伤的官兵也从这里得到医治或转移到大后方。驻扎在近郊笕桥机场的中国空军，对日军构成了极大的威胁。淞沪会战一爆发，日军就对杭州进行了轰炸。8 月 14 日，日本空军 13 架轰炸杭州，向建设中的钱江大桥投弹。日机在笕桥机场击中从沪杭铁路通向机场铁路专线上的两节汽油车，引发大火，机场休息室也被震毁。此后，日机对杭州的轰炸逐日增多，其轰炸目标主要集中在各交通中心及周围一带。以 10 月 13—15 日三天的轰炸最为猛烈。即使市民防空意识较好，杭城防空设施较完备，市民仍伤亡 40 余人。房屋财产的损失极为惨重，杭州火车站被炸毁。距车站较近的城站旅馆建筑牢固，内部亦被震毁。其他房屋如

---

① 《镇江文物被毁一空》，《浙江战时教育文化》第 1 卷第 1 期，1939 年 3 月出版，第 31 页。

② 《实业部特派员京沪线视察报告》，伪维新政府实业部主办《实业月刊》第 1 期，1938 年 6 月出版，第 167 页。

③ 伪杭州市政府编：《杭州市三年来市政概况》，1941 年 6 月 20 日印，第 84 页；陆军省山田部队本部经理部：《金融情报》第 23 号（杭州、九江），昭和 14 年 4 月 1 日，アジア歴史資料センター（JACAR）：C11110900900。

④ 伪杭州市政府编：《杭州市三年来市政概况》，1941 年 6 月 20 日印，第 82 页。

齐云阁茶店，同利公、安泰、仁泰等运输商号，旅店业职业公会，王闰兴饭店，张洪福钟表行，就是我照相馆，瑞兴酒店，元丰西装店，稻香村茶食店等均被损毁。其他还有多处民房被毁。12 月 24 日，日军攻入杭城，当即开始了抢劫、烧杀、奸淫的暴行。据说侵杭日军司令官曾下令放假三天，放纵士兵胡作非为。而事实上日军实施暴行的时间达数月之久。①

1937 年 11 月，浙江省政府鉴于时局紧张，由建设厅拨款 10 万元，派工厂检查员陈奎，会同杭州市铁工业同业工会主席赵嗣宗等人，商讨拆迁事宜。杭州林长兴织带厂等 6 厂联合迁移，由林崇熹率领，得到了航空委员会协助，在杭州失陷前安全迁出，运入四川。这是厂矿内迁中最顺利的一批。②

战前杭州的工商业均较发达，尤以丝绸业为盛。

1912 年规模较大的振兴绸厂和纬成缫丝厂相继在杭州开工。1915 年天章绸厂采用了电力织绸。1926 年，全市织机达 1 万台以上，成品内销东北、华北、广东，外销法国巴黎、里昂和南洋各地。至全面抗战爆发前夕，杭州丝绸厂有 140 多家，机坊 4000 多户，共有电力织绸机约 8500 台，手拉织绸机约 5000 台，月产绸缎 62000 匹；③仅每年运销各省的杭州丝绸价值就达数千万元以上。战事发生后，各地交通隔绝，丝绸业因之停顿，机织业亦相继停工，下城及艮山门外依赖机织谋生的工人不下数万，均告失业。④ 杭州炼染一业，"损失更为浩大"。

战前杭州有丝厂 3 家。武林门外的杭州缫丝厂，原有新式缫丝机 380 台，战时尽毁于炮火。开源丝厂有新式缫丝机 84 台，庆成厂缫

① 蔡卫平：《日寇侵略杭城的罪行》，中共杭州市委党史研究室、杭州市政协文史资料委员会编：《杭州抗战纪实》，1995 年刊印，第 8—10 页。

② 《林继庸先生访问记录》，台北："中研院"近代史研究所 1984 年版，第 54—55 页。

③ 闵子：《民国时期的杭州民族工商业概况》，政协杭州市委员会文史资料研究委员会编：《杭州文史资料》第 9 辑《杭州工商史料选》，浙江人民出版社 1987 年版，第 2 页。

④ 《实业部特派员沪杭线视察报告》，伪维新政府实业部主办《实业月刊》第 1 期，1938 年 6 月出版，第 180 页。

丝机240台，亦遭受同样命运。① 见表3－12。

表3－12　　　　　　　　　1938年杭州丝厂调查

厂名	地点	车数（台）	损坏情形
庆成	金洞桥	240	略有损失
门源	余杭塘上	84	损失颇大
杭州	武林门外密渡桥	380	损失颇大
长安	长安镇		略有损失

　　资料来源：《实业部特派员沪杭线视察报告》，伪维新政府实业部主办《实业月刊》第1期，1938年6月出版，第185页。

　　1941年6月，汪伪政府杭州市政府的工作报告称："事变后，本市工业损失颇巨，经时三载，力谋复兴，终以元气大伤，一时难复旧观。"②战事对工厂的影响，详见伪政府工作报告所列数据（见表3－13）。

　　据表3－13，杭城战事结束一年后，工厂仅剩8%；三年后，也仅恢复了22%。

表3－13　　　　　　　　　战事前后杭州工厂比较

类别	1936年家数	1938年家数	1941年家数
织绸厂	336	—	47
织布厂	33	10	28
铁工厂	103	27	37
营造厂	63	4	4
肥皂厂	9	3	4
合计	544	44	120

　　资料来源：伪杭州市政府编：《杭州市三年来市政概况》，1941年6月20日印，第166页。

――――――――――

　　① 《实业部特派员沪杭线视察报告》，伪维新政府实业部主办《实业月刊》第1期，1938年6月出版，第185页。

　　② 伪杭州市政府编：《杭州市三年来市政概况》，1941年6月20日印，第166页。

杭城"一切卫生事业，破坏殆尽"。"市内原有公私医院，存者十不及一。"① 杭州电话公司创始于1906年，"事变后，电话设施悉遭破坏"②。杭州铁路交通极其便利，"军兴以来，〔钱江〕大桥炸毁，铁路事业遂告停顿，损失惨重，恢复不易"③。事变后，"公路摧毁无遗，交通因以停顿"；航运业"各路交通均经停止"④。

伪政府的报告称："事变前本市万商云集，百货骈陈，就二十六年调查所得，计有商号一四六一一家，资本额达七三四五三零一五元。兵燹以后，廛市萧条，经本府之竭力扶植，渐复繁荣。当本府举行一周年纪念时，本市商号之复业者计有四二九七家。"⑤ 伪政府竭尽全力所恢复的商号尚不到战前的30%。"杭州物产丰饶，素称富庶。事变后，人民经济破产，地方财政奇窘。"⑥ "近数月来，食米来源时告中断，以致米价高昂，每石售价竟至一百数十余元。"⑦

战前杭城"市况异常繁荣，尤以金融一业为最。是时钱江大桥行将落成，开辟东方大港之说甚嚣尘上。沪地大规模之商业银行均来杭设立分支行，并谋于闸口，购置地产建筑仓库及办事处"。战前有中央银行杭州分行、中国银行杭州分行、交通银行杭州分行、中国农民银行杭州分行、浙江地方银行总行、浙江兴业银行杭州分行、浙江实业银行杭州分行、中国通商银行杭州分行、中南银行杭州分行、盐业银行杭州分行、大陆银行杭州分行、中国农工银行杭州分行、中国实业银行杭州分行、绸业银行杭州分行、江海银行杭州分行、两浙商业银行、建业银行、浙江储丰银行、浙江商业储蓄银行、浙江典业银行20家银行。有元泰、恒盛、盈丰、开泰、德昌、崇源、同昌、益昌、瑞康、亦昌、源昌、福源、诚昌、同益、同泰、泰生、同慎、慎康、义昌、益源、咸安、顺昌、穗源、泰康、泰安、衍源、恒大昌、恒

---

① 伪杭州市政府编：《杭州市三年来市政概况》，1941年6月20日印，第151页。
② 伪杭州市政府编：《杭州市三年来市政概况》，1941年6月20日印，第182页。
③ 伪杭州市政府编：《杭州市三年来市政概况》，1941年6月20日印，第179页。
④ 伪杭州市政府编：《杭州市三年来市政概况》，1941年6月20日印，第181页。
⑤ 伪杭州市政府编：《杭州市三年来市政概况》，1941年6月20日印，第167页。
⑥ 伪杭州市政府编：《杭州市三年来市政概况》，1941年6月20日印，第113页。
⑦ 伪杭州市政府编：《杭州市三年来市政概况》，1941年6月20日印，第98页。

润、致丰、通源、复泰、祥裕、万源、鸿源、源泰、瑞裕和记、豫大
37 家钱庄。另有典当 11 家。前述三业资本共计 19995000 元。战前一
年吸引存款 2 亿数千万元。经恢复，1941 年杭城仅有伪中央储蓄银
行杭州支行、伪华兴银行杭州分行、伪浙民银行 3 家银行，信昌、承
大、五源、同昌、源昌、大春、福和 7 家钱庄。[1] 战后三年，杭城银
行数量仅及战前的 15%，钱庄相当于战前的 19%。

  日军在杭州大肆劫夺，由于有时无法"分辨"中国人和美国人的
财产，还大量抢走、毁坏了美国人的财物，一度引发美国人的抗议。[2]

六　宁波

  宁波对日本人有着特殊的意义。明廷实行闭关锁国政策时，
指定宁波与日本维持勘合贸易。宁波同样被日本人视为在中国的
发祥之地，江户时代前期日本著名学者林鹅峰写道："本朝吴泰伯
之后也……夫泰伯逃到荆蛮，自号勾吴。吴地广大，今宁波府亦
在其地。"[3] 战事爆发，宁波却是日军大肆进行细菌战和疯狂轰炸
之地。

  近代宁波可视为上海的外围城市。上海战事对宁波人打击极为沉
重。淞沪会战后，上海的宁波同乡会设立 15 处收容点，收容家破无
归处的同乡 24858 人，提供食物帮助者 403408 人。[4]

  "八·一三"事变后，浙江省建设厅鉴于宁波、温州两地工厂有
必要内迁，于 1937 年 11 月组建宁波、温州工厂迁移委员会，由丘远
雄负责。但各厂商不愿在内地经营，而愿将机件折价出售，遂由浙江

---

  [1]　伪杭州市政府编：《杭州市三年来市政概况》，1941 年 6 月 20 日印，第 168—177
页；陆军省山田部队本部经理部：《金融情报》第 23 号（杭州、九江），昭和 14 年 4 月 1
日，アジア歴史資料センター（JACAR）：C11110900900。

  [2]　中支那方面軍参謀長塚田攻：《杭州及蘇州に於ける米国人財産掠奪に関する件》，
アジア歴史資料センター（JACAR），C04120179100。

  [3]　林鵞峰：《鵞峰先生林學士文集》卷五十八"拟文"，元禄二年（1689）版，第 22
頁下。

  [4]　滿鐵上海事務所編：《戰時ノ寧波旅滬同鄉會ノ工作概況》，1941 年 6 月 24 日印，
第 3 頁。

省建设厅估价收购，被收购的厂有宁波顺记铁工厂、温州大华针织厂、毓蒙铁工厂等，并迁出镇海威达、宏远两炮台废炮弹 4000 多枚、杭甬铁路白沙机器厂机器两具，浙西行署抢运长兴煤矿材料机件一批。①

淞沪会战一结束，日机就对宁波展开肆意轰炸。空袭城区的主要目标是北火车站、东西交通要冲的灵桥以及人口稠密地段。其中以1937 年 11 月 12 日、1938 年 2 月 1 日、1939 年 4 月 28 日和 5 月 1日，以及 1940 年 9 月 3 日、9 日、11 日这 7 次轰炸最为惨烈。日机共出动 52 架次，投弹 148 枚，毁房 2000 余间，炸死平民 293 人，炸伤 600 余人，城区主要街道和商业繁华地带均遭到空袭。炸弹所落之处，一片断垣残壁，罹难者尸横街衢。1939 年 4 月 28 日，灵桥附近的商业繁盛地带遭到日机疯狂轰炸，滨江路（即半边街）尚未收市的鱼市场里秤手、鱼贩、摊担、船夫纷纷中弹毙命，人们逃入江畔的帆船以图躲避，但日机仍然追踪轰炸，炸死 135 人，炸伤 374 人，炸毁房屋 638 间、渔船 8 艘。从 4 月 28 日到 5 月 14 日的半个月中，日机连续 8 次轰炸宁波市区，共炸死 177 人，炸伤 555 人，毁损房屋1500 余间，财产损失达 3000 万元以上。②

宁波全市有工厂 170 家，以铁工厂为主。"因受战事影响，形成一方面工厂工作停顿，将机件移入乡间开置，失业技工日多一日，困穷不堪，无法维持生计；一方面则内地各种机件及交通工具等破损后，苦于无处修理凑制。"③

在日军占领宁波前，1938 年宁波停闭的钱庄有彝泰、源吉、大源，1939 年停闭的钱庄有协元、廷荪、慎生、和济等。④

1941 年 4 月日军占领宁波，12 月 8 日，和丰纱厂因悬挂美国国旗，被日军劫管。直到 1943 年 8 月才解除军管，移交汪伪政府，经

---

①　《林继庸先生访问记录》，台北："中研院"近代史研究所 1984 年版，第 54—55 页。

②　傅璇琮主编：《宁波通史》（5）《民国卷》，宁波出版社 2009 年版，第 163—164 页。

③　兰溪：《我们怎样抢救宁波工厂》，《工业合作》第 2 卷第 2 期，1942 年 4 月，第59 页。

④　《战时全省钱庄一览》，《浙江经济统计》，1941 年 12 月出版，第 165 页。

厂主多方交涉，1944年6月10日方予发还。[①]

宁波战事结束后，按1937年法币计，工业损失为2524万元，其中直接损失1942万元，间接损失582万元；电业直接损失1209万元，间接损失605万元。[②]

上海、杭州等地相继沦陷后，由于上海有租界存在，沪甬线航轮仍在通航，宁波成为内地各省物资的运转口岸，大量物资通过宁波港集散，宁波的工农业产品也畅销内地各省，安徽、江西、湖南、湖北、四川等省客商纷至沓来。1940年宁波港的贸易额达到20861万元，税额达到566万元。当时挂外国旗号行驶沪甬线的大小船只达20余艘，每天从上海"进口"的棉布、百货、五金、日用品在1万吨以上，"出口"运往上海的物资也在5000吨以上。[③]

中日进入持久战后，经济资源是支持长期战争的最重要砝码，中日双方都在实行不同程度的封锁与禁运。日军在浙江从事的经济战，主要以华中振兴股份有限公司为最高机构。一方面利用日伪组织进行掠夺或诱购浙江的茶叶、蚕丝、桐油等特产；另一方面则由日商联合华商合组各种公司进行高价收购及走私活动。其规模较大者，如专门收购或走私茶叶的公茂茶行，垄断江浙蚕丝买卖的华中蚕丝株式会社。中日战争中期，宁波港成为国民政府进出物资最重要的贸易港。日方将走私作为经济战的重要手段。许多华轮与外轮将走私品偷运于上海与宁波沿海的小港间，走私航线多且隐秘。日方大量倾销日货以换取或吸收大量法币，再用法币在上海及香港金融市场套取国民政府的法币外汇基金，企图以此引发国民政府财政金融的崩溃。[④]

总的来说，江、浙长江三角洲地区的工厂损失相当严重，特别是

---

① 《企业报告·宁波和丰纱厂》，《华股研究周报》第9卷第7期，1944年7月，第6页。

② 浙江省档案馆、中共浙江省党史研究室编：《日军侵略浙江实录（1937—1945）》，中共党史出版社1995年版，第814页。

③ 朝泽江：《宁波抗日战争史》，宁波出版社2020年版，第44—46页。

④ 简笙簧：《中日战争中期宁波的走私活动》，《"国史馆"学术集刊》第18期，2008年12月1日，第101—127页。

江南运河沿岸各城市、津浦路南段及京沪沿线一带都遭受重大损毁。太仓、嘉定、常熟等地，甚至比上海近郊的损失还要大。据满铁调查，这些地区的工业，仅设备的损失即达战前的50％，多数工厂均因设备损失过重，长期不能复工。①

战争爆发前，江南地区"银行、钱庄遍地林立，商民赖此为生者数以百万计。战后金融完全停顿，商人损失奇重，无继续经商之能力，其具有资本而急于希图复业者，因乏金融机关可资流通乃欲往而不前。……京、杭、苏、锡等地商店，除饮食店、旅店及旧货摊以外，寥寥无几"②。

综上所述，日军在沪宁一带发动的侵略战争给江南地区经济上造成的损害是巨大的，加上日据期间日伪有意识的掠夺，这一地区的经济基本上处于衰变之中，直到1949年，这一地区的经济水平始终未能恢复到战前水平。

小　结

1895年后，在以上海为中心的江南地区大工业遍地开花，如雨后春笋。大量现代工业在江南地区创办，因为这里既有雄厚的资金积累、成熟的市场机制和便捷的国内外交通等，又有优良的商业背景和商业文化，以及与世界接轨的各类人才和设施。近代江南不但继续成为中国的经济中心，且很快融入国际市场，成为世界经济的一部分，享受了世界工业文明的成果。

战事爆发后，江南地区的企业大量内迁到迥然不同的环境中。企业内迁时的紧迫和日军有意识的攻击，使内迁企业均蒙受巨大的损失。即使这些企业在内地稳定下来，战争的迫切性使这些民生企业不得不服从战时需要，改变企业的社会和自然属性，承担更大、更多的

---

① 郑克伦：《沦陷区的工矿业》，《经济建设季刊》第1卷第4期，1943年4月出版，第247页。

② 中国第二历史档案馆馆藏伪维新政府档案：《实业部派员调查京杭杭沪两铁路沿线实业状况》，全宗号2103，案卷号408。

义务和成本。最终结果只能是全国民众遭受物资短缺的困难和质次价昂的各类工业品，国家的综合实力无形地消散，人民生活水平被极大拉低。

日军野蛮的本性和长期以来毁灭式、掠夺式的手段，对江南各城市无差别的破坏，予江南经济以沉重打击，毁坏了江南社会发展的根基。

第四章　日军对现代工业的摧控

　　宋庆龄指出："在经济方面，日本实在是一个贫弱的国家。它的主要弱点是缺乏原料，如铁矿、棉花、石油、金及白金，日本都需从国外大量输入。原料的缺乏，是日本在战争时最可怕的弱点。日本依赖他国，别人就可在任何时候断绝对它的供给。日本没有大量的资本，因此在和平时期它也不能储蓄大量的原料，因为它没有作巨额投资的力量。"① 日本政界、军界更是清楚自身的弱点，整个战争期间，总是竭尽全力地剥夺、利用被占领地区的各类资源，破坏中国的工业基础。

　　全面抗战初期，江南地区的工矿业多由日方兴中公司接管。1938年4月30日，日本控制的华中振兴股份有限公司（中支那振兴株式会社）成立，规定"华中振兴股份有限公司以助成华中经济复兴及开发为目的，设总公司于上海"；"华中振兴股份有限公司之资本为一万万元，但受政府之认可，得增加其资本"；"政府以五千元投资于华中振兴股份有限公司，政府得以金钱以外之财产为出资之目的"②。分公司包括华中矿业株式会社、华中水电株式会社、上海内河汽船株式会社、华中电气通信株式会社、上海恒产株式会社、华中都市自动车株式会社、华中水产株式会社、大上海瓦斯株式会社、华中蚕丝株式会社、华中铁道株式会社、淮南炭矿株式会社、华中盐业

---

　　① 宋庆龄：《中国是不可征服的》，上海市长宁区档案馆等编《抗战文选》，中西书局2015年版，第32页。
　　② 伪维新政府：《法令汇编》第1辑，中华联合通讯社1939年版，第312页。

株式会社。① 华中振兴股份有限公司成立后，全面接手兴中公司在中国中部地区的业务，② 成为全面掠夺包括江南在内的华中地区资源的机构。

第一节　棉纺织业的衰败

据华商纺织联合会调查，日据前上海棉纺厂共计 65 家，占全国总数的 43%。其中华商经营的棉纺厂 31 家、日商 30 家、英商棉纺厂 4 家，纺锭数共 2667156 枚，占全国纺锭数的 52%。③ 详见下表：

表 4-1　　　　　　"八·一三"事变前上海纱厂统计

类别	工厂数	纱锭		布机	
		锭数（枚）	所占比重（%）	布机数（台）	所占比重（%）
华资	31	1114408	42	8754	29
日资	30	1331412	50	17283	58
英资	4	221336	8	4021	13
合计	65	2667156	100	30058	100

资料来源：《上海纱厂统计》，《中国工业》创刊号，1942 年 1 月 25 日出版，第 39 页。

---

① 见中支那振興會社調査課《中支那振興株式会社関係事業会社現況》，1939 年 9 月印，目次。详见北支那開發株式會社、中支那振興株式會社第二特別委員長：《中支那振興株式会社事業概説別冊》，1938 年 5 月印，アジア歴史資料センター（JACAR）：A15060430900；法制局：《北支那開発株式会社及中支那振興株式会社政府出資財産評価委員会官制ヲ定ム》，1938 年 5 月，アジア歴史資料センター（JACAR）：A02030023800；経済部第二課：《中支那振興株式会社の関係会社に対する投資及び融資状況一覧表》，1939 年，アジア歴史資料センター（JACAR）：A15060151300。

② 第三委員会委員長青木一男：《北支那開発株式会社及中支那振興株式会社設立ニ伴フ興中公司ノ処置ニ関スル件》，1938 年 9 月，アジア歴史資料センター（JACAR）：A04018468200。

③ 《战后中外纱厂之动向》，《经济汇报》第 4 卷第 9 期，1941 年 11 月 1 日出版，第 65—66 页。

据表 4 - 1，日据前，日资纱厂的纱锭数占上海纱厂总锭数的半数，华商纱厂的锭数占上海纱厂总锭数的 42%，日资纱厂并未对华商纱厂形成绝对优势。

另据日方资料，1934 年，江苏共有华商纱厂 53 家、日资纱厂 30 家、英资纱厂 3 家，共计 83 家，上海纱厂占全国总数的 65%。[①]

1937 年"八·一三"事变爆发后，华商棉纺工业受害最为严重。据估计，当时华商工厂受损害情形如下：（1）完全被破坏的工厂 10 家，纱锭 23.5 万枚、织机 3500 台。（2）受重大损失的工厂 12 家，纱锭 49 万枚、织机 4680 台。（3）损失较轻的工厂 21 家，纱锭 57.1 万枚、织机 5270 台。（4）完全无损、遭日方强占者 5 家，纱锭 10.2 万枚、织机 1170 台。被毁、被占各厂资本总额在 1 亿元以上。[②]

一　荣家申新集团

淞沪战事发生后，中国最大的棉纺资本集团申新系统中的申新一厂因地处战区只得立即停止生产，仅留职员 2 人及工役数人驻厂看守。1938 年，日军管理工厂委员会委托日商丰田纺织厂接管经营。据申新呈交的《申请发还工厂状况报告表》所载，申新一厂每日平均产纱 250 件；撤退时遗留物资包括地基 130.2 亩（合 1937 年法币 240 万元，下同）、房屋 227 万元、机器 122876 锭（864 万元）、棉花 15000 担（69 万元）、棉纱 500 件（13 万元）、下脚 4500 担（3 万元）、在制品 5000 担（13 万元）、棉布 9000 匹（8 万元）、粉袋 20 万只（3 万元）、器具及材料 10 万元。估计机器房屋合 1938 年 10 月币值 383.6 万元，原棉、纱、布合 134.4 万元。[③] 此外，1942 年 2 月

---

① 日本国际协会编：《支那各省经济事情》下卷第 20 编，日本国际协会 1936 年发行，第 334 页。

② 《经济简讯·战后全国华商纱厂损失达一万万元》，《商业月报》第 20 卷第 1 期，1940 年 1 月出版，第 6 页。

③ 中国第二历史档案馆馆藏汪伪政府档案：《申新纺织第一、三、五、六、七、八厂申请发还》，全宗号 2098，案卷号 87。

20 日，申新一厂约 3 万锭纱机被日军拆卸，计装 35 船。①

　　1937 年冬，无锡沦陷。申新三厂厂内物资包括籽棉 4630 担、原棉 47211 担、在制棉花 2676 担、棉纱 3822 件、棉布 65223 匹，均遭损失。厂内发电厂涡轮（turbine）1600 千瓦两座及 4000 千瓦 1 座先后被华中水电公司劫去发电。② 除细纱机、大部英锭及全部美锭失落、烧毁外，1938 年 10 月起，其他机件物料陆续被拆往振新纱厂。申新三厂被日军管理后，由上海纺织株式会社代管。军管理期间，毁去布机 833 台、纱锭 4.7 万枚，损坏纱锭 2.3 万枚，损坏房屋 468044 平方尺，被拆房屋 69244 平方尺，损毁砖木白铁皮房屋 18962 平方尺，被拆 53394 平方尺。③ 根据申新三厂档案《无锡第三纺织厂战事损失报告》，抗战中，申新三厂被日机炸毁，损失棉花 48895.5 担、籽花 4495 担、棉布 64233 匹、棉纱 3413.173 件、布袋 30900 只、煤 4000 吨。④

　　申新系统的第五厂同样损失惨重。遗留物资包括全部物料、制成品及一切生财，原棉 14908 担、下脚 1124 担、棉纱 70026 件、物料 10 万余元及全部机器房屋等全部损失；公事房、宿舍、栈房内全部存货物料、全部修机间和木匠间、洋线车间俱遭焚毁；钢丝车间一部分机件被毁。⑤ 机器损失合 1938 年法币 359750 元、房屋损失合 333990 元、物件损失合 110701.77 元、原棉损失合 785984.51 元、棉纱损失合 222991.98 元、在制品损失合 100530 元、下脚损失 16544.1 元、生财损失 16164 元、同人财物损失 17170 元、其他损失

---

　　① 中国第二历史档案馆馆藏汪伪政府档案：《申新纺织第一、三、五、六、七、八厂申请发还》，全宗号 2098，案卷号 87。

　　② 中国第二历史档案馆馆藏汪伪政府档案：《申新纺织第一、三、五、六、七、八厂申请发还》，全宗号 2098，案卷号 87。

　　③ 中国第二历史档案馆馆藏汪伪政府档案：《申新纺织第一、三、五、六、七、八厂申请发还》，全宗号 2098，案卷号 87。

　　④ 上海社会科学院经济研究所编：《荣家企业史料》下册，上海人民出版社 1980 年版，第 13 页。

　　⑤ 中国第二历史档案馆馆藏汪伪政府档案：《申新纺织第一、三、五、六、七、八厂申请发还》，全宗号 2098，案卷号 87。

14362.25 元，损失总计 1978188.61 元。[①] 截至停业日亏损额达 58 万多元，各项资产负债情形详见下表：

表 4 - 2　　　　　　　　　申新五厂停业日的资产负债

资产类		负债类	
项目	金额（千元）	项目	金额（千元）
固定资产总额	3566.90	固定负债总额	4210.08
流动资产总额	2027.12	流动负债总额	1964.76
截至停业日亏损额	580.82		
合计	5013.20	合计	6174.84

资料来源：上海社会科学院经济研究所编：《荣家企业史料》下册，上海人民出版社 1980 年版，第 6 页。

上海申新六厂在"八·一三"战事中的损失主要有：（1）房屋类：三层楼砖木建筑公事房 1 座，面积 6256 方尺，全毁于火。（2）机器类：拆残细纱机 11728 锭、布机 319 台、拆去修机间内车床 3 部，铣床、钻床、刨床、冷泵、六十匹马达各 1 部，十匹马达 4 只。（3）货物类：撤退时遗留物资中棉花 24174.16 担、纱 1114 件、仓纱 225.016 件、布 6505 匹、仓布 303 匹、脚花 736.33 担、在制品 2041.92 担。[②] 货物类共计 2055681.64 元。[③] 申新六厂于"八·一三"事变后被日军管理，由日商上海纺织株式会社经营。每日平均产量：纱 20 支标准约 7200 磅、布 10 磅标准约 88000 码，4 支、6 支两种粗纱约合 10 件。[④] 该厂截至停业

[①]　上海社会科学院经济研究所编：《荣家企业史料》下册，上海人民出版社 1980 年版，第 5—6 页。原注：（一）自停厂后，所发职员、茶役、巡丁遣散费、特别损失费并一切赴厂视察及搬运货物等费用，约有 50000 元左右，未曾列入损失表内。（二）以上损失额系计算到 1938 年 6 月 30 日止。此外，自 1937 年 8 月至 1938 年 6 月底止的营业损失，据该厂估计约有 1075000 元。

[②]　中国第二历史档案馆馆藏汪伪政府档案：《申新纺织第一、三、五、六、七、八厂申请发还》，全宗号 2098，案卷号 87。

[③]　上海社会科学院经济研究所编：《荣家企业史料》下册，上海人民出版社 1980 年版，第 6—7 页。

[④]　中国第二历史档案馆馆藏汪伪政府档案：《申新纺织第一、三、五、六、七、八厂申请发还》，全宗号 2098，案卷号 87。

日亏损额达 1182960 元，各项资产负债情形详情如下表：

表 4 - 3   申新六厂停业日的资产负债

资产类		负债类	
项目	金额（千元）	项目	金额（千元）
固定资产总额	5487.11	固定负债总额	7984.65
流动资产总额	3174.34	流动负债总额	1859.76
截至停业日亏损额	1182.96		
合计	7478.49	合计	9844.41

资料来源：上海社会科学院经济研究所编：《荣家企业史料》下册，上海人民出版社
1980 年版，第 7 页。

申新七厂撤退时遗留物资包括原棉 27764.16 担、棉纱 804 件、
棉布 37186 匹、棉毯 107700 条、下脚 2462.45 担。损失估计：1937
年 12 月 10 日栈房失火，焚毁棉花 4219.1 担、棉纱 88.5 件、棉布
11758 匹、棉毯 80700 条。[①] 截至停业日亏损额达 1065590 元，各项
资产负债详情如下表：

表 4 - 4   申新七厂停业日的资产负债

资产类		负债类	
项目	金额（千元）	项目	金额（千元）
固定资产总额	4964.22	固定负债总额	6381.72
流动资产总额	2829.89	流动负债总额	2477.98
截至停业日亏损额	1065.59		
合计	6728.52	合计	8859.70

资料来源：上海社会科学院经济研究所编：《荣家企业史料》下册，上海人民出版社
1980 年版，第 8 页。

---

① 中国第二历史档案馆馆藏汪伪政府档案：《申新纺织第一、三、五、六、七、八厂
申请发还》，全宗号 2098，案卷号 87。

申新七厂于 1937 年 8 月 13 日事变停工后即归由日军当局委交公大纺织厂管理，并于 1941 年 8 月起开工经营。每日平均产量：20 支棉纱 120 件、棉布 1000 匹、四磅半棉毯 700 条。[①]

申新八厂自"八·一三"事变后，"三部分约有职工二千余人，无日不在水深火热中做工作"[②]。1937 年 10 月 27 日上午 8 时 40 分左右，日军巨型轰炸机对申新八厂投下千磅以上的炸弹十八九枚，该厂被炸成火海。接着，日机又用轻型机枪乱扫，当日有 358 人因伤送入上海各急救医院和伤兵医院，有 70 余人因家属被炸死到厂登记。申新八厂有 126 台精纺机、18 台大牵伸机虽幸免于炸毁，但在日军占据该厂后，因申新八厂产品质量好，在市场上可以与日纱竞争，丰田厂日本人用重磅榔头将申新八厂细纱车、车头马达、台口的油箱等逐台敲坏，无一存留。细纱车的大小滚筒也均被敲坏。[③]

1938 年 10 月，申新总公司聘请斯班脱公司（Graham Spainter, Ltd.）作恢复旧观的调查设计。根据报告，若恢复，共需法币 3836786 元、英金 1009 镑。这一数字大体为申一、申八固定资产损失的总数。此外，各项物资的损失，如原棉、纱布、在制品、机物料等，估价合 1938 年法币 1344875 元。[④]

从 1943 年起，日军与汪伪政府在上海强迫收买纱布，统制原棉及电力。加上战时日伪的破坏，申新系统上海各厂直接损失纱锭 14 万多枚、布机 1200 多台、原棉 12 万多担、棉纱 6000 多件、棉布 6 万多匹，其余机物料不胜枚举。[⑤] 详见下表：

---

① 中国第二历史档案馆馆藏汪伪政府档案：《申新纺织第一、三、五、六、七、八厂申请发还》，全宗号 2098，案卷号 87。

② 上海社会科学院经济研究所编：《荣家企业史料》下册，上海人民出版社 1980 年版，第 3 页。

③ 上海社会科学院经济研究所编：《荣家企业史料》下册，上海人民出版社 1980 年版，第 4 页。

④ 上海社会科学院经济研究所编：《荣家企业史料》下册，上海人民出版社 1980 年版，第 4 页。

⑤ 上海社会科学院经济研究所编：《荣家企业史料》下册，上海人民出版社 1980 年版，第 182 页。

表4-5　　申新系统战时损失统计

厂别	作业机 纱锭（锭）	作业机 布机（台）	工具机（台）	动力	原棉	物料	燃料	制成品 纱（件）	制成品 布（匹）	制成品 其他	房屋
申一-申八	81728	750		339只	24138担	全部		683	9240		4063平方公尺，303幢
申二			全毁					1190			
申三	39280	1478		853只 3200千瓦	48895担 籽棉4495	洋元14080磅	4000吨煤	3413	64223		571间
申四	20000	500		1000千瓦							
申五	42672			1100马力	39829担			1348			栈房6座，工房全部
申六	10000	413		9只	25184担	全部		1560	6808		6256平方公尺
申七	13804	85			27764担			804	37168	毯子80700条	
申九			43		1010件	钢铁271担，洋元193660磅	汽油1300加仑	678	9700		97间

续表

厂别	作业机			动力	原棉	物料	燃料	制成品			房屋
	纱锭（锭）	布机（台）	工具机（台）					纱（件）	布（匹）	其他	
总计	207484	3226		4200千瓦 1100马力 1201只	170305担 1010件	洋元207740磅，钢铁271担，申一六全部物料。		9694	127139	粉袋 202500	

说明：1. 申九房屋97间在浦东及闸北。

2. 申四损失数字据后据厂民营纺织厂复厂委员会报告，"1000千瓦"系发电机。

3. 申三损失1600千瓦发电机两部，申五马达以HP计，余均为只数。

资料来源：上海社会科学院经济研究所编：《荣家企业史料》下册，上海人民出版社1980年版，第183页。

据表 4 – 5，申新损失估值以美金计，申一、申八为 233 万元，申二为 8 万元，申三为 110 万元，申六为 60 万元，共计损失美金 411 万元。

申新各厂机器、存料、成品的损失详情如下表：

表 4 – 6　　　　　　申新系统机器、存料、成品的损失

厂别	厂房（平方米）	机器			存棉（担）	制成品	
		纱线锭（枚）	布机（台）	动力（匹）		纱（件）	布（匹）
申一	2852	36568	300	1400	47800	2910	86806
申三	8700	50000	1478	1600	73350	5736	45543
申四	损失不详	20000	765	800	—	—	—
申五	—	42672	—	1100	42317	134756	—
申六	—	8100	100	200	50373	3063	31224
申七	1220	12720	452	400	46135	2197	38294
申八	1599	50400	—	1600	28965	1750	—
合计	14371	220460	3095	7100	288940	150412	201867

资料来源：上海社会科学院经济研究所编：《荣家企业史料》下册，上海人民出版社 1980 年版，第 185 页。

据表 4 –6，申新（不包括全毁的申新二厂）共损失纱线锭 220460 枚、布机 3095 台、动力机 7100 匹、棉花 288940 担、棉纱 150412 件、布 201867 匹。战时沦陷区损失设备与战前设备比较如下：

表 4 –7　　　　沦陷区申新各厂设备损失与战前设备的比较

项目	纱锭（锭）	布机（台）
1936 年底申新各厂设备总数	570000	5304
1937 年 8 月至 1945 年 8 月沦陷区申新各厂设备的损失	207484	3226
战时沦陷区申新各厂设备损失占战前设备的百分比（%）	36.4	60.8

资料来源：上海社会科学院经济研究所编：《荣家企业史料》下册，上海人民出版社 1980 年版，第 187 页。

据表4－7，申新各厂损失的纱锭数占战前申新各厂纱锭总数的36.4%，损失的布机数占申新各厂布机总数的60.8%。

二　上海永纱等企业

淞沪战事爆发后，上海第二大棉纺业系统永安纺织集团也是受损非常严重的企业之一。

战事一开始，永安二、四厂即沦落日军手中。由于该厂地处战区，工厂的部分厂房建筑和设备被战火所毁。永安一厂、纬通棉纺厂、大华棉纺厂和永安新仓库虽在公共租界范围之内，但地处苏州河以北的杨树浦一带，是日军所控制的区域。永安一厂和大华厂被日军占领后，即被改为"日本陆军野战病院"，所有机器、厂房以及贮存的成品、半成品、原棉、染化料与机物料等都遭受巨大损失。纬通也被日军占驻，损失惨重。除在战争初期搬出极少部分纱布外，新仓库所堆存的棉花、纱布、染化料和机物料等，均被日军劫夺。在苏州河以南的永安三厂遭到日机轰炸，细纱间十余位工人同时罹难。① 参见表4－8。

表4－8　　　　　　　　永安纱厂在全面抗战初期的损失

（系1937年法币币值）

品名	数量	单价（元）	损失价值估计（元）
棉花	47953 担	39.273	1883258.17
棉纱	6981 件	275.693	1924612.83
棉布	136037 匹	9.713	1321327.38
色布	55713 匹	11.973	667051.75
纺锭	40000 锭	68.27	2730800.00
合计			8527050.13

资料来源：上海市纺织工业局等编：《永安纺织印染公司》，中华书局1964年版，第241页。

————————

①　上海市纺织工业局等编：《永安纺织印染公司》，中华书局1964年版，第239页。

表 4-8 所列各项物资的损失数量，按照 1937 年的市价来估计，值法币 850 余万元；按当时汇率来折算，约合美金 250 万元。至于各种染料、物料与厂房建筑所遭受的损失和毁坏，以及被日军劫夺的永安机器厂所有新型工作母机，尚未计算在内。①

1938 年 3 月永安郭家成立大美企业公司；总公司设在南京东路永安新厦 13 楼，于同年 3 月 12 日在美国华盛顿州商务部注册立案。②该公司由吉利兰担任董事兼总裁，郭乐、郭顺和樊克令（G. S. Franklin）担任董事兼副总裁。公司成立以后，除由永纱派职员 3 名办理一些股份过户等事务性工作外，主要活动（也是主要目的）就是由总裁吉利兰与日军进行交涉，要求收回各厂的产权。但是，日军非但不接受大美的交涉，反而强迫郭乐亲自出面谈判。③

当日军一再胁迫郭乐出面的时候，大美公司的吉利兰通过慎昌洋行日籍职员原恭三郎，不断与日本军部及裕丰纱厂打交道。后来日军得悉郭乐已经离开上海，才勉强同意与大美谈判。④

1941 年 12 月 8 日，太平洋战争爆发，日本对英、美宣战，日军随即进占"公共租界"的苏州河以南地区。日军对于挂牌英商或美商的华商纱厂均视作"敌产"，于 1942 年 1 月开始实行"军管理"，英商怡和、杨树浦、公益及纶昌 4 厂作为"敌产"被日军接管，全部停工；日军对于曾利用英美商名义的华商纱厂，同样实行军管理，委托日商纱厂代为经营。⑤永安纱厂也遭受同一命运。当时永纱各厂和日军的关系，大致分为三种情况：（一）永纱一厂、纬通合记和大华印染厂早为日军侵占，生产停顿，恢复无望。（二）永纱二、四厂此前通过大美公司与日方合作，仍在生产；由于大美被视作"敌产"，永纱大美与裕丰的合作关系也发生了变化。（三）永纱三厂在日军未

---

① 上海市纺织工业局等编：《永安纺织印染公司》，中华书局 1964 年版，第 241 页。
② 上海市纺织工业局等编：《永安纺织印染公司》，中华书局 1964 年版，第 242 页。
③ 上海市纺织工业局等编：《永安纺织印染公司》，中华书局 1964 年版，第 243 页。
④ 上海市纺织工业局等编：《永安纺织印染公司》，中华书局 1964 年版，第 243 页。
⑤ 中国科学院上海经济研究所等：《恒丰纱厂的发生发展与改造》，上海人民出版社 1959 年版，第 67 页。

进占公共租界苏州河以南地区之前的"孤岛"时期，生产得以继续，获利甚巨，此时亦因大美关系而被日方作为"敌产"。1942 年 3 月，永安纱厂董事会通过了撤销大美公司管理权的决议，以冀解除日军管理。①

开设在租界内的华商纱厂，战争初期虽未被炮火损毁，但在日军警备地区（苏州河以北的租界区）的各厂，大都被劫管。日商纱厂与日本政治向来关系密切，"日纱厂家与外务省，虽无明确之联系；而彼此实利害相关。政府维持其厂商之利益，转而复利用纱厂以拥护其外交政策"。因而，日商纱厂被称为日本对华经济侵略的"枪尖"②。日本纺织厂商，在日本陆海军当局的支持下，接收侵占区的华商工厂，分配给各日籍会员工厂管理。此后仅振泰纺织厂、达丰染织厂因有外人资本，经领事馆交涉，得以归还。当时被日厂劫管的华商纱厂达 17 家。分别由日籍大康、裕丰、丰田、公大、日华、东华、同兴等纱厂管理。③ 兹将当时日厂管理华厂情形列表如下：

表 4－9　　　　　　　**被日军劫管的上海华商棉纺厂**

厂名	纱锭数（枚）	织机数（台）	管理者
恒丰	54544	610	大康
申新第一	72476	1387	丰田
申新第五	49588	—	裕丰
申新第六	73000	814	上海
申新第七	59848	452	公大
申新第八	50000		丰田

① 上海市纺织工业局等编：《永安纺织印染公司》，中华书局1964 年版，第246 页。

② Rockwood Q. P. Chin：《纱厂——日本对华经济侵略之枪尖》，原载 *Far Eastern Survey*，Vol. 6，No. 23，November 17，1937。转引自《中外经济拔萃》第 2 卷第 1 期，1938 年 1 月 31 日出版，第49 页。

③ 《战后中外纱厂之动向》，《经济汇报》第 4 卷第 9 期，1941 年 11 月 1 日出版，第66 页。

厂名	纱锭数	织机数	管理者
振泰	25000	640	丰田
纬通	33024	—	丰田
永安第一	38000	1302	日华
永安第二	50000	—	裕丰
永安第四	70000	—	裕丰
鼎金	28592	—	东华
振华	13928	—	日商保议中
恒大	21600	—	日华
上海纺织印染	15260	820	裕丰
大丰	30000	—	同兴
仁德	17088	468	东华
共计 17 家	701948	6493	

资料来源：《上海纱厂统计》，《中国工业》创刊号，1942 年 1 月 25 日出版，第 40 页。

仅上表所列，上海华商被日军劫管的纱锭达 70 万枚以上，布机近 6500 台，被劫管的华商厂纺锭占华商纺锭总数的 63%、织机数的 76%。

战事发生后，设于上海租界内的杨树浦路的恒丰纱厂因苏州河以南地区与虹口隔绝交通，工人无法上工，业务随之停顿。在战事尚在上海近郊激烈进行时，中棉公司曾托意大利籍神甫与日方交涉，要求将厂中原料和成品运出，没有成功。工厂和栈房虽派人驻守，但因战争初期秩序很乱，所存物资被日本浪人和地痞流氓劫夺破坏，损失很大。① 自 1938 年 5 月起被指定为军管理工厂，由日军委任日商大康纱厂"经营"②。

---

① 中国科学院上海经济研究所等：《恒丰纱厂的发生发展与改造》，上海人民出版社 1959 年版，第 68 页。

② 中国科学院上海经济研究所等：《恒丰纱厂的发生发展与改造》，上海人民出版社 1959 年版，第 69 页。

太平洋战争爆发前纱厂开工率如下：

表4-10　　　　1941年12月底华中沦陷区纱厂开工率（％）

	纺锭	线锭	织机
日人纱厂	67.65	84.19	70.64
华商纱厂	9.26	3.2	2.94
外商纱厂	23.09	12.61	19.23

资料来源：郑伯彬：《日本侵占区之经济》，资源委员会经济研究室丛刊第一种，1945年7月刊印，第261页。

据表4-10，1941年12月底，日商纱厂纱机的开工率为67.65％，为华商纱厂纱锭开工率的7.3倍，日商厂线锭开工率为华商厂的26.3倍，日商厂织机开工率为华商厂织机开工率的24倍。

还有一些在沦陷区的华商纱厂，为了避免为日军掠占，被迫托庇在外商的名下。其中上海托庇在外商名下的纱厂有9家，分别是申新第二和第九厂、新裕第一和第二厂、统益纱厂、永安三厂、鸿章纱厂、大同纱厂、勤丰纱厂。[①]

1938—1940年的3年间，上海共新增华资纱厂10家。详见下表：

表4-11　　　　日据前期上海新增纱厂表（1938—1940）

厂名	经营者	设立年月	锭数（枚）	机数（台）
荣丰	章荣初	1938年5月	20000	—
安达	刘靖基	1939年1月	17000	—
信和	吴伯田	1938年8月	33000	200

①　参见郑克伦《沦陷区华商纺织业之回顾与前瞻》，《中国工业》第10期，1942年10月25日出版，第18页。有修正。

续表

厂名	经营者	设立年月	锭数（枚）	机数（台）
合丰	荣一心	1938年4月	6000	160
新生	李迪先	1939年3月	20000	—
保丰	唐星海	1939年2月	10000	367
中纺	王启宇	1939年6月	20000	200
德丰	谢范文	1939年5月	13000	128
肇兴	邹忠耀	1939年2月	6000	—
昌兴	唐均原	1940年6月	3400	—
合计			148400	1055

资料来源：《上海纱厂统计》，《中国工业》创刊号，1942年1月25日出版，第41页。

表4-11中的新设纱厂，安达、信和、合丰、保丰、中纺、德丰、肇兴等是从战区迁入上海租界的，新筹设的纱厂仅有新生、昌兴和荣丰三厂。[1]

1942年，因战争毁坏及被劫管，华商纱厂锭数减至356733枚，仅及战前三分之一；[2] 布机亦自战前的8754台减至4212台，仅及战前二分之一。相反，日商纱厂在战前的纱锭原有1331412枚，布机原有17283台；由于劫管了大部华商纱厂和全部英商纱厂的设备，日厂纱锭增加了889677枚，布机增加了11059台。太平洋战争爆发后，英商纱厂全部被劫管停业，华商纱厂的比重仅占全行业总数的16%，而日商纱厂则占84%。从这一数据来看，1941年以后，上海的棉纺织工业，已基本在日商资本掌握之中。幸存的名义上属于华商资本的纱厂，大部被日伪所控制，表面上独立经营，事实上已变成日本资本的附庸。[3]

---

① 郑克伦：《沦陷区华商纺织业之回顾与前瞻》，《中国工业》第10期，1942年10月25日出版，第18页。

② 中国科学院上海经济研究所等：《恒丰纱厂的发生发展与改造》，上海人民出版社1959年版，第67页。

③ 中国科学院上海经济研究所等：《恒丰纱厂的发生发展与改造》，上海人民出版社1959年版，第68页。

三　无锡、常州工厂

其他城市的棉纺织业遭受了与上海同样的命运。战前无锡全县有纱厂 7 家，战后无一完整。伪维新政府的调查称，这些纱厂"或房屋焚毁，或机械被损，殊可悯惜。以前纱锭共有二十七万锭，今如收拾残余，恐竟不满四万"[①]。其他纺织染厂受损也非常严重。详见下表：

表 4 – 12　　　　　　　　无锡棉纺织业受损一览

厂名	厂址	资本（元）	受损情形
业勤纱厂	东门外兴隆街	210000	战后被焚
广勤纱厂	周山浜长源桥	1800000	焚毁无余
豫康纱厂	梨花庄	1200000	焚毁无余
振新纱厂	西门外太保墩	1250000	大部分损毁
申新三厂	西门外太保墩	3000000	大部分损毁
庆丰纱厂	周山浜	3000000	大部分损毁
丽新纱厂	无锡	4000000	大部分损毁
丽新染织厂	惠商路	1000000	驻有军队
赓裕染织厂	西门外迎龙桥	150000	小部分损失
竞华布厂	新塘里	20000	被毁
丽华染织厂	映山河	40000	被毁
美亚染织厂	南门外水泥厂	400000	
三新染织厂	小三里桥	30000	厂屋被毁
大华染织厂	北栅口	10000	厂屋被毁
蕴华染织厂	棋杆巷	2500	

[①] 《实业部特派员京沪线视察报告》，伪维新政府实业部主办《实业月刊》第 1 期，1938 年 6 月出版，第 159 页。

续表

厂名	厂址	资本（元）	受损情形
新华染织厂	通汇桥	10000	
光华染织厂	公园路	10000	厂屋被毁
同亿染织厂	惠商桥	50000	一部分被毁
恒丰染织厂	学佛路	3000	
华丰染织厂	光复路	6000	
鸿裕染织厂	胡桥下	3500	
振业染织厂	长安桥镇	1250	厂屋被毁
福新布厂	张村镇	3000	
协新毛纺厂	北门外	800000	大部分被毁
合计		16999250	

资料来源：《实业部特派员京沪线视察报告》，伪维新政府实业部主办《实业月刊》第1期，1938年6月出版，第158—159页之间表格。

无锡著名的庆丰纱厂每日平均产纱160件、线6件、布2000匹、漂染布2000匹。淞沪战事损失各项货物达191万元。[①]战事结束后，由日商大康纱厂接管。据1943年3月唐星海呈文："有关当局拟将发电机及附属锅炉等设备拆卸移装他处。"这一消息被汪伪工厂接管委员会证实，据同年6月该会王家俊给庆丰的文中称："贵纱厂一千六百基罗之发电机一座，现因蚌埠方面亟待需用，已由日本大使馆通知厂方先行拆移。"[②] 庆丰的损失合1937年法币500万元。[③]

---

① 中国第二历史档案馆馆藏汪伪政府档案：《无锡庆丰纺织厂申请发还》，全宗号2098，案卷号135，第5页。

② 中国第二历史档案馆馆藏汪伪政府档案：《无锡庆丰纺织厂申请发还》，全宗号2098，案卷号135，第43页。

③ 薛闻史：《记解放前无锡庆丰棉纺织》，《江苏文史资料》第31辑《江苏工商经济史料》，1989年9月，第86页。

无锡豫康纱厂每日平均产纱 51 件，撤退时遗留物资包括全部房屋、机器、生财、原料、物料，损失估计达 400 万元，全厂房屋被毁，机器 4 船运沪时被扣，一直没有着落。①

无锡协新毛纺厂每日平均产量 1000 码，撤退时遗留资产见下表：

表 4 - 13　　　　　**无锡协新毛纺厂战时损失**　　　　（价值系 1940 年法币）

物料	羊毛	哔叽	五金物料	颜料	生财家具	房屋机器
数量	646664 磅	908 匹				全部
价值（元）	202490	157230	24651	25302	12500	

资料来源：中国第二历史档案馆馆藏汪伪政府档案：《无锡协新毛纺织股份有限公司申请发还及交收情形》，全宗号 2098，案卷号 136，第 5 页。

表 4 - 13 中各项损失（不包括机器房屋）达 422173 元（1940 年法币）。②

广勤纱厂每日平均产纱 60 余件、布 570 匹、脚花 18 担、脚纱 700 磅，"于廿六年战时被毁，仅余残屋基地"③。估计损失合 1940 年法币 312 万余元。④

常州在战前以织布厂最为发达。在战时，这些布厂有的被炸毁、烧毁，有的被劫掠。详见表 4 - 14。

由此可知，在日据时期，作为当时国内首屈一指的大型纺织企业，大多惨遭破坏并被强行掠夺，而一般中小企业则严重被毁，中国半个世纪建立的纺织业基础被毁过半。

---

① 中国第二历史档案馆馆藏汪伪政府档案：《无锡豫康纺织股份有限公司申请发还及交收情形》，全宗号 2098，案卷号 142，第 8 页。

② 中国第二历史档案馆馆藏汪伪政府档案：《无锡协新毛纺织股份有限公司申请发还及交收情形》，全宗号 2098，案卷号 136，第 5 页。

③ 中国第二历史档案馆馆藏汪伪政府档案：《无锡广勤纺织股份有限公司申请发还及交收情形》，全宗号 2098，案卷号 138，第 35 页。

④ 中国第二历史档案馆馆藏汪伪政府档案：《无锡广勤纺织股份有限公司申请发还及交收情形》，全宗号 2098，案卷号 138，第 9 页。

表4-14　　　　　　　常州棉织工厂受损情形一览

厂名	厂址	资本 （1937年法币：元）	战时受损情形
久成	乌衣桥	100000	损失二成，可以复工
恒丰盛	太平桥	240000	染轻织重，损失五成以上
民华	东门外	200000	损失五成以上
利源	水门桥	100000	损失甚微，即可开工
裕民	东圈门外	150000	损失三成，可即复工
华昌	白家桥	200000	厂屋全毁，损失十余万元，机器幸战前移去二百余台
永成	东下塘	100000	房屋未毁，损失机器上零件甚多
同新	新丰街	150000	战时被炸四次，损失四成
恒源	三堡街	120000	房屋机器毁损一部分，尚有六成以上完好
利达	开河路	40000	房屋机器被毁，损失八成以上
新华	湖塘桥	20000	损失货物机器约10000元
志盛恒	海烈妇庙	60000	新造尚未开工公事房被毁，机器无恙，损失在10000元以上
志盛恒	塘桥	30000	机屋无损，损失数千元
协盛	降子桥	80000	损失仅数千元
冠华	湖塘桥	60000	损失货物数千元
协盛	海烈妇庙	80000	尚未开工，损失在万元以上，房屋未毁
民丰	制史桥	100000	损失甚巨
大成一厂	德安桥	2600000	损失甚大，织布部分难恢复
大成二厂	东门外	2600000	全部被毁，尚余货栈一部分
协源	梅龙坝	100000	损失货物数千元
鼎成	博新路	60000	损失三成，除工场以外其他全毁

续表

厂名	厂址	资本 （1937 年法币：元）	战时受损情形
鼎成二厂	问河路	60000	损失三成，除工场以外其他全毁
振新	东下塘	40000	机屋无损，损失货物数千元
竟诚	马坑桥	150000	尚未复工
裕成	椿桂坊	30000	货物机器损失三成左右
恒益	灵官庙	8000	损失三千元
万成	新河滩	100000	损失六成以上，房屋、机器、货物均有损失
大东	丁堰	300000	机屋全毁，损失约廿万
正丰	东下塘	400000	损失货物三万，机屋无损
久和	罗武坝	100000	房屋全毁，机件经火损失半数
裕新	木匠街	30000	机屋无恙，损失约万元
阜康	新丰街	100000	屋机零件略毁，损失约万余元
振成	东仓桥下塘	20000	机屋完整，损失约数千元
益民	太平桥	120000	货物被劫，机屋全毁，损失超过资本二倍
宝丰	文在门外	100000	房屋、物料部分全毁，车间完整，损失约四成
通成	丁堰镇		大部分损毁
合计		8748000	

资料来源：《实业部特派员京沪线视察报告》，伪维新政府实业部主办《实业月刊》第 1 期，1938 年 6 月出版，第 163—164 页。

　　与棉纺业一脉相承的棉籽业及棉籽油产业遭战争破坏严重。江南棉籽产量和用量占全国绝大部分。战前 4 年，上海年输入棉籽 420 万担，其中约 400 万担供榨油厂作原料。1930—1936 年，江苏年均出产棉籽 300 万担，其中 200 万担运入上海。崇明和通海地区年运入上海棉籽约 30 万担，江阴、常州、无锡、太仓等沪宁铁路一线年输入约 50 万担，浦东、南汇、川沙、奉贤输入约 60 万担，长江民船每年运入 60 余万担。浙江绍兴、余姚附近各县输入 20 余万担。由于战事影响，"以上海为中心的华中地区榨油工场大部分破坏，或已停业"①。

第二节　蚕丝业的厄运

在发动侵略战争之前，日本上下有一种共识，这个共识在南满洲铁道株式会社上海事务所调查室主事伊藤武雄为今井长二郎所著的《华中制丝业概况》一书所作的"序言"中表述得很清楚："制丝业对于日华两国都有重要意义，从而都各自指望丝业发展。但遗憾得很，生丝在世界市场上的地位，由于人造丝及其他代用纤维出现，偏偏是在不断地缩小。……生丝的命运既如上所述，那末，如果日华两国某一方制丝业发展速度超过了另一方，那就意味着要求对方相应地牺牲一部分制丝业。而制丝业对日华两国任何一方都是最重要的产业。现在，事变的战火向前推进，我国的占领区域，刚刚到达中国制丝中心太湖周围，硝烟未熄，已经老早抓住日华制丝业调整问题作为恢复制丝厂的首要条件，就是因为这个缘故。"②

战争爆发后，就日本现状来说，为了保证织物自给，日本方面计划对中国丝厂加以抑制。就是以日本为中心、中国为辅助，避免中国的蚕丝业在技术上与日本向同一方向发展，以免成为竞争对手。为此，要对中日蚕丝生产进行重新分工，各自生产不同用途的蚕丝。日本生产最高级的蚕丝，中国则生产比较实用的蚕丝等。尽管中国蚕丝业生产条件优于日本，能够廉价供应蚕丝，但日本蚕丝业不应该缩小或废弃。③

---

① 南满州铁道株式会社上海事务所：《棉實及び棉實油》，中国商品丛书第 19 辑，福兴印刷厂 1940 年印，第 20—21 页。
② 彭泽益编：《中国近代手工业史资料》第 4 卷，中华书局 1984 年版，第 71 页。
③ 彭泽益编：《中国近代手工业史资料》第 4 卷，中华书局 1984 年版，第 71—72 页。

一　毁抑政策与行动

1937 年 12 月沪宁会战刚结束，日本蚕丝局细川局长就派农林技师田中直义等人到华调查蚕丝情况。他们在华调查约 1 个月，1938 年 1 月 17 日写出的一份报告称："以太湖为中心的三角地带的蚕丝业，向为蒋政权时代抗日工业之一，同日本输出生丝发生对抗，必须在打倒方针下，进行'奖励指导'，否则必为中国纷扰的祸根。因此，必须用两国提携为名，进行调整，以散布亲善种籽，才能达到统制目的。"1938 年 2 月 12 日，日本中央蚕丝会设立时局对策委员会，以研究"支那蚕丝业对策"为主要任务，并向日本帝国政府内阁提出建议，对控制中国蚕丝作专门研究。[①]

1938—1939 年，日本设立"中支那调查机关联合会"简称"中调联"，进行特种调查工作。调查内容分政治、农业、水产、矿业、工业、商业、金融、财政、交通、通信、物资、社会文化等 10 多个科目。[②]

日方认为，中国、日本、意大利、法国四国为世界蚕丝主要生产国，意大利、法国的蚕丝已衰颓至无法复兴，只有中国蚕丝为日本的唯一劲敌。因此，日本要对中国蚕丝采用毁灭政策。[③]

据详细统计，淞沪战事中，上海全毁丝厂 30 家、半毁 4 家，幸存 10 家。详见下表：

表 4 – 15　　　　　　　　　淞沪战事中上海丝厂存毁统计

厂名	车数	地址	合计
1. 幸存	2562		10 家

[①]　高景岳、严学熙编：《近代无锡蚕丝业资料选辑》，江苏人民出版社、江苏古籍出版社 1987 年版，第 385—386 页。

[②]　高景岳：《蚕丝业受侵纪要》（原名：日本帝国主义在 1937—1945 年侵占华东地区蚕丝业事略）（未刊稿），第 3 页。

[③]　谭熙鸿主编：《十年来之中国经济》上册，中华书局 1948 年版，第 C8—C9 页。

续表

厂名	车数	地址	合计
怡和	652	成都路	
鸿丰	240	阿拉白司脱路（现名曲阜路）	
同裕	240	梅园路	
裕泰	200	潭子湾	
新昌	208	柳营路	
宝泰	322	中山路	
广源	232	斜徐路	
洽源	140	全家庵	
利源	216	天潼路	
中国	112	张家巷	
2. 半毁	1138		4 家
勤益	416	大洋桥	
绍兴	240	谈家桥	
宝福	208	张家巷	
益丰	274	庙弄路	
3. 全毁	6386		30 家
积余	276	共和路	
久余	192	共和路	
九丰	240	裕通路	
永和	208	长安路	
复昶	416	长安路	
泰纶	240	长安路	
金城	214	恒丰路	
洽兴	184	恒丰路	
顺丰	240	光复路	
大丰	208	光复路	
家庭	42	永兴路	
宏昶	144	交通路	

续表

厂名	车数	地址	合计
海丰	192	长安路	
纬源	240	长安路	
源顺	222	恒丰路	
公大	158	中兴路	
裕丰	228	柳营路	
同协	40	共和路	
恒苍	228	庙头	
豫丰	226	天通庵	
兴纶	240	天通庵	
源昌	120	天通庵	
德鑫	120	谈家桥	
和泰	120	天通庵	
盈益	200	宝昌路	
昌记	228	张家巷	
中兴	240	天宝路	
大成	324	天潼路	
兴昌	240	张家巷	
美丰	416	彭浦桥	
共44家	10086		

资料来源：徐新吾：《中国近代缫丝工业史》，上海人民出版社1990年版，第385—386页。

　　据表4-15，上海丝厂全毁的丝车数达6386台、半毁的丝车数为1138台，为幸存丝车数的3倍，正所谓"被毁者十之七八"。另据统计，上海丝厂原有设备9674釜，被毁7750釜，残留1924釜；原生产能力年产生丝23700担，被毁18640担，只剩5060担。[①] 缫丝车、

---

①　王翔：《日本侵华战争对中国丝绸业的摧残》，《抗日战争研究》1993年第4期。

锅炉、厂房等损失达 1000 万元以上。[①]

在素有"丝都"之称的无锡，沦陷前有丝厂 41 家，其中大厂 31 家，设备 11086 釜，年产厂丝 31870 担。在占据初期被日军全毁的丝厂 17 家，设备 6502 釜，年产量 18490 担；部分毁坏的 1 家，设备 492 釜，年产量 1000 担。合计被毁丝厂 18 家，占丝厂总数的 58%；被毁设备 6994 釜，占设备总数的 63%；被毁生产能力 9490 担，占原生产能力的 61%。[②]

无锡丝厂被毁详情如下：

表 4-16　　　　　　　　　　　　无锡丝厂被损毁情况

厂名	开工年月	丝车数	厂址	损毁情况
振余	1928	264	惠工桥	毁摇车 146 部及大小缫丝机械均无存
润记			惠工桥	内部损坏不堪，仅存外部厂址
隆昌	1914	324	东门外亭子桥	机件散失，内部损坏不堪
永隆	1910	320	东门羊腰湾	无复摇设备
乾星	1928	320	东门羊腰湾	复摇间、整理间、茧栈和 1 煮茧机均焚毁
泰孚	1922	384	塔潭桥	无复摇设备
森明	1929	288	南门跨塘桥	复摇机损毁不能使用，大小缫车或均已无存
余纶	1928	208	南门跨塘桥	内部小机件均已损坏
鼎昌	1929	512	通杨桥	内部大小缫车或均损失
永泰	1926	492	南门知足桥	工厂一部分被毁，职员宿舍全被焚毁
振元	1928	352	南下塘	厂屋无损，丝车略坏
锦记	1909	410	西门仓浜里	工厂全部被毁
永盛	1918	492	亭子桥	女工宿舍炸毁

---

① 吴雨苍：《中国蚕丝问题之总检讨》，《经济研究》第 1 卷第 9 期，1940 年 5 月，第 119 页。

② 王翔：《日本侵华战争对中国丝绸业的摧残》，《抗日战争研究》1993 年第 4 期。

续表

厂名	开工年月	丝车数	厂址	损毁情况
民丰	1927	500	南门窑庄浜	工厂全部被毁
福昌	1913	256	西梁溪路	工厂全部被毁
瑞昌永记	1922	316	亭子桥	工厂稍有损坏
荣记	1928	144	南门跨塘桥	工厂机械略有损坏
乾甡	1910	558	光复门外工运桥	厂屋全毁，惟机械有一部分尚可用
乾甡二厂	1926	272	北新桥	内部零件缺少甚多
乾昶二厂	1930	304	东门绿罗庵	厂屋略损
振□	1911	520	清明桥	厂屋大部被毁，毁车约300部
广盛永	1928	244	北门外长丰桥	厂屋略损
宝丰	1931	316	东门小粉桥	全部被毁
广业	1922	272	东门外亭子桥	厂屋未损丝车略坏
元大	1928	220	东门外耕读桥	机械不堪应用
华新	1928	292		损毁一部
复兴	1915	208		被毁
永昌	1929	312		被毁
万源	1928	504		被毁
瑞昌上记	1928	320	北门周山浜	厂屋稍有损坏
合计30厂		9924		

资料来源：高景岳、严学熙编：《近代无锡蚕丝业资料选辑》，江苏人民出版社、江苏古籍出版社1987年版，第382—383页；《永泰系统各丝厂在抗战中所受损失的情况调查》，《无锡文史资料》第19辑，第77—78页。

　　1940年华中蚕丝株式会社丝厂的恢复率，除上海外，与事变前的釜数比，江苏省仅有25%，浙江省为21%。[1]详见下表：

---

[1]　彭泽益编：《中国近代手工业史资料》第4卷，中华书局1984年版，第65页。

表 4-17

日军破坏江、浙地方丝厂统计

类别	总 计			上 海			浙 江			无 锡			苏 州		
	厂数	釜数	年产量（担）	厂数	釜数	年产量（担）	厂数	釜数	年产量（担）	厂数	釜数	年产量（担）	厂数	釜数	年产量（担）
总计	93	26310	71690	40	9674	23700	22	5550	16120	31	11086	31870	1	320	900
全毁	54	15266	40430	33	7750	18640	4	1014	3300	17	6502	18490			
部分毁坏	1	492	1000							1	492	1000			
安全	37	10336	29660	7	1924	5060	17	4320	12220	13	4092	12380			
不详	1	216	600				1	216	600						

资料来源：彭泽益编：《中国近代手工业史资料》第4卷，中华书局1984年版，第66页。

根据日文档案的数据，战前江、浙、沪一带原有丝厂114 家，残存不过 40 家，仅占原有厂数的 35%。直到 1940 年，江浙两省制丝工业的生产能力也不过"只恢复了百分之二十四"[①]。江浙残存丝厂见下表：

表 4 – 18　　　　　　经日军破坏后江浙丝厂残存情况

地区	战前原有厂数	残存厂数	残存数占原有厂数的%
上海	50	7	14
浙江	22	18	82
无锡	41	14	34
苏州	1	1	100
合计	114	40	35

资料来源：彭泽益编：《中国近代手工业史资料》第 4 卷，中华书局 1984 年版，第67 页。

据表 4 – 18，上海残存丝厂仅为该地丝厂总数的 14%，无锡为 34%。

丝织业的情况，同样十分严重。全面抗战爆发前，上海共有丝织厂 526 家、织机 7370 台，每年营业额四五千万元。"八·一三"事变后，"南市、闸北、虹口多数丝织厂被毁，部分厂移内地或入租界"，丝织生产一蹶不振。素享盛名的丝织城市苏州，在淞沪抗战期间遭到日机狂轰滥炸。日军攻陷苏州后，肆意烧杀淫掠，"各地交通切断，商业皆属停顿；人民趋避四乡各处，而苏城及附廓四乡皆走避一空，损失惨重"。直到次年 2 月，四散逃难的人们才络绎归来，"劫难余生，回顾家中什物，已不复如出避时之状态，或剩十之六七，或剩三四，不可一计"。正常的经济生活迟迟不得恢

---

① 王翔：《日本侵华战争对中国丝绸业的摧残》，《抗日战争研究》1993 年第 4 期。

复，半年之后，"商业尚无市面"①。

苏州电厂在淞沪战事中被炸毁，迟迟未加修复，苏州各绸厂因此停工一年多。据1938年8月苏州丝织行业的调查，事变前苏州有大小绸厂100多家，此时勉强复工的只有44家，比以前减少一半多；事变前苏州有电力织机2300台，此时仅开动697台，不到以前的三分之一。生产能力严重萎缩，仅1941年1月16日一天，苏州延龄、久昌余、天一、永丰等18家绸厂就因"原料统制，输入被阻，成品输出困难，货匹积搁，存料将绝，兼为米价飞涨，各项开支倍增"，而忍痛宣告停业。吴江县盛泽镇同样是"自遭战事之后，全部工厂已停闭"。日据前，盛泽丝织业从业人数为29000人，1945年减至8150人，减少了82%；丝绸年产量日据前为19万匹，1945年跌至2万匹，减少了89%。②

丝织重镇杭州，"经此战事之后，损失更为浩大"。从全市织绸业每月用丝的统计数字来看，1936年的消费量为机缫丝1420担，手缫丝419万两，人造丝4800箱；1937年前述三项分别降为950担、352万两、3800箱；1938年全年停工，直到1939年才缓慢恢复，用丝量仅为机缫丝200担，手缫丝44.8万两，人造丝2200箱，分别只及1936年同类项的14%、10%和45%。详见下表：

表4-19　　　　　日据前后杭州市丝绸业每月用丝统计

年份	机缫丝（担）	手缫丝（两）	人造丝（箱）
1935	1200	3960000	4200
1936	1420	4190000	4800
1937	950	3520000	3800
1938	—	—	—
1939	200	448000	2200

资料来源：彭泽益编：《中国近代手工业史资料》第4卷，中华书局1984年版，第68页。

---

① 王翔：《日本侵华战争对中国丝绸业的摧残》，《抗日战争研究》1993年第4期。
② 王翔：《日本侵华战争对中国丝绸业的摧残》，《抗日战争研究》1993年第4期。

据华中蚕丝株式会社根据各地丝绸业公会的资料和根据各方调查的资料统计，苏州、杭州、盛泽、湖州等地在战争爆发前，有电织机6040部、手织机6013部，两项共计12053部。战后，由于烧毁、破坏、倒闭等，只剩下电织机2723部、手织机2593部，两项共计5316部。电织机减少55%，手织机减少57%。① 据1942年杭州丝绸织造业公会调查统计，1942年1月杭州全部电织机2375台中，停开1076台，占电织机总数的45%；全部手织机479台中，停开196台，占手织机总数的41%；全部丝织业685户中，完全停工239户，占35%；部分停工185户，占27%，两者合计占62%，其余也多处于时开时停的非正常状态。

据日本人统计，自日军侵占江浙等地以后，中国的丝绸生产呈每况愈下之势：1940年丝织机数为23971部，开工数为14173部；1941年织机减为22339部，开工数减为12450部；1942年织机更减至22266部，开工数减至7891部。②

从1937年秋开始，攻占南京的日本部队在杭州湾登陆后，浙西地区被破坏和被烧的工厂极多。即使是未受损害的工厂，也由于治安不良，不得不陷于停工。③ 日本陆军省1942年调查，1936年，江南地区已有缫丝厂500余家，缫丝机8000台左右；1942年8月，江南包括无法开工的丝厂有400家，缫丝机6320台。④

二　对蚕茧的控夺

1938年4月1日和4日，日本农林省两次召开会议，作出建立"中支蚕丝组合"的决定。按照这一决定，由片仓、郡是、钟纺三大制丝公司"三位一体"，以日华蚕丝株式会社名义，派代表来华，建立中支蚕丝组合。由铃木格三郎担任事务总长，农林技师田中直义担

---

① 彭泽益编：《中国近代手工业史资料》第4卷，中华书局1984年版，第68页。
② 王翔：《日本侵华战争对中国丝绸业的摧残》，《抗日战争研究》1993年第4期。
③ 彭泽益编：《中国近代手工业史资料》第4卷，中华书局1984年版，第65页。
④ 陆军省：《支那絲織事情》，昭和十六年度支那丝织事情调查报告，陆军省1942年3月印，第18页。

任顾问。"组合"事务所设于上海崇明路新上海大厦，后迁至九江路三井银行大厦。①

这个组合的业务范围极其广泛。包括："一、蚕茧及其他蚕丝类的买卖处理，二、丝厂的制造及配给。"这实质上是企图经营和统制整个蚕丝业，可以说是一种统制组织。中支蚕丝组合资本 300 万元，第一次实缴十分之一，出资者是日本的大制丝资本与大输出资本。②其制成品主要卖给日本的外贸商人。③

1938 年春茧上市前夕，中支蚕丝组合通过军管机构，以处理陈茧为名诱迫无锡丝厂业与其共同经营丝厂，在江苏无锡筹组惠民公司，以与华商合作为名，强行廉价向各地收购丝茧。④ 当时无锡地方自治会会长张揆伯的长子张子振（原泰丰丝厂厂主）与钱凤高（原鼎昌丝厂协理、无锡丝厂同业公会会长）、杨高伯（后任无锡县伪县长）与中支蚕丝组合合作，建立了无锡惠民制丝公司。⑤

无锡惠民制丝公司合作条款的主要内容有：（一）暂定出资金额：日方 12 万日元、中方 8 万日元。（二）公司重要职员：日方推选总经理及会计主任各 1 名，中方推选协理及副会计主任各 1 名。（三）各厂重要职员：日方推选副厂长及会计主任各 1 名；中方推选厂长及副会计主任各 1 名。⑥ 至 1938 年 7 月，惠民公司已开工的无锡丝厂有：鼎盛、福纶、振艺、大生、润康、宏余、振元、大成 8 家丝厂。⑦

---

① 高景岳、严学熙编：《近代无锡蚕丝业资料选辑》，江苏人民出版社、江苏古籍出版社 1987 年版，第 385—386 页。

② 堀江英一：《支那蚕糸業の調整政策》，《東アジア経済論叢》第 3 卷第 2 号，1943 年 5 月出版。

③ 小野忍：《無錫の制絲業》，《満鉄調査月報》第 21 卷 10 号，1941 年 10 月出版，第 183 页。

④ 高景岳、严学熙编：《近代无锡蚕丝业资料选辑》，江苏人民出版社、江苏古籍出版社 1987 年版，第 386 页。

⑤ 高景岳、严学熙编：《近代无锡蚕丝业资料选辑》，江苏人民出版社、江苏古籍出版社 1987 年版，第 387 页。

⑥ 高景岳、严学熙编：《近代无锡蚕丝业资料选辑》，江苏人民出版社、江苏古籍出版社 1987 年版，第 388 页。

⑦ 高景岳、严学熙编：《近代无锡蚕丝业资料选辑》，江苏人民出版社、江苏古籍出版社 1987 年版，第 393 页。

惠民公司与华中蚕丝组合合并，扩大组织，于 1938 年 8 月 10 日在上海由中日共同出资成立华中蚕丝株式会社（即华中蚕丝股份有限公司），它继承了中支蚕丝组合的一切事业。至 1939 年 4 月，该公司资本总额达 1000 万元，以华中振兴股份有限公司控股最多，片仓制丝会社次之，钟渊纺织会社、三井物产会社、三菱商事会社、日华兴业会社及各地实物出资的丝厂又次之。①

该会社的目的是对中国蚕丝业从蚕种制造到蚕茧处理进行全面的、有计划的统制经营。主要业务为下列五项：（1）机器制丝事业的经营；（2）蚕种的制造配给；（3）与蚕茧新用途有关的加工业；（4）必要的土丝买卖；（5）各项附带事业。

该会社在经营方针及重要业务上，贯彻伪政府及日本政府的指导精神，"避免中日两国蚕丝业发生竞争"。显而易见，这是为了抑制中国的蚕丝生产。据 1938 年 4 月日军在江、浙、皖三省联络会议上作出的《华中蚕丝与日本丝业调整要领》，华中蚕丝株式会社的中日蚕丝业调整方针以日据前华茧产量为目标，机械缫丝以 1 万台缫丝车（坐缫车）为复兴目标，中日双方各自选定蚕种，并各自生产指定的纤度和等级。② 也就是说，日方希望把华中地区缫丝工业的生产能力限定在 1 万台坐缫式丝车之内，并规定中国方面只能生产品级较低的生丝。1938 年秋，华中蚕丝株式会社常务理事田中的业务报告中称："作为日华蚕丝业调整方法，现在实行和将来预备实行的事项是：（一）使蚕的品种相异，（二）使丝的目的纤度相异等等。现在，生丝的目的纤度，日本是以十四号丝为主要目标。因此，这边〔即华中〕是以二十一号丝为目标。又，蚕种预备从明年起着手制造，大致准备选定一些日本不奖励养育的蚕种。"③ 这是降低华丝在国际市场

① 张毓华：《我国蚕丝业之过去现在与将来》，《经济汇报》第 11 卷第 6 期，1945 年 6 月出版，第 63 页；第三委员会委员长青木一男：《華中蚕糸株式会社設立要綱ニ関スル件》，1938 年 8 月 11 日，アジア歴史資料センター（JACAR）：A04018467200。
② 高景岳：《蚕丝业受侵纪要》（原名：日本帝国主义在 1937—1945 年侵占华东地区蚕丝业事略）（未刊稿），第 7 页。
③ 彭泽益编：《中国近代手工业史资料》第 4 卷，中华书局 1984 年版，第 101 页。

的质量信誉，以达到消灭华丝的策略。①

华中蚕丝株式会社根据伪政府赋予的独占权，获得了江苏省（不包括无锡）67 家、浙江省 34 家的蚕种制造场的营业许可，借以统制蚕业。被独占的两省蚕种场分别拥有 158.3 万张和 97.2 万张的蚕种生产能力。② 参见下表。

表 4 - 20　　　　华中蚕丝股份有限公司侵占的蚕种制造场
（不包括无锡）　　　　　（单位：张）

江 苏			浙 江		
场名	地址	制造额	场名	地址	制造额
三元	苏州浒墅关	60000	西湖	杭州	80000
国华	苏州浒墅关	10000	公益	杭州	40000
永新	苏州浒墅关	25000	希成	杭州	30000
玉成馆	苏州浒墅关	30000	大成	杭州	20000
大有一场	苏州浒墅关	40000	万利	杭州	20000
天远	苏州浒墅关	40000	东南	杭州	20000
虎嶂	苏州浒墅关	15000	公益分场	杭州	20000
于园	苏州浒墅关	10000	大有二场	嘉善	60000
大有三场	苏州浒墅关	10000	新亚	嘉善	30000
浒墅关	苏州浒墅关	30000	武塘第一	嘉善	17000
合兴	苏州光福	10000	凤亭	杭县	50000
惠民	苏州黄埭	20000	梅园	海宁	50000
求生	苏州黄里桥	5000	武塘第二	嘉善	30000

① 高景岳：《蚕丝史料杂编》（未刊稿），转引自高景岳、严学熙《近代无锡蚕丝业资料选辑》，江苏人民出版社、江苏古籍出版社 1987 年版，第 393—394 页。
② 彭泽益编：《中国近代手工业史资料》第 4 卷，中华书局 1984 年版，第 75 页。

续表

江　苏			浙　江		
场名	地址	制造额	场名	地址	制造额
效华	苏州	5000	蚕桑	嘉善	10000
培生馆	苏州	20000	嘉兴蚕桑场	嘉兴	40000
东吴	苏州	40000	蚕桑总场	杭州	40000
蓹溪	苏州	50000	西湖冷冻库	杭州	10000
太福	江阴长泾	35000	华盛	杭州	20000
永益	江阴马镇	15000	西溪	杭州	20000
丰年第二	江阴马镇	5000	三五馆	杭州	30000
工友	武进余若镇	10000	新元	杭州	40000
振华	武进东江乡	10000	振华	海宁	35000
振华分场	武进积惜乡	7000	新兴	嘉兴	20000
双全	武进毛家桥	10000	新兴分场	嘉兴	20000
中南	武进	10000	宝华	嘉兴	20000
三山	武进后塘桥	5000	新匮	嘉兴	30000
三山分场	武进大观路	10000	兴农	嘉兴	20000
天生	武进椿桂场	5000	顺兴	嘉兴	20000
镇金第二	金坛西桥巷	10000	秀州	嘉兴	10000
镇江改良会	丹徒四摇渡	10000	明明分场	嘉兴	40000
光华	镇江城内	40000	新友	嘉兴	20000
永安	镇江黄墟镇	12000	兴明	海宁	20000
永丰	镇江顺江乡	25000	崇德	崇德	20000
江东	扬中	40000	天宝	龙泉	20000
南京改良会	南京太平六	20000			
扬州原蚕种	扬州五台	20000			

续表

江 苏			浙 江		
场名	地址	制造额	场名	地址	制造额
女子蚕校	苏州浒墅关	30000			
改良会	苏州阊门	10000			
省立农校	吴县	20000			
天元	吴江西门	10000			
友声	吴江南门	10000			
大有四场	吴县望亭	40000			
大有七场	苏州乌鹊桥	10000			
大有齐门分场	苏州齐门外	20000			
乃宜滨	常熟乃宜滨	10000			
新孚	宜兴和桥	7000			
明溪	宜兴漕桥	25000			
宜兴益农	宜兴徐舍	10000			
大有六场	宜兴芳桥	7000			
大六分场	宜兴王茂公桥	5000			
大六东分场	宜兴芳桥	10000			
丹阳农校	丹阳西门	10000			
镇江明明		10000			
镇江益民		60000			
镇江新益民		50000			
镇江裕明		20000			
镇江裕明分场		60000			
镇江世界	镇江中山桥	30000			
本立	镇江黄墟镇	30000			

江　苏			浙　江		
场名	地址	制造额	场名	地址	制造额
均益	镇江高资	20000			
瑞昌	句容桥头	30000			
三益	句容桥头	60000			
永泰	句容桥头	80000			
永泰东分场	句容桥头	110000			
咸年	溧阳大营巷	50000			
太平	南京太平门	10000			
明明尧化门分场	南京尧化门	10000			
合计		1583000			972000

资料来源：高景岳：《蚕丝业受侵纪要》（原名：日本帝国主义在 1937—1945 年侵占华东地区蚕丝业事略）（未刊稿），第 37—40 页。

　　1937 年 8 月战事发生后，由于上海各大丝厂及茧商在战乱中无法收购蚕茧，蚕区治安极其恶劣，许多农民的蚕茧无法卖出。[①]

　　淞沪战争前夕，无锡缫丝厂主估计战争已不可避免，即不再收茧。余茧商和农村合作社收的茧子，向中国农民银行押款，中国农民银行成为无锡收押干茧最多的机构。无锡沦陷后，农民仓库储存的干茧全部被日军掠夺。其他如瑞昌润、福裕栈一带的丝茧仓库，也被日军占领控制。[②] 日军不但直接劫夺干茧，还同样控制了无锡的蚕种场。见下表：

---

① 彭泽益编：《中国近代手工业史资料》第 4 卷，中华书局 1984 年版，第 68—69 页。
② 黄厚基整理：《抗战时无锡丝茧业与日伪斗争的回忆》，《无锡文史资料》第 11 辑，1985 年，第 82 页。

表 4 – 21　　　　　　华中蚕丝株式会社所属无锡蚕种制造场一览

华中蚕丝公司统一编号别	场名	场址	房屋间数	制种数额（张）
江南第 18 制造场	育蚕	钱桥	60	20000
江南第 19 制造场	蚕业检验所	西门外	50	5000
江南第 20 制造场	丰年	高车渡	47	37000
江南第 21 制造场	翼农	严家桥	63	30000
江南第 22 制造场	永生	北坊前	44	47000
江南第 23 制造场	舜耕	张舍镇新庄	41	30000
江南第 24 制造场	福安	藕塘桥张高漕	26	6000
江南第 25 制造场	永吉	张舍	21	20000
江南第 26 制造场	中兴	北西漳	37	32000
江南第 27 制造场	永泰	钱桥	110	45000
江南第 28 制造场	双利	秦巷镇杨家圩	30	8000
江南第 29 制造场	后宅	后宅	30	20000
江南第 30 制造场	光明	蠡桥	11	11000
江南第 31 制造场	利农	吴塘门	14	9000
江南第 32 制造场	光明	西水关	18	10000
江南第 33 制造场	三五馆	旺庄	151	17000
江南第 34 制造场	志成	周桥	21	20000
江南第 35 制造场	裕农	葑庄	27	10000
江南第 36 制造场	求新	北丁漳	27	27000
江南第 37 制造场	锡山	江溪桥	56	20000
江南第 38 制造场	三乐	北坊前	26	19000
江南第 39 制造场	泾滨	张泾桥	26	13000
江南第 40 制造场	兴华	张泾桥	30	13000

华中蚕丝公司统一编号别	场名	场址	房屋间数	制种数额（张）
江南第 41 制造场	豫农	张泾桥	20	11000
江南第 42 制造场	大生	梅村	58	25000
江南第 43 制造场	如意馆	寨门	14	20000
江南第 44 制造场	益友	安镇	43	27000
合　计	27 家		1101	552000

资料来源：高景岳、严学熙编：《近代无锡蚕丝业资料选辑》，江苏人民出版社、江苏古籍出版社 1987 年版，第 406 页。

上表中，无锡被华中蚕丝株式会社劫占的蚕种场达 27 家，每年制种数 552000 张。

华中蚕丝公司（华中蚕丝株式会社）为了掠夺原料茧，对茧行进行全面的控制，历年被华中蚕丝公司控制的江南一带茧行多达数百家，详见下表：

表 4 – 22　　　华中蚕丝公司在无锡等地历年控制开业的茧行数

年度		无锡	南京	苏州	嘉兴	杭州	合计
1939	春	295	13	32	7	27	374
	秋	373	11	19	9	25	437
1940	春	525	37	61	25	96	744
	秋	46	20	16	21	28	131
1941	春	204.5	41	34	22.5	33	335
	秋	18.5	7	4	3.5	8	41
1942	春	437	2	37	30	34	540
	秋	215	2	11	10	6	244
1943	春	407	15	34	56	61	573

资料来源：高景岳、严学熙编：《近代无锡蚕丝业资料选辑》，江苏人民出版社、江苏古籍出版社 1987 年版，第 409 页。

据表 4 - 22，1940 年春，华中蚕丝公司在江南一带控制茧行达 744 家之多。

收购方面，日方"系在产区广设茧行，或收买旧有之蚕行，进行收购蚕茧，在游击区则以敌军队掩护，强迫收购"。收购方式，"系先由敌军部下令蚕茧运沪，然后抑低价格，强迫出售"①。

这些茧行具有垄断地位，历年以压级、压价的手法强行收购干茧。1940 年华中蚕丝公司所定的春茧价格为：江苏与安徽省的一级改良种（每 4 担干茧缫丝 1 担）每担 260 元，二级改良种干茧（每 4 担半干茧缫丝 1 担）每担 228 元。浙江省的改良种每级只合前述同级干茧价格的 90%，各地土种合前述价格的 70%。与此同时，无锡蚕茧交易所的价格：5 月 28 日改良种鲜茧开盘每担 280 元，6 月 2 日 A 字第一级收盘价格涨至 500 元以上。② 这就迫使蚕农不愿养蚕，将桑田改植粮棉，而蚕茧产量则逐年下降。详见下表：

表 4 - 23　　　　　江、浙两省养蚕业情况一览

年度	养蚕户数（户）	桑园面积（亩）	使用蚕种（张）	产茧数量（担）	平均蚕种一张产茧量（斤）	平均桑园一亩产茧量（斤）
1938	1266896	3066989	5120000	587140	11.5	19.1
1939	1305533	1555779	6720000	729200	10.9	46.9
1940	1278110	2005595	5897110	768365	13	38.3
1941	1214205	1744868	5505000	557220	10.1	31.9
1942	1150299	1403917	4348100	411550	9.5	29.3

资料来源：彭泽益编：《中国近代手工业史资料》第 4 卷，中华书局 1984 年版，第 105 页。

---

① 张毓华：《我国蚕丝业之过去现在与将来》，《经济汇报》第 11 卷第 6 期，1945 年 6 月，第 63 页。

② 金融商业报：《事变以来中国之蚕丝业》，《中国经济评论》第 2 卷第 2 期，1940 年 8 月出版，第 138 页。

据表 4 - 23，1942 年江浙养蚕户数为 1150299 家，比 1939 年减少了 155234 家；1942 年桑园面积为 1403917 亩，仅为 1938 年的 45.8%。

江苏、浙江两省在日据前桑园总面积约占耕地面积的 20%。战争爆发后，1939 年华丝出口曾形成一个短暂的繁荣期，鲜茧每担达 400 元，种桑育茧农户大增。但不久，日军进行干预，茧商无法到茧区收茧，上海许多丝厂被迫停工，茧价跌至每担 200 元左右。此后，由于华中蚕丝公司的统制，外地鲜茧不能运销上海，而上海丝厂因无原料只得停工。1941 年内地茧价跌至每担 80 元。①

因茧价低落，农民大量将桑田改植其他作物，造成桑叶产量大减，叶价飞腾。与战前相比，叶价高出 10 倍以上，致使蚕民无力购用，只得将蚕弃置河沟。② 据日人调查："最近苏、浙两省蚕茧生产萎缩的原因……主要是茧价较低。"无锡茧价每担从原来的 4 石米降低到 1 石左右。③ 据统计，当时农民种植棉花与小麦每亩可收入 85.40 元，而种植蚕桑每亩仅收入 79.50 元。④ 所以农民"与其生产较贱蚕茧，靠这种现金收入来购买粮食，莫若减少养蚕而专心致力于直接生产粮食，可以说，这样做的人是多起来了"⑤。

据华中蚕丝公司估计，1940 年华中春季产茧约 185000 担，秋季产茧 57000 担，江苏省的产额比战前减少 20%，浙江省的产额比战前减少了 17%。另据国民政府有关方面的估计，1940 年春茧产额 67710 担、秋茧产额 19190 担，江苏省的产额比战前减少了 70%，浙江省比战前减少了 50%。⑥ 1941 年下降到不及 19 万担，减产了 27%；1942 年持续下降到 14 万担，又减产了 26%。直到 1943 年，

---

① 时飞：《中国蚕丝工业之没落》，《中国经济评论》第 4 卷第 4 期，1941 年 10 月出版，第 41 页。

② 黎德昭：《江苏省浙江省蚕业调查报告》第二编，1940 年印行，第 39 页。

③ 黄厚基整理：《抗战时无锡丝茧业与日伪斗争的回忆》，《无锡文史资料》第 11 辑，1985 年，第 82 页。

④ 彭泽益编：《中国近代手工业史资料》第 4 卷，中华书局 1984 年版，第 106 页。

⑤ 彭泽益编：《中国近代手工业史资料》第 4 卷，中华书局 1984 年版，第 105 页。

⑥ 时飞：《中国蚕丝工业之没落》，《中国经济评论》第 4 卷第 4 期，1941 年 10 月出版，第 42 页。

日本的蚕丝统制政策宣告破产，才略有回升。① 华中蚕丝公司历年收购江、浙两省干茧数量见下表：

表4-24 1938—1943 **华中蚕丝公司历年收购江、浙两省干茧数量**

（单位：司马担）

年份	产茧量	指数	华中公司收购量	占产茧量（％）	小丝厂及土丝用茧量	占产茧量（％）
1938	197300	100	35414	17. 95	161886	82. 05
1939	246330	124. 85	90998	36. 94	155332	63. 06
1940	260770	132. 17	114032	43. 73	146738	56. 27
1941	189240	95. 91	68288	36. 09	120952	63. 91
1942	140140	71. 03	47278	33. 74	92862	66. 26
1943	174390	88. 39	40774	23. 38	133616	76. 62
合计	1208170		396784	32. 84	811386	67. 16

资料来源：徐新吾：《中国近代缫丝工业史》，上海人民出版社1990年版，第379页。

据表4-24，1938—1943年华中公司在江浙共收茧396784司马担，占该地区所产干茧总数的32.84%。

一方面，在日军的强制下，江、浙两省日占区所产蚕茧大部分被迫按照华中蚕丝株式会社压低的"公定价格"出售，通过掠夺式的经营，华中蚕丝株式会社获得了高昂的垄断利润。据1940年的报道："该公司享有特别权利，故其营业殊为发达。该公司上年盈余有三六四九〇〇〇日元。"② 时人称："目下在华中方面未有如茧业获利之丰厚者。"另一方面，华商丝厂又不得不在蚕茧交易所中按照市场价格收买蚕茧。"故茧行之营业虽呈空前繁盛气象，而丝厂之处境则日趋

① 徐新吾：《中国近代缫丝工业史》，上海人民出版社1990年版，第378—379页。
② 金融商业报：《事变以来中国之蚕丝业》，《中国经济评论》第2卷第2期，1940年8月出版，第139页。

恶劣。若干丝厂亏累甚巨，至达难以维持之境界。"[1]

第三节　食料和其他用品业的劫难

抗战时期，我国的民族机器面粉、火柴、水泥工厂大部分被日军侵占、摧残，日军侵占这些工厂后，实行军管理或委托日商经营，中国厂商几乎丧失了所有权。只是在 1941 年年底太平洋战争爆发之前，在上海租界内的面粉行业如阜丰、福新、华丰等几家大厂，在"孤岛"的特殊环境下，暂时未遭破坏，仍由原业主经营。[2]

一　面粉等行业

上海最大的面粉企业集团荣家福新系统在战时损失惨重。其中以福新一厂、三厂、六厂最重。这三家企业因地处闸北，沪战后即告陷日；此后八年，营业上的损失，无法计算。

福新一厂战前每日平均出粉 4000 包，撤退时遗留资产包括机件上零件备货钢板、铁板回笼地轴、皮带盘、牙齿盘、婆司、麦节眼子等，合法币 50599 元；加上生财、铁箱等法币 8000 元，共合法币 58599 元（1942 年币值）。[3] 据 1945 估计，前述损失加厂房等损失约合 1945 年法币 85596000 元。详见下表：

表 4 – 25　　　**福新一厂损失估计**　　　（估价时期：1945 年 12 月 22 日）

损失或损坏物资名称	损失金额 （法币千元）	照当时米价折合白米 （石）
留存厂内生财损失部分	10828	1353.52

---

① 金融商业报：《事变以来中国之蚕丝业》，《中国经济评论》第 2 卷第 2 期，1940 年 8 月出版，第 138 页。

② 上海市粮食局等：《中国近代面粉工业史》，中华书局 1987 年版，第 70 页。

③ 中国第二历史档案馆馆藏汪伪政府档案：《上海定新第一、三、六面粉厂等申请发还卷》，全宗号 2098，案卷号 108，第 4 页。

续表

损失或损坏物资名称	损失金额 （法币千元）	照当时米价折合白米 （石）
留存厂内物料损失部分	14885	1860.56
留存厂内旧磨棍 72 根	4852	606.45
留存厂内面粉、麸皮、麦袋损失	4675	584.43
机器损坏部分	36006	4500.70
厂房建筑部分	14350	1793.75
共计	85596	10699.41

资料来源：上海社会科学院经济研究所编：《荣家企业史料》下册，上海人民出版社 1980 年版，第 186 页。

据表 4-25，仅荣家的福新一厂的各项损失即达 85596000 元法币，折合白米 1 万余石。

福新第三、六厂战前每日平均出粉 1 万包，1942 年估计损失合法币 95460 余元。事变后，归日本三兴面粉公司管理。① 据 1945 年重新估计，损失合当时法币 167635230 元，折合白米 23000 余石。详见下表：

表 4-26　　**福新三、六厂损失估计**　　（估价时期：1945 年 12 月 10 日）

损失或损坏物资名称	损失金额 （法币千元）	照当时米价折合白米 （石）
留存厂内生财损失部分 *	1.83	183.39
留存厂内物料损失部分 *	18.81	1881.43
留存厂内面粉（4 号）约 3000 包	4050.00	506.25

① 中国第二历史档案馆馆藏汪伪政府档案：《上海定新第一、三、六面粉厂等申请发还卷》，全宗号 2098，案卷号 108，第 7—8 页。

续表

损失或损坏物资名称	损失金额 （法币千元）	照当时米价折合白米 （石）
机器损坏部分	124674.00	15584.21
厂房建筑部分	38890.59	4861.32
共计	167635.23	23016.60

注：带＊号者，估价时间为 1937 年 8 月。

资料来源：上海社会科学院经济研究所编：《荣家企业史料》下册，上海人民出版社 1980 年版，第 186 页。

此外，福新各厂在战争初期，存放在各麦庄的小麦大部分来不及运出，损失在 20 万包以上。苏北各麦庄及常州、无锡、奔牛、戚墅堰等各麦庄的损失最重，奔牛麦庄全部栈房及存麦、账簿、单据完全被日军焚毁。各厂存放外地的麻袋损失 50 余万条。[①] 在江北泰县、溱潼、姜堰、高邮各地收买积存的小麦，总计不下 1.4 万包，因战事爆发，无法运到上海，虽经多方努力，终因交通及特殊情形，未能起运。[②] 据 1942 年估计，上海福新运输堆栈股份有限公司在战火中损失法币约 8000 元。[③]

抗战结束后，荣家整个面粉企业的生产设备和生产能力大幅度下降，与日据前相比，几不可同日而语。详见表 4 – 27。

据表 4 – 27，茂、福新的设备只及战前的 18.4％，日生产能力仅及战前的 16.8％。

日据期间，上海粮油加工厂被"军管"的有福新一、三、六厂，裕通及祥新 5 家面粉厂，以及上海大德新、顺余、恒兴泰榨油厂等；

———————

① 上海社会科学院经济研究所编：《荣家企业史料》下册，上海人民出版社 1980 年版，第 10 页。

② 上海社会科学院经济研究所编：《荣家企业史料》下册，上海人民出版社 1980 年版，第 39 页。

③ 中国第二历史档案馆馆藏汪伪政府档案：《上海定新第一、三、六面粉厂等申请发还卷》，全宗号 2098，案卷号 108，第 13 页。

外地有镇江的贻成新记、南京的扬子等公司、无锡的九丰面粉厂等。大德新油厂战前每日平均产油 140 担，战火中建筑物、机器、工具、家具、五金、物料、煤炭、油草、消防、器具等一切设备全部损失，另有制饼用草 2200 担、锅炉用煤 240 吨、事务所生财、职员住宅内全部家用五金物料及灌油铁桶机器备件也全部损失。① 1938 年，日本海军、陆军以及总领事三方面指令该厂作为日军管理工场委托日本涂料株式会社经营。②

表 4 - 27　　　　　　沦陷区茂、福新各厂粉磨损失与
战前设备的比较（1936 年与 1945 年）

项目	粉磨（台）	每日生产能力（袋）
1936 年年底茂、福新各厂设备及生产能力总数	347	96500
1937 年 8 月至 1945 年 8 月沦陷区茂、福新设备损失	64	16253
战时沦陷区茂、福新各厂设备及生产能力损失占战前设备及生产能力总数的百分比（%）	18.4	16.8

资料来源：上海社会科学院经济研究所编：《荣家企业史料》下册，上海人民出版社 1980 年版，第 187 页。

1940 年前后，阜丰面粉厂全部停工，复兴面粉厂每月仅开工数日，出产面粉约 10 万袋，与战前不可同日而语。面粉产量锐减的原因是国内小麦来源剧减，又完全为日商面粉厂所操纵。华商、英商面粉厂完全依靠澳、美、加拿大输入的小麦，但洋麦输入越来越少，价格上涨极快。1941 年上半年，上海洋麦输入比 1940 年同比减少了 58%，同期面粉输入则上升了 256%。③ 面粉出口几乎完全停止，所

① 中国第二历史档案馆馆藏汪伪政府档案：《上海大德新榨油厂申请发还》，全宗号 2098，案卷号 111，第 10 页。
② 中国第二历史档案馆馆藏汪伪政府档案：《上海大德新榨油厂申请发还》，全宗号 2098，案卷号 111，第 11 页。
③ 本会资料室：《最近上海工业概况》，《中国经济评论》第 4 卷第 3 期，1941 年 9 月出版，第 123—124 页。

产的面粉仅供给上海本地及外地消费。

在另一面粉厂集中地区无锡，荣家的茂新一、三厂厂房、机器、存料、制成品均有巨量的损失。据荣德生 1937 年 10 月 7 日致荣宗敬函："昨日下午一时许，敌机八架在火车站一带投弹……新仁堆栈亦中两弹，即着火延烧到六、七时之久，烧去栈房六间，损失约百余万〔元〕，伤二人，各职员幸均无恙。"在 10 月 6 日的轰炸中，新仁栈损失棉花 2.2 万担之多。[①] 12 月 8 日，茂新一厂被日军放火焚毁，仅残留了一些围墙和砖块。物料间及马达间里的一些没有焚毁的机器零件，拆的拆，偷的偷，被损毁一空。日军占领无锡后，茂新二厂被辟作为病马院，周围筑起了铁丝网。厂内原有设备遭到严重破坏，皮带机件、钢链、缝袋机等都被拆毁散失，原来遗留下来的小麦、面粉、麸皮各约数万包被日军抢劫一空。[②] 茂新一、三厂的具体损失，详见表 4 – 28。

表 4 – 28　　　　茂、福新系统战时机器、存料、成品的损失

厂别	厂房（平方米）	机器		存料麦（担）	制成品	
		粉磨（座）	动力（匹）		粉（袋）	麦麸（袋）
茂一	2700	24	720	140000	120000	50000
茂三	1800	12	360	70000	80000	25000
福五	不详	28	530	—	—	—
共计	4500	64	1610	210000	200000	75000

资料来源：上海社会科学院经济研究所编：《荣家企业史料》下册，上海人民出版社 1980 年版，第 185 页。

据表 4 – 28，仅荣家在无锡的茂一和茂三两厂在战火中被毁厂房

───────────

① 上海社会科学院经济研究所编：《荣家企业史料》下册，上海人民出版社 1980 年版，第 11 页。

② 上海社会科学院经济研究所编：《荣家企业史料》下册，上海人民出版社 1980 年版，第 11—12 页。

达 4500 平方米、小麦 21 万担、面粉 20 万袋、麦麸 7.5 万袋，加上在汉口的福新五厂，3 个面粉厂即损失粉磨 64 座、动力机 1610 匹。各项损失折合成 1937 年法币如表 4-29：

表 4-29　　　　茂、福新系统战时机器、存料、成品的损失

（1937 年法币：千元）

厂别	厂房	机器	存料	制成品	其他	总计
茂一	162	710.4	1330	516	910	3628.4
茂三	108	375.2	665	334	550	2032.2
福五	689.2	938.3	82.6	—	16.5	1726.6
合计	959.2	2023.9	2077.6	850	1476.5	7387.2

资料来源：上海社会科学院经济研究所编：《荣家企业史料》下册，上海人民出版社 1980 年版，第 184 页。

据表 4-29，荣家的三个面粉厂的损失合 1937 年法币 738.72 万元，其中无锡两个面粉厂的损失为 566.06 万元法币。

另外，荣家设在山东济南的茂新四厂也遭受重大损失，各项损失合 1937 年法币 10.9 万元，详见表 4-30。

无锡九丰面粉厂战时损失物资 20 万元（1937 年法币），并被日军侵占，1938 年被日商华友制粉公司霸占经营，改名大丰面粉厂，仅招到一部分工人进厂到第二车间开工，仍用山鹿牌面粉商标。所产面粉大部分充作日军军用，小部分供应市场。[①]

无锡其他粮食业同样备受战火的摧残。战事结束后，中国银行二栈部分仓廒被炸毁。福源堆栈被烧去仓廒 35 间，福康润、成泰、泰丰等堆栈都遭到不同程度的焚毁和破坏。日军酒井部队衣粮厂派兵驻守全部粮食堆栈，将存粮作"战利品"一律查封，全部没收中国银行二栈、江苏银行堆栈。凡向国民政府所属银行抵押贷款的粮食也被

---

① 李志霖：《九丰面粉厂创办经过》，《无锡文史资料》第 24 辑，第 190 页。

表4-30   济南茂新四厂在战事中所受的损失

损失项目			价值（元）
厂内物资损失情况	面粉	10916 包（全部被抢）	48030
	麸皮	1630 包（全部被抢）	3586
	小麦	88 包（全部被抢）	1355
	物料	大部被抢	34180
	生财文具	公事房全部被抢	5049
	宿舍	职工全部行李被抢	3000
	机工机粉	236 包（全部被抢）	1100
	机工麸皮	793 包（全部被抢）	1500
	小计		97800
代磨物资损失情况	代磨军粉 949 包（未及提取，被抢）		4200
	代磨未磨军粉 492 包（未及代磨，被抢）		7000
	小计		11200
合计			109000

资料来源：上海社会科学院经济研究所编：《荣家企业史料》下册，上海人民出版社1980 年版，第 16 页。

视为国民政府的财物，列入没收之列。并且一度将各堆栈挂上"军粮仓库"的牌子。日商、汉奸私下勾结日军盗卖粮食，任意掠夺。据当时粮食、碾米、栈业联合会负责人之一陆竹卿称："抗战初期对堆栈业的储粮曾做过调查，共有粮食 250 余万石，其中米稻 150 余万石，大豆、小麦、杂粮等 100 余万石。无锡沦陷前夕，国民政府采办去军米 20 万包（每包 200 市斤）外，日军占领时堆栈存粮当在 200 万石左右。"又据粮食业从业人员估计：无锡沦陷初期的 3 个月被日军抢劫去的粮食约 60 万石，占存粮总数的 30%。[1] 隆茂堆存在交通银行堆栈的 8 万石粮食被日军作敌产没收。[2] 规模较大，有赊销业务的粮

———————

① 无锡市粮食局编：《无锡粮食志》，吉林科学技术出版社 1990 年版，第 55 页。
② 无锡市粮食局编：《无锡粮食志》，吉林科学技术出版社 1990 年版，第 47 页。

栈损失更重。蒋恒泰被抢面粉千余包，损失货账 4.5 万元。恒协装运到浙江各地价值数万元的粉麸毁于日军的炮火。[①] 北塘、三里桥段粮行几乎全毁，其他段粮行各有损失。直到 1938 年秋冬，一部分粮行主才恢复营业。[②]

1943 年 6 月，日伪粉麦统制会无锡办事处成立；10 月，米粮统制会无锡办事处成立。粮行经营受到严格统制，除少数依附日商洋行的"下伸店"有些业务外，多数粮行米稻业务处于停顿状态，小麦经营业务也极少，粮行转向经营黄豆、杂粮；但受战事影响，城乡封锁，交通阻隔，交易额大量减少。[③]

无锡沦陷后，大部分油饼行房屋、生材器具被毁，存货被抢，赊账落空，损失约 14000 担豆油。1942 年 6 月，汪伪发行储备票，造成物价动荡，人心重物轻币，囤积投机猖獗。无锡出现了露天豆油市场。油饼行业务反受牵制，经营极不正常。[④]

在卷烟业方面，据不完全统计，"八·一三"战事中，上海 14 家民族烟厂的损失合 1937 年法币 12116275 元，其中厂房损失 1890466 元、机器类损失 2161255 元、原材料损失 5725102 元、制成品损失 1426001 元、其他损失 913433 元。[⑤]

综上所述，面粉及其他粮食业是中国近代民族工业中的重要产业，对保障人民生活，促进农副产品流通起着关键的作用，在战时更具有重要的军事意义。上海、无锡两地各类企业的遭遇，除对该行业产生灾难性的影响外，必然影响到中国整个国民经济的运行。

二　火柴、水泥等业

上海是中国近代火柴工业的诞生地。晚清时，外商在上海虹口设

---

① 秦素城：《无锡粉麸业的一鳞半爪——我从事粉麸业的回忆》，《无锡文史资料》第 14 辑，第 85 页。

② 无锡市粮食局编：《无锡粮食志》，吉林科学技术出版社 1990 年版，第 36 页。

③ 无锡市粮食局编：《无锡粮食志》，吉林科学技术出版社 1990 年版，第 45 页。

④ 无锡市粮食局编：《无锡粮食志》，吉林科学技术出版社 1990 年版，第 77—78 页。

⑤ 方宪堂主编：《上海近代民族卷烟工业》，上海社会科学院出版社 1989 年版，第 162 页。

厂生产黄磷火柴，后被叶杏村、叶澄衷叔侄购买，改名"燮昌"。叶家在上海西门方板桥设立分厂，在汉口另组燮昌火柴公司，不久又在苏州设立燮昌火柴分厂。[①] 其后江南火柴业陆续发展起来。全面抗战爆发前，全国共有火柴厂 111 家，其中江苏 15 厂、浙江 5 厂；全国年产火柴 715200 箱，其中江苏 190363 箱、浙江 54234 箱。[②] 江浙两省的产量点全国总产量的 34%。

1937 年以前，中日火柴存在着较严重的竞争，但中日双方尚能通过合作的方法解决市场争端。1937 年 2 月，中日合资的火柴产销联营社成立，资本定为 500 万元法币，开办时先收 125 万元。总社设在上海，下设华北、鲁豫和华中 3 个区。华北有会员 8 家、鲁豫区 34 家、华中区 23 家，共统辖火柴厂 65 家，刘鸿生为总社理事长，徐致一、项缴云、植田贤次郎为常务理事。[③]

时人评论中日火柴产销联营社的组建目的："盖我国火柴业有华资、有外资，若相互竞争，不但双方皆蒙不利，且外资厂商有雄厚之资力及精良之技术，势必鲸吞蚕食，反予华资厂商以不利。……对于中外厂出品同定限额，使外厂不得扩充，而华厂得以维持，有中外共存共荣之意。"[④]

战前上海的火柴工厂，包括外资经营的火柴厂在内，大约有 30 来家，其中规模较大的有 2—3 家，以大中华火柴公司所属的火柴厂规模较大。中型火柴厂 5—6 家，其余 20 来家属于小型厂。[⑤]

战事发生后，厂址在闸北的中国火柴公司的厂房、机器等被炮弹多次击中，损失数万元；此后遭到抢劫，火柴厂全部被毁。设于龙华

---

① 刘鸿生：《我国火柴业之今昔观》，《国货与实业》第 1 卷第 2 期，1941 年 2 月出版，第 53 页。

② 林天骥：《抗战以来之火柴工业》，《西南实业通讯》第 7 卷第 5 期，1943 年 5 月出版，第 7 页。

③ 《全国火柴产销联营社成立》，《现世界》第 1 卷第 12 期，1937 年 2 月出版，第 677 页。

④ 鑫伯：《火柴产销联营社的纠纷》，《钱业月报》第 17 卷第 3 号，1937 年 3 月出版，第 57 页。

⑤ 青逸：《上海的火柴工业》，《工商新闻》第 6 期，1946 年 12 月 7 日出版，第 5 版。

的大明火柴公司遭到人为破坏。① 沪西美商美光火柴公司厂房被炮弹击中，机器被炸毁 3 部，损失达 50 万元以上。②

大中华所属各厂因厂房、货栈、机器、原料、成品被毁、被焚而遭到的损失合 1937 年法币 26 万多元。③

"八·一三"事变发生后，上海荧昌、东沟梗片厂屋均受损毁，这两厂与周浦中华火柴厂等三个厂因逼近战区，首先停工。其后杭州光华、苏州鸿生两个厂相继停工 1 个月左右。④

在战事爆发不到 1 年，大中华各厂的所在地相继沦陷，其全部财产除九江裕生厂的一部分原料运往湖南常德，杭州光华厂的一部分机器原料迁往浙西岳驻以外，绝大部分都留在沦陷区未及迁运。镇江荧昌厂于 1937 年 11 月 23 日停工，职员周仰乔因略通日语被指派留厂，1938 年 1 月，周参加镇江西部维持会，2 月下旬，被日军宣抚班委任为荧昌厂总经理，并将厂名改为镇江燐寸工场，于 3 月 10 日开工生产，日产火柴 40 余箱。⑤ 大中华屡次派人交涉，但无结果。

苏州鸿生厂一度驻有日军，存货存料损失达三四万元。杭州光华厂同样驻有日军。东沟梗片厂被毁厂屋损失估计合 1937 年法币 1 万元。⑥ 各厂详细损失如表 4 – 31。

据表 4 – 31，大中华火柴公司在战火中的直接损失合 1937 年法币 3000 余万元。

民族火柴工业在日军的压迫下基本上没有发展。1942 年以前，华中地区没有一家新开的火柴厂。有些工厂在沦陷初期停工，当它们

---

① 杨德惠：《上海商业特写·火柴业》，《商业月报》第 19 卷第 8 号，1939 年 8 月出版，第 7 页。

② 退庵：《战后之火柴业》，《烟兑月刊》第 1 卷第 2 期，1939 年 1 月出版，第 29 页。

③ 青岛市工商行政管理局史料组编：《中国民族火柴工业》，中华书局 1963 年版，第 123 页。

④ 上海社会科学院经济研究所编：《刘鸿生企业史料》下册，上海人民出版社 1981 年版，第 61—62 页。

⑤ 上海社会科学院经济研究所编：《刘鸿生企业史料》下册，上海人民出版社 1981 年版，第 67 页。

⑥ 上海社会科学院经济研究所编：《刘鸿生企业史料》下册，上海人民出版社 1981 年版，第 62 页。

筹备复工时，备受联营社的压抑，如苏州民生厂就一直未能复工。抗战后期，沦陷区内物资缺乏，伪币贬值，物价暴涨，火柴也成为囤积的对象。日军的火柴统制已无法实现，黑市交易成为公开的秘密。在上海新开了许多小厂，它们从黑市购买原料，粗制滥造，再流入黑市交易。①

表4－31　　　1938年大中华火柴公司战时财产直接损失汇报

事件	地点	损失项目	购置时价值	合1937年法币（元）
焚毁	浦东	氯酸钾	27864	55728
焚毁	镇江	火柴	16790	16790
焚毁	芜湖	火柴	76928	76928
焚毁	杭州	火柴	2045	2045
损毁	镇江	原料	981401	19629119
损毁	九江	原料	390225	7803492
损毁	九江	生财	56166	1123329
损毁	九江	房屋	68330	1366602
合　计			1619749	30074033

资料来源：上海社会科学院经济研究所编：《刘鸿生企业史料》下册，上海人民出版社1981年版，第63页。

由于日军对火柴原料、成品实行统制，外来化工原料无法进口。当时几家较大的火柴厂，为解决原料短缺，合组了上海火柴原料厂，这是中国火柴工业史上唯一的火柴原料厂，曾盛极一时。抗战胜利后，美产火柴原料大量进口，上海火柴原料厂很快停工，遣散工人，解散职员。②

---

① 青岛市工商行政管理局史料组编：《中国民族火柴工业》，中华书局1963年版，第133—134页。

② 青逸：《上海的火柴工业》，《工商新闻》第6期，1946年12月7日出版，第5版。

战前我国水泥工业的发展，具有两个重要特征：第一，水泥的产量不但可以自给自足，而且还有输出；第二，水泥的质量已超出欧美水泥的标准。

1936 年，中国国产水泥产量总计达 576 万桶，约合 100 万吨，较全国需用数量超出 72 万桶。当时各厂所产水泥，不但足以供应全国需要，还要大量运销南洋群岛各地。

战前各大水泥工厂大都采用英国检测水泥的标准。根据前上海工部局工务处所作的试验，在细度、固性、凝结时间、抗张强度方面，国产各牌水泥大多超出英国水泥的质量。

抗战期间，水泥工业受到很大的摧残。华商水泥工厂中只有避处后方的四川水泥厂未遭蹂躏。[1] 参见表 4－32。

表 4－32　　　　　　　　江南失陷的水泥工业

名称	地址	资本（元）	工人数
华商水泥公司	上海	1638600	230
江南水泥公司	南京	2400000	
中国水泥公司	龙潭	2000000	400

延安时事问题研究会编：《日本在沦陷区》，解放社 1939 年版，见江苏省档案馆馆藏档案：馆藏号：18—1139（重要，缩微拷贝片编号：4002640），第 160—161 页。

华商水泥公司位于上海龙华，资本为 1638600 元，规模宏大，平时营业额占全国第二位。战事发生后，该厂地处战区要冲，很快全部停顿，所有职工，发资遣散，损失巨大。中国军队撤退后，该厂为日军驻扎，改为兵营。[2]

1937 年 10 月 27 日，华商水泥公司为保全厂产，与德商禅臣洋行签订了"财产移交保管"合同。其后，禅臣洋行派人驻厂看守，悬

---

① 《我国的火柴工业》，《工商新闻》第 8 期，1946 年 12 月 21 日出版，第 5 版。

② 延安时事问题研究会编：《日本在沦陷区》，解放社 1939 年版，见江苏省档案馆馆藏档案：馆藏号：18—1139（重要，缩微拷贝片编号：4002640），第 113 页。

挂德国国旗。但日军根本不予理会，1938 年 3 月 31 日日军把禅臣洋行的员工尽行赶出，强占了该厂，并把该厂列为军管理，由日商三井洋行与小野田洋灰株式会社经营。7 月 18 日开工出货，所有华商水泥公司原有的存货均被运出销售，原料、燃料、物料等被任意取用，出产的水泥仍使用该厂的麻袋、纸袋包装出售，严重地侵犯了该厂的权益。对此，华商水泥公司委托禅臣洋行出面，一方面刊登声明，警告各界不得收购和代为销售，另一方面向法院提出起诉。日方被迫把该厂出产的水泥改用"黑龙"商标。但日方对华商水泥公司愈加忌恨。1939 年 1 月 23 日，日方将该公司在浙江长兴的石山、吴兴的采石事务所及运石驳船 40 艘全部封扣，并将该公司在江苏黎里的数万吨灰石搬运一空。①

汪伪政府成立后，日军为了控制军管理企业，使管理"合法化"，决定由日本厂商出面与被军管理企业的业主进行"合作"或"租赁"。为此，日军派宪兵找刘吉生谈话，表示日军解除华商水泥公司军管理的条件是该厂须"出租"给日商经营，不管华商同意与否，日军都要这样做。刘吉生经与徐士浩、李拔可、刘念仁、刘念忠等商量后，只得同意日军的要求。

1942 年 12 月 1 日，华商水泥公司与日商三井物产株式会社、小野田水泥制造株式会社签订了"租赁"协议。规定华商水泥厂以其所有在上海漕泾区现在日本军管理下而由三井物产株式会社等经营使用的水泥厂土地、建筑物、机器、设备及驳船等出租给日方，租金为每月军票 12000 元。华商水泥厂的浙江省长兴石山及松江佘山黏土等则供日方无偿采用。日方租用该厂后，只图生产，对机器不加检修和保养。到抗战结束时，许多机器的齿轮已磨得很薄，轴心很细，旋窑内的火砖已破落。②

---

① 上海社会科学院经济研究所编：《刘鸿生企业史料》下册，上海人民出版社 1981 年版，第 16—17 页。

② 上海社会科学院经济研究所编：《刘鸿生企业史料》下册，上海人民出版社 1981 年版，第 25 页。

南京栖霞山江南水泥公司，"迨战事迫近厂址，遂告停顿"①。该厂通过丹麦等国洋行，派代表驻厂掩护，才使工厂免于被日军占领的厄运。但其他业务备受日军掣肘。1939 年 5 月 22 日，江南水泥公司尽管以德商禅臣洋行名义准备交易在南京栖霞山 4000 吨煤炭，仍遭到日军的阻止。②日军觊觎之心昭然若揭。后日方一再提出合作条件，催促江南水泥公司开工，威胁利诱，无所不用其极，"均经商公司设词拒绝，以是招致日方仇视，商公司工厂制造水泥机器二窑四磨及其附属机件于三十二年（1943）间被日方嗾使伪实业部令饬交出，旋由敌军进厂强迫拆往山东张店供华北轻金属公司炼制人工矾土之用"③。公司生产遭受极大的影响。

小　　结

作为视工业为国家经济命脉的日本政府与日本军方，占领中国最发达的工业中心江南地区后，对这里的工业采取了杀鸡取卵的方式加以利用。对于那些可以为日军服务的产业和企业，日军使用各种方法，或强行占有或强行"合作"，对于那些与日军直接关系不明显的产业与企业，日军则竭力进行破坏，以消除日商潜在的竞争对手。

日军对江南工业的掠夺与破坏，对整个中国经济打击尤重，使中国工业不但在战时缺乏与日本和其他国家竞争的能力，而且丧失了为本国民众服务的条件，使中国民族资本家处于朝不保夕的状态，数百万计的职工失业，生活陷于困顿。

江南棉纺、织布、缫丝、面粉、水泥、火柴、卷烟等工业的发展，是南京国民政府十年建设时期的重要成就之一，也是整个中国近

---

① 江苏省档案馆馆藏档案：《战时敌人劫我物资调查》，全宗号 1004，目录号乙，案卷号 0492。

② 日本驻上海总领事三浦義秋报告：《ドイツ商禅臣洋行（「レームセン」商会）ノ楼霞山江南セメント工廠ヨリ石炭搬出関係》，1939 年 6 月 1 日，アジア歴史資料センター（JACAR）：B02030619100。

③ 江苏省档案馆馆藏档案：《战时敌人劫我物资调查》，全宗号 1004，目录号乙，案卷号 0492。

代工业乃至中国近代经济的龙头，是国民经济的骨干。工业的衰落势必严重影响农业、商业、金融乃至手工业等行业的发展。因此，战时中国都市经济的退化、严重的通胀、不断趋高的失业率等，均非偶然现象。

日军对江南工业的破坏，远甚于早期西方殖民者对殖民地经济的掠夺，充分说明日军根本没有长期发展江南经济的目标。在日军占领期间，江南基本上处于萧条、衰落、残破的境地。

第五章　日伪势力对金融、税收和贸易的侵害

　　历来好战分子从来不敢告诉本国民众的一个最基本而又铁一般的事实，就是一场现代战争的财政耗费，以及这些耗费的主要部分是由本国民众分担的；更不敢去计量本国民众分担这些耗费对其生活水平的影响。好战分子只会以一次次所谓的胜利，甚至是虚假的胜利来刺激民众的盲从心理，营造愚昧的狂欢。

　　即便日军在全面侵华战争初期取得了巨大的军事胜利，但在前33个月最具军事优势的时期，月均损失战机26架；在1940年前11个月中，月均被击沉战舰（艇）19艘。日本全面侵华三年花费的军费达230亿日元，超过甲午战争和日俄战争总和的10多倍。到1941年3月底，日本预计发行赤字公债310亿日元。而1939年日本全部国民所得仅为210亿日元，该年公债总额达215亿日元。[①] 太平洋战争爆发后，1941年12月7日到1944年10月24日，日军在太平洋战场确证被击沉的战舰560艘，可能被击沉245艘，被击伤450艘；非战斗船舰被击沉1310艘，可能被击沉340艘，击伤1280艘。日军飞机被击毁5575架，可能被击毁787架。巨额的军费开销造成日本的通货膨胀，"使工人农民及一般薪水收入者深受物价高涨之苦……中小工业以至军需财阀之公司大感银本吃紧，因为彼等依靠国家银行（日本

[①] 李廷芳：《日本侵华的损失及其财政经济的危机》，《政治月刊》（金华）第2卷第1期，1941年1月出版，第40—41页。

银行）之贷款日益减少也"①。

长期以来，江南为中国中央政府的主要财赋来源地，全面抗战爆发前，更是南京国民政府的财政支柱，这里金融、贸易非常发达。日军占据江南后，对这里的金融体系进行了残酷的破坏，并掠取了这里的税收，控制了这里的贸易。

第一节　日方对金融的残害

进入战时，金融非常重要，任务十分繁重。第一，战事发生以后，经济受到非常大的冲击，政府部门要想方设法制止这种势头的蔓延，以免发生金融恐慌。第二，国家财政受到战事的影响，会发生府库支出的困难，往往通过金融界发行公债来弥补。第三，战时财政困难，各国政府多滥发纸币，引起通货膨胀，威胁人民的生活。第四，在未被完全封锁以前，利用外国生产力是加强作战能力的途径，尤其在实业落后的国家。而外国生产力的利用，须通过外汇。因此，外汇的维持，是加强作战能力的要着。第五，利用国内生产力加强作战能力比利用外国生产力更为紧迫，尤其是在受封锁之后或受封锁威胁时。但是国内生产力的增加或扩充，都须有资本的投入，金融是资本的枢纽。②

即使太平洋战争爆发前，日本对华战争也使其金融承受了较大的压力。1936 年日本纸币发行 18.65 亿日元。1939 年已发行 38.17 亿日元，若加上朝鲜银行发行的 45500 万元、台湾银行发行的 17300 万元，实际发行 44.45 亿元。同时，为了购买军需物资，1937—1939年，日本共输出黄金 6502.5 万美元，合 23.82 亿日元；加上 1940 年上半年的 6124.8 万美元，共合 26.43 亿日元。而日本战前仅有黄金

---

① 《中外财政金融消息汇报》，《财政评论》第 13 卷第 1 期，1945 年 1 月出版，第233—234 页。

② 孙礼榆：《抗战与金融》，中国人民政治协商会议宁波市文史委员会编《宁波帮人士抗战时期文选》，宁波出版社 2018 年版，第 209 页。

20 亿日元，从数据上看，日本的黄金已短少 6 亿日元。[1] 日方为了弥补亏空，只能一方面从国内榨取，另一方面从中国劫掠，并对中国金融进行破坏。

一 金融业的受损与乱象

1928—1935 年南京国民政府时期，每年新设的银行数均在十数家至数十家，至于各地设立的分支行，基本上呈逐年增长趋势。详见下表：

表 5 - 1　　　　　　　　1928—1937 年 6 月新设银行

年度	总行	分支行	年度	总行	分支行
1928	16	22	1933	15	133
1929	11	56	1934	22	238
1930	18	62	1935	18	228
1931	16	104	1936	5	314
1932	13	87	1937	3	101

资料来源：孟素：《八一三以来之我国银行业》，《中国经济评论》第 1 卷第 1 期，1939 年 11 月出版，第 27 页。

表 5 - 1 中，尽管 1936 年新设立的银行数仅有 5 家，但这一年设立的分支行数却超过了以往任何一年，表明中国银行已呈现出规模发展的势头。

淞沪会战爆发前，上海的中国银行分支行共计 1627 所，淞沪战后撤退的分支行达 700 所以上。其间，江浙两省新设立的银行分支行只有 70 余所。[2] 战事结束后，江、浙两省银行数量变动情形详见下表：

---

① 行健：《敌伪金融》，《经济汇报》第 2 卷第 12 期，1940 年 12 月出版，第 1425—1427 页。

② 孟素：《八一三以来之我国银行业》，《中国经济评论》第 1 卷第 1 期，1939 年 11 月出版，第 30 页。

表 5 - 2　　　　　　　"八·一三"后江浙两省银行变动

省区	原有数	撤退数	新设数
江苏	421	321	（上海）5
浙江	151	69	

资料来源：孟素：《八一三以来之我国银行业》，《中国经济评论》第 1 卷第 1 期，1939 年 11 月出版，第 29 页。

据表 5 - 2，江苏原有银行 421 家，撤退 321 家，撤退数占总数的 76%；浙江省原有银行 151 家，撤退 69 家，撤退数占总数的 46%。

据上海档案馆现存档案，战时上海金融的直接损失，首先是各银行在战区分支机构的房屋、生财损失。如上海商业储蓄银行在虹口和杨浦支行均被炮火摧毁，位于闸北、虹口、杨浦、南市、浦东的房屋、仓库等建筑物被炸、被焚数十处，损失甚重。被毁房屋合 1937 年法币 2033195 元。其次，日军占领上海时期，对重庆政府及抗日人士在上海各银行的存款采取直接劫夺的方式，将有关存款转入正金银行。如中汇银行在太平洋战事前后被日方强行提取活期存款 145481.80 元。1942 年日本宪兵队派人至新华信托储蓄银行强行提取 22 户存款约 17.6 万余元，1944 年 9 月又至该银行强行提取存户李一仁存款 4 万余元中储券。另外，仅四明银行 27 户信用放款损失达 3603292 元法币（1940 年 1 月报送）；1940 年，因日军封锁，聚兴诚银行上海分行损失棉纱布类及染料达 2071366 元法币（购买时价格）、美金 37554859 元；1939 年中国企业银行损失抵押品 291 件棉纱，价值 10 万元法币。最后，最大的损失是金融人员的伤亡。上海沦陷后，中国、中央、交通、中国农民四行沪行坚守上海租界，继续承担中央政府调剂金融、维持抗战经济的重任，因而成为日伪特务打击的目标。1941 年 1 月，汪伪中央储备银行成立，发行伪中储券，为打击日伪金融势力，军统特工与汪伪七十六号特务在上海展开了一系列袭击活动。1941 年 1—4 月，上海银行界血案频发，中国银行百余名职员被七十六号特务机关抓捕、羁押，江苏农民银行职员被集体屠杀，中央银行上海分行办事处被爆炸袭击。①

日军侵占浙江后，1938 年 3 月，杭州四行贴放仓库损失绸 4000 余匹。1941 年 6 月中国农民银行绍兴分行损失库存钞券 12 万元，器具损失 4000 余元，储蓄券、有奖储券全部遗失。交通银行绍兴支行库存钞券 18 余万元、保管品 1 箱、有奖储券、节约储券及会计营业储券、各部账册传票及县政府委托保管的银两计 1300 余两、本行收兑项下银条 15 块（200 两）全部被劫。杭州中国银行库存的铜圆数百箱及中行湖墅仓库所存的丝绸等抵押物资、湖州中国银行菱湖仓库均被抢劫。到 1938 年年底，中国银行浙江各支行的账面损失 3924910.31 元，实际损失 4779724.17 元。②

淞沪之战未发生以前，上海存户大量向各银行提款，上海 7 家主要银行，在 1937 年年底的存款，比上年度同比减少 3200 万元。③ 但此后存积在内地的大量资金不断地向上海金融市场逃避，上海各银行的存款反有增加的倾向。此外，各战区的银行纷纷撤退到上海。华北方面及后方一部分资金也相继涌进上海，于是游资大为增加。第二次世界大战发生后，流入上海的香港和南洋方面的资金数额也很大，因此，这时上海各银行存款增加的速度和数量较之战前达到了前所未有的高峰。据银行界的统计，1941 年，上海各银行的存款有二三十亿元以上。如果再将各银行未曾公布的外币存款计算在内，则其数字更加庞大。④

一般说来，银行存款的增加，是产业繁荣、国民经济兴旺的标志，可是上海各银行存款的增加则不足语此。上海的游资与战时经济和生产建设毫无关系，其定期存款未见增加，只有活期存款有迅速增

---

① 庄志龄：《上海抗战损失调查档案概述——以上海市金融业战时损失为例》，复旦大学中国金融史研究中心编《民族救亡与复兴视野下的上海金融业》，复旦大学出版社 2016 年版，148—151 页。

② 王红曼：《伏线千里：抗战时期金融机构大迁移》，商务印书馆 2015 年版，第 197 页。

③ 凤真：《论上海银行界的动向》，《中国经济评论》第 4 卷第 2 期，1941 年 8 月出版，第 1 页。

④ 凤真：《论上海银行界的动向》，《中国经济评论》第 4 卷第 2 期，1941 年 8 月出版，第 2 页。

加的趋势。全面抗战初期，上海的活期存款占存款总额的 70%。活期存款是避免资金固定化的手段，可从事各种投机活动，又不受重庆国民政府限制提存的影响，这种存款与日据时上海的畸形社会有着直接而又紧密的关系。[①]

战争结束后，非法交易市场出现。上海的一般银行，开始呈现活跃状态，热衷于外汇买卖、股票交易、抵押放款等，从而更加重了银行的投机倾向。[②] 钱庄也不例外，其中主要的投机为买卖标金。[③]

这一时期上海银行界的动向如下：

（一）大量购买外汇。抗战初期，上海各银行竞购外汇是公开的秘密，所购外汇数量达一二千万美元以上，准备金随之减少。

（一）在外商银行存款。上海各银行存入外商银行如汇丰、麦加利、花旗及大通银行方面的资金，为数均相当可观。除中、中、交、农外，所有上海第一流银行，存入于外商银行的款项至少达四五千万元。

（三）经营投机事业。主要为买卖股票，囤积货物等。[④]

外国银行在上海金融市场中势力极大，为在华外国商业公司唯一的放款者，同时也是中国政府的重要放款者。外国银行更利用外国商业公司在中国进出口贸易中的势力，垄断整个中国的外汇业务。[⑤]

---

① 凤真：《论上海银行界的动向》，《中国经济评论》第 4 卷第 2 期，1941 年 8 月出版，第 2 页。

② 英华：《上海金融市场分析》，《中国经济评论》第 4 卷第 1 期，1941 年 7 月出版，第 153 页。

③ 英华：《上海金融市场分析》，《中国经济评论》第 4 卷第 1 期，1941 年 7 月出版，第 154 页。

④ 凤真：《论上海银行界的动向》，《中国经济评论》第 4 卷第 2 期，1941 年 8 月出版，第 7 页。

⑤ 英华：《上海金融市场分析》，《中国经济评论》第 4 卷第 1 期，1941 年 7 月出版，第 154 页。

1938 年 3 月 12 日以前，国民政府对于外汇措施是仍照官价无限制供给。质言之，即法币 1 元，仍可购取英汇 1 先令 2.5 便士，而法币 100 元，仍可购取美元 30 元。在上海，中国政府采取维持外汇的政策，对上海继续供应外汇。内容包括两个方面：一是对于商人在进口贸易中所需外汇，不论商品的类别和数额的多少，一律由政府通过英商汇丰银行挂牌，无限制地供应；二是对于商人在出口贸易中所获的外汇，无须售给政府，听任商人自由买卖或持有。这样，"输出〔所得〕的外汇并非我方〔政府〕所有，而输入〔所付〕的外汇则由政府负担"①。

日方把法币视为反日抗战的重要力量。② 1937 年年末和 1938 年年初，日军在华北操纵傀儡政权，先后开设蒙疆银行和中国联合准备银行，发行伪钞，强制行使，以"套换该地原来通用的法币，运向上海调取外汇"。这样，重庆国民政府按照官价无限制供应外汇的办法无法继续实行下去。1938 年 3 月 12 日重庆国民政府颁布了《中央银行办理外汇请核办法》三条和《购买外汇请核规则》六条，废止了以前按官价供应的办法。③

在《购买外汇请核规则》颁布的同时，上海随即出现了外汇黑市。黑市的主持者是英商汇丰银行，而弥补外汇差额的仍是中国政府。黑市"随后变成正常公开市场"。结果，"孤岛"上的外汇仍然是无限制地供应。不过，出面供应的机构换成了英商汇丰银行；供应的汇率，由官价换成了市价。这种供应方式，一直维持到太平洋战争爆发前夕。由于英美与日本矛盾激化，1941 年 7 月 25 日，英美"冻结中日资金"，外汇黑市宣告终结。④

---

① 上海社会科学院经济研究所等：《上海对外贸易》（下），上海社会科学院出版社 1989 年版，第 14—15 页。
② 高嶋少将：《法幣の抗戦力》，1940 年，アジア歴史資料センター（JACAR）：C11110702500，第 25 頁。
③ 上海社会科学院经济研究所等：《上海对外贸易》（下），上海社会科学院出版社 1989 年版，第 15 页。
④ 上海社会科学院经济研究所等：《上海对外贸易》（下），上海社会科学院出版社 1989 年版，第 15—16 页。

二　军票和伪钞的发行

在上海，日方利用中国政府无限制继续供应外汇、维持黑市需求的缺口，用各种方法套取外汇。其中最简易的方法就是滥发军用票和伪钞换取法币，再用法币在上海套换外汇。中国方面早就认识到："日阀对我沦陷区的一切经济设施，都是针对着一个主要目标。这个目标是敌朝野上下所梦想已久而被近来侵华敌酋嚷得力竭声嘶的一句口号——'在华军队自给'或是'以战养战'。日阀军队所到之处，随来的便是冥纸式的纸币军用票或是伪钞和各种敌货。军用票和伪钞的目的在于骗取当地物资，而敌货的销售则在乎换得法币。"①

（一）军用票

军用票属于无法兑现、也无准备的一种强迫行使的通货。票面没有发行银行，开始时甚至连号码都没有。② 直到 1940 年起，才开始编列号数。它和日本政府在本土所发行的日元通货，是两种不同的货币，军用票只能在中国日占区内通用，不能在日本本土通用。军用票由日军 1937 年 11 月在杭州湾登陆时首先使用，但那时主要的日系通货是日元。日元在华中地区随着日军军事行动的扩大日趋膨胀，其价值则随着流通额的膨胀而跌落。因军用票本身"毫无基础……既无准备金，又无任何保障，更不能兑换任何外币"。因此，日方必须先将军用票强制换成法币，再以法币在"孤岛"套购外汇。③

1937 年年底，日军有在华中地区转用法币的趋势，但日方的法币收入有限，海关仍为国民政府控制，使得日本只有卖出外汇以买入法币，这个办法又恰恰增强了法币的力量。1938 年 11 月 1 日，在"新币制"未建立之时，日军制订了"华中华南使用军用手票之办法"，扩大军用票的使用范围。至 1939 年上半年，华中日元价格惨跌，日本币

---

① 《沦陷区域经济设施》，《敌伪经济情报》（油印本）1939 年第 4 期，第 14 页下。

② 上海社会科学院经济研究所等：《上海对外贸易》（下），上海社会科学院出版社 1989 年版，第 16—17 页。

③ 郑伯彬：《日本侵占区之经济》，资源委员会经济研究室丛刊第一种，1945 年 7 月刊印，第 152 页。

制金融遭遇极大困难。东京金融界多主张以军用票代替日元，军用票流通数额因之激增。此时的军用票包括日本银行、朝鲜银行的纸币，上有戳记，以限制其仅在某某占领区内流通。由日军自行发行的纸币，其发行纯以军事为目的，毫无金融价值。军用票的流通数额，从未公布，据一般估计，迄1939年年底，在8000万元左右。军用票的推行方法，据1938年日本政府公报，计有4条：（1）自1938年11月1日起，在占领区域内，除上海外，一律以军用票为通货，不用日本银行纸币；（2）收买占领区内物资，以日本银行纸币换成军用票后行使；（3）以军用票换成日本银行纸币，须经大藏省派驻各地财务官的许可，方得向各银行调换；（4）军用票存款与日本银行纸币存款，同样处理。1939年7月，上海日本海、陆、空军及各公司银行职员的薪金，均改发军用票。9月7日起，日商各银行限制支付银行钞票，每人不得超过300元。10月20日又减少为50元。迄至10月26日，凡付出日本银行钞票，均须呈经政府核准。到1939年12月，日本在华中沦陷区内各项经费支出，已全部改用军用票。①

上海、南京、杭州、苏州、无锡五个地区是华中军用票发行的主要地区。参见表5-3。

表5-3　　　　　　　　军用票在江南五地发行情况

（单位：千元；1941年2月统计）

地区	1938年11月底	1939年12月底	1940年					
			6月底	7月底	8月底	9月底	10月底	11月底
上海	—	7000	12600	14420	14980	15610	15540	17010
南京	5000	5000	9000	10300	10700	11150	11110	12150
杭州	400	800	1440	1648	1712	1784	1776	1944
苏州	1000	600	1260	1442	1498	1561	1554	1701

① 王元照：《敌伪在我沦陷区域之货币侵略》，《经济汇报》第1卷第5、6期"战时金融专号"，1940年1月20日出版，第64页。

续表

地区	1938 年 11 月底	1939 年 12 月底	1940 年					
			6 月底	7 月底	8 月底	9 月底	10 月底	11 月底
无锡	—	400	720	824	856	892	888	972
合计	6400	13800	25020	28634	29746	30997	30868	33777
华中各银行持有量	30100	68255	15855	18449	18073	18379	21817	23051
江南五地发行量与各行持有量比较	21.3%	20.2%	157.81%	155.2%	164.6%	168.6%	141.5%	146.5%

资料来源：陸軍省支那派遣軍兵站部總監部：《中支軍票流通高並地域別流通高一覧表》，1941 年 2 月—5 月 10 日，アジア歴史資料センター（JACAR）：C13120910300，原资料编号 0779。

据上表，从 1940 年 6 月始，上海、南京、杭州、苏州、无锡江南五地军票发行量相当于华中各银行持有量的 150% 左右。

截至 1941 年 3 月底，军用票发行约 6 亿元。日军继又成立"华中军票交换用物资配给组合"，利用日本国内剩余商品，以维持军用票的信用与流通。因为有许多物品规定必须以军用票为支付工具，特别是日伪控制下的交通工具也在军票使用的范围内，因此，军用票的价值逐渐得以维持。日伪还乘机规定军用票与法币的比价，将军用票价值强行提高。太平洋战争爆发后，日伪在华中、华南直接用伪中储券排斥法币，以至于禁用法币，军用票的价格更是扶摇直上。[①]

（二）伪钞

日方动用伪政府发行伪币。除在 1932 年 6 月扶持伪满洲国政府成立"满洲国中央银行"发行伪满洲钞以外，七七事变后，每在占领区扶植起一个傀儡政府，就帮助其成立一个伪银行，发行伪币，进

① 郑伯彬：《日本侵占区之经济》，资源委员会经济研究室丛刊第一种，1945 年 7 月刊印，第 152—153 页。

行金融掠夺。1937 年 11 月在张家口成立"蒙疆银行"，1938 年 3 月在北平成立"中国联合准备银行"，1939 年 5 月在上海成立"华兴商业银行"，1941 年 1 月又在南京成立了伪银行中规模最大的"中央储备银行"。这些银行，每一家都大量发行伪币，作为占领区的通货，以搜购占领区物资和夺换法币。[1]

日军在实施军事侵略之际，越来越感到若不同时破坏法币体系，不足以收经济侵略之效，于是在其占领区内，开始发动货币战，对法币作多方破坏。日伪在沦陷区进行货币战的动机有四个：（1）便利投资；（2）破坏法币；（3）攫夺物资；（4）垄断贸易等项。[2]

据 1940 年 8—10 月国民党中统局调查日伪在沦陷区的经济活动情报，日军在沦陷区中的经济活动已有所改变，而改变的原因则有五个：

（1）因国际情势之改变。日本国内向第三国获取物资较前更趋困难，国内物资缺乏情形较前更趋严重，因此在沦陷区中之各种经济设施更趋于急功近利化，使不能取之于第三国者能取之于沦陷区。

（2）因所谓圆系通货之价值日趋下跌，为图挽救此种通货之命运，不能不采取紧缩之政策，使直接、间接由日人支配之各种纸币之膨胀进程能稍微和缓。圆系通货之购买力得以保持比较的安定。

（3）因沦陷区（即彼之占领区，包括东三省）对外之贸易日趋不振，收支逆调差亦逐渐增加，因之商品缺乏、物价飞腾。为改善此种关系，不得不加强各种统制，使对外收支能以人为方法稍事改正。

（4）因日人在华从事活动漫无节制，私人企业所追求者为利益，至于事业之性质则在所不问，因是往往有与军事目的相反者，或在军事目的上无关紧要者，为供应对华军事上之需要及为应付随时可能发生之对第三国之冲突，因是有急求调整之必要，

① 上海社会科学院经济研究所等：《上海对外贸易》（下），上海社会科学院出版社1989 年版，第 18 页。
② 王元照：《敌伪在我沦陷区域之货币侵略》，《经济汇报》第 1 卷第 5、6 期"战时金融专号"，1940 年 1 月 20 日出版，第 62 页。

使在华进行之公私企业能更切合军事上之目的（即侧重于军事之企业活动）。

（5）因私人所追求者为利益，故在过去数年间，日人在华之私人企业均获利至巨。至于官办事业则因在投资初期，多属赔本生意。日本官方当局（以军人为中心）对此亟拟有所调整，一面稍抑私人企业之获利机会，一面将此种现实利益，移归公家所有。①

日军占领上海、南京后，即计划在华中设立金融机关，破坏法币制度。日本财政专家曾提出各种方案，如华北伪联银券南流案、建立国际通货案、恢复银本位案等，终以华中环境特殊，日方未敢贸然施行。"日本的经济学者们常常提到华中的国际经济关系较华北为复杂，华北和华中的货币基础虽是同样建筑于法币之上，但北方经济的盛衰与法币的关系，犹未如华中之密切。鉴于华北通货战的经验敌伪已深刻体验'新币制'的树立与日本经济的负担能力问题。尤其是华中对外贸易向处于逆差的地位，维护华中的伪钞自必较华北尤感吃力。"② 直至1939年5月1日成立伪华兴银行，其性质也只是一家商业银行。该行设总裁、副总裁各1人，理事3人、监事1人，曾任伪满中央银行理事鹫尾矶一担任副总裁掌握实际权力。资本额定为5000万元，一次缴足，由伪维新政府及日籍银行分担。日籍银行方面，出资者计有兴业银行500万元，三井、三菱、台湾、朝鲜、住友5银行各400万元，共2500万元。业务方面，由伪维新政府赋予发行纸币及经理国库的特权。以江、浙、皖三省为营业范围（汉口后来也包括在内），总行设在上海，南京、苏州、蚌埠、芜湖、安庆等地设有分支行。③

---

① 中国第二历史档案馆编：《中华民国史档案资料汇编》第5辑第2编，"财政经济"（三），江苏古籍出版社1997年版，第178—179页

② 郑伯彬：《日本侵占区之经济》，资源委员会经济研究室丛刊第一种，1945年7月刊印，第151—152页。

③ 王元照：《敌伪在我沦陷区域之货币侵略》，《经济汇报》第1卷第5、6期"战时金融专号"，1940年1月20日出版，第63—64页。

华兴银行虽享有发行伪钞的特权，但和华北伪银行完全不同：（1）华兴银行并不以中央银行自居，其性质只是定位为一家商业银行；（2）华兴券的发行非但脱离日元集团，也不谋排除法币，且以法币为发行准备而与法币并行使用。因此，伪华兴券的发行极其谨慎，自始至终没有超过1000万元。[①]

日军在推行伪钞时，除以武力强迫行使外，还动用了其他种种方法，如（1）设立特定商品专卖制度，规定以日伪钞为交易工具；（2）规定以伪钞缴纳租税，支付薪金工资及公共企业的费用；（3）规定关税以伪钞缴纳；（4）根绝法币行使等。截至1941年3月，沦陷区中军用票及伪钞发行情况如下表：

表5-4　　　　　　　　占领区内所发行的军用票及各伪钞情况

（截至1941年3月，单位：千元）

纸币名称	发行银行	负责者	银行实发资本（1940年12月底）	纸币开始发行日期	流通地域	发行纸币约数	备注
军用票	日本侵华军队	日本军部	无	1937年11月	华中、华南	600000	日元系纸币，不能在日本本国通用
蒙疆钞	蒙疆银行（张家口）	蒙古联合自治政府	3000	1937年11月22日	绥远、山西北部、察哈尔南部	94000	日元系纸币，但与非日元系贸易，用物物交换办法

---

① 郑伯彬：《日本侵占区之经济》，资源委员会经济研究室丛刊第一种，1945年7月刊印，第154页。

续表

纸币名称	发行银行	负责者	银行实发资本（1940年12月底）	纸币开始发行日期	流通地域	发行纸币约数	备注
联银钞	中国联合准备银行（北平）	北京临时政府	25000	1938年3月10日	河北、山东、山西、河南北部、江苏北部	750000	日元系纸币，用于华北海关及汇兑交易
华兴钞	华兴商银行（上海）	南京伪维新政府	50000	1939年5月	华中、南京、上海	3000	非日元系纸币，专供上海海关纳税用
中储券	中央储备银行（南京）	南京汪伪政府	100000	1941年1月6日	华中、华南、上海、南京、汉口	38100	非日元系纸币

资料来源：上海社会科学院经济研究所等：《上海对外贸易》（下），上海社会科学院出版社1989年版，第19页。

　　日军大量输入日钞，强制流通，对日方而言，具有以下益处：（1）日本战费支出浩大，不论增发公债，还是向银行借款，二者皆必须由银行增发纸币。纸币流通额大增，物价势必急剧上涨。若以大量纸币流向中国，可以减少国内纸币的流通额，恶性通货膨胀可望稍趋缓和。（2）日本欲将庞大军队的给养，在中国就地取用，在华推行不兑现日钞，即等于以不值钱纸张换取中国人民的真实财货。（3）大量日钞流通于被占领各区域，并任意规定日钞对法币的比价，扰乱中国法币币制。①

　　就日伪政府而言，欲确立伪币制度，必先击垮法币。"敌人自金

---

　　①　王元照：《敌伪在我沦陷区域之货币侵略》，《经济汇报》第1卷第5、6期"战时金融专号"，1940年1月20日出版，第64页。

山卫登陆以后，即以枪刺为后盾强制使用军用票，随后日本银行之纸币亦渐流入苏浙一带，此即为日寇在华中驱逐我法币之开端，广州南宁失守后其在华南沦陷地区所使用之通货亦完全为军用票。"① 在战争爆发的前两年，日伪在各沦陷区内对法币进行破坏，具体来说，手法如下。

（1）贬抑法币价值。据1938年3月9日伪政府公布的"旧通货整理办法"的规定，伪联银纸币与法币平价流通，同年8月8日伪临时政府宣布将在华北流通的北方法币强制贬值三成，照伪纸币9折行使。1939年1月伪政府又宣布，自2月20日起，再将法币减值三成，这样法币共被减值四成，即照伪币6折行使。上海伪华兴券在发行之初，规定与法币平价，嗣后变为每华兴钞1元，合法币1.55元。②

（2）禁止法币流通。日伪政府为实现华北通货的一元化，在旧通货整理办法中规定给予华南地名法币3个月流通期限，在此期间，并准许等价兑换；给予华北地名法币一年流通期限，自1938年6月10日以后禁止华南地名法币流通。1939年3月10日，又禁止华北地名法币流通，但因当地人民信赖法币，法币虽被名义上禁止流通，事实上民间交易仍多用法币。伪政府不得已宣布华北分为"联合准备银行区"与"匪区"二个区域，以示后者不在禁绝法币令范围之内，仍可通用法币。

（3）破坏法币信用。日伪经常散布无稽谣言，破坏法币信用，以便利伪钞券的推行。如大肆宣扬国民政府将印发大量新币券，或将宣布减低币值，以扰乱中国金融市场，减低法币信用，提高伪币价值。日伪还在华南先是散布谣言，中伤法币，使其毫券对法币的兑价上升，后又破坏毫券，谣称市行券及中华版假钞特多，致同一毫券内印版不同而发生价格上的差异。还谓美钞版旧毫券亦为假钞，华南民众又因而争以毫券换法币。

---

① 马垚：《南京新伪钞与我法币对抗之前瞻》，《经济汇报》第2卷第3、4期，1940年8月16日出版，第458页。
② 王元照：《敌伪在我沦陷区域之货币侵略》，《经济汇报》第1卷第5、6期"战时金融专号"，1940年1月20日出版，第65页。

（4）滥造法币假票。日伪除谣传法币多假票，以中伤法币信用外，还制造假法币，意图鱼目混珠，用以发放伪军工饷及收买粮秣。因此，法币假票，在沦陷区各地多有发现。更有日商各公司洋行储有大量假钞，以期逐渐使用。[1]

伪华兴银行成立后，伪华兴券发行数量很少，华中区内原有大量日元与军用票，币制比较紊乱。[2]华兴银行为便利日商前往内地收购物资，除苏州、杭州、南京、蚌埠、镇江、无锡等处原有分行外，还在江、浙两省继续扩张。此外，华中地区还有许多日伪系地方银行。[3]这些银行资本多以华兴券及军用票充当，现将这类银行列表如下：

表 5-5　　　　　　　　　　华中伪地方银行一览

行名	额定资本（万元）	开业日期	总行所在地	业务	备注
苏民银行	50 *	1939 年 9 月 5 日	苏州	票据贴现及抵押放款	实收资本 10 万元
浙民银行	50 *	1939 年 12 月 18 日	杭州	存款、汇兑储蓄信托	实收资本 25 万元
安民银行	50 *	1940 年 1 月 7 日	蚌埠	发行辅币、抵押放款等	
中亚商业银行	500 *	1940 年 5 月 10 日	上海	储蓄、信托等商业业务	
上海市民银行	100		上海	代理市金库及办理贷款	1941 年 3 月 15 日成立

---

① 王元照：《敌伪在我沦陷区域之货币侵略》，《经济汇报》第 1 卷第 5、6 期"战时金融专号"，1940 年 1 月 20 日出版，第 65 页。

② 邵循怡：《敌伪设立伪中央银行之迷梦》，《经济汇报》第 2 卷第 1、2 期"抗战三年之财政与金融"，1940 年 7 月 7 日出版，第 301 页。

③ 中央调查统计局特种经济调查处编：《四年之倭寇经济侵略》，1941 年刊印，第 69 页。

续表

行名	额定资本（万元）	开业日期	总行所在地	业务	备注
联易商业银行	200		上海	买卖国外货币、棉纱等	
南京兴业银行	500	1940 年 2 月 14 日	南京		
农商银行	300		上海		
南京市民银行	100		南京	代理市金库及办理贷款	1941 年 4 月 2 日成立
蚌埠商业银行	20	1940 年 5 月 5 日	蚌埠		
江苏地方银行	100		苏州		1941 年 2 月成立

说明：带 * 为华兴券。

资料来源：中央调查统计局特种经济调查处编：《四年之倭寇经济侵略》，1941 年刊印，第 69—70 页。

在表 5 – 5 中，除安民银行和蚌埠商业银行设立在安徽蚌埠外，其余 9 家银行均设立在上海、苏州、杭州、南京等城市中。此外，尚有江南产业银行兴赣银行两行，其资本额不详。①

另外，台湾银行利用其军政关系，在江苏金融中心苏州取得了主导地位。参见表 5 – 6。

1940 年 3 月，汪伪政府成立，当即准备"重建中央银行"，企图统一币制以奠定伪政府的财政金融基础。4 月 1 日，伪财政部部长周佛海发表的施政方针中，在金融方面，表示对于流通市面的各种货币，须成立"中央银行"，"速图改革，以期统一"。同月 13 日汪伪政府公布"中央银行筹备委员会章程"，17 日复任命周佛海等 10 人为筹备委员。② "俾早日发行伪钞，以达驱逐我法币，破坏我抗战金

---

① 中央调查统计局特种经济调查处编：《四年之倭寇经济侵略》，1941 年刊印，第 71 页。
② 中央调查统计局特种经济调查处编：《四年之倭寇经济侵略》，1941 年刊印，第 71 页。

融之目的。"[1]

表5-6　　　　台湾银行苏州事务所军票受理额和支持度　　（单位：千元）

	月份	受理额	支持度	差额
1940	1	464	1606	1142
	2	1400	1780	380
	3	900	1695	795
	4	952	1548	596
	5	1041	1290	249
	6	983	1463	480
	7	1191	1489	298
	8	1683	2124	441
	9	1497	1966	469
	10	2555	2952	397
	11	5386	5424	38
	12	3932	3752	180
1941	1	2397	2674	277
	2	3797	2934	863
	3	3962	4194	132
	4	4196	3562	634
	5	3139	2884	255
	6	3338	2836	502
	7	3487	3263	224
	8	2789	2522	267

资料来源：日本陆军省清乡工作司令所档案：《蘇州を中心とせる金融、通貨状態》，アジア歴史資料センター（JACAR）：C11111746700，第2308—2309頁。

---

[1]　马垚：《南京新伪钞与我法币对抗之前瞻》，《经济汇报》第2卷第3、4期合刊，1940年8月16日出版，第457页。

据汪伪政府"中央储备银行法"规定，该行业务可划分如下：
（1）特殊业务：发行本位币及辅币的兑换券，经理伪政府所铸的本
位币及辅币的发行；经理"国库"；承募内外债并经理其还本付息事
宜。（2）普通业务：经理"国营"事业款项的收付；管理全国银行
准备，并经理各银行汇拨、清算事宜；代理地方公库及公营事业款项
的收付；经收存款；"国库"证券公债及息票，国内银行承兑票据及
国内商业汇票、期票等重贴现；买卖国外支付汇票，国内外银行的即
期支票，伪政府发行或保证的公债券及生金银与外国货币；办理以生
金银及前条所述公债库券为抵押的放款；代办伪政府信托业务及收付
各种款项。就其业务范围来看，伪中央储备银行确有意造成"银行之
银行"的地位。①

伪中储银行总行设在南京，1941 年初设立分支行的地区有上海、
杭州、苏州、蚌埠 4 处，后又筹设南通、常州、无锡、青岛、扬州、
汉口、澳门、镇江等分行。②

伪中央储备银行的成立结束了华兴银行的过渡任务。据日兴亚院
制订的"关于新中央银行设立中通货之处理"的规定：（1）伪中储
券对军用票不得做不利的措施，且须对军用票政策加以协助。（2）
伪中央所得外汇须存入日本银行。（3）伪中储券不得通行于华北与
蒙疆。（4）伪中央储备银行须聘日籍顾问 4 人，凡该行营业方针，国
外汇兑与第三国的关系，以及关于法币、日元、军用票的处理以及与
华北蒙疆的有关事项均须咨询顾问。这种"中央银行"的地位实际
上受到极大的限制。③

伪中央储备银行成立 1 年后，存款总额达 602006245 元，放款总
额达 447597640 元，汇款总额达 21000 万元，其中上海方面的汇款为

---

① 中央调查统计局特种经济调查处编：《四年之倭寇经济侵略》，1941 年刊印，第 72 页。
② 中央调查统计局特种经济调查处编：《四年之倭寇经济侵略》，1941 年刊印，第 72 页。
③ 郑伯彬：《日本侵占区之经济》，资源委员会经济研究室丛刊第一种，1945 年 7 月
刊印，第 154—155 页。

15870 万元。① 及英美冻结中日资金时，上海游资大量兑换中储券，法币在上海市场受到沉重的打击，中储券的发行量激增。② 自 1940 年开始发行至 1943 年止，伪中储券发行额达 7 亿元。③

伪中储券华北伪钞同样不为人民所信任。流通地区初仅限于杭州以北、芜湖以东、蚌埠以南的长江下游三角地带。后由于日伪历次禁用法币，伪中储券流通范围开始逐渐扩大。

伪中央储备银行以日钞为准备金发行伪钞，原有伪华兴券以伪中储券回收，军用票则仍与伪中储券并行流通。1941 年 4 月伪中央储备银行强迫商业银行向其领券开户，7 月 1 日海关规定仅用伪中储钞缴纳关税。8—9 月，伪方利用搜括法币辅币方式，着手推行小额伪钞。④

全面抗战发生后，日伪即在各侵占地区劫夺中央、中国、交通、中国农民四行。1941 年 11 月 8 日日军进驻上海公共租界，掠夺中国银行在沪 4 行，查封库房、拘留员役、限制付存，迫令中国、交通两行开列所有不动产，由伪中储与正金两行接收，中央、中国农民两行的不动产则由伪中储行接收。所有被日军没收的现金现银原则上交伪财政部，由正金保管，充当中储银行加入日元集团的准备金。后又迫胁在沪的中国、交通两行更改条例，调换股票，假借两行名义在沪及在其他沦陷区复业。有官股的上海银行，如中国通商银行、中国实业银行、中国国货银行、四明商业储蓄银行等，先后将总行移设重庆，所有上海机构改为分行，1943 年上述各行上海分行均被伪方强迫接

① 俞仁林：《中央储备银行与上海金融》，《中国经济评论》第 5 卷第 1 期，1942 年 1 月出版，第 91 页。

② 哲西编译：《现阶段之中国经济》，《中国经济评论》第 5 卷第 1 期，1942 年 1 月出版，第 99—100 页。

③ 郑伯彬：《日本侵占区之经济》，资源委员会经济研究室丛刊第一种，1945 年 7 月刊印，第 155 页。

④ 丁鹄：《沦陷后之上海金融市场》（三），《经济汇报》第 6 卷第 8 期，1942 年 10 月 16 日出版，第 43 页。

收，非法改组。①

伪券发行以后经过很长时间都是与法币等价联系。在太平洋战争发生以前，日伪虽然规定若干种交易行为和税款须以伪券交纳，但其目的在推行伪券，而不是禁止法币作为支付手段。究其原因，一方面固然由于中央、中国、交通、中国农民4行尚在上海维持营业；另一方面，当时上海是一个外汇市场，日方可以利用中国政府在沪维持法币政策以套取外汇。这样，日方自然不愿将法币价值过分抑低。太平洋战争发生以后，上海租界被占，4行撤退，外汇市场随之消失，法币失去了撑持力，日伪也失去了利用法币的途径。于是，日伪开始疯狂地排斥法币。1942年3月7日，正金银行挂牌将军用票对法币的比价提高为每军用票1元合法币5元，并规定须以中储券购取；法币只能按市价折算，伪中储券开始升水。3月9日以后，银钱业收付法币，改以伪中储券分别开户。正金银行的军票换出牌价为每伪中储券100元合军用票20元，较前挂缩5元；军用票对法币，虽仍可调换，但须以市场行情为准。这项宣告值得注意的地方，不在于将军用票牌价陡缩5元，因为军用票与伪中储券之间原无联系，且牌价早就经常变动。值得注意的是，在于取消对法币的牌价，且规定以后须以市价为准。②

依照伪方所定办法，法币与伪币之间原为等价行使，日军当局的新规定，表明其有使法币与伪中储券脱离联系的意图。"日军当局既有突然有此宣告，则待变已久之人民，自然心虚，于是谣诼繁兴，群相兑换，有余资者，倾箧以出，军票之价飞涨，伪券升水骤高。"③1942年3月22日，日驻沪财务官小原召集小钱庄在伪中央储备银行开会，规定自23日起法币100元折合伪中储券77元。伪中央储备银

---

① 中国第二历史档案馆编：《中华民国史档案资料汇编》第5辑第2编，"财政经济"（三），江苏古籍出版社1997年版，第237页

② 郑伯彬：《日本侵占区之经济》，资源委员会经济研究室丛刊第一种，1945年7月刊印，第156页。

③ 丁鹄：《沦陷后之上海金融市场》（三），《经济汇报》第6卷第8期，1942年10月16日出版，第43页。

行且停止门市兑换，而由钱兑业公会指定40家钱兑庄代理（租界内30家，虹口区10家），并特约金城、大陆两银行代理兑换。伪中央储备银行上海分行于当日改挂77元的法币兑换牌价。法币与伪钞至此正式脱离联系。① 3月31日，伪方规定：（1）自1942年3月31日起废止伪中储券与法币等价流通的规定。（2）南京国民政府1935年11月3日颁布新货币法令所规定的各种货币，除特殊情形外，不准流通。（3）1942年3月30日以前所订契约，除非特别约定，仍以旧钞支付为原则。伪币与法币的等价联系至此遂告终结。同日，伪组织公布法令，规定凡完粮纳税及其他对"政府"的一切支付，一律须用伪券。②

日伪对法币实施的贬值政策，在3月至5月间几乎每日一变，3月22日规定法币百元合伪钞77元，5月20日改合74元，21日改为71元，22日为66元，23日为60元，25日为53元，26日为50元。这种办法使法币大受打击，民众几乎不敢存留法币，日伪乃乘机以伪中储券收兑。③ 1942年2月沪市军用票1元只合法币4元，3月初合法币5元，4月初又改合法币7.75元。5月22日，日伪定出军用票18元合伪中储券100元的官价，随着伪中储券价值的提高，军用票价格更趋上扬。至5月26日，日军当局将法币贬为每100元兑换伪中储券50元时，法币百元只值军用票9元。④ 由于伪钞券与法币的比价经常变动，"一日之内就有极大的涨跌"，投机家乘机兴风作浪，"华中金融的不安，可说为沦陷区各地之冠"⑤。

---

① 丁鹄：《沦陷后之上海金融市场》（三），《经济汇报》第6卷第8期，1942年10月16日出版，第44页。

② 郑伯彬：《日本侵占区之经济》，资源委员会经济研究室丛刊第一种，1945年7月刊印，第157页。

③ 郑伯彬：《日本侵占区之经济》，资源委员会经济研究室丛刊第一种，1945年7月刊印，第157页。

④ 丁鹄：《沦陷后之上海金融市场》（三），《经济汇报》第6卷第8期，1942年10月16日出版，第45页。

⑤ 郑伯彬：《日本侵占区之经济》，资源委员会经济研究室丛刊第一种，1945年7月刊印，第153页。

1942 年 5 月 31 日伪政府公布《整理旧法币条例》，规定自 6 月 1 日起，苏、浙、皖三省及京〔南京〕、沪二市，以中储券为唯一通货；法币非经特准，不得正式使用。凡持有法币者，由中储行按照法币二对一的比价，换给伪中储券。并规定以 6 月 8 日至 21 日为兑换期限，过期不再兑换。关于兑换办法，伪组织也有详细规定，其要点如下：（1）可兑换的法币，以中、中、交三行发行者为限；但券面印有上海以外的地名者不予兑换。（2）非金融机关的法币数额未满一万元者，全数按二对一的比例换给伪钞；满一万元以上者折成伪钞，作为伪行现钞存款。（3）金融机关的法币，按半数付以伪安定金融公债，另一半作为伪中储行存款。这个办法显然想防止伪钞的过度膨胀。事实上，伪钞的膨胀已经无法遏制。① 同时，伪财政部于同一布告中声明，法币通货性质虽经取消，但在伪中储券尚未普遍流通之处，准许中央、中国、交通银行旧币照旧行使。②

汪伪政府为解决混乱的金融局面，实现"通货一元化"的目标，曾请示日方将军用票收回，日军也以军用票流通额过巨，有碍信用，乃允于 1942 年 7 月 1 日收回，但后延迟至 1943 年 4 月 1 日始"停止新发行"③。"这样看来，军票的处理不过是采用逐渐收回的方式，此种为害民众的敌军用手票，流通竟达六年有余！"

汪伪政府企图自 1943 年 6 月 1 日起使伪钞成为华中、华南唯一通货，这个目的并未能实现。因为伪钞的流通，还没有普遍，汪伪政府于 6 月 1 日公布，仍暂准法币流通。至 6 月 21 日伪整理旧币委员会通告，除上海、南京、苏州、杭州、蚌埠、嘉兴、镇江、常州、常熟、无锡、芜湖等 21 处城市地区外，苏、浙、皖三省其他各地的兑

---

① 郑伯彬：《日本侵占区之经济》，资源委员会经济研究室丛刊第一种，1945 年 7 月刊印，第 158 页。

② 丁鹄：《沦陷后之上海金融市场》（三），《经济汇报》第 6 卷第 8 期，1942 年 10 月 16 日出版，第 48 页。

③ 郑伯彬：《日本侵占区之经济》，资源委员会经济研究室丛刊第一种，1945 年 7 月刊印，第 153 页。

换期限，均延长至 6 月 30 日止。6 月 23 日伪财部又公布《禁止使用旧币办法》七条，规定自 6 月 25 日起，先就京沪二市禁止法币使用。这里可以看到其以伪钞为"唯一通货"的企图，还是有着较多的阻碍。[①]

伪钞流通区域在 1942 年下半年逐渐得以推广，西至湖北，南至广东，北至徐州以南。各地法币被分别限期禁止使用。原流通于华中、华南沦陷区内的数 10 亿元法币或已入于日伪之手，或已藏诸民间。至 1943 年下半年意大利失败以后，伪钞始随轴心国家的失利而逐渐下跌，并终于为民众所拒。最后和华北一样，日伪系的通货日益动摇其与法币的比价，由升水变为贴水。[②]

日军除了上述对中国金融的直接劫掠和破坏外，其他隐性的经济损害和社会负面后果更加严重。战争时期的金融与常规金融具有不同的性质。时人总结道："战时金融在促进特种经济之发展，注重发展国家实业，以军事第一，胜利第一为最高原则，有无盈利，尚在其次。凡对军事有关的各种生产应尽量投资……凡不必要的事业投资，虽有厚利，亦应制止。"[③] 也就是说，进入战时，在日方主导的战争规则下，中国的金融不再按市场规则运行，更不以民生为重，主要目标是摧毁敌方的经济，破坏敌方的民生，最终受害者仍是普通民众。战争的残酷性在无硝烟之处同样惊心动魄。

第二节　日方对海关和财税的掠占

随着战争手段的日益进步，战争费用也日益增高。在拿破仑时代（1799—1815），平均每日所需战费仅 34 万法郎；至普法战争（1870—1871）时，每日需 1500 万法郎。第一次世界大战每日平

---

① 郑伯彬：《日本侵占区之经济》，资源委员会经济研究室丛刊第一种，1945 年 7 月刊印，第 158 页。

② 郑伯彬：《日本侵占区之经济》，资源委员会经济研究室丛刊第一种，1945 年 7 月刊印，第 158—159 页。

③ 徐堪：《战时金融》，《经济汇报》第 2 卷第 1、2 期合刊，1940 年 2 月出版，第 16 页。

均费用更达 13400 万法郎。中日甲午战争时，日本战费不过 2 亿日元；日俄战争时，日本战费已需 18 亿日元。全面抗战时期，到 1940 年 3 月止，日本已有 1198500 万元的预定军费。① 庞大的军费支出，使日本不堪负担，只得通过掠夺中国的财源来维持其侵略战争。

一　劫收关税

1937 年 10 月 22 日，英籍天津海关税务司梅维亮按日本方面的要求，将天津、秦皇岛两关征收的全部关税，即进口税和进口附加税、出口税和出口附加税、复进口半税和复进口半税附加税存入日本的天津正金银行，"直到因中日战事而发生的问题解决为止"②。这个协定是英日会商的结果，没有顾及中方的利益。其要点为：（1）所有天津、秦皇岛两关一部分税收，如船钞等，仍继续存于汇丰银行。（2）所有当地应拨用各款均由正金银行存款项下支付。（3）对由正金银行提款偿付债务事宜，英籍税务司保留完全自由决定的权力。（4）所有海关现行税则及法规均照旧施行。（5）海关在华北的一般职权将恢复原状。③ 事实上，日方并没有认真地执行这个协定，截至 1937 年 11 月 19 日，由天津汇到上海的款项，只有天津汇丰银行存款项下所解 20 万元法币，"并不敷其应摊付之数"④。

随着日军在江南地区的推进，这一地区的海关相继沦陷。江南各关沦陷日期详见下表：

---

① 成行之：《事变以来之我国财政》，《中国经济评论》第 1 卷第 6 期，1940 年 6 月出版，第 7—8 页。

② 中国近代经济史资料丛刊编辑委员会主编：《一九三八年英日关于中国海关的非法协定》，中华书局 1983 年版，第 16 页。

③ 中国近代经济史资料丛刊编辑委员会主编：《一九三八年英日关于中国海关的非法协定》，中华书局 1983 年版，第 18 页。

④ 中国近代经济史资料丛刊编辑委员会主编：《一九三八年英日关于中国海关的非法协定》，中华书局 1983 年版，第 50 页。

表 5－7　　　　　　　　**江南沦陷海关及其沦陷日期**

关名	口岸沦陷日期	税款被劫日期	施行伪税则日期	政府令撤监督日期
江海	1937 年 11 月 12 日	1938 年 5 月 3 日	1938 年 6 月 1 日	1938 年 1 月 17 日
苏州				1938 年 1 月 17 日
镇江				1938 年 1 月 17 日
金陵	1937 年 12 月 13 日			1938 年 1 月 17 日
杭州	1937 年 11 月 23 日			1938 年 1 月 17 日

资料来源：中央调查统计局特种经济调查处编：《四年之倭寇经济侵略》，1941 年刊印，第 56 页。

江海海关（上海海关）在中国海关中地位最为重要。详见下表：

表 5－8　　　　　　**上海海关沦陷历年税收统计**　　　　（单位：元）

关名	1936	1937	1938	1939	1940
上海	148869136.96	124106790.88	84913650.45	166797709.56	273135256.36

资料来源：中央调查统计局特种经济调查处编：《四年之倭寇经济侵略》，1941 年刊印，第 57—58 页。

据表 5－8，上海海关在 1936 年的税收近 1.5 亿元，1940 年以后达 2.7 亿元，于此可见其经济上的重要性。对江海关，日方谋夺之心已久，但上海情形与华北不同，国际关系较为复杂，日方采用与英国政府谈判的办法来夺取。

1937 年 11 月 22 日上海沦陷后，日方要求将上海的关税援照天津前例办理。要点为：（1）在江海关任用日籍监视员。（2）江海关税收，包括统税和码头捐，以江海关税务司名义存入正金银行，准许该税务司从正金银行账内提取经费。（3）从存入正金银行的税款中拨付外债赔款问题，在有关各国和日本当局谈判以后，再行决定。[①] 11

---

① 中国近代经济史资料丛刊编辑委员会主编：《一九三八年英日关于中国海关的非法协定》，中华书局 1983 年版，第 54 页。

月30日，英国外交部致英国驻华大使馆代办贺武的电文称，在英、美、法与日本交涉中国海关问题时，"不能允许中国政府妨碍我们达成圆满的协议"①。

1938年5月2日，英国与日本政府达成关于中国海关问题的协议，协议内容为：

（1）日本占领区各海关所征一切关税、附加税及其他捐税，应以税务司名义存入日本正金银行；在该行未设立分行的地区，应存入英、日双方商定的其他银行。

（2）所有进口税、出口税、转口税及救灾附加税按前项规定存入后，每隔若干日，最多不超过10日，须将应摊外债份额解存正金银行总税务司税款账内，以便在1937年7月尚未还清的以关税为担保的各项外债赔款到期时，如数偿还。

（3）偿还以关税为担保的各项外债和赔款，应作为全国各关所征关税的第一项开支，但经总税务司证明的海关经费（包括由各关分担的总税务司署经费）以及其他照例拨付的款项（过去一向在偿付外债以前从总税收中拨付的）应尽先扣付。

（4）（甲）各关应摊外债份额应按照本关税收在上月份全国税收总额中所占比例逐月核定。（乙）应摊外债份额以中国海关的进口税、出口税和转口税的总数为计算依据，摊付数额按照上列（甲）项规定，由总税务司署征得日本及其他有关各国同意后确定。（丙）华北和华中日本占领区某海关关税不足应摊数额时，应由各该区内其他海关的税收补足。

（5）（甲）自1937年9月起停付的日本部分庚子赔款，现存于汇丰银行暂付账内，应立即付给日本政府。（乙）日本部分庚子赔款和1913年善后借款，以后应照以关税为担保的各项外债赔款偿还办法办理。（丙）1938年1月和2月应摊外债赔款

---

① 中国近代经济史资料丛刊编辑委员会主编：《一九三八年英日关于中国海关的非法协定》，中华书局1983年版，第53页。

（计 3966576.32 元）现存于上海汇丰银行，应立即发放，归还以该款作担保的透支款项。（丁）日本占领区各口岸汇丰银行海关税款账内，如有余款，应改存当地正金银行分行海关税务司账内，以便将来用于支付应摊外债份额。①

1938 年 7 月 7 日，中国财政部部长孔祥熙在致英国大使备忘录中申明中国政府坚持以下原则：（1）对日本夺取海关不予承认，按照现行国际条约基本上维持 1937 年秋天日本非法干涉以前的海关原状。（2）维护所有战前未还清的以关税为担保的内外债持票人的权利。（3）停付日本部分庚子赔款，以免其在中日战事期间用于对华侵略。②

日方与英国缔结协定的主要目的，在于将税款完全攫为己有，所说偿付外债一端，只是幌子而已。此后，借口纽约英镑汇价低落，事前未通知第三国，日方自 1940 年 7 月 20 日起擅将关金单位的计算根据加以改变，致使海关税率增加约 6.25%。③

1938 年，伪维新政府关税收入 84913650.45 元。④ 汪伪政府成立前曾向日方提出请求："自去年五月英日海关协定后，关税即存放正金银行，截至现在为止，仅江海关一处已有一万〔万〕八千余万元，外债及赔款部分，截至去年一月卅一日止，重庆政府已经偿付。故本年一月以前之外债及赔款基金以及关余请交中央政府。惟法律上手续须俟中央政府成立后，始能正式退还，拟请日本同意……存放正金银行之关税存款全部退还，以后每月关税收入亦解缴中央政府国库，但可以一部分存放正金银行，其余存放中央政府指定之华商银行。"日方答复的条件为："关于中央政府成立后之海关制度及关税收入一层，在原则上归中央政府统一管理，但华北及内蒙之关税收入除外债担保部分

---

① 中国近代经济史资料丛刊编辑委员会主编：《一九三八年英日关于中国海关的非法协定》，中华书局 1983 年版，第 98—99 页。

② 中国近代经济史资料丛刊编辑委员会主编：《一九三八年英日关于中国海关的非法协定》，中华书局 1983 年版，第 126 页。

③ 中央调查统计局特种经济调查处编：《四年之倭寇经济侵略》，1941 年刊印，第 57 页。

④ 〔日〕井村薰雄：《日人谈南京"政府"之"财政"》，《中外经济拔萃》第 4 卷第 7、8 期，1940 年 8 月出版，第 53 页。

外，请归属华北及内蒙。"据此可以认为：（1）在伪维新政府时代，海关税收全为日方所攫走，伪方大概毫无所用。（2）伪中央政府成立后，日方虽允诺原则上将税收拨归伪方，但只是空头支票而已。（3）华北及内蒙方面关税税收，不在伪中央政府过问的范围内。①

自战事发生以来，中国政府收入锐减，为充裕战时财政，于1937年10月1日，进行整理转口税。规定凡民船、铁路、公路运输的货物，除已征统税及烟酒税者外，凡经海关及其分卡时，均予征收转口税；对于肩挑负贩的零星货物及税款在2角5分以下者一律准予免税。实施后，征税范围扩充，商人负担较前公允。② 全面抗战前一年及战争初期，中国海关各项税收详见下表：

表5-9　　　　　　　全面抗战爆发前后中国海关各税收入　　（单位：百万元）

税别	1936 年	1937 年	1938 年
入口税	254.54	261.29	160.94
出口税	24.47	29.07	16.53
转口税	13.69	20.15	55.84
吨税	4.03	3.22	2.91
赈灾附加税	13.96	14.59	9.18
海关附加税	13.94	14.58	9.17
总计	324.63	342.99	254.57

资料来源：成行之：《事变以来之我国财政》，《中国经济评论》第1卷第6期，1940年6月出版，第11—12页。

至1939年，中国政府的关税收入更形减少。关税损失达27393万元，计1月至8月间我国贸易额中输入88.3%（74410.4万元）、

---

① 中央调查统计局特种经济调查处编：《四年之倭寇经济侵略》，1941年刊印，第59页。
② 孔祥熙：《一年来中国战时财政》，《中外经济拔萃》第2卷第9期合刊，1938年9月30日出版，第17页。

输出 72.3%（35625 万元）部分已非中国政府所有。据上海日本商工会议所的调查，1939 年，中国关税收入为 18400 万元，其中中国政府的关税收入只占 15%。[1]"是项税收均存于日商横滨银行，各关原有之中央银行收税人员均离职撤退。"[2]

二　强夺其他税收

（一）盐税

全面抗战开始后，财政部根据各地食盐需求情形，克服交通工具缺乏的困难，积极运储推销，保证了各地食盐供需。[3]

中国盐税收入约占中央政府总岁入的 22.9%。全面抗战发生后，全国产盐量三分之二的区域沦为日占区，国民政府控制的盐税收入约为全部盐税收入的 2.3% 至 10%。[4]伪政府则辖有淮北、扬州、松江以及两浙等著名盐区。但自战事发生后，淮、浙盐区产量减少，按日方预算，大概每年可以征得税款 8360 万元。伪维新政府的收入，几乎全部依赖直接征收的盐税及江、浙、皖税务局附带征收的印花税等税收。1938 年度伪政府盐税收入为 8500 万元，其中 5600 万元归日特务机关，约占税收总额的 68%。伪政府实际所得仅为 2900 万元，约占税收总额的 32%。[5]

（二）统税

国民政府的统税收入，因纺织工厂的减少而大量短收。计纱锭数较战前减少 39%，织机数减少 40%。上海、无锡、南通等地的民族工业，"毁灭殆尽"，仅上海一隅，我国工厂蒙受损失至少达 30 亿元，

---

①　成行之：《事变以来之我国财政》，《中国经济评论》第 1 卷第 6 期，1940 年 6 月出版，第 12 页。

②　《二十八年沦陷各关税收之损失》，《中国经济评论》第 1 卷第 3 期，1940 年 3 月出版，第 129 页。

③　孔祥熙：《一年来中国战时财政》，《中外经济拔萃》第 2 卷第 9 期合刊，1938 年 9 月 30 日出版，第 17 页。

④　成行之：《事变以来之我国财政》，《中国经济评论》第 1 卷第 6 期，1940 年 6 月出版，第 13 页。

⑤　中央调查统计局特种经济调查处编：《四年之倭寇经济侵略》，1941 年刊印，第 59 页。

统税收入大为减少。[①]

自全面抗战开始，沿海及内地省市因战事货运停滞，税收受到打击。为了增加收入，国民政府于 1937 年 10—11 月，先后施行《非常时期征印花税办法》，开征土酒税、举办烟草税，将云南、新疆、西康、青海等省，一律改为施行统税区域，以期划一税制，扩大征税范围。后以沿海各厂沦陷，就厂征税无法办理。财政部规定，除上海外，外运各项应纳统税货品一律改由入境第一道征收机关查验补征，并加订海关兼查验办法以杜偷漏。这样，税收方得以稍增。[②]

在伪维新政府成立前，上海伪统税局已在日特务机关支持下成立，伪维新府成立后，该局亦改组为苏、浙、皖税务总局。至 1941 年共有分局 14 处，计江苏 8 处、浙江 3 处。1938 年度的税收额为 5200 万元，纯收入 2400 万元。此后上海等地工业逐渐恢复，统税税收逐渐增多。1939 年度税收额约在 8000 万元，平均每月可达 600 余万元。伪政府的统税局系独立组织，直属于日本特务机关，不属于伪维新政府，每月税额解缴日本特务机关，由该机关拨交一部分给伪组织。伪中央政府成立后，曾向日方请求归由伪财政部接收，税收直接解缴伪国库。[③]

税率方面，自 1940 年 10 月除卷烟税率增加外，余如雪茄、洋酒、土酒、薰烟等税仍照旧税率征收。至 10 月间，南京伪财政部令饬税务署计划改订税率，借资增加税收。新增税率于 1941 年 1 月 9 日由伪行政院通令各区税务局及印花烟酒税处于 1 月 10 日起施行。其中水泥、火柴、土酒、土烟、薰烟叶、雪茄、洋纸 7 种税率如下：

---

① 成行之：《事变以来之我国财政》，《中国经济评论》第 1 卷第 6 期，1940 年 6 月出版，第 13 页。这个数据可能包括了间接损失。前文所说，上海工厂损失约 8 亿元是直接损失。

② 孔祥熙：《一年来中国战时财政》，《中外经济拔萃》第 2 卷第 9 期合刊，1938 年 9 月 30 日出版，第 17 页。

③ 中央调查统计局特种经济调查处编：《四年之倭寇经济侵略》，1941 年刊印，第 59 页。

表 5 - 10   伪财政部的新修税率

项目	旧税率（元）	新税率（元）
水泥（每袋）		
173 公斤	1.5	3
113 又 1/3 公斤	1	2
85 公斤	0.75	1.5
63 又 1/2 公斤	0.58	1.16
56 又 2/3 公斤	0.5	1
49 又 9/10 公斤	0.45	0.9
42 又 1/5 公斤	0.37	0.47
火柴		
甲、每箱 7200 小盒		
硫化磷甲	12.6	25.2
硫化磷乙	15.6	31.2
安全甲	15.6	31.2
安全乙	20.1	40.2
安全丙	24	48
乙、每箱 1200 小盒		
硫化磷甲	2.1	4.2
硫化磷乙	2.6	5.2
安全甲	2.6	5.2
安全乙	2.35	6.7
安全丙	4	8
土烟及薰烟叶		
每 100 市斤	4.15	8.34
雪茄		

项目	旧税率（元）	新税率（元）
等级	每千枝价值（元）	
一等	240 以上	128
二等	120—240	64
三等	60—120	32
四等	30—60	16
五等	30 以下	8

原注：土酒按照旧税率加倍征收；洋纸改征从价税值百抽四十五。

资料来源：中央调查统计局特种经济调查处编：《四年之倭寇经济侵略》，1941 年刊印，第 60—61 页。

据表 5 - 10，汪伪政府新修的税率，对绝大部分商品征收了比南京国民政府时期高 1 倍的税率。

截至 1941 年，日伪在华中地区掠夺的关税达 115720 万元、盐税 21640 万元、统税 47230 万元，共计 184590 万元。各项税款详见下表：

表 5 - 11　　　　　　　　战时华中关、盐、统税收入

年份	关税		盐税		统税	
	（百万元）	指数	（百万元）	指数	（百万元）	指数
1936	148.9	100	74.5	100	121	100
1937	142.1	96	73.5	99	—	—
1938	84.9	57	—		32.6	26
1939	166.8	112	2	3	60.6	49
1940	273.1	183	18.7	25	92.7	77
1941	341.4	229	47.7	64	165.4	140
合计	1157.2	—	216.4	—	472.3	—

资料来源：王桧林主编：《中国抗日战争全书》，山西人民出版社 1995 年版，第 1488 页。

（三）所得税

南京国民政府自 1936 年 10 月开征所得税后，因税制良好，负担较为公允，推行极为顺利。不久，战事逐渐扩大，工商各业均遭破坏，影响了营利所得的征课。此外，所有经济社会活动，无不受战事影响。国民政府财政部为切实推行良税，增裕税源，一面充实后方工作人才，一面完纳税单，饬各省加紧督征，充裕国库。[①]

（四）地方税

各省地方财源，主要为田赋及营业税两项。国民政府财政部为了减轻战区灾民的负担，经呈准转行战区各省，分别豁免 1936 年度以前田赋及 1936 年度田赋。[②]

日伪则大肆加重江南的田赋。据 1941 年满铁调查，事变前无锡 15 户农家 56.1 亩土地共缴纳田赋 38.78 元，亩均负担 0.69 亩；事变后农户亩均负担 0.98 元。[③]

日军对粮食交易征收极重的营业税。1938 年 12 月，日军的调查承认，由于在苏州等地征税苛重，造成物价暴涨。[④] 1942 年，汪伪政府预计对江苏征收田赋 5000 万元。[⑤] 1 月至 5 月，吴县、昆山、太仓、常熟、无锡、江阴、武进 7 县，共收田赋 232 万石，比前一年同期增加 4 倍，营业税等其他各种捐税比前一年增加 10 倍以上。[⑥] 1944 年江苏省昆山、常熟、无锡、武进、宜兴、松江、吴江、金山、青浦、太仓、江阴、吴县、镇江、丹阳、句容、金坛、江宁、溧水、六

---

① 孔祥熙：《一年来中国战时财政》，《中外经济拔萃》第 2 卷第 9 期合刊，1938 年 9 月 30 日出版，第 17 页。

② 孔祥熙：《一年来中国战时财政》，《中外经济拔萃》第 2 卷第 9 期合刊，1938 年 9 月 30 日出版，第 17 页。

③ 南満洲鐵道株式會社調査部：《江蘇省無錫縣農村實態調査報告書》，大陆新报社 1941 年印，第 6 页。

④ 陸軍省山田部隊本部経理部《金融情報》第 4 号（苏州、芜湖），昭和 14 年 1 月 19 日，アジア歴史資料センター（JACAR）：C11110898200。

⑤ 伪中央储备银行调查处：《苏田赋税收增加》，《中央经济月刊》第 2 卷第 12 期，1942 年 12 月出版，第 78 页。

⑥ 江苏省武进县志编纂委员会编：《武进县志》，上海人民出版社 1988 年版，第 669—670 页。

合、江浦、扬中21县的赋税折米23903万斤，日伪米粮统制委员会核定上述各县的军米82800万斤。军米相当于赋税的3.5倍。[1]

此外，伪中央政府财政部于1940年7月间举办蚕丝建设特捐。依条例规定，凡国内工厂制造的蚕丝，应完纳建设特捐，其征收事宜，由税务处另行设处仿照统税征收办理。税率为：同宫丝每包值百抽7.5元，白丝（丝经厂经在内）每包值百抽12元，灰丝（丝经厂经在内）每100市斤征法币7.54元，黄丝（丝经厂经在内），每100斤征收10.50元，废丝（茧衣乱丝棉在内）和丝棉每包值100元抽5元，丝纱线每100市斤征收10元。除此建设特捐外，尚有所谓江浙干茧特捐，由江、浙两省伪财政厅主办征收事宜，税率系从量征收，按斤计算，每市担征收6元。[2]

经1937—1945年历年累计，因日军侵略，浙江省直接税税收损失为615926235.32元。[3]

税收是中国政府财政的主要来源，而江南地区的各项税收一向占全国税收总额的极大部分。江南税收被掠夺，使中国政府的财政陷入严重的危机中。

第三节　外贸的萎缩和畸形发展

上海是江南的贸易中心，也是全国的贸易中心。1937年日军把战火烧到上海时，这里的商业企业遭受巨大的损失。战争爆发初，中国国货公司停止营业近1个月。战火中，南京路先施公司遭到了日机轰炸，仅8月23日死伤的职工、顾客及行人达千人之多。先施对面的永安公司也被炸死多人。先施与永安损失建筑物和商品分别合1937年法币35.4万和41万元。战争初期，各类旅馆、酒楼、游乐场

---

① 吴根荣：《日伪在吴江强征军米概述》，政协吴江市委员会文史资料委员会编《吴江文史资料》第15辑，1995年，第76—77页。

② 中央调查统计局特种经济调查处编：《四年之倭寇经济侵略》，1941年刊印，第61页。

③ 《浙江历年直接税税收抗战损失统计表（中华民国三十五年一月二十八日）》，《工商新闻》（杭州）第1卷第5期，1946年5月出版，第21页。

等业务大幅度下降，各大公司平均营业额较战前下降50%左右。[①] 太平洋战争爆发后，上海的永安、先施、新新、大新4大百货公司均被日军"军管理"，营业长期不振。

太平洋战争爆发前，上海虽已沦陷，但公共租界和法租界的地位仍在，并形成了"孤岛"，国际进出口贸易大部分时间照常进行。

一　战火中的进出口贸易

日军占领华中地区后，除搜刮掠夺该地区内的物资外，并乘机推销国内过剩产品。自七七事变以后，日本劣质货品随军队大量进入中国。[②] 1937年上半年中国对外贸易极为繁荣，贸易值同比增加35%。战事发生后，上海对外贸易备受打击。1938年1月较1937年7月贸易值降到80%，这还是因为季节原因，其时仅上海有大量进出口贸易之故。其他各地的景况更差。[③] 上海战事最激烈的8月份，整个中国进出口贸易入超达10242000元。1938年1—5月，中国进出口贸易每月均处于入超状态，5个月的入超总额达124225000元。详见下表：

表5－12　　　　　**抗日战争前期中国进出口贸易分月统计**　　（单位：千元）

月份	洋货进口	土货进口	入超（－）出超（＋）
1937年8月	55465	45223	－10242
9月	34141	67159	＋33018
10月	36334	48734	＋12400
11月	44682	50270	＋5588

---

① 上海百货公司等编：《上海近代百货商业史》，上海社会科学院出版社1988年版，第114—115页。

② 中央调查统计局特种经济调查处编：《四年之倭寇经济侵略》，1941年刊印，第128页。

③ 《一年来中国战时经济之检计》，《中外经济拔萃》第2卷第9期合刊，1938年9月30日出版，第14页。

续表

月份	洋货进口	土货进口	入超（−）出超（＋）
12 月	52609	55229	＋2620
1938 年 1 月	59090	43098	−15992
2 月	72369	40912	−31457
3 月	99260	50152	−49108
4 月	67018	56639	−10379
5 月	74709	57418	−17291
6 月	71626	74386	＋2670
7 月	67074	77263	＋10189
8 月	77120	80204	＋3084
9 月	75138	79823	＋4685
10 月	78041	76114	−1927
11 月	74400	67011	−7389
12 月	72078	59621	−12457
1939 年 1 月	84538	67435	−17103
2 月	75154	58228	−16926
3 月	112058	68150	−43898
4 月	122222	65680	−56542
5 月	174127	83541	−90586
6 月	152595	68426	−84169
7 月	116875	79885	−36990
8 月	130395	100868	−29527

资料来源：俞雄飞：《八一三以来我国之对外贸易》，《中国经济评论》第 1 卷第 1 期，1939 年 11 月出版，第 4—5 页。

据表 5 - 12，中日开战的第一个月（1937 年 8 月），洋货进口值由上一月的 12000 余万元，猛降至 5500 余万元；9 月更降至 3000 余万元。后虽有回升，但截至 12 月底，始终未能超越 8 月份的数字。战事未发生前的 1937 年 7 月份出口贸易值为 8400 万元，8 月份则尚不足 5000 万元。[①] 这是因为战事爆发后，日舰封锁海岸，只有少数第三国船只得以航行。加上内地交通因军运频繁，货运基本停滞，作为中国贸易中心的上海沦为战区，外货无法输入，进口贸易直线下降。1938 年，江南其他未受战火波及的口岸贸易则呈现上升势头。

江南主要商埠的贸易量详见表 5－13。

表 5－13　　　　　　　　沦陷各埠外贸值　　　　　（单位：百万元）

埠别	1937 年	1938 年	1939 年 1—8 月
上海	915.483	497.935	728.742
温州	1.383	8.163	14.382
宁波	2.148	5.98	1.624

资料来源：俞雄飞：《八一三以来我国之对外贸易》，《中国经济评论》第 1 卷第 1 期，1939 年 11 月出版，第 9 页。

据表 5－13，1937 年 7 月前，由于上海处于和平时期，贸易额较巨。"八·一三"后，上海沦为战区，贸易额急剧下降，暂未受战事波及的温州则有所增长。

1939 年 9 月以后不论是沦陷区还是非沦陷区，进出口贸易量较前有了增长。详见表 5－14。

据表 5－14，1939 年中国沦陷区的进出口贸易总额比 1938 年增加了 9085331 磅，但增加部分主要是进口贸易，出口贸易反而有所下降。1936—1941 年上海口岸进出口贸易值的消长指数，详见表 5－15。

---

① 俞雄飞：《八一三以来我国之对外贸易》，《中国经济评论》第 1 卷第 1 期，1939 年 11 月出版，第 4—5 页。

表 5 - 14　　　　　1938—1939 年 1—5 月中国贸易输出入

（单位：磅；指数：1938 年 = 100）

项目	沦陷区			非沦陷区		
	1938 年	1939 年		1938 年	1939 年	
		数量	指数		数量	指数
输入	18432401	30343968	164.6	2300094	4209652	183
输出	10984769	8158533	74.3	2826418	3313100	117.2
合计	29417170	38502501	130.9	5126512	7522752	146.7
入超	7447639	22185435			896552	
出超				526324		

资料来源：成行之：《事变以来之我国财政》，《中国经济评论》第 1 卷第 6 期，1940 年 6 月出版，第 12 页。

表 5 - 15　　　　1936—1941 年上海口岸历年进出口贸易值消长

（指数以 1936 年为 100；单位：千美元）

年份	出品贸易值		进口贸易值		进出口贸易总值	
	金额	指数	金额	指数	金额	指数
1936	107639	100	164956	100	272595	100
1937	118589	110	149693	91	268282	98
1938	46863	44	80756	49	127619	47
1939	67064	62	179141	109	246205	90
1940	82959	77	189717	115	272676	100
1941	108250	101	196770	119	305020	112

资料来源：上海社会科学院经济研究所等：《上海对外贸易》（下），上海社会科学院出版社 1989 年版，第 3 页。

据表 5 - 15，1938 年上海的出口贸易值仅及 1936 年的 44%，

1939 年增加到 62%，1940 年增加到 77%，到 1941 年达到了战前的水平；进口贸易从 1939 年起，即已超过了战前的水平。

全面抗日战争前夕和初期，上海口岸的进口商品，向来以杂货（包括日用百货）、金属及矿砂、油脂蜡（包括汽油、煤油、柴油）等几项商品交替高居前三位。但到"孤岛"期的 1939 年起，则由棉花、粮食等及衣食生活必需品交替占据第一、二位了。而且 1939、1940 年居第一位的棉花分别高占这两年进口总值的 27% 和 28%；1941 年居第一位的粮食占进口总值的 22.4%，第二位的棉花也超出了 20%。其比重之大实为过去所未见。此外，作为燃料的煤炭，在 1938 年起一直列身于进口商品前 10 位之中。①

根据学者对《海关关册》所作的详细统计，历年前 10 位进口商品的位次及比重见表 5 – 16。

出口商品的结构方面，较战前也起了变化。向来作为主要传统出口商品的农副业产品比重下降；而素不占重要地位的轻工业制成品，包括棉纱、棉布、针棉织品及其他机制品等出口比重上升，手工业品亦有上升趋势。见表 5 – 17。②

在外商洋行中，因时值战乱，地处"孤岛"，日商借军事暴力获得快速发展。此前一向占进出口业务霸主地位的欧美商洋行常受日商洋行的排挤。欧美商洋行户数减少，业务缩小；日商洋行户数增加，业务扩展。特别在出口方面，日商仗势统制，对蚕丝出口霸踞首位；在进口方面，对轻工业消费品杂货的进口，日商积极推销日货，企图独占市场。③

1937—1939 年中国对外贸易中各外商所占份额见表 5 – 18。

---

① 上海社会科学院经济研究所等：《上海对外贸易》（下），上海社会科学院出版社 1989 年版，第 3—4 页。

② 上海社会科学院经济研究所等：《上海对外贸易》（下），上海社会科学院出版社 1989 年版，第 7 页。

③ 上海社会科学院经济研究所等：《上海对外贸易》（下），上海社会科学院出版社 1989 年版，第 7—8 页。

表5-16　　1936—1941年上海口岸进口商品前10位历年年位次及比重

位次	1936年 商品项目	占上海进口总值%	1937年 商品项目	占上海进口总值%	1938年 商品项目	占上海进口总值%	1939年 商品项目	占上海进口总值%	1940年 商品项目	占上海进口总值%	1941年 商品项目	占上海进口总值%
1	杂货（包括日用百货）	15.40	金属及矿砂	17.24	烛、皂、油脂、蜡、胶、松香	11.12	棉花	26.62	棉花	28.03	粮食类	22.41
2	金属及矿砂	11.29	杂货	8.87	金属及矿砂	9.92	烛、皂、油脂、蜡、胶、松香	7.84	粮食类	10.49	棉花	20.42
3	烛、皂、油脂、蜡、胶、松香（包括汽油、煤油、柴油）	7.28	纸、纸版类	8.34	纸、纸版类	7.21	粮食类	6.99	金属及矿砂	6.92	烛、皂、油脂、蜡、胶、松香	5.53
4	纸、纸版类	7.02	烛、皂、油脂、蜡、胶、松香	7.21	煤、煤砖	6.85	金属及矿砂	6.06	煤、煤砖	6.44	糖	4.72
5	杂类金属制品	6.53	机器及工具	6.93	烟草	6.59	烟草	5.46	烛、皂、油脂、蜡、胶、松香	5.69	纸、纸版类	4041

续表

位次	1936年 商品项目	1936年 占上海进口总值%	1937年 商品项目	1937年 占上海进口总值%	1938年 商品项目	1938年 占上海进口总值%	1939年 商品项目	1939年 占上海进口总值%	1940年 商品项目	1940年 占上海进口总值%	1941年 商品项目	1941年 占上海进口总值%
6	棉花	6.23	化学产品及制药	5.60	机器及工具	6.34	化学产品及制药	4.97	烟草	5.50	煤、煤砖	2.69
7	机器及工具	6.02	杂类金属制品	5.53	化学产品及制药	5.83	纸、纸饭类	4.03	化学产品及制药	4.51	化学产品及制药	3.18
8	染料、颜料、油漆、凡立水	5.56	染料、颜料、油漆、凡立水	4.69	染料、颜料、油漆、凡立水	5.00	染料、颜料、油漆、凡立水	4.03	纸、纸饭类	4.09	杂货	2.70
9	化学产品及制药	5.05	车轮船艇	4.42	杂货	4.28	煤、煤砖	4.02	染料、颜料、油漆、凡立水	2.64	烟草	2.69
10	车轮、船艇	4.32	烟草	3.17	棉花	4.11	杂货	3.87	机器及工具	2.55	染料、颜料、油漆、凡立水	2.68
总值	164956		149693		80756		179141		189717		196770	

说明：最后一栏"总值"系指上海各年进口总值，单位为千美元。

资料来源：上海社会科学院经济研究所等：《上海对外贸易》（下），上海社会科学院出版社1989年版，第4—5页。

表 5-17　1936—1941 年上海口岸出口商品前 10 位历年位次及比重

位次	1936 年		1937 年		1938 年		1939 年		1940 年		1941 年	
	商品项目	占上海进口总值%	商品项目	占上海进口总值%	商品项目	占上海进口总值%	商品项目	占上海进口总值%	商品项目	占上海进口总值%	商品项目	占上海进口总值%
1	桐油	18.71	桐油	17.74	蛋品类	11.23	生丝	22.89	生丝	19.50	生丝	9.94
2	生丝	7.80	生丝	8.54	棉纱	10.18	蛋品类	8.82	蛋品类	5.96	棉布类	9.49
3	茶叶	6.87	蛋品类	6.77	生丝	9.82	花边类	6.55	棉布类	5.76	棉纱	7.03
4	皮、毛、生皮、熟皮	5.80	皮、毛、生皮、熟皮	6.34	花边类	6.61	棉布类	6.11	花边类	5.34	猪鬃	4.44
5	蛋品类	5.31	茶叶	5.77	茶叶	5.99	棉纱	5.32	棉纱	5.20	针棉织品类	4.31
6	杂粮及其制品	4.66	花边类	4.66	棉类	5.68	杂粮及其制品	3.67	针棉织品类	4.03	花边类	4.09
7	花边类	4.40	猪鬃	3.59	草帽类	4.34	猪鬃	3.47	猪鬃	3.73	杂粮及其制品	4.01
8	猪鬃	4.28	杂粮及其制品	2.81	丝绸类	3.31	丝绸类	3.21	茶叶	3.17	皮、毛、生皮、熟皮	3.00
9	棉纱	2.90	丝绸类	2.12	桐油	2.59	针棉织品类	3.13	皮、毛、生皮、熟皮	2.97	丝绸类	2.73

续表

位次	1936年		1937年		1938年		1939年		1940年		1941年	
	商品项目	占上海进口总值%	商品项目	占上海进口总值%	商品项目	占上海进口总值%	商品项目	占上海进口总值%	商品项目	占上海进口总值%	商品项目	占上海进口总值%
10	丝绸类	2.50	肠衣	1.88	猪鬃	2.04	皮、毛、熟皮	2.22	丝绸类	2.23	蛋品类	1.99
总值	107639	118589	46863	67064	82959	108250						

说明：最后一栏"总值"系指上海各年进口总值，单位为千美元。

资料来源：上海社会科学院经济研究所等：《上海对外贸易》（下），上海社会科学院出版社1989年版，第6页。

表 5 - 18　　　　　　　1937—1939 年外商在华贸易总量对比

国别	1937 年上期（百万元）	百分比	1939 年上期（百万元）	百分比	1939 年上期相比1937 年上期数量（百万元）
日本					
由日输入	115. 365	19	170. 404	23. 51	55. 039
对日输出	63. 125	13	32. 931	7. 98	− 30. 194
贸易总数	178. 49		203. 335		24. 845
入超	52. 24		137. 473		85. 233
美国					
由美输入	115. 386	19	112. 049	15. 46	− 3. 337
对美输出	155. 601	32. 21	67. 089	16. 26	− 88. 512
贸易总数	270. 987		179. 138		− 91. 849
入超	—40. 21		44. 96		85. 175
德国					
由德输入	90. 583	14. 92	51. 367	7. 09	− 39. 216
对德输出	43. 931	9. 1	30. 712	7. 44	− 13. 219
贸易总数	134. 514		82. 079		− 52. 435
入超	46. 652		20. 655		− 25. 997
英国					
由英输入	68. 811	11. 33	39. 502	8. 96	− 29. 309
对英输出	36. 156	7. 49	33. 046	5. 01	− 3. 11
贸易总数	104. 967		72. 548		− 32. 419
入超	32. 655		6. 456		− 26. 199
法国					
由法输入	6. 633	0. 09	1. 303	0. 78	− 5. 33
对法输出	16. 481	3. 41	13. 647	3. 31	− 2. 834
贸易总数	23. 113		15. 977		− 7. 136
入超	9. 849		12. 344		1. 522

　　说明：原表数字计算错误较多，已予以改正。

　　资料来源：俞雄飞：《八·一三以来我国之对外贸易》，《中国经济评论》第 1 卷第 1 期，1939 年 11 月出版，第 6—7 页。

据表5-18，1939年上半期自日输入商品与1937年上半期相比增加了5503.9万元，中国对日输出同比则下降了3019.4万元；美、德、英、法等国同期对华进出口贸易均处于下降状态，自不可与日本同日而语。

在进口业务方面，华商比重未见增加。全面抗战初期的几年间，华商进口行的数量增加很少，华、洋商经营业务的比重也与战前相似，并无增加。其中棉花进口因日商势力上升，华商被排挤，经营的比重反较战前下落。详见下表：

表5-19　1938—1941年上海传统进口商品中华商经营比重情况

商品类别	"孤岛"期间华、洋商经营进口比重		与战前情况比较
	华商占%	洋商占%	
粮食（米）	10%	90%	战前华商比重约占10%，"孤岛"期间与前仿佛
粮食（小麦）	空白	100%	由洋商垄断进口业务（战前南洋庄曾有进口）
粮食（面粉）	50%	50%	1936年华商占比重9%，"孤岛"时日商经营较多，华商减少
棉花	3%	97%	
煤炭	空白	100%	向由洋商独占进口业务
石油产品	空白	100%	华商光华火油公司在1934年停业后，由洋商独占进口业务
纸及纸版	10%	90%	1936年华商占比重10%左右，"孤岛"期间与前仿佛
烟叶	空白	100%	向由洋商独占进口业务
金属制品	10%	90%	战前华商比重约占10%，"孤岛"期间与前仿佛

商品类别	"孤岛"期间华、洋商经营进口比重		与战前情况比较
	华商占%	洋商占%	
化学产品（包括化工原料、西药、料、染料）	5%	95%	"孤岛"期间与前仿佛

资料来源：上海社会科学院经济研究所等：《上海对外贸易》（下），上海社会科学院出版社1989年版，第10页。

据表5-19，在粮食进口业务中，华商略有扩展；但在棉花进口方面，华商业务比战前缩小了3倍。

二 日本对华贸易与走私

"九·一八"事变后，中国对日贸易有显著减退趋势。1931—1937年，美国对华进口贸易值远远超过日本，中国自日进口值至1937年仅值67700万金单位。出口方面，日本仅列第三位，1931年中国对日出口值26500万海关两，1937年减至3800万海关两。直到1938年以后，中国对日贸易值乃转趋增加。对日进口方面，1938年为21000万元，1939年为31300万元，1940年复增至46600万元；出口方面1938年为11700万元，1939年虽减为6700万元，1940年又增至12600万元。[①] 以沦陷地区而论，对日贸易无论在绝对数或比率上，都有急剧增加的趋势。下表是沦陷各关对日贸易的统计：

---

① 郑伯彬：《日本侵占区之经济》，资源委员会经济研究室丛刊第一种，1945年7月刊印，第168页。

表5－20　　　　　　　　　**沦陷各关对日贸易总值**　　　（单位：法币千元）

年度	芜湖	南京	镇江	上海	苏州	杭州	宁波	
进口	1937	4629	8667	7147	509635	4641	3120	2117
	1938				269996			1200
	1939				597080			1675
	1940				758309			7890
出口	1937	1369	1195		404672	1		26
	1938				223039			4768
	1939				594693			9816
	1940				1372810			46024
合计	1937	5998	9862	7147	914307	4642	3120	2143
	1938				493035			5968
	1939				1193773			11491
	1940				2131119			53914

资料来源：郑伯彬：《日本侵占区之经济》，资源委员会经济研究室丛刊第一种，1945年7月刊印，第170—171页之间无页码表格。

　　1938年以后，日本加紧了对华物资的掠夺。在这一年里，上海海关自日进口货物价值269996000元，出口货物价值223039000元，出口货物的价值相当于进口货物价值的82.6%；宁波海关自日进口货物价值1200000元，出口货物价值达4768000元，出口货物价值相当于进口货物价值的近4倍。1939年，上海海关对日进口和出口货物价值相埒；宁波海关对日出口货物价值相当于进口货物价值的5.86倍。1940年上海海关对日出口货物价值相当于对日进口货物价值的1.81倍；宁波海关对日出口货物价值相当于对日出口货物价值的5.83倍。

　　对日进出口贸易在江南各关进出口总额中的比重如下表：

表5－21 沦陷各区对日进出口贸易值占全部贸易值百分比

（单位：关金）

年度			南京	镇江	上海	苏州	杭州	宁波
进口	1937	对日	250376	364916	33096363	510507	802435	38644
		全部	3818267	3148492	224508948	2004851	1374628	932922
		对日%	6.56	11.59	14.74	25.46	58.37	4.14
	1938	对日	—	—	16154159	—	—	5780
		全部	—	—	118941142	—	—	528803
		对日%	—	—	13.58	—	—	1.09
	1939	对日	—	—	33014223	—	—	—
		全部	—	—	33882067	—	—	670028
		对日%	—	—	97.44	—	—	—
	1940	对日	—	—	25024481	—	—	794
		全部	—	—	280128940	—	—	3914558
		对日%	—	—	8.93	—	—	0.02
出口	1937	对日	333942	—	31986496	135	—	—
		全部	1194969	—	404671937	998	—	—
		对日%	2.79	—	7.9	13.53	—	—
	1938	对日	—	—	14702626	—	—	108
		全部	—	—	223038838	—	—	25617
		对日%	—	—	6.59	—	—	0.42
	1939	对日	—	—	22597926	—	—	—
		全部	—	—	594693333	—	—	—
		对日%	—	—	3.78	—	—	—
	1940	对日	—	—	55536535	—	—	—
		全部	—	—	1372810477	—	—	—
		对日%	—	—	4.05	—	—	—

资料来源：郑伯彬：《日本侵占区之经济》，资源委员会经济研究室丛刊第一种，1945年7月刊印，第170—171页之间的表格。

据表 5 - 21，南京、镇江、上海各关自日进口货物分别占各关进口总额的 8.8% 至 14.74%；苏州、杭州两关自日进口货物价值分别占两关进口货物价值总额的 58.37% 和 64.97%。上表中的数字以对日本本部的贸易为限。在进口方面，1937 年沦陷区各关自日进口值为 6500 万金单位，约占全部进口值的 17.7%；1938 年自日进口增至 9000 万金单位，占全部进口值的 29.4%；1939 年自日进口值增至 12600 万金单位，在全部进口值中所占比重为 25.7%；1940 年更增至 17200 万金单位，在全部进口值中的比重为 26%。出口方面，1937 年沦陷各关对日出口值为 8400 万元，约占全部出口值的 12.5%；1938 年增至 11700 万元，占 22.3%；1939 年对日出口减为 6700 万元，1940 年增至 12600 万元。但由于日本的侵占，华北的贸易地位在上升，江南各埠的地位在下降。华中方面，自日进口所占的比重最高时仅占中国全部自日进口总额的 15%，最低则为 8.8%。①

日伪贸易措施及日本在沦陷区的经济掠夺，从进口的商品上可以看出。出口方面，对日出口主要货物大约可以分为 10 类，列如下表：

表 5 - 22 　　　　　沦陷区各关对日出口主要货物 　　（单位：法币千元）

	1937 年	1938 年	1939 年	1940 年
动物及动物产品	7610	2423	4301	10261
生皮熟皮皮货	4278	4276	1500	1703
豆	2317	1130	983	3448
杂粮及其制品	9339	2798	8265	7340
子仁	7658	5158	2497	9694
烟草	799	1801	403	392
燃料	9876	11253	22662	45730

① 郑伯彬：《日本侵占区之经济》，资源委员会经济研究室丛刊第一种，1945 年 7 月刊印，第 169—170 页。

续表

	1937 年	1938 年	1939 年	1940 年
纺织纤维	26136	79617	13091	21695
矿砂金属及金属制品	4590	3304	2303	9503
化学品	4334	3737	4250	8255

资料来源：郑伯彬：《日本侵占区之经济》，资源委员会经济研究室丛刊第一种，1945年7月刊印，第171—172页。

据表5-22，1937年我国对日输出物资，以纺织纤维为首位，计值2613.6万元；其次为燃料，达987.6万元；再次为杂粮及其制品，计值933.9万元。输出方面，较重要的物品有子仁、动物及动物产品、矿砂金属及金属制品、生熟皮及皮货、化学品、豆类及烟草。1938年，纺织纤维输出猛增，达7961.7万元，仍占对日输出的第一位。该年度中国自其他国家进口棉花激增，可以看出日伪在利用中国法币以吸收物资。该年度出口占第二位的商品仍为燃料，达1175.3万元。出口商品第三位以后，位次略有变化，其次序为子仁、生熟皮及皮货、化学品、矿砂、金属及金属制品、杂粮及其制品、动物及动物产品等。1939年出口商品变化明显，占第一位的商品为燃料，输出值达2266.2万元，纺织纤维降至第二位。第三位为杂粮及其制品。其次则为动物及动物产品、化学品、子仁、矿砂金属等。

1940年，上项变化更为显著，燃料仍为第一位，达4573万元，较1937年的输出值约增加5倍。第二位虽仍为纺织纤维，但其输出值仅为2169.5万元，尚不及1937年的输出额。第三位以后的出口商品顺序为动物及动物产品、子仁、矿砂金属、化学品、杂粮及其制品等。而矿砂金属等输出值增至950.3万元，较1939年增加4倍，较1937年增加1倍有余。[①]

---

① 郑伯彬：《日本侵占区之经济》，资源委员会经济研究室丛刊第一种，1945年7月刊印，第173页。

自日本进口的商品比对日本出口的商品复杂。其主要物品名称及历年进口值有如下表：

表5-23　　沧陷区各关从日本进口主要货物价值　　（单位：千关金）

货物	1937 年	1938 年	1939 年	1940 年
棉布	5046	7394	4498	3005
其他棉制品	471	504	573	652
麻及其制品	1136	249	718	502
毛及其制品	4026	4454	2052	3070
丝（包括人造丝）及其制品	4197	6679	6961	13175
金属及矿砂	7601	2942	3910	5428
机器及工具	9778	12507	13393	14203
车辆及船艇	2434	1504	3046	5298
杂类金属制品	2946	4037	5833	3784
鱼介、海产品	3158	2005	4303	8043
荤食罐头食物日用杂货	198	1527	3900	8297
杂粮及杂粮粉	472	12486	4471	6172
菜品子仁菜蔬	484	1437	3060	5459
糖	3257	3455	8198	4351
酒及饮料	47	738	1629	1677
化学产品及制药	4113	4388	3395	10512
染料颜料油漆	1568	1564	4761	3742
烛皂腊脂等	1461	2154	9230	10017
书籍地图及木造纸质	3859	6292	13304	11851
木材	1346	3545	5734	12883
木竹藤棕及其制品	633	1360	2903	4872
煤燃料沥表煤膏	274	1276	1936	1287
合计	58505	82497	107808	138280

资料来源：郑伯彬：《日本侵占区之经济》，资源委员会经济研究室丛刊第一种，1945年7月刊印，第173—174页。

据表 5 – 23，1937 年从日本进口的主要物品，占第一位的是机器及工具，价值 9778 千金单位；第二位是金属及矿砂，价值 7601 千金单位；第三位是棉布，价值 5046 千金单位；其他依次为丝及其制品、化学品及制药、毛及其制品、书籍地图纸张及木造纸质、糖、鱼介海产、杂类金属制品、车辆船艇等。

1938 年占进口首位的商品仍为机器及工具，但占第二位的物品则为杂粮及杂粮粉，这项物品在 1937 年的输入值不过 472 千金单位，1938 年突然增至 12486 千金单位，说明沦陷区在日军统治下，粮食紧缺；第三位为棉布，输入值略有增加；第四位为丝及丝制品，第五位为书籍、地图、纸张及纸质；以下依次为毛及毛制品、化学产品及制药、杂类金属制品、木材、糖等，而金属及矿砂、车辆船艇等项均明显减少。

综观对日进出口贸易商品，可知：第一，自日输入和对日输出贸易有很大不同，输入商品变化较大，因为自日输入的商品多系轻工制品，需求弹性很大，常因外界因素的变动受影响。对日输出商品多系原料品，为日本不可或缺的物资，其需求弹性很小，不易随外界各种因素的变动而增减。因而，燃料、矿砂、金属的输出已日渐重要。

第二，在上列进出口主要物资的货值上，输入方面所受战争的影响较输出方面为小，除了上述几种物品的特殊情形外，多数进口商品都没有太大的变化。而出口物资则大多有剧烈的增降，特别是农畜产品、豆类杂粮及其制品、子仁和烟草等项呈现极不稳定的状态。一方面说明沦陷区受战争、荒灾等影响较大，农村生产减退，另一方面也可以说明日货在沦陷区倾销，对中国商品有较大的冲击。[①]

第三，机器及工具在进口物资中始终占第一位，说明日本在沦陷区大规模地进行殖民事业。

第四，出口物资中，纺织纤维的地位迅速为燃料代替。1940 年

---

① 郑伯彬：《日本侵占区之经济》，资源委员会经济研究室丛刊第一种，1945 年 7 月刊印，第 174—176 页。

矿砂、金属及化学品的输出值有巨量增加，这与日本改变工业基础有密切关系。另外，杂粮同为主要进口品，一边在大批输入，一边又在源源输出，似乎是一个矛盾的现象。主要是因为华北农村受战争灾荒等影响过重，导致食粮生产不能自给，华中农业受战事灾荒影响较少，食粮生产相对要好些。这两个地区原可按正常贸易途径互通有无，但自战争发生后，交通阻隔，币制和金融混乱，两地区的贸易几乎停顿，反需以日本为媒介进行间接贸易。于是，华中只得把粮食输往日本，而华北仰赖日本供给。[①]

在战争期间，日军在沦陷区的走私已成在华的公开副业。以日方公布对华输出贸易总值观察，1938年为312900千日元，1939年为455479千日元，1940年上半年则为3903306千日元。依上海法币对日元的汇价，1938年平均为1077元法币兑100日元，1939年为1093元法币兑100日元，1940年上半年度为1250元法币兑100日元。将上述日方公布的对华输出值，按此平均汇价由日元折算成法币，再与中方海关所公布的数字相较，所得差额如下表：

表 5 – 24　　　　　**按中日官方数字所计算的日货走私数量**　（单位：法币千元）

	1938 年	1939 年	1940 年
日本对华输出值	336993	497839	487882
我国自日输入值	209864	313398	229250
差额	127129	184448	258632

资料来源：郑伯彬：《日本侵占区之经济》，资源委员会经济研究室丛刊第一种，1945年7月刊印，第177页。

据表 5 – 24，1938 年度的走私额达 127129000 元，占中国海关所公布的自日输入总值的 60%，1939 年度的走私额增至

---

① 郑伯彬：《日本侵占区之经济》，资源委员会经济研究室丛刊第一种，1945 年 7 月刊印，第 177 页。

184448000元，占中国海关所公布的自日输入总值的58％，1940年上半年度已达258632000元，占中国海关所公布的自日输入总值的112％。①

上面估计所得到的走私额，实际上只能代表沦陷区日货走私额的一部分，因为中国海关的进口值系采用C. I. F制，即海关册所载的进口货值，是货物加上运费与保险费，即货物的起岸价值；日本海关的出口值系采用F. O. B制，即关册所载的货值，是货物的离岸价值。因此，同一货物同一数量，我国海关所登记的价值应较日本为高，高出部分即为该项货物自日运抵我国的运费与保险费。我国自日进口净值尚需从上述进口总值中除去运费与保险费。因此，沦陷区日货的实际走私额，远较上表中估计的走私额为大。②

日货走私组织多利用当地奸商及特殊势力，勾结日伪进行活动。采用的形式有：（1）独资经营。专营运输、专营推销或两者兼营。（2）公司组织。规模较大，或公开经营，或托名接洽。（3）临时合伙。此类组织遇有新到某种私货物，即临时集资经营，交易成功后予以解散。

走私日货的人员大体可分为下列数类：（1）商人，包括小贩、巨贾，分布最广。（2）农民。他们多因兵灾不能种耕田地，有的是昧于重利，战区附近农民大量以此营生。（3）私枭土匪。他们各据地盘，肆行偷运。私枭主要出没于闽粤沿海，土匪则到处皆有。（4）不良公务员。他们或勾结奸商，共同经营，或利用职权，夹带私货。③

江南地区日货走私路线如下表：

---

① 郑伯彬：《日本侵占区之经济》，资源委员会经济研究室丛刊第一种，1945年7月刊印，第177—178页。

② 郑伯彬：《日本侵占区之经济》，资源委员会经济研究室丛刊第一种，1945年7月刊印，第178页。

③ 中央调查统计局特种经济调查处编：《四年之倭寇经济侵略》，1941年刊印，第143页。

表 5 – 25　　　　　　　　　　　　江南地区日货走私路线

上海	定海—宁波	金华	上饶—湘、黔、川等省
	温州—丽水		
	杭州—余杭—于潜		
	无锡—广德—屯溪		

资料来源：中央调查统计局特种经济调查处编：《四年之倭寇经济侵略》，1941 年刊印，第 144 页。

　　走私物品主要有：（1）服用类：棉纱、棉布、人造丝织品，呢绒哔叽等。（2）食料类：食糖、海味、咸货等。（3）金属品类：自行车零件、理发刀剪、洋钉、缝针等。（4）文具纸张类：自来水笔、铅笔、油墨、橡皮、图针、道林纸、毛边纸、新闻纸、盘纸等。（5）日用品类：毛巾、牙刷、牙粉、肥皂、胭脂、香粉、草帽、颜料、伞、玩具、瓷器、照相材料等。（6）药品毒品类：仁丹、高丽参、吗啡、烟土及其他毒品、各类纸烟等。[①]

　　1941 年 12 月 8 日太平洋战争爆发后，日方草拟了《大东亚共荣圈内物资交换计划》。按这个计划，沦陷区的贸易只是"共荣圈"物资交换的一部分，与安南、荷印、菲律宾一样，要对日本军需再生产计划尽责。[②] 包括供给人力以满足伪满工业的要求、开发煤铁供日本钢铁业的需要，并使沦陷区日军达到以战养战的目的。经过日本企划院专家们详细论证后，在贸易方面定出如下方案。

　　第一，中国为"圣战"的"基地"，为减轻运输及不必要的手续，此后除供给日本国内军需部门的必需品外，对于其他物品，要达到自足自给的目的。以生产力高度发达的英美为对手的日本，在加速工业化前提下，必须牺牲和平工业的生产。"大日本帝国臣民"的消费既然受若干限制，"帝国"殖民地或占领地的人民，自

---

　　① 中央调查统计局特种经济调查处编：《四年之倭寇经济侵略》，1941 年刊印，第 145 页。

　　② 郑伯彬：《日本侵占区之经济》，资源委员会经济研究室丛刊第一种，1945 年 7 月刊印，第 194 页。

然更需节食缩衣以供日军的需要。因此各地必须自足自给，不仅不能由日本输入物品，而且在无法自给的情况下，也应减少日本的负担。①

第二，设立"交易营团"。目的是增强日本的经济总体力量，运用交易统制，确保物资贮藏及有效地利用。为达到这些目的，需要资本金3亿元，其中日本政府提供2.5亿元，但以国债证券充当。民间出资者仅限本国人。营团的业务包括：（1）物资的输出及其买卖。（2）重要物资的保有买卖。（3）经政府认可的其他业务。由上可知"交易营团"是国家统制贸易的机构，营业范围遍及所谓"东亚共荣圈"，而非仅是华北地区。该营团于1942年6月1日起开始营业，并在上海、北平，天津、青岛等大都市设立办事处。②

第三，对日本殖民地及伪满、"关东州"的交易，按规定与华北、朝鲜交换的物品，由朝鲜半岛输入钢、纸浆、坑木等；而华北输入的是落花生、胡麻、辣椒、绢布、土布等。至于对伪满及"关东州"的贸易，根据1942年3月长春会议的决定，华北输出煤、矿产、棉花等，由伪满及"关东州"输入五谷、木材、钢材、化学制品等。

第四，鉴于对美战争，日方停止军用票在华中的使用，使华北伪"中国联合准备银行"的"联银券"与华中伪"中央储备银行"的"储备券"有一定的比率。并规定：（1）特定物资的清算，用特别元或日元。（2）一般物资的清算，用储备券或折联银券。（3）"储备券"对"联银券"比率为100∶18。（4）"特别元"的清算，应由日本的银行办理，但为便捷计，可考虑伪组织金融机构的参加。（5）除汇兑外，现金的输送，应在预定总额内，并由日本与伪组织的金融机构统筹办理。

上述方案基于这样一个原则，即牺牲华中和华南地区的经济。这从华北的联银券与储备券的比价即可看出。南京政府伪政府的100元

---

① 郑伯彬：《日本侵占区之经济》，资源委员会经济研究室丛刊第一种，1945年7月刊印，第194—195页。

② 郑伯彬：《日本侵占区之经济》，资源委员会经济研究室丛刊第一种，1945年7月刊印，第195页。

储备券只合华北联银券 18 元，"这一规定，就贸易原则上说，等于华北榨取华中，那是十分明白的"①。

日伪为攫取沦陷区物资，鼓励创建各种组合。1940 年实施所谓"对闽满华输出物资价格调整措置"，其对华中输出，在数量和价格上，均予以相当的限制，并在其国内设立"东亚输出入组合联合会"为统制日元地区贸易的唯一机关。在华中设立"华中日货输入配给组合联合会"，其下有 25 种商品组合。其组合类别及加入商行数如下表：②

表 5－26　　　　　华中二十五种商品输入配给组合一览

组合类别		加入商行家数	理事长
陶瓷器	第一部	24	日比野洋行
	第二部	25	
	第三部	8	
玻璃器		26	岛田洋行
玻璃板		4	三菱商事
化妆品		30	木村洋行
丝织品		22	加藤物产
针织品		42	玉屋吴服
药品		31	天寿堂药行
文具品		39	大正洋行
树胶品		22	三井物产
印刷材料		8	诸星油墨

① 郑伯彬：《日本侵占区之经济》，资源委员会经济研究室丛刊第一种，1945 年 7 月刊印，第 197—198 页。

② 中央调查统计局特种经济调查处编：《四年之倭寇经济侵略》，1941 年刊印，第 134 页。

续表

组合类别		加入商行家数	理事长
啤酒		3	三井洋行
食料品		60	三井洋行
海产品		40	三井洋行
自行车		19	掘中誊写
汽车类	第一部	13	丰田汽车
	第二部	20	
家具		8	高岛屋
电气品		27	昭和电气
赛珞璐		12	岩井商店
照相品		7	千代洋行
帽子类		5	三井洋行
玩具类		14	清和洋行
缝针		11	三井洋行
纽扣		11	吉金洋行
台湾炭			桑原洋行
台湾煤			山下矿业

　　资料来源：中央调查统计局特种经济调查处编：《四年之倭寇经济侵略》，1941 年刊印，第 134—135 页。

　　日本为统制华中物资流通，除建立以上种种组合外，还设立各种华中物资贩卖协议会。[①] 详见表 5 – 27、表 5 – 28、表 5 – 29、表 5 – 30。

---

　　① 中央调查统计局特种经济调查处编：《四年之倭寇经济侵略》，1941 年刊印，第 135 页。

表 5 − 27　　　　　　（甲）华中肥皂贩卖协议会

（总部：上海三菱商事内）

	所在地	主持人
杭州支部	大丸洋行	坂本义己
嘉兴支部	大丸洋行	下宫博
苏州支部	大丸洋行	宫田定雄
无锡支部	大丸洋行	南井良武男
常州支部	荣泰洋行	中西利八
镇江支部	前田一二洋行	山野哲吾
南京支部	三菱商事	今井卯三郎
芜湖支部	出光商会	安原清
蚌埠支部	出光商会	小山信男
九江支部	久大公司	浦信二
汉口支部	三菱商事	岩崎西太郎

资料来源：中央调查统计局特种经济调查处编：《四年之倭寇经济侵略》，1941 年刊印，第 136 页。

表 5 − 28　　　　　　（乙）华中火柴贩卖协议会

（总部：上海中华全国火柴产销联合社上海分社内）

	所在地	主持人
苏州支部	鸿生火柴厂	松尾谦一郎
无锡支部	大丸洋行	南井武男
镇江支部	河荣昌火柴厂	井上义能
南京支部	中央饭店	松田良逸
南通支部	通燧火柴厂	陶协培
蚌埠支部	三井物产	山口荣盛
杭州支部	中华全国火柴产销联合社杭州分社	管谷明隆

资料来源：中央调查统计局特种经济调查处编：《四年之倭寇经济侵略》，1941 年刊印，第 136 页。

表 5 - 29 　　　　　（丙）华中棉纱布贩卖协议会
（总部：上海阿部市洋行内）

	所在地	主持人
苏州支部	大丸洋行	宫田定雄
无锡江阴支部	竹村棉业	藤井龙雄
常州支部	大丸洋行	宫田定雄
镇江支部	阿部市洋行	吉森本太郎
南京支部	伊藤忠商事	大西泰
蚌埠滕县支部	阿部市洋行	泽井苍雄
安庆芜湖支部	阿部市洋行	车田修一
松江青浦支部	大丸洋行	田边五郎
嘉兴平望支部	大丸洋行	坂本义己
碛石杭州湖州支部	阿部市洋行	小山太郎

资料来源：中央调查统计局特种经济调查处编：《四年之倭寇经济侵略》，1941 年刊印，第 136—137 页。

表 5 - 30 　　　　　（丁）华中砂粮贩卖协议会
（总部：上海增幸洋行内）

	所在地	主持人
杭州支部	增井洋行	尾原克己
苏州支部	大丸洋行	宫田定雄
江阴无锡支部	三井洋行	上原芳太郎
镇江扬州支部	增井洋行	牧野淮治
南京支部	三菱洋行	今井卯太郎
芜湖支部	三井洋行	水谷次郎
蚌埠滕县支部	三井洋行	山口茶盛

资料来源：中央调查统计局特种经济调查处编：《四年之倭寇经济侵略》，1941 年刊印，第 137 页。

以上各贩卖协议会目的为：（1）防止上海物资经占领区而流入中国后方。（2）独占华中的消费市场，排斥其他洋商。（3）援助"华中军票交换用物资配给组合"，加强华中军票的地位。其运销规定极其严格，凡设有贩卖协议会的商品，除该协议会外，任何人不得贩卖。仅煤油一项，因属舶来品，在某些地区仍准予半自由运销。

"华中物资贩卖协议会"对于统制运销，尚有如下规定：（1）先指定运销区域，按照该区域人口数量，估计消费额。例如杭州人口估计为 30 万，假定每人每日平均吸烟 5 支，则每日消费量为 150 万支，每月为 4500 万支，即每月运销数量，不得超过 4500 万支。（2）运销商品，虽不限于日货，但日货有运销优先权，且交易媒介必须使用军票。（3）销售价格由各协议会照章规定，以不许任意变更为原则，销售价格的依据以上海市价为准。[①]

日方禁止或限制交易的物品包括：（1）一般禁止移出物品：武器、弹药、火药及其原料、鸦片及其他随时禁止移动者。（2）对自由中国（租界在内）禁止移出的物品：金属、矿石、米、小麦、面粉、豆类、棉花、茧、生丝及废丝、麻、皮革、蛋及其制品、猪鬃、羽毛、猪肠、桐油、茶、烟叶、牛、羊、猪、空坛、炼瓦、汽车及其零件、橡皮底鞋、汽车胎、无线电用蓄电池、小型电灯泡、木材、水泥、电报机材料、电话机材料、手电筒、电池、石油、汽油、盐、纸类等。（3）占领区内纳税后可通行的物品：火柴、水泥、棉纱布、烟草、酒、汽水、火酒、盐。[②]

伪财政部也公布 28 种货品禁止运往华南及缅越各港，如广州湾、香港、九龙、澳门、仰光、海防等地，严防这些物品流入中国后方。这些物品为：铜及铜器（包括废铜，家用者除外）、铁及铁器、钢及钢制品（包括废铁钢，家用者除外）、铁丝、铁线，发电机、变压器等及其零件，机器机械及其零件，汽锅、过热器、发火机及其零件，发动机及其零件，军用科学仪器，飞机及其零件，汽车、卡车及其零件，火车、电车及其零件，电线，发电机电池及其零件，电话机、电

---

① 中央调查统计局特种经济调查处编：《四年之倭寇经济侵略》，1941 年刊印，第137 页。

② 中央调查统计局特种经济调查处编：《四年之倭寇经济侵略》，1941 年刊印，第138 页。

报机及其零件，盐酸、硝酸、硫酸、甘油、硝石、硝酸钠、硫磺、机器油、重油、润滑油、水泥、车胎、挥发油、汽油、石油精等。

此外，尚有日伪合资经营的上海中央市场也为统制华中沦陷区土产运销机关。该市场由驻沪日军特务部与伪上海市政府共同出资 200 万元，于 1940 年 4 月 1 日成立，设总场于闸北，沪西、南市、杨树浦各设分场，该场每日派员在曹家渡、周家桥、北站、南站、烂泥渡等地用武力拦截运沪土货，强迫廉价出售，然后由该场统购，运上海市场专卖。①

总的来说，太平洋战争爆发后，上海一带的贸易结束了短暂的畸形的繁荣期，在日伪严密的控制下，进入了长期的萧条状态。

小　结

南京国民政府建立后，江南地区始终是其主要的财政支柱。这里金融、贸易非常繁荣。传统金融机构如钱庄、典当、票号十分发达，规模较大的商号还代理不少金融业务，并帮助民众理财生财；新式金融机构如外商银行、中国银行均有着良好的融通汇划协作关系。南京国民政府的币制改革，特别是法币政策的实施，为世界主要经济强国所接受和赞赏，对江南金融、贸易的现代化有着良好的推动作用。南京国民政府的关税自主运动，收回了大量的利权和主权。各项财政改革措施得到一定程度的落实，收到了一定的成效。

日军占据江南后，对这里的金融体系进行了残酷的破坏，并劫夺这里的关税和其他税收，控制这里的贸易，大肆进行走私活动，为其不义战争提供资金支持。中日战时金融、税收、贸易等方面的斗争，基本是此增彼减的零和博弈。日军的行径严重破坏了国民政府在金融、税收、海关等方面的努力和成就，打击了国民政府的财税体系，迟滞了整个中国经济的发展。

---

① 中央调查统计局特种经济调查处编：《四年之倭寇经济侵略》，1941 年刊印，第138 页。

第六章　日军对交通业的毁掠与损害

全面抗战前，江南地区已形成以上海、南京、杭州等城市为枢纽的发达的铁路、公路、航运网络，以上海为中心的航空业也初具规模。发达的交通事业是江南作为全国经济核心和社会经济发展的有力保障。

第一节　陆路交通业损失情形

江南传统交通以水路为主，所谓"南船北马"。实际上，近代以来，江南陆路交通的发展极为迅速，担负着旅客和大宗货品的运输。陆路交通主要包括铁路和公路，在抗战时期，江南一带的铁路和公路受到相当严重的破坏。

一　铁路的受损

战前江南的铁路主要有国营的京〔宁〕沪、沪杭甬、苏嘉铁路以及公营的江南铁路和南京市铁路。各铁路总长度及沦陷里程如下表：

表 6 - 1　　　"八·一三"事变前江南国营铁道路线里程　（单位：公里）

路别	干线原长	支线原长	总里程	沦陷里程
京〔宁〕沪	311	18	329	329
沪杭甬	247	13	260	260
苏嘉	75	0	75	75

资料来源：周振汉：《八一三以来之我国铁道》，《中国经济评论》第一卷第 2 期，1939 年 12 月出版，第 18 页。

据表 6 - 1，江南地区国营铁路共有干线和支线 691 公里，战时全部沦陷。

公营铁路有 2 条，里程不及国营部分，总长度达 208 公里。事变后亦全部沦陷。[①]

日本侵华前，京沪、沪杭甬铁路员工人数，随着业务的发展及路线的延长，每年都有增加。截至 1935 年 6 月底，两线各处员工人数约计如下表。

表 6 - 2　　　　　京沪、沪杭甬铁路员工人数

处别	员司人数	工役人数	员工共计
局长室	13	0	13
总务处	228	119	347
车务处	1947	2503	4450
工务处	162	3156	3318
机务处	305	4802	5107
会计处	211	37	248
材料处	101	136	237
总稽核室	26	7	33
警察署	147	1173	1320
共计	3140	11933	15073

资料来源：黄鳌：《京沪沪杭甬苏嘉铁路战前实况及战时损失之调查》，《中国经济评论》第 1 卷第 5 期，1940 年 5 月出版，第 108 页。

据表 6 - 2，战前京沪、沪杭甬铁路员工已达 15000 余人。

---

① 周振汉：《八一三以来之我国铁道》，《中国经济评论》第 1 卷第 2 期，1939 年 12 月出版，第 18—19 页。

京沪、沪杭甬和苏嘉铁路自兴建后，所有财产价值每年都有增加。截至 1938 年 6 月底止，根据资本支出账分类方法将 3 条铁路各项资产的原价，列表于后。①

表 6 - 3　　　　　　　　京沪、沪杭甬、苏嘉铁路资产价值

（截至 1937 年 6 月底；单位：元）

项目	京沪	沪杭	苏嘉
建筑时总务费	2545935.50	2167093.55	55205.30
筹办费	50082.66	471092.67	7521.52
购地	2209485.66	2141523.79	190730.27
路基筑造	2624804.90	1520672.25	564717.15
隧道	374273.25	—	—
桥工	2862521.56	3483289.53	1305151.05
路线保卫	122357.22	91703.85	9278.46
电报电话	232155.15	216630.41	27086.47
轨道	8261108.64	5370753.63	1125709.02
号志及转辙	478560.61	314061.77	28970.11
车站及房屋	4133468.87	2059952.90	77807.44
总机品厂	—	457441.80	85.02
特别机厂	32097.99	7988.47	
机体设备	438850.29	167528.80	5349.44
车辆	10597996.34	6327329.16	—
维持费	—	727.36	
船坞及港埠	850374.89	149576.45	

①　黄鳌：《京沪沪杭甬苏嘉铁路战前实况及战时损失之调查》，《中国经济评论》第 1 卷第 5 期，1940 年 5 月版，第 110 页。

续表

项目	京沪	沪杭	苏嘉
净水设备	—	—	—
建筑成本（以上合计）	35814703.53	24947366.39	3397611.25
建筑以外收支	4042809.47	5251476.80	10896.43
建筑时利息（减去）	641610.55	3610.00	400
合计	39215272.45	30195233.19	3386314.42
其他有形资产	4356.46	3169204.21	—
无形资产	1650.00	110	
总计	39221278.91	33364547.4	3408107.28

说明：原表错误较多，已作订正。

资料来源：黄鳌：《京沪沪杭甬苏嘉铁路战前实况及战时损失之调查》，《中国经济评论》第1卷第5期，1940年5月出版，第111—112页。

另据统计，1936年京沪、沪杭甬铁路资产价值如下表：

表6-4　　　　　　　　　　1936年铁路资产价值　　　　　（单位：千元）

路别	全部资产	路线与车辆设备	机车车辆	机车车辆占全部资产百分数（%）
京沪	51873	41116	10757	20.7
沪杭甬	31977	26289	5688	17.8
合计	83850	67405	16445	19.6

资料来源：周振汉：《八一三以来之我国铁道》，《中国经济评论》第1卷第2期，1939年12月出版，第23—24页。

据表6-4，战前京沪铁路总资产达5100余万元、沪杭甬近3100万元，两路达8385万元。

据统计，1934年以前京沪铁路每年有400余万元、沪杭甬铁路每

年有 140 多万元的纯利润。详见下表:①

表 6－5　　　　　　　　**各路营业收支**　　　　　（单位：千元）

路别	1933 年			1934 年			1935 年（半年）		
	进款	用款	净盈	进款	用款	净盈	进款	用款	净盈
京沪	13873	9812	4061	15217	10816	4401	7546	5558	1988
沪杭甬	6673	5167	1506	6765	5340	1425	3702	2890	812

资料来源：罗旭如：《事变前我国国有铁路营业状况之考察》，《中国经济评论》第 2 卷第 3 期，1940 年 9 月出版，第 97—98 页。

1936 年，京沪、沪杭甬铁路的营业进款和用款详见以下 1936 年度各铁路线收支分配表（见表 6－6、表 6－7）。

表 6－6　　　　　　**1936 年京沪铁路线收支分配**　　　　（单位：元）

营业进款			营业用款		
项目	进款	占进款总数%	项目	用款	占营业进款%
客运进款（旅客）	10977910	客运共占 69.93	总务费	1819685	10.69
客运进款（其他）	909151		车务费	2191207	12.88
货运进款（货物）	4089343	货运共占 28.22	运务费	2245393	13.2
货运进款（其他）	707080		设备品维持费	2205861	12.97
其他营业进款	328993		工务维持费	1226028	7.21
附属营业进款	－ 14549	其余共占 1.85	互用车辆	205361	1.21
共计	16997928		共计	9893535	58.16

资料来源：黄鳌：《京沪沪杭甬苏嘉铁路战前实况及战时损失之调查》，《中国经济评论》第 1 卷第 5 期，1940 年 5 月出版，第 112—113 页。

---

① 另据统计，1935 年上述两路的营业额为：京沪铁路约 14405563 元、沪杭甬铁路约 6116866 元（胡世方：《八一三以来之我国铁道》，《中国经济评论》第 1 卷第 2 期，1939 年 12 月出版，第 35 页）。

据表 6 - 6，1936 年京沪铁路各项营业进款为 16997928 元，营业用款为 9893535 元，净收入 7104393 元。

表 6 - 7　　　　　　　　1936 年沪杭甬铁路线收支分配　　　　　　（单位：元）

营业进款			营业用款		
项目	进款	占进款总数（%）	项目	用款	占营业进款（%）
客运进款—旅客	4285096	65.02	总务费	1181207	17.16
客运进款—其他	190087		车务费	1124398	16.34
货运进款—货物	2035074	32.64	运务费	914771	13.29
货运进款—其他	211447		设备品维持费	1055492	15.34
其他营业进款	98076	1.49	工务维持费	1073984	15.60
附属营业进款	4198		互用车辆	—	
互用车辆	58899	0.86	共计	5349852	77.73
共计	6882877	100			

资料来源：黄鳌：《京沪沪杭甬苏嘉铁路战前实况及战时损失之调查》，《中国经济评论》第 1 卷第 5 期，1940 年 5 月出版，第 113 页。

据表 6 - 7，1936 年沪杭甬铁路营业进款为 6882877 元，营业用款为 5349852 元，净收入 1533025 元。

沪宁战事发生后，京沪、沪杭甬铁路首当其冲，损失之重远非其他铁路所能比拟。这些路线上的一部分路轨因战事被拆毁，大部分桥梁、站屋因被轰炸而损坏。虽有不少机车车辆在军队撤退时移往后方，但由于事出突然，许多车辆根本来不及迁走，大量的车辆被委置路旁无法移动。因军事运输繁忙，车辆紧缺，无法转移的机件材料为数不可胜计。另外，像客、货运输减少量、营业损失额、员工伤亡数，以及"旅客之损丧、货物之毁失、数万员工因失业以致转徙流离，其损失实难缕述"。兹就战时损失可以用数字算计的部分分别列出如下。

（一）建筑物损失的数量及其价值

铁路建筑物种类繁多，分布在各地，真正损坏程度难以估计。下面所列建筑物大都选取一些比较重要的部分。

1. 损失数量

京（宁）沪线被拆毁轨道 22 公里、被毁桥梁 13 座、被炸毁车站房屋及站内设备计 22 站，许多未被毁掉的站房也被破坏甚重。沿线设备如电线杆、栅间等损坏甚多。

沪杭甬线被拆毁轨道共计 4 公里、被毁桥梁 18 座、被炸的车站厂房及各种设备共计 13 站（包括杭甬段）。沿路电线、栅门损失甚多，杭甬段全段轨道桥梁、土方及连带设备一律自行拆毁。

苏嘉线轨道被毁，但旋即修复。桥梁虽未被炸毁，被炸车站却达 5 处，沿线设备也多被炸毁。

2. 损失价值估计

各项损失的价值按 1937 年以前的账面原始成本计算：京（宁）沪线损失的吴淞支线约值 50 万元，管理局大厦约值 30 万元，上海北站站屋约值 6 万元，其他建筑物约值 2 万元，其他车站房屋约值 122400 元，电气设备约值 4000 元，桥梁约值 41000 元，被炸毁轨道约值 25300 元，军用轨道约值 284300 元。以上共计 135.7 万元

沪杭甬线损失建筑物估计值 193800 元、电气设备估计 2200 元、桥梁估计 122000 元、轨道 18400 元。共计 33.64 万元。①

以上所列 2 项为京沪、沪杭甬及苏嘉铁路的建筑物因战事轰炸实际损失的估值，有一部分建筑物在战事进行时随炸随修，其中有的建筑物曾被炸数次而经修复数次。兹将随炸随修的建筑物所受损失总数列表如下：

_____

① 黄鳌：《京沪杭甬苏嘉铁路战前实况及战时损失之调查》，《中国经济评论》第 1 卷第 5 期，1940 年 5 月出版，第 125—126 页。

表 6 – 8　　　　　　　京〔宁〕沪杭各铁路被日军破坏情形

（单位：1939 年法币万元）

设备名称	京沪线	沪杭甬线	苏嘉线	共计
路基		20		20
隧道	5	10		15
桥工	20	210		230
路线保卫	5	8		13
轨道	85	515	5	605
信号轨闸	10	25		35
车站设备及房屋	85	95	5	185
路道材料及工具	50	55		105
共计	260	938	10	1208

资料来源：黄鳖：《京沪沪杭甬苏嘉铁路战前实况及战时损失之调查》，《中国经济评论》第 1 卷第 5 期，1940 年 5 月出版，第 126 页。

据表 6 – 8，日据前期，因遭日军破坏，京沪线维修费达 260 万元、沪杭甬线达 938 万元、苏嘉线达 10 万元，3 条线路的维修费共计 1208 万元。

（二）机车车辆损失数量及其价值

仅国营铁路中的京〔宁〕沪与沪杭甬两条铁路沦陷的各项车辆数目有千辆以上。详见下表：

表 6 – 9　　　　　　京〔宁〕沪杭国营铁路沦陷车辆数目　　　　（单位：辆）

路别	机车数目	客车数目	货车数目
京〔宁〕沪	72	202	690

路别	机车数目	客车数目	货车数目
沪杭甬	43	154	509
合计	115	356	1199

资料来源：周振汉：《八一三以来之我国铁道》，《中国经济评论》第 1 卷第 2 期，1939 年 12 月出版，第 21 页。

据表 6-9，战争初期京〔宁〕沪杭国营铁路共损失机车 115 辆、客车 356 辆、货车 1199 辆，共计 1670 辆。

另外，为阻止日军进攻而被迫炸毁的钱塘江大桥约值 1937 年法币 500 万元，京沪线戚墅堰机车厂损失达 104.1 万元。[①]

（三）材料损失价值估计

京〔宁〕沪与沪杭甬两路材料存额较大，1937 年 7 月底计存料值 200 余万元。战后迭经转移，损失尚小，但粗重物料因抢救不便、运输困难，遗失较多。

兹以战前存量为准估计如下：京沪线各厂于 1937 年 7 月底存有普通物品、机车车辆用料、路线设备材料、建筑材料暨电料等项值 170 余万元。这些材料中，仅有小部分材料送存浙赣路，另有一部分材料在绍兴站被炸毁。

沪杭甬线各厂于 1937 年 7 月底存有普通物品、机车车辆用料、路线设备材料及建筑材料等项值 97 万余元，移交浙赣铁路值 43 万余元，存白沙材料厂 7 万余元。其余均被劫损。

苏嘉线材料以前均向沪杭甬线领用，损失较小。

以上为 3 路材料损失概况，其他尚有用具、文件、印刷品之类的损失，值 18000 余元。

（四）员工伤亡统计

战事爆发后，京〔宁〕沪、杭甬、苏嘉 3 路员工多在外站工作，

---

① 胡世方：《八一三以来之我国铁道》，《中国经济评论》第 1 卷第 2 期，1939 年 12 月出版，第 33 页。

沿线各站厂虽有防空设备，然因职责所在，员工们往往冒险工作，伤亡较多。兹将3路员工死亡人数分处统计如表6-10。

表6-10　　　京〔宁〕沪、杭甬、苏嘉铁路员工伤亡情况

处别	死（人）		伤（人）	
	员司	工人	员司	工人
总务处			4	
工务处	1	5	1	3
机务处		12		24
车务处	7	14		
材料处		1		
会计处	1			
共计	9	32	5	27

　　资料来源：黄鳌：《京沪沪杭甬苏嘉铁路战前实况及战时损失之调查》，《中国经济评论》第1卷第5期，1940年5月出版，第127—128页。

　　据表6-10，3条铁路共被日军炸死员工41人，炸伤32人。

　　（五）客货营业损失估计

　　中日战事爆发后，上述3条铁路客、货运营业损失惨重，京（宁）沪路列车刚改经苏嘉路以达上海西站，战事即发生，只得被迫缩短路线，全路运输逐渐停顿。3条铁路客、货运营业从1937年8月份起猛跌。

　　现将3条铁路营业收入与下年度预算数进行比较，以说明收入损失的大致数字，然后再按营业收入与营业支出比较，以说明营业纯利润的增减。兹将此二项比较数字合并列表如下，借以说明营业损失的大概数字。详见表6-11、表6-12。

表 6 – 11　　　京〔宁〕沪 1937 年沪杭线营业收支与 1938 年度

预算数及 1936 年度决算比较

（单位：法币元）

类别	1937 年度 决算数	1938 年度 预算数	1936 年度 决算数	1937 年度 决算数比 1938 预算 数增减	1937 年度 决算数比 1936 年度 决算数
客运进款	2313610	11389000	11889061	– 9075390	– 9575451
货运进款	384414	4170000	4796423	– 3785586	– 4412009
其他营业进款	57990	368000	328993	– 310010	– 271003
附属营业进款	– 1478	– 6000	– 4549	– 4522	– 3071
互用车辆	4245	——		– 4245	– 4245
进款共计	2758781	15921000	17009928	– 13162219	– 14251147
营业用款	34461986	10132732	9893535	– 24329254	– 24568451
营业净利	– 67417	5788268	7116393	– 5855685	– 7183810

资料来源：黄鳌：《京沪沪杭甬苏嘉铁路战前实况及战时损失之调查》，《中国经济评论》第 1 卷第 5 期，1940 年 5 月出版，第 128 页。

据表 6 – 11，1937 年，京沪、杭甬、苏嘉铁路的营业净利决算数比 1938 预算数减少 5855685 元，比 1937 年决算数减少 7183810 元。

表 6 – 12　　　　　1937 年沪杭线营业收支与下年度预算数及

上年度决算比较　　（单位：法币元）

类别	1937 年度 决算数	1937 年度 预算数	1936 年度 决算数	1938 年度 决算数比 预算数增减	1938 年度 决算数比 上年度决算数
客运进款	1436782	4770000	4425182	– 3333218	– 2988400
货运进款	307937	2566000	2246521	– 2258063	– 1938584
其他营业进款	8403	109000	98076	– 100597	– 89675

续表

类别	1937 年度决算数	1937 年度预算数	1936 年度决算数	1938 年度决算数比预算数增减	1938 年度决算数比上年度决算数
附属营业进款	− 2741	− 2000	4198	− 741	− 6939
互用车辆	1667	—	58899	1667	− 57232
进款共计	1752048	7443000	6832876	− 5690952	− 5080828
营业用款	2135385	5836752	5011372	− 701367	− 2875987
营业净利	− 383337	1606248	1821504	− 1989585	− 2204841

资料来源：黄鳌：《京沪沪杭甬苏嘉铁路战前实况及战时损失之调查》，《中国经济评论》第 1 卷第 5 期，1940 年 5 月出版，第 128 页。

据表 6 - 12，1937 年沪杭铁路预计盈利可达 160 万余元，由于战争的破坏，实际亏损达 38 万余元。

至 1939 年年底，我国沦陷的铁道达 8000 余公里。除在山西、江西、福建、广东等省少数路线由当地的日军管理外，分布于华北、华中两个地区的大部分铁道路线于 1938 年被日军分别划归华北交通有限公司和华中铁道有限公司管理，这两个特设的公司由日方的实业界与中国伪政府合办。[①] 上述两个公司负有不同的使命，华北方面偏重于开发我国天然富源，华中方面偏重于整理恢复中国的旧有产业，所以两个公司的组织、资本、方法、范围也各不相同。中国沦陷的 7 亿余元的铁道资产，仅作价 4000 万元作为中方股本加入两公司，占两公司股本总额的 11.4%。[②]

华中铁道有限公司是为经营华中铁道与公路及其附属事业而特设的，资本总额定为 5000 万元。将我国在华中沦陷的铁道资产仅折价

---

① 周振汉：《八一三以来之我国铁道》，《中国经济评论》第 1 卷第 2 期，1939 年 12 月出版，第 28 页。

② 周振汉：《八一三以来之我国铁道》，《中国经济评论》第 1 卷第 2 期，1939 年 12 月出版，第 30 页。

1000 万元作为中国方面的股本，其余的 4000 万元则作为华中振兴股份有限公司及其他日商与中日各方共 30 个单位的股本，而实际所募到的股本不过 1389 万元。其中华中振兴股份有限公司的实物作价（如钢轨、车辆等）又占此数的大部分。[1]

华中铁道有限公司除经营南京附近的 3 条公路线及杭州、松江附近的 2 条公路线外，还经营下列各段的铁道线，见表 6 - 13。

表 6 - 13　　　　　　　　华中铁道公司经营的线路

线别	起讫地点	里程（公里）
海南线	上海至南京	334
吴淞线	上海至炮台湾	17
海杭线	上海至杭州	203
苏嘉线	苏州至嘉兴	74
南宁线	南京芜湖至宁国	207
淮南线	裕溪至庐州	117
津浦线	浦口至蚌埠	175
合计	7 条	1127

资料来源：周振汉：《八一三以来之我国铁道》，《中国经济评论》第 1 卷第 2 期，1939 年 12 月出版，第 29 页。

至 1939 年 10 月，华中铁路公司所属各铁路共发送旅客人数 50 余万人，运送货物近 20 万吨，盈利 170 余万元法币。详见表 6 - 14。

在日据时代，江南地区 3 条国营铁路均沦入日军控制之下。以 1936 年的收入和纯利润为准，即使不计每年增加的比率，仅京沪和沪甬杭两条国营铁路在日据 8 年中纯利润损失达 71511184 元法币（1937 年币值）。

---

① 周振汉：《八一三以来之我国铁道》，《中国经济评论》第 1 卷第 2 期，1939 年 12 月出版，第 29 页。

表6－14　　　　　华中铁道早期营业概况（1939年10月份统计）

线别	旅客人数	货物吨数	收入款数（法币元）
海南线	330210	113671	1108250
海杭线	47571	27133	142956
苏嘉线	9849	4632	19009
南宁线	30831	14689	92142
淮南线	31236	11418	53800
津浦线	55138	27933	317049
合计	504835	199476	1733206

资料来源：周振汉：《八一三以来之我国铁道》，《中国经济评论》第1卷第2期，1939年12月出版，第29—30页。

二　公路的破坏

京沪杭一带公路网同样密集。据调查："京沪、杭沪一带铁路、公路犬牙相接，河道四通八达，水陆交通便利，货物运输、人民往来极方便，此次战后，通行工具大为减少，运输固属不便，交通亦多窒碍。"[1]

江浙二省公路方面的损失详见下表：

表6－15　　　　　　　江浙公路损失估计

区域	原有总里程（公里）	日军强占公路里程（公里）	日军破坏里程（公里）	损失价值（元）
江苏	5320	3627	4256	9645674
浙江	3308	1776	1353	2896884
合计	8628	5403	5609	12542558

资料来源：韩启桐：《中国对日战事损失之估计（1937—1943）》，文海出版有限公司1974年影印，第45页。

---

① 中国第二历史档案馆馆藏伪维新政府档案：《实业部派员调查京杭杭沪两铁路沿线实业状况》，全宗号2103，案卷号408。

据表 6 – 15，截至 1943 年，江苏、浙江被日军占领的公路达 5403 公里，占江、浙公路总里程的 62.6%，被破坏公路达 5609 公里，占江、浙公路总里程的 65%；折合 1937 年法币 12542558 元。

沪宁战后，仅无锡损失汽车 106 辆。[①] 上海郊区公路破坏最为严重。锡沪公路路基、桥梁多段遭到破坏，车辆被征，交通中断。抗战胜利时，该路路面、桥梁千疮百孔。上南路车辆、车站、路轨、桥梁屡遭日机轰炸，损坏颇多。1937 年 10 月上南交通公司宣告停业。上海沦陷后，上南公司被日伪接管，虽仍勉强维持通车，但行车班次锐减。战争爆发后，青沪公路的车站、车库等设备和器材，也损失殆尽，青沪长途汽车公司不得不宣告停业。沪太路则被完全摧毁，损失颇巨。日伪统治期间，未在上海修筑新路，只进行过局部整修。[②]

七七事变前，江苏共修筑了干、支线公路约 3300 公里，各县县道约 1500 公里。至 1945 年 8 月，全省公路仅剩 876 公里可勉强通车。日据时期江苏公路遭受破坏可分为三个阶段：（1）在战争开始时期，日军出动大量飞机，对公路狂轰滥炸，苏州、常熟、无锡等地的公路是日军袭击的主要目标，国民政府则组织力量对被炸毁的公路尤其是公路桥梁进行了抢修。（2）沦陷前夕，国民政府的军队为阻止日军进攻，采取"焦土抗日"的政策，在撤退时将公路桥梁毁坏，路基炸断。锡沪路、锡宜路、苏澄路、苏嘉路、昆沪路、昆太路、苏常路、镇溧路、镇句路、武宜路、溧武路、镇澄路、丹句路、京杭路等或桥梁被毁，或路基被挖，全部不能通车。（3）江苏大部分沦陷后，日伪军为巩固其统治及方便其掠夺，对江苏一些主要公路，尤其是京沪杭的部分公路进行了修复，并修筑了部分军用公路。抗日军民则破坏了大量的公路。1938—1939 年底，经整修可通车的公路有：沪闵路（上海至闵行）、沪松路（上海至松江）、沪锡路（上海经常熟至无锡）、沪苏路（上海经昆山至苏州）、沪浏路（上海经罗店至

---

① 无锡县志编纂委员会编：《无锡县志》，上海社会科学院出版社 1994 年版，第 399 页。
② 杨文渊主编：《上海公路史》第 1 册，人民交通出版社 1989 年版，第 126 页。

浏河）、苏常路（苏州至常州）、锡澄路（无锡至江阴）、常澄路（常
州至江阴）、昆太路（昆山至太仓）、苏锡路（苏州至无锡）、苏嘉路
（苏州经王江泾至浙江嘉兴）、常金路（常州至金坛）等。①

　　1937 年 12 月 24 日，日军侵占杭州，包括京杭、沪杭、杭善等浙
北 841 公里公路干线随即被日军占领。但在中国军队撤离杭州前夕，刚
刚建成的我国第一座铁路公路两用的钱塘江大桥于 12 月 23 日晨被破
坏。1938 年，为了阻止日军向内地进攻，中国军队破坏了接近杭州前
线及沿海地区的公路 1000 多公里。1939 年，日军占领萧山，修复钱塘
江大桥。为了阻止日军的进攻，国民政府调集民工对上年所破坏公路
进行第二次破坏，并扩大破路范围，增破 200 多公里。次年为了阻止日
军侵占绍兴、宁波，中国政府破坏公路 253 公里（后修复 218 公里），
1941 年破坏 155 公里（后修复 81 公里）。② 参见表 6 – 16。

表 6 – 16　　　　　　　　全面抗战初期浙北沦陷公路一览

路线名称	沦陷公路		说明
	地段	里程（公里）	
沪杭线	杭州湖滨至金丝娘桥	136.77	
京杭线	杭州武林门至父子岭	136.7	
杭徽线	杭州松木场至余杭	26.12	
杭广线	钱塘江大桥北岸至富阳	33.3	
杭福线	杭州武林门至钱塘江大桥北岸	9.5	
杭善线	乔司至枫泾	102.3	
乍嘉路	乍浦至王江泾	55.6	
桐袁路	闸口至袁化	3.62	

---

　　① 刘荫棠主编：《江苏公路交通史》第 1 册，人民交通出版社 1989 年版，第 166—
170 页。
　　② 徐望法主编：《浙江公路史》第 1 册，人民交通出版社 1988 年版，第 148—150 页。

续表

路线名称	沦陷公路		说明
	地段	里程（公里）	
宁崇路	胡家兜至崇德	16.8	
临莫路	临平至塘栖及三桥埠至莫干山	22.41	
笕桥路	杭州九堡至半山	10	
良留路	良户至留下	18	
余武路	余杭至彭公	17.15	
瓶递路	彭公至黄湖	13.01	
湖望路	湖州至南浔	34.82	不包括江苏
长泗路	长兴至界牌	38.28	
潘塘路	潘坂至塘埠	10.41	
黄山支线	乍浦至黄山	3.45	在平湖县境
嘉兴区军用临时路	交通路、纵队路、联络路	153.21	
合计		841.45	

资料来源：徐望法主编：《浙江公路史》第1册，人民交通出版社1988年版，第151页。

　　日军占据上海、南京等大都市后，除公开劫掠华商企业外，日方还乘机组建新式交通公司，以攫取更多的利益。1938年年初，以兴中公司名义与伪维新政府合组上海汽车公司，资本100万元；[1] 同时，组建南京公共汽车公司，实际控制者是兴中公司上海出张所。[2] 同年11月初，成立华中都市自动车株式会社，资本总额6万株（合300万元），伪维新政府出资50万元，华中振兴株式会社出资100万元，

────────────

　　① 外务省战前期外务省记录：《蘇州河以北共同租界内バス会社設立要綱》，アジア歴史資料センター（JACAR）：B02030555300，Reel：A—0221。
　　② 中支那方面军特务部长原田熊吉：《南京市内乗合自动车経営に関する件、其の他に関する件》，1938年1月，アジア歴史資料センター（JACAR）：C04120207400。

其他方面出资 150 万元。[①]

日军控制了京沪杭铁路、公路，不但获得了丰厚的经济收入，而且使之掌握了重要的军事资源。这些交通设施为日军控制后，主要功能被定位为军事用途，为日军侵略战争提供了物质保障，阻碍了正常的交通往来，迟滞了江南社会经济的发展。日伪建立都市交通公司，可以便捷地获取丰厚的利润，并有利于维护伪政权的稳定。

第二节　备受摧残的航运业

中国航运业主要集中在以上海为中心的沿海地区。时人指出："我国轮船公司，资产较大者，多在沿海各省，尤以上海居南北两洋交通中心，为中国各地通商要道，航业更多荟萃于此。内地航商则资本甚微，营业范围不广，自不能与经营海洋业务之大公司相抗衡。"[②]

日军发动侵华战争后，中国航商受战事打击最大，航运成为损失最惨重的行业之一。全面抗战爆发前，我国因缺乏船舶，海外运输大量地借助外商。国民政府为推进航业振兴，自 1932 年起从事调查改革与发展航运业规划，将招商局收归国营，扩充营业，希望借助行政力量与外商竞争，此后中国航业的形势逐渐好转。1932—1936 年，往来外洋与国内的华商轮船，由 3380 余万吨增加到 4400 余万吨。其中往来国内航线的轮船增加尤为显著。1936 年华商轮船总吨位达 3680 余万吨，与英商轮船相比，仅差 400 余万吨。可见，我国航运业经国民政府筹划、整理与直接经营后，已有长足的发展。[③]

淞沪会战后，中国各航业公司损失百吨以上的船舶 575 艘，达

---

① 第三委员会会长青木一男：《華中都市自動車株式会社設立要綱ニ関》，アジア歴史資料センター（JACAR）：A04018468800，第 363—364 页；陆军省上海事务所：《華中都市自動車会社創立に関する件》，1938 年 11 月，アジア歴史資料センター（JACAR）：C04120615200。

② 王洸：《战时长江航业与航政》（上），《交通月刊》第 1 卷第 1 号，1947 年 7 月 28 日出版，第 35 页。

③ 邓辉：《抗战期中我国之航运》，《经济汇报》第 4 卷第 4 期，1941 年 8 月 16 日出版，第 1—2 页。

860165 多吨。其中在上海附近被击沉或用作封锁线的 470 余艘。战事结束后，沿海各航线被封锁，国营招商局和民营各轮船公司被迫停航。存留的轮船多售于外商。

我国航运业中，以招商局规模最大，历史最悠久，其航行沿海的海轮、行驶长江的巨型江轮、行驶内河的小轮以及码头仓库等应有尽有，甚为完备。就业务方面而言，在沿海及上海至马尼拉航线、长江以及东南各省内河航线、重要商埠皆设分局，联络经营，范围较大。淞沪战事爆发后，招商局被征用作为防御工事的船舶最多，由此造成南北洋各线业务停歇，损失惨重。沪战结束后，招商局迁移香港，所造的元、亨、利、贞四艘海轮同时躲避到香港，因无法利用，只得转售英商。剩下行驶长江的轮船与内河小轮，业务也囿于江河航线。招商局在香港另行组设长江业务管理处。武汉失守后，长江大轮不便行驶川江，招商局又损失许多业务，仅依赖澄平等轮船及数艘小轮维持。①

据统计，国营招商局被炸沉和售与外商的船舶 39 艘，总吨达 67820 余吨。详见下表：

表 6-17　　　　　　　国营招商局因抗战丧失船舶情况

船名	总吨	丧失原因及地点
新铭	2133.06	阻塞江阴要塞
公平	2705.00	阻塞江阴要塞
同华	1176.12	阻塞江阴要塞
泰顺	1962.03	阻塞江阴要塞
广利	2300.00	阻塞江阴要塞
嘉禾	1733.39	阻塞江阴要塞
遇顺	1696.00	阻塞江阴要塞

① 王洸：《战时长江航业与航政》（上），《交通月刊》第 1 卷第 1 号，1947 年 7 月 28 日出版，第 35 页。

续表

船名	总吨	丧失原因及地点
新丰	1707.00	阻塞马当要塞
江裕	3084.01	阻塞马当要塞
江天	2677.67	沦陷于南京
海晏	1378.25	阻塞上海港
新江天	3644.68	阻塞镇海港
江襄	2717.00	被炸沉没于兰溪口
海瑞	2045.57	沦陷于宜昌
海祥	2045.57	被炸沉没于秭归
津通	188.15	被炸沉没于沙市
江靖	1682.00	避日机沉没于秭归
江大	1293.33	被炸沉没于秭归
快利	189	被炸沉没于秭归
锦江	1300.00	沦陷于天津
飞舸	100	沦陷于上海
飞渡	60	沦陷于上海
飞艇	21	沦陷于上海
海云	3077.09	沦陷于上海
海元	3393.53	为免沦于敌手，在香港出售
海亨	3415.38	为免沦于敌手，在香港出售
海利	3395.29	为免沦于敌手，在香港出售
海贞	3406.71	为免沦于敌手，在香港出售
一号铁驳	300	为免沦于敌手，在香港出售
五号铁驳	500	沦陷于上海
六号铁驳	500	沦陷于上海

续表

船名	总吨	丧失原因及地点
镇海囤船	1500.00	沦陷于天津
镇江囤船	1500.00	沦陷于镇海
南京囤船	1500.00	沦陷于镇江
芜湖囤船	2000.00	阻塞龙潭要塞
安庆囤船	1500.00	沦陷于芜湖
九江囤船	2000.00	沦陷于武穴
刘家庙囤船	1500.00	阻塞马当要塞
沙市囤船	500	沦陷于沙市
合计	67826.83	

资料来源：中国第二历史档案馆编：《中华民国史档案资料汇编》第5辑第2编，"财政经济"（10），江苏古籍出版社1997年版，第533—534页。

民营企业方面，三北、鸿安、宁兴公司损失轮船52艘，计67850吨；中兴公司7艘，计21171吨；华兴公司4艘，计16781吨；美顺公司3艘，计16051吨；中威公司4艘，计12034吨；华胜公司4艘，计11898吨；肇兴公司7艘，计9843吨；宁绍公司3艘，计8174吨；大陆公司4艘，计8031吨；大达公司10艘，计6839吨；大通公司4艘，计5631吨；政记公司24艘，计39168吨；民生公司45艘，计19121吨；天津公司13艘，计8619吨。民营企业共计损失轮船184艘，共计251211吨。

另外，其他轮船公司共损失352艘轮船，计541128吨。

仅船只损失一项，价值至少在7000万元（1937年币值）以上。[1]

---

[1]　南炎：《八一三以来之交通建设》，《中国经济评论》第1卷第2期，1939年12月出版，第49页。

一　主动沉失船只

因战事紧张，为防止日舰沿长江入侵，国民政府征用60余艘轮船，在江阴、马当、上海十六铺、镇江等处沉塞。[①] 详见下表：

表 6－18　　　　（甲）政府征用充沉塞封锁线船舶一览

所有者	船名	总吨	征用日期	沉塞地点
三北轮埠公司	醒狮	2018.02	1937 年 8 月 6 日	江阴
惠海轮船公司	回安	1377.00	1937 年 8 月	江阴
天津航业公司	通利	2260.21	1937 年 8 月 4 日	江阴
宁绍商轮公司	宁静	1693.09	1937 年 8 月 13 日	江阴
肇兴轮船公司	鲲兴	2454.00	1937 年 8 月 12 日	江阴
通裕商号	新平安	1523.58	1937 年 8 月 4 日	江阴
茂利商轮局	茂利二号	1574.08	1937 年 8 月	江阴
中威轮船公司	源长	2264.20	1937 年 8 月 12 日	江阴
中国合众码头仓库	母佑	1173.45	1937 年 8 月	江阴
华胜轮船公司	华富	3251.39	1937 年 8 月 27 日	江阴
中兴轮船公司	大赉	1671.09	1937 年 8 月 5 日	江阴
大陆实业公司	通和	1233.27	1937 年 8 月 5 日	江阴
寿康轮船公司	瑞康	2316.42	1937 年 8 月 12 日	江阴
华新公司	华新	2337.78	1937 年 8 月	江阴
大振航业公司	泳吉	1936.00	1937 年 8 月	江阴
丁耀东	万宰	1175.55	1937 年 8 月 26 日	上海十六铺
三北轮埠公司	富阳	987	1937 年 9 月 20 日	上海十六铺

---

① 中国第二历史档案馆编：《中华民国史档案资料汇编》第 5 辑第 2 编，"财政经济"（10），江苏古籍出版社 1997 年版，第 544 页。

续表

所有者	船名	总吨	征用日期	沉塞地点
中兴轮船公司	中兴	2558.19	1937 年 8 月 12 日	上海十六铺
达兴轮船公司	三江	460.4	1937 年 8 月 12 日	上海十六铺
达兴轮船公司	福兴	691.1	1937 年 8 月 12 日	上海十六铺
新常安轮船公司	新华安	1777.00	1937 年 10 月 3 日	上海十六铺
直东轮船公司	平济	1832.43	1937 年 8 月 12 日	上海十六铺
利平轮船公司	利平	2095.00	1937 年 8 月 12 日	上海十六铺
华通轮船公司	中和	2032.49	1937 年 8 月 15 日	上海十六铺
兴华渔轮局	中华渔	280.77	1937 年 8 月 12 日	上海十六铺
民生实业公司	民生二号铁驳	395.85	1937 年 8 月 12 日	上海十六铺
民生实业公司	民生六号铁驳	395.85	1937 年 8 月 12 日	上海十六铺
民生实业公司	民生八号铁驳	342.24	1937 年 8 月 12 日	上海十六铺
民生实业公司	民生九号铁驳	342.24	1937 年 8 月 12 日	马当
三北轮埠公司	万象	1882.55	1937 年 8 月 17 日	马当
三北轮埠公司	松浦	1975.28	1937 年 8 月 17 日	马当
胜轮船公司	华胜	2122.23	1938 年 5 月 8 日	马当
兴轮船公司	天兴	1599.36	1938 年 3 月 10 日	马当
宁轮船局	庆宁	1950.93	1938 年 3 月 10 日	马当
民新轮船公司	长泰	1794.08	1938 年 5 月 13 日	马当
中国合众航业公司	海州	1471.25	1938 年 3 月 10 日	马当
永安轮船行	永升	1688.99	1937 年 8 月 13 日	马当
直东轮船公司	北晋	1623.98	1937 年 10 月	马当
大通兴轮船公司	宏顺	1581.60	1937 年 8 月 13 日	马当
陈广	黄石公	1603.33	1937 年 12 月	大河口
三北轮埠公司	皖安趸船	825 *	1937 年 10 月 5 日	马当
三北轮埠公司	浔安趸船	2050 *	1937 年 12 月	马当
三北轮埠公司	镇安趸船	1500 *	1937 年 12 月	马当
宁绍商轮公司	浔宁一号趸船	497.96	1937 年 12 月	马当
宁绍商轮公司	浔宁二号趸船	80 *	1937 年 12 月	马当

续表

所有者	船名	总吨	征用日期	沉塞地点
宁绍商轮公司	九江码头船一号	80 *	1937 年 12 月	马当
宁绍商轮公司	九江码头船二号	1833.83	1937 年 12 月	海州连云港
中兴轮船公司	益苏	2930.91	1937 年 8 月 9 日	海州连云港
安通轮船公司	安兴	1333.31	1937 年 9 月 19 日	海州连云港
中国合众航业公司	郑州	1645.98	1937 年 9 月 14 日	海州埒子口
中国合众航业公司	徐州	1489.75	1937 年 9 月 14 日	海州埒子口
利记轮船公司	安康	1512.74	1937 年 9 月 13 日	海州燕尾港
公济轮船公司	时和	240.96	1937 年 9 月	海州
三北轮埠公司	姚北	2309.93	1937 年 9 月 20 日	镇海
中威轮船公司	太平	1096.64	1939 年 6 月 28 日	镇海
益实轮船局	大通	843.3	1937 年 9 月 19 日	镇海
义安轮船公司	福安	552.03	1937 年 9 月 20 日	镇海
民生实业公司	凯司登	2144.51	1939 年 6 月	镇海
三北轮埠公司	靖安	1374.88	1937 年 10 月 11 日	福州
民新轮船公司	华平	771.75	1938 年 2 月	泉州
政记轮船公司	宏利	1200 *	1937 年 12 月 17 日	青岛
三北轮埠公司	平安趸船	621.97	1937 年 11 月 16 日	广州
鸿安商轮公司	寿昌		1937 年 8 月	上海十六铺
合计	63 艘	90678.72		

说明：（1）带＊者系装货吨。（2）据原表统计，上述船舶装货吨为 119986.5 吨，总吨为 86569.62 吨，净吨为 52977.19 吨。而上表中的实际总吨数为 90678.72 吨。

资料来源：中国第二历史档案馆编：《中华民国史档案资料汇编》第 5 辑第 2 编，"财政经济"（10），江苏古籍出版社 1997 年版，第 498—506 页。

据表 6－18，在政府征用沉江的 63 艘轮船中，属于江南地区的轮船公司的船舶约 50 艘。

除了征用大量轮船外，国民政府同样征用不少民船用于沉江塞港。1937 年 8 月 26 日江苏十二圩十八帮运盐江船总公所奉江苏省政府主席命令，由省政府派第一科长杨鸿勋、秘书梅霖到十圩主持督饬办理，决定征用 20 万担民船。这些民船先由小轮拖到龙潭满载石块，再由兵舰拖到江阴北口将船底凿通，沉塞水中作封锁长江的工事。[①] 据交通部估计，军事上征用沉塞及军公运输共损失船只为 13 余万吨，为战前币值 900 余万元。[②] 江阴沉塞民船详情如下表：

表 6-19 （乙）1937 年 8 月江阴沉塞民船价值

姓名	船名	帮别	载量	1947 年法币价值（万元）	备注
封光明	江东	江西	570 吨	4000	
李胜发	抚船	江西	160 吨	1200	
封秉荣	抚船	江西	420 吨	2900	
甘海清	抚船	江西	280 吨	2000	
封秉乾	抚船	江西	260 吨	1800	
郭福	抚船	江西	420 吨	2900	
徐永发	抚船	江西	500 吨	3500	
胡祁祥	抚船	江西	320 吨	2200	
张义源	扁子	漕帮	1640 担	1	1937 年价值
傅美元	抚船	抚帮	4000 包		280 吨，1937 年价 18000 元
李胜发		抚帮	2500 包		
封秉荣		抚帮	6000 包		
霍泰义	驳船	襄阳	1500 包	675	105 吨，原价 6750 元
袁明金	江东	金斗	1720 包	750	120 吨，原价 7740 元

① 江苏省档案馆馆藏档案：《战前被征船舶请求赔偿》，全宗号 1004，目录号乙，案卷号 2883。调查时间 1947 年。
② 江苏省档案馆馆藏档案：《战前被征船舶请求赔偿》，全宗号 1004，目录号乙，案卷号 2883。调查时间 1947 年。

续表

姓名	船名	帮别	载量	1947 年法币价值（万元）	备注
袁文诚	巢湖	金斗	1720 包	750	120 吨，原价 7740 元
史鉴发	江东	金斗	1400 包		100 吨，原价 6300 元
陈景明	巢湖	金斗	1400 包		98 吨，原价 6300 元
施佑明	江东	漕帮	2320 包		162 吨，原价 10440 元
杨积盈	巴斗	漕帮	1600 包		110 吨，原价 7200 元
汪琼山	钓钩	永帮	4000 包	1800	280 吨，原价 18000 元
蒋安聚	钓钩	永帮	2200 包	990	150 吨，原价 9900 元
高大顺	黄艄	江东	1700 包	765	119 吨，原价 7650 元
许正明	鸭艄	江东	1500 包	675	105 吨，原价 6750 元
吴振坤	江东子	江东	3200 包	1440	224 吨，原价 14400 元
吴培廷	黄艄	漕帮	2400 包	1080	170 吨，原价 10800 元
金子明	黄艄	漕帮	1500 包	675	105 吨，原价 6750 元
王德胜		湘帮	230 吨	5040	原价 16000 银元
陈维俊		湘帮	190 吨	4200	原价 14000 银元
陈雨生		湘帮	190 吨	4200	原价 1400 银元
汪琼山		永帮	310 吨	6720	原价 2100 银元
将利川		永帮	390 吨	8400	原价 2400 银元
蒋安聚		永帮	210 吨	4480	原价 1400 银元
胡少荣		江西			
罗财发	大驳	江西	1700 包		120 吨，原价 7650 元
谢连生	抚	江西	4000 包		280 吨，原价 18000 元
万连生	抚	江西	1200 包		80 吨，原价 5400 元
彭士荣	江东	江苏	1700 包		120 吨，原价 7650 元
彭士祥	江东	江苏	1700 包		120 吨，原价 7650 元

续表

姓名	船名	帮别	载量	1947 年法币价值（万元）	备注
张汉卿	钓钩	湖北	1600 包		110 吨，原价 7200 元
吴兴祥		江西			
章少山		江西			
邹顺元		江西			
周耕山	凉划	山淮	2000 包		140 吨，原价 9000 元
孙同兴	凉划	江东	1500 包		105 吨，原价 6750 元
何润民	江东	金斗	2400 包		170 吨，原价 10800 元
胡汉卿	江东	金斗	2000 包		140 吨，原价 9000 元
汪调高	江东	金斗	1600 包		110 吨，原价 7200 元
费邦清	黄艄	金斗	1500 包		105 吨，原价 6750 元
李华齐	焦湖	金斗	1300 包		91 吨，原价 5850 元
王纯礼	摆江	金斗	1300 包		91 吨，原价 5850 元
吴德礼	黄艄	金斗	1200 包		80 吨，原价 5400 元
王长松	江东	山淮	1600 包		102 吨，原价 7200 元
汪永祥	江东	漕帮	1600 包		102 吨，原价 7200 元
金焕章	江东	漕帮	1600 包		102 吨，原价 7200 元
张启泰	江东	漕帮	1300 包		91 吨，原价 5850 元
陈宪章	江东	漕帮	960 包		68 吨，原价 4320 元
王治贵	黄艄	湖北	2400 包		170 吨，原价 10800 元
许长贵	黄艄	江东	840 包		59 吨，原价 3780 元
涂孔惠	红船	江西	4000 包		280 吨，原价 18000 元
孙树庭	江东	辰阳	1200 包		84 吨，原价 5400 元
袁国春	江东	漕帮	4400 包		
刘启祥	江东	漕帮	1000 包		70 吨，原价 4500 元

姓名	船名	帮别	载量	1947 年法币价值（万元）	备注
安永和	江东	辰阳	2000 包		140 吨，原价 9000 元
赵任氏	钓钩	湘帮	3000 包		210 吨，原价 13500 元
涂才福	红船	江西	2500 包		175 吨，原价 11250 元
吴大富	钓钩	长沙	2500 包		175 吨，原价 11250 元

资料来源：江苏省档案馆馆藏档案：《战前被征船舶请求赔偿》，全宗号 1004，目录号乙，案卷号 2883。调查时间 1947 年。

以上经申报登记的沉船中，轮船 63 艘、民船 66 只。其他未经申报的船只仍有待进一步的调查统计。

二 战损和被劫船只

淞沪战争爆发前后，中国前线军队用品需要浩繁，供应紧张；并且，航业界奉命抢运上海民营厂商机器物资，任务空前繁重。在国民政府指导下，招商局、三北、民生、大达、大通等公司在南京成立内河航业联合办事处，各地设置分处，统一调度全国的船舶，以供应军民运输。因此，在抗战时期，中国绝大多数的华商轮船公司参与了军公运输，支援中国军队的对日行动。各轮船公司也颇受日军的忌恨，遭到日军的疯狂轰炸和劫掠。被炸毁和劫掠船舶详见表 6-20、表 6-21。

据表 6-20，在为国民政府军公运输中，被日军损毁、劫占的船舶共为 33 艘，其中江南各轮船公司的船舶达 20 余艘。

为了侵略战争的需要，日军大肆掳捕、征用中国船只为其运送军队和军用物资，这些船只有的下落不明，有的被击沉，有的则被日军破坏。被日军掳扣各船只见表 6-21。

表6-20

在军公运输中被损毁、劫占船舶一览

所有者	船名	总吨	行驶航线	损毁日期	损毁地点	损毁情形
三北轮埠公司	新浦	2038.58	沿海长江	1938年	武乡庙	触礁沉没
三北轮埠公司	富华	689.19	川江	1940年4月27日	庙河	触礁沉没
鸿安商轮公司	扬安拖轮	37	长江	1938年10月15日	汉口	运公物未及退出
鸿安商轮公司	鸿安一号驳	500*	长江	1937年	湖口	运水雷炸毁
鸿安商轮公司	鸿安十四驳	300*	长江	1938年10月15日	汉口	遇战未及退出，下落不明
鸿安商轮公司	鸿安十六驳	100*	长江	1938年10月15日	汉口	遇战未及退出，下落不明
肇兴轮船公司	裕兴	1656.90	沿海长江	1938年10月23日	邓家口	装军品遇炸沉没
大通仁记公司	正大	1520.80	沪扬	1938年10月	湘潭	在长沙炸损，沉于湘潭
大通仁记公司	志大	1366.14	沪扬	1938年8月	石灰峪	运军队遇炸沉没
民生实业公司	民铎	655.99	川江	1937年9月15日	磁石	应差触礁沉没
民生实业公司	民彝	1078.78	川江	1937年8月22日	重庆	汽油爆炸沉没
民生实业公司	民来	496.83	川江	1938年6月26日	药角沱	卸弹药爆炸焚毁
民生实业公司	民风	1083.84	川江	1941年6月19日	巴东	应差装兵翻沉
民生实业公司	民熙	498.6	川江	1942年2月4日	上青滩	应差触礁沉没

续表

所有者	船名	总吨	行驶航线	损毁日期	损毁地点	损毁情形
民生实业公司	生动拖轮	30.81	川江	1941 年 12 月 2 日	黄陵庙	应差卸汽油爆炸焚毁
民生实业公司	民生十号驳	342.24	长江	1941 年 10 月 23 日	窎角沱	军政部征用下落不明
协兴轮船公司	协丰	30.6	内河	1938 年	汉口	被炸后日人拆毁
协兴轮船公司	协茂	24.4	内河	1937 年 10 月	无锡	海军征用被炸沉
协兴轮船公司	协裕	35.77	内河	1939 年 7 月	石牌	开往镇江时下落不明
大中轮船局	隆陞	12.78	内河	1937 年 11 月 16 日	如皋	被炸沉没
宁绍商轮公司	汉宁趸船	900 *	抛泊汉口		宜昌	下落不明
宁绍商轮公司	汉口码头船	100 *	抛泊汉口		宜昌	沉没
元昌洋行	普济六号驳	160 *	长江	1937 年 12 月	南京	应差炸沉
通裕商号	裕新	20.95	内河	1939 年 3 月	沙市	应差炸沉
裕新商号	裕成	10.72	内河	1938 年 8 月	马当	恐资日奉命沉没
通裕商号	春申	49.91	内河	1938 年 8 月 6 日	鄂城	应差上驶被掳失踪
通裕商号	平江	28.17	内河	1944 年	祁阳	应差上驶恐资日被炸沉
通裕商号	汇利	34.07	内河	1939 年	仙桃镇	应差上驶被掳失踪

续表

所有者	船名	总吨	行驶航线	损毁日期	损毁地点	损毁情形
公茂轮船局	万利	30.01	内河	1938 年 8 月 21 日	蕲春	应差上驶被炸沉没
大通仁记公司	隆大	1371.57	沪扬		鄂城	应差被炸，1939 年被日军拖沪改名旭盛
协兴公司陆源记	协源	31.06	内河		田家镇	应差被掳，1939 年被日军拖沪改名旭修
永亨航行	永亨	1195.04	沿海长江		藕池口	运兵工厂机件自汉口上驶搁浅，无法施救
裕中轮船公司	裕平	2561.03	沿海长江		宜都	运兵工厂机件自汉口上驶搁浅，无法施救
合计	33 艘	18991.78				

说明：带 * 号者系装货吨。

资料来源：中国第二历史档案馆编：《中华民国史档案资料汇编》第 5 辑第 2 编，"财政经济"（10），江苏古籍出版社 1997 年版，第 506—510、510—511 页。

表6—21　　被日军掳捕占扣船舶一览

所有者	船名	总吨	行驶航线	被扣日期	被占被掳经过
济平轮船公司	无忌	3046.00	沿海长江	1937年9月	在若松被扣，下落不明
大陆实业公司	大陆	2325.50	沿海长江	1937年9月	在上海被扣，下落不明
利源轮船公司	长德	2744.00	沿海长江	1937年8月	在上海被扣，下落不明
崇明轮船公司	天赐	783	沪崇	1937年8月	在上海被扣，已沉失
平安轮船局	平阳	511.63	沿海	1939年4月	在上海被征用后沉失
平安轮船局	新宝华	1054.20	沿海	1939年4月	在上海被征用后沉失
宝华轮船局	宝华	713.6	沿海长江	1939年4月	在上海被征用后沉失
中兴轮船公司	峰兴	3674.97	沿海长江	1941年12月	太平洋战后被掳，下落不明
上海拖船公司	北洋拖轮	117.12	沿海长江	1941年12月	在上海被掳，下落不明
三北轮埠公司	龙山	1988.00	沿海长江	1941年12月	在上海被征用后，下落不明
三北轮埠公司	衡山	1922.00	沿海长江	1941年12月	被占，下落不明
三北轮埠公司	嵩山	3710.25	沿海长江	1941年12月	被占，下落不明
三北轮埠公司	伏龙	1910.57	沿海长江	1941年12月	在沙市被占，下落不明
三北轮船公司	华山	3969.00	沿海长江	1941年12月	被占后已沉失

续表

所有者	船名	总吨	行驶航线	被扣日期	被占被掳经过
三北轮埠公司	明山	2049.00	沿海长江	1941 年 12 月	在盘谷被占，下落不明
三北轮埠公司	龙兴	3068.00	长江	1941 年 12 月	在汉口被扣，在吴淞沉没
宁兴商轮公司	宁兴	2897.04	沪甬	1941 年 12 月	在上海被扣，在长江沉没
鸿安商轮公司	余杭拖轮	97	长江	1941 年	在长沙被扣，下落不明
鸿安商轮公司	鸿安四号驳	250 *	长江	1937 年 8 月	在上海被扣，下落不明
鸿安商轮公司	鸿安五号驳	250 *	长江	1937 年 8 月	在上海被扣，下落不明
鸿安商轮公司	鸿安六号驳	250 *	长江	1937 年 8 月	在上海被扣，下落不明
鸿安商轮公司	鸿安七号驳	250 *	长江	1937 年 8 月	在上海被扣，下落不明
鸿安商轮公司	鸿安十二号	250 *	长江	1937 年 8 月	在上海被扣，下落不明
鸿安商轮公司	镇安趸船	1200 *	停泊镇江	1937 年 12 月	在镇江被占
鸿安商轮公司	理胜趸船	1500 *	停泊南京	1937 年 12 月	在南京被占
鸿安商轮公司	宁安趸船	1200 *	停泊芜湖	1937 年 12 月	在芜湖被占
鸿安商轮公司	泰安趸船	1200 *	停泊汉口	1937 年 12 月	在汉口被占
鸿安商轮公司	汉保趸船	2500 *	停泊汉口	1937 年 12 月	在汉口被占

续表

所有者	船名	总吨	行驶航线	被扣日期	被占被掳经过
鸿安商轮公司	沙市趸船	2000*	停泊沙市	1939年	在沙市被占
鸿安商轮公司	湘潭趸船	400*	停泊湘潭	1941年	在湘潭被占
鸿安商轮公司	大安趸船	1000*	停泊安庆	1938年	在安庆被占
鸿安商轮公司	长沙趸船	400*	停泊长沙	1941年	在长沙被占
天津航业公司	天久拖轮	114.02	沿海长江	1943年6月	在天津被强迫征用
天津航业公司	天平驳	336.06	沿海长江	1943年9月	在上海被征用后已沉失
天津航业公司	天利驳	336.06	沿海长江	1943年9月	在上海被征用后已沉失
中兴轮船公司	浦爱驳	250*	长江	1937年	被扣下落不明
民生实业公司	新顺发	34	川江	1937年6月	在宜昌被占
民生实业公司	大亨	28	川江	1937年6月	在宜昌被占
	未完工船甲	1500.00	川江	1937年	在厂建造中，未完工被占
	未完工船乙	450	川江	1937年	在厂建造中，未完工被占
	未完工船丙	650	川江	1937年	在厂建造中，未完工被占
通裕商号	临安	3	内河	1939年5月	在丹阳沉失

续表

所有者	船名	总吨	行驶航线	被扣日期	被占被掳据经过
通裕商号	裕泰	12.4	内河	1937 年 8 月	在上海被占
达兴商轮公司	新鸿兴	1258.90	沪甬	1937 年 10 月	在松江漯水渡被占，下落不明
华洋航运公司	迎祥	1398.00	沿海长江	1938 年 1 月	在香港被扣，下落不明
大达轮船公司	广祥	652.78	沪启	1938 年 1 月	在上海被占于 1944 年沉没
中威轮船公司	顺丰	4277.12	远洋沿海	1937 年 8 月	在日本被占后下落不明
中威轮船公司	新太平	3182.60	远洋沿海	1937 年 8 月	在日本被占后下落不明
华新公司	华达	5903.71	远洋沿海	1941 年 12 月	在日本被占后下落不明
华新公司	华懋	4713.00	远洋沿海	1941 年 12 月	在日本被占后下落不明
华新公司	静泉	3826.00	远洋沿海	1941 年 12 月	在上海被占，1944 年沉没
沪兴商轮公司	新瑞平	654.89	沪瑞平	1939 年 10 月	在上海被强征，1943 年沉失
鼎记轮船公司	海阙	3154.19	远洋沿海	1937 年 8 月	在日本被扣，已沉没
华胜轮船公司	华顺	3033.39	沿海长江	1941 年 12 月	在汉口被占，1942 年沉失
直东轮船公司	北京	440.55	沿海	1937 年	在天津被占，1944 年沉失
阮叔额	台州	1524.70	沪台瓯	1938 年 2 月	在温州被强征，1944 年被炸沉
华盛轮船局	新华盛	695.21	沪甬瓯	1939 年 10 月	在上海被强征，已拆毁

续表

所有者	船名	总吨	行驶航线	被扣日期	被占被掳经过
三北轮埠公司	镇北	173.34	宁波沿海	1941年12月	在上海被占，现在长江
达兴轮船公司	达兴	1039.68	沪台	1945年6月	被强迫征用，现在长江
浙江轮船公司	德利	697.17	沪闽	1939年10月	被强迫征用，1945年炸沉
中兴轮船公司	沪兴拖轮	20	长江	1937年	被占已发还，破坏不堪
中兴轮船公司	联益拖轮	118.45	长江	1937年	被占现已发还，破坏不堪
中兴轮船公司	隆兴拖轮	57.85	长江	1937年	被占，更名三华丸
中兴轮船公司	浦璧驳		长江	1937年	被占现已发还，破坏不堪
中兴轮船公司	浦玺驳		长江	1937年	被占，更名三井21
中兴轮船公司	浦笛驳		长江	1937年	被占，更名三井22
中兴轮船公司	浦飞驳		长江	1937年	被占，正请求发还
崇明轮船公司	天佑	826	沪崇	1937年12月	因恐资日，由县政府凿沉
中兴轮船公司	毓兴	5328.74	远洋沿海	1941年2月	由英政府征用沉没
中兴轮船公司	信平	1992.26	沿海	1937年9月	逃避香港因飓风损毁
合计	70艘	97912.95			

说明：带＊号者系装货吨。

资料来源：中国第二历史档案馆编：《中华民国史档案资料汇编》第5辑第2编，"财政经济"（10），江苏古籍出版社1997年版，第510—518、518—521页。

据表6−21，抗战中被日军掳捕占扣船舶达70艘，其中江南轮船公司的船舶达65艘。

1940年以后，上海、南京地区的战争早已结束，日军同样对中国船只进行狂轰滥炸，以破坏中国军队的持久抗战。详见下表：

表6−22　　淞沪会战后被日军炸沉、炸毁、炸损船舶一览

所有者	船名	总吨	行驶航线	损毁地点	损毁年份	损毁经过
达兴轮船公司	鸿兴	868.69	沿海长江	秭归	1943	炸沉
宁绍轮船公司	宁绍	3073.76	长江	宜昌	1940	被炸沉没
鸿安轮船公司	长安	1659.00	长江	南沱	1942	被炸沉没
鸿安轮船公司	德兴	1625.02	长江	黄石港	1938	被炸沉没
三北轮埠公司	凤浦	1910.59	沿海长江	南沱	1942	被炸沉没
三北轮埠公司	新宁兴	2175.27	沿海长江	庙河	1941	被炸沉没
三北轮埠公司	清浦	2054.32	沿海长江	秭归	1943	被炸沉没
民生实业公司	民生五号	98.43	川江	重庆	1940	被炸沉没
民生实业公司	民生四号	105.58	川江	重庆	1940	被炸沉没
民生实业公司	民平	43.58	川江	重庆	1940	被炸沉没
民生实业公司	民俭	542.99	川江	太平溪	1943	被炸沉没
民生实业公司	民主	634.52	川江	火焰石	1943	被炸沉没
民生实业公司	鹦鹉	58.25	川江	三斗坪	1942	被炸沉没
民生实业公司	民政	733.76	川江	徐沱	1941	被炸沉没
民生实业公司	民泰	590.96	川江	明镜滩	1941	被炸沉没
民生实业公司	民宪	760.42	川江	陶家溪	1941	被炸沉没
民生实业公司	民俗	975.32	川江	青石洞	1941	被炸沉没
民生实业公司	民元	1464.45	川江	巴东	1940	被炸沉没
沪兴商轮公司	瑞平	591.16	沪瑞平	吴淞	1945	被日伪强征，遇水雷炸沉
宁绍商轮公司	新宁绍	3407.10	沪甬	镇海	1945	被日伪强征，遇炸沉没

所有者	船名	总吨	行驶航线	损毁地点	损毁年份	损毁经过
华商轮船公司	海上	3301.80	沿海远洋	仰光	1942	被日机炸沉
华盛轮船局	大茂	328.36	沿海	温州	1944	被日机炸沉
中兴轮船公司	浦兴拖轮	70.44	长江	长沙	1944	被日机炸沉
中兴轮船公司	浦宜驳		长江	长沙	1944	被日机炸沉
三北轮埠公司	龙安	1681.00	长江	三斗坪	1941	被炸损，现已捞起待修
宁兴商轮公司	明兴	2870.16		巫山	1941	被炸损，现已捞起待修
大通仁记公司	鸿大	1371.57	沪扬			应差八年损坏待修
大达轮船公司	大达	1627.84	沪扬			被炸已修复
大达轮船公司	大豫	1445.33	沪扬			被炸损，待捞修
大达轮船公司	大庆	1405.26	沪扬	宜昌		被炸损待修
民生实业公司	民勤	542.99	川江	台子湾	1943	被炸损，已修复
民生实业公司	民康	621.57	川江	火焰石	1943	被炸损，已修复
民生实业公司	民享	288.76	川江	秭归	1942	被炸损，已修复
民生实业公司	民权	1197.76	川江	冷水碛	1941	被炸损，已修复
民生实业公司	民众	2800.00	川江	台子湾	1940	被炸损，在修理中
鸿安商轮公司	鸿贞	554		万县	1941	被炸损，在修理中
鸿安商轮公司	鸿元	479		长沙	1938	被炸损，在修理中
三兴轮船局	三兴	2469.55	沿海长江	三斗坪	1940	被炸三次毁损奉准拆售

续表

所有者	船名	总吨	行驶航线	损毁地点	损毁年份	损毁经过
大达公司	大穌	1001.05	沪扬	冷水碛	1941	被炸三次毁损，奉准拆售
天津航业公司	通成	2001.92	沿海长江	宜昌	1940	被炸毁损，奉准拆售
合计	40 艘	49431.53				

资料来源：中国第二历史档案馆编：《中华民国史档案资料汇编》第 5 辑第 2 编，"财政经济"（10），江苏古籍出版社 1997 年版，第 520—525、524—526、526—527 页。

表 6 - 22 中，1940 年后损毁的船只共 38 艘，属于江南地区的轮船公司所有的船只 21 艘。尽管天津航业公司、民生轮船公司等公司的船只非为江南一带的轮船公司所有，但这些船只作为交通工具多行经江南一带，同样对江南经济产生影响。

无锡城乡镇市的民船有大装船、小装船、红头船、黄花子、划子船、包子船、快船、芦墟船、扬子黄花子、伯划子船及湖北满江红等十余种。小的载货数十担、大的一两千担。[1] 战事使无锡损失船舶 1200 余艘，[2] 货运轮船损失 20 多艘。日军设立内河运输株式会社无锡出张所和无锡通运木船运输公司，分别控制了无锡至上海的轮船和木船运输。苏锡、新苏锡、江苏、民泰、宁泰、德丰等轮船运输局被日军勒令合并经营，改为裕民轮运局，由日本人任经理。无锡民族轮运业从此奄奄一息。[3]

三北航业公司与招商局同为上海航业巨擘，行驶沿海、长江的轮船为数颇多。所经营的航线如长江、闽海，业务颇为发达。日军进攻武汉时，该公司不准备撤退的轮船，皆暂时移转到外商名下照常营

---

① 藤村俊房：《無錫事情報告ノ件》（4），日本驻苏州领事馆报告（1924 年 6 月 23 日），アジア歴史資料センター（JACAR）：B03050363700。
② 无锡县志编纂委员会编：《无锡县志》，上海社会科学院出版社 1994 年版，第 399 页。
③ 《无锡市交通志》编纂委员会编：《无锡市交通志》，上海人民出版社 1990 年版，第 126 页。

业。后又购买外轮数艘加入经营，获利颇厚。退入川江吨位较大、吃水较深的轮船无法航行，适宜航行川江的富华轮触礁沉没，其他油机轮船行驶成本高昂，只得大量停航。[①]

我国沿海自从被日舰封锁以后，外商各轮船乘机侵夺航权，华轮被迫停航，长江下游以及南北洋航线均由外商行驶，国营招商局和民营三北公司等所有海轮除拨供政府封锁长江防线外，有的售于外商，有的停泊在长江下游。除长江上游及内河小轮照常行驶外，沦陷区的航权，均被日商日清公司及内河公司垄断，中国民营公司的轮船，多被这些公司劫走。行驶南北洋及长江下游、浙、闽各口岸的轮船，除太古、怡和两公司外，新设立的中意、美利、礼和、华美等 10 余家公司，计有航轮 80 余艘；其中以英商航轮最多，德、意商次之，美、葡商又次之。新创公司的所有轮船都是过去华商轮船，由外商承租或收买。昔日不准外商航行的航线，淞沪战后均为外商控制。[②] 到 1938 年，航行国内的中国轮船减为 400 余万吨。其后，武汉、广州相继沦陷，华轮吨位更形锐减，1939 年仅余 200 余万吨，不及全国总吨位的十分之一。1940 年中国轮船总吨数再降为不到 160 万吨；而其时日商轮船已达 5001611 吨，约占各国轮船总吨位的 32%。详见表 6 - 23。

航运力的削减，使我国平时仰赖水运的货物，90% 以上无法运输。

往返外洋的轮船，因战事与海岸封锁的关系，吨数同样锐减，1939 年，华籍商船减少 300 余万吨，美轮减少 200 余万吨，英轮减少 700 余万吨。日轮吨位则反见增加。战前行驶外洋的日轮仅有 900 余万吨，1939 年增至近 1200 万吨，在全国总吨数所占的比重由 20.82% 增加到 40.21%；1940 年增为 53.40%，1941 年 1—4 月间，即增为 67%。[③] 见表 6 - 24。

---

① 王洸：《战时长江航业与航政》（上），《交通月刊》第 1 卷第 1 号，1947 年 7 月 28 日出版，第 35 页。

② 南炎：《八一三以来之交通建设》，《中国经济评论》第 1 卷第 2 期，1939 年 12 月出版，第 49—50 页。

③ 邓辉：《抗战期中我国之航运》，《经济汇报》第 4 卷第 4 期，1941 年 8 月 16 日出版，第 2 页。

表6-23

往来国内船舶吨数、旗别

旗别	1936年		1937年		1938年		1939年		1940年	
	吨数	%	吨数	%	吨数	%	吨数	%	吨数	%
美国	650604	0.65	396031	0.73	96422	0.33	56405	0.26	81696	0.52
英国	41187464	41.4	23165047	42.43	16052820	54.63	10936086	49.49	6410821	40.79
中国	35397417	35.58	18643670	34.15	4572957	15.56	2012385	9.11	1596710	10.16
中国民船	1438934	1.45	1153579	2.11	—	—	—	—	—	—
丹麦	405270	0.41	357356	0.66	470771	1.6	416579	1.89	90894	0.58
法国	360263	0.36	388197	0.71	349228	1.19	261970	1.19	68863	0.44
德国	659367	0.66	502089	0.92	1197241	4.07	939710	4.25	312134	1.99
义国	193471	0.19	447389	0.82	1008502	3.43	546450	2.47	187846	1.19
日本	15194721	15.27	6017715	11.02	2259355	7.69	3762206	17.02	5001611	31.82
荷国	1135521	1.14	844739	1.55	649032	2.21	787607	3.56	750505	4.77
挪威	2581769	2.59	2316469	4.24	1722260	5.86	1704574	7.71	869418	5.53
其他各国	280493	0.28	361991	0.66	1005332	3.43	675914	3.06	346024	2.21
共计	99485294	100	54594272	100	29383920	100	22099886	100	15716522	100

资料来源：邓辉：《抗战期中我国之航运》，《经济汇报》第4卷第4期，1941年8月16日出版。

表6-24

往来外洋船舶吨数、旗别

旗别	1936 年		1937 年		1938 年		1939 年		1940 年	
	吨数	%	吨数	%	吨数	%	吨数	%	吨数	%
美国	3120875	6.9	1663215	4.69	328920	1.12	769285	2.58	1471771	5.73
英国	16158051	35.72	12940748	36.51	12350327	42.09	8298929	27.82	4437605	17.28
中国	3957832	8.75	2949524	8.32	791960	2.69	683709	2.29	648049	2.54
中国民船	3377362	7.47	2841965	8.02	1451363	4.95	1541911	5.17	1163878	4.53
丹麦	797146	1.76	630668	1.78	628088	2.13	698621	2.34	164715	0.64
法国	1237265	2.73	1046306	2.95	1005330	3.42	803497	2.69	521359	2.03
德国	1965131	4.31	1 586 634?	4.48	1448611	4.92	1186819	3.98	—	—
义国	385346	0.85	495630	1.4	725851	2.47	586537	1.97	198951	0.77
日本	9418855	20.82	6797299	19.18	6484680	22.1	11993733	40.21	13736469	53.4
荷国	1415150	3.13	1158585	3.27	907777	3.09	1025957	3.44	1067924	4.16
挪威	1965758	4.35	1890924	5.33	1849092	6.28	1549652	5.2	1272595	4.96
葡萄牙	928684	2.05	1070760	3.02	953564	3.24	61337	0.21	74907	0.29
其他各国	506169	1.13	371208	1.05	413726	1.41	626441	2.1	917371	3.58
共计	45233624	100	35443466	100	29339289	100	29826428	100	25675594	100

资料来源：邓辉：《抗战期中我国之航运》，《经济汇报》第 4 卷第 4 期，1941 年 8 月 16 日出版，第 2 页。

综上所述，日军在侵略战争期间给江南的航运事业造成极大的破坏，大量船只被炸沉、掳走，运输能力急剧下降，使江南经济严重紊乱，而日商轮船则在军事暴力的支持下，从中获得了巨大的利益，在中国航运业中一跃而奠定了霸主地位。

第三节 战时航空、邮电业的毁损

战前我国的民用航空已然起步，通过与外资企业的合作，开辟了多条国内、国际航线。邮电事业则更加成熟，邮路、电话延伸到不少乡镇地区。

一 航空业

1909 年我国开始办理军用航空。1919 年民用航空受到国人的瞩目。当时北京政府向英国订购飞机多架，致力于民航事业的发展。1921 年航空署改隶军政部，划航线 25 条，制定各项载运章则，并与邮政总局签订邮运合约，办理定期航空。可惜由于当时军政情形紊乱，各线先后均告停顿，民航事业昙花一现。[①]

1930 年中国航空公司成立。7 月 17 日国民政府交通部与美国飞运公司（China Airways of America）订立航空邮运合同，8 月 1 日双方合股成立中国航空公司（China National Aviation Corporation，简称 CNAC），资本总额为法币 1000 万元，中方占 55%，美方占 45%。合同有效期 10 年，并规定若于合同期满前 1 年，任何一方未以书面形式通知对方终止合同，则合同将继续有效 5 年。组织这个公司除为了便利客运邮运及货运外，还在于利用美国的航空人才以训练中国的空勤及地勤人员。由于训练时间所限，多侧重于实际应用方面。后因亏损，美方有撤资的企图。1932 年 2 月，国民政府单独拨款维持这个公司。1933 年 1 月 11 日平沪线开通，其时日军虎视平津，中国航空

① 王助：《中国航空公司简史》，《交通月刊》第 1 卷第 3 期，1947 年 9 月 28 日出版，第 44 页。

公司开辟这条航线，具有一定的政治意义。自此资金方面渐趋稳定。同年 4 月，美方飞运公司将其股权让与泛美航空公司，并以塞可斯基型机飞行沪粤线，由中国航空公司代其管理支配。至 1937 年中国航空公司已拥有道格拉斯机 4 架及其他轻型机 8 架。6 年之间营业收入由每年 60 万元增至 500 万元。国内航线有上海沿长江而至南京、汉口、重庆、成都线，北至北平、天津，南下广州、昆明。联运业务方面，在香港与泛美航空公司飞剪号接联，使中美首都间的旅程 8 日可达。还在香港与英国帝国海外航空公司接联，使上海与伦敦间 10 日可达。此外，中国航空公司还参加国内的重要运输活动。1931 年长江泛滥，中国航空公司曾送药救济灾区。①

1931 年 3 月，依据中国法律，按照欧亚邮运合同由中德组成欧亚航空公司，该公司为商业公司。股本初定 300 万元，后增加至 900 万元，中方占 2/3，德方占 1/3。公司的组织办法与中国航空公司大致相同，董事长、总经理及其他行政业务人员均由中方担任，技术方面归德方负责。该公司取得了下述 3 条航线的专营权：（1）从上海经南京、天津、北平、满洲里，经亚洲、苏联至欧洲。（2）从上海经南京、天津、北平及库伦以外的中国边境，经亚洲、苏联至欧洲。（3）从上海经南京、甘肃及新疆的中国边境，经亚洲、苏联至欧洲。②

1936 年，中国有 3 家中外合资的航空公司，投资额及比例见表6 - 25。

惠通航空公司于 1936 年 10 月 23 日创办于北京，中、日资本各半，董事长张允荣、副董事长儿玉常雄、董事德留贞一等人。③ 1938 年 12 月 8 日，在上海设立的中华航空公司，是以惠通航空公司为实质性主体；④ 资本 600 万元，伪中华民国临时政府出资 180 万元、伪

---

① 王助：《中国航空公司简史》，《交通月刊》第 1 卷第 3 期，1947 年 9 月 28 日出版，第 44 页。

② 吴明毓：《中国航空事业之过去与今后》，《航空杂志》第 6 卷第 4 期，1936 年 4 月 24 日，第 20 页。

③ 天津军参謀長：《恵通航空公司創立の件》，1936 年 10 月，アジア歴史資料センター（JACAR）：C01004394900。

④ 東亜局記録班：《執務報告》（昭和十三年度東亜局第一課），東亜局 1938 年印行，第 117 頁。

维新政府出资 200 万元、伪蒙疆政府出资 20 万元、惠通航空公司和大日本航空株式会社各以实物投资 100 万元。①

表 6 – 25　　　　　　1936 年以前中外合资航空公司

名称	成立年份	资本额（万元）	中、外资本的比重	
			中资	外资
中国航空公司	1930	1000	55%	美 45%
欧亚航空公司	1931	300（增资至 900）	2/3	德 1/3
惠通航空公司	1936	540	1/2	日 1/2

资料来源：吴明毓：《中国航空事业之过去与今后》，《航空杂志》第 6 卷第 4 期，1936 年 4 月 24 日，第 18—20 页；《惠通航空公司积极扩充》，《申报》1937 年 2 月 14 日，第 12 版。

淞沪战争发生后，中国航空公司的机场遭受空袭，公司奉命内迁汉口。机航组一面在香港设立基地，与国外联络，其时除沿长江航线外，增辟汉粤及渝港两线。8 月，日军公然违反国际公法攻击中国民航飞机，并导致"桂林"号被毁，甚至中国飞机中途降落加油时也遭到攻击。此后渝港一线，改于夜间飞行，并为安全计，不得不增加油量做不间断飞行。

据调查，仅 1937 年 7 月至 1939 年 12 月，中国与欧亚两航空公司的损失达 1895267 元（1937 年币值）。详见表 6 – 26。

欧亚航空公司在 1941 年中德断交后，由国民政府交通部接收，后因日军空袭香港，该公司停于香港机场的巨型飞机全部被炸毁，损失惨重，由交通部与航空委员会合作，于 1943 年 3 月将其改组为中央航空公司。由国民政府拨给大小旧损军用飞机 10 多架，加以修理使用，经营国内外空运业务，并担任国民政府军运任务。

---

① 第三委员会会长青木一男：《中華航空株式会社設立要綱ニ関スル件》，アジア歴史資料センター（JACAR）：A04018469500。

表 6 – 26　民用航空事业损失统计（1937 年 7 月至 1939 年 12 月）

（单位：法币元）

损失总值	中国航空公司	欧亚航空公司
1895267	920202	975065

资料来源：韩启桐：《中国对日战事损失之估计（1937—1943）》，文海出版社有限公司 1974 年影印，第 42 页。

1941 年 12 月 7 日晨，日军突袭香港，中国航空公司损失道格拉斯 DC – 2 机、康特 C. CONDORS 机各 2 架。[①]

香港受袭后，中国航空公司被迫内移，机航组再在印度加尔各答成立基地。这条国际航线成为抗战后期中国内地与国外唯一的运输大动脉。后公司获得美国租借法案的资助，增加飞机及改良地面设备，装置各修理工厂。除维持国内各大都市如重庆、成都、桂林、昆明等地的运输外，还由印度运入大量军用品，输出则有钨砂、生丝、猪鬃之类。这是世界著名的驼峰运输，飞行难度之大，世上无出其右，每月运至国内的物资多达 2000 吨以上。[②]

由于航空业的机动性，中国航空在战时不像航运业那样受损严重，但损失同样惊人。

由国民政府经营的中央航空运输公司，在抗战期间承担了重要的运输任务，经常遭受日军的袭击，损失较大。截至 1943 年 6 月，中央航空运输公司战时直接损失见表 6 – 27。

除直接损失外，航空公司多次迁移，各种物资及迁移费用等间接损失也达到相当的数量。详见表 6 – 28。

1937—1943 年，中央航空公司共伤亡 16 人。见表 6 – 29。

1944 年日军进攻桂林，中央航空运输公司再行撤退，各项物资又遭受一定的损失，现详列见表 6 – 30。

---

①　王助：《中国航空公司简史》，《交通月刊》第 1 卷第 3 期，1947 年 9 月 28 日出版，第 44—45 页。

②　王助：《中国航空公司简史》，《交通月刊》第 1 卷第 3 期，1947 年 9 月 28 日出版，第 45 页。

表 6-27　中央航空运输公司战时直接损失（1943 年 6 月）

名称	数量	单值（元）	总值（元）	附注
EU4 号飞机	1 架	法币 40325.81	法币 40325.81	1937 年在龙华被炸
EU7 号飞机	1 架	法币 90630.04	法币 90630.04	1941 年在香港被毁
EU6 号飞机	1 架	法币 76412.15	法币 76412.15	1941 年在香港被毁
EU15 号飞机	1 架	法币 80820.83	法币 80820.83	1941 年 12 月在桂林遭空袭烧毁
EU20 号飞机	1 架	法币 160133.91	法币 160133.91	1940 年在成都遇空袭被焚毁
EU22 号飞机	1 架	法币 86824.56	法币 86824.56	1941 年 12 月在香港被炸毁
EU24 号飞机	1 架	法币 109651.41	法币 109651.41	1941 年 12 月在香港被炸毁
EU25 号飞机	1 架	系租用，未议值		1940 年在昆明遇空袭被焚毁
YuLvMotor 发动机	11 具	法币 16623.75	法币 16623.75	在沪未泛出者
AMotor 发动机	3 具	法币 22533.60	法币 22533.60	在 4、6、7 号机上被毁者
132Motor 发动机	15 具	法币 16022.78	法币 16022.78	在 15、20、22、24、25 号机上被毁者
马达零件			U. S. $32977.44	由航委会借用来经香港事变损失
建筑			法币 208684.25	
其他工程			法币 70502.47	跑道、临时厂棚等
工厂设备			法币 61247.80	1937 年七七事变后昆明历次空袭损失
交通工具			法币 13900.00	南京、北平、汉口太原各站汽车
材料			法币 905111.41	1937 年七七事变后各地历次空袭损失

续表

名称	数量	单值（元）	总值（元）	附注
飞机汽油	1 千加仑	U.S. $0.45	U.S. $450.00	沪、宁、平、汉、粤各地被日炸焚者
滑油	300 加仑	U.S. $1.10	U.S. $330.00	沪、宁、平、汉、粤各地被日炸焚者
飞机汽油	9152 加仑	U.S. $0.45	U.S. $3855.50	1940 年秋在鹰潭被日机炸焚
滑油	3505 加仑	U.S. $1.10	U.S. $5400.00	1940 年秋在鹰潭被日机炸焚
飞机汽油	12000 加仑	U.S. $0.45	U.S. $125850.00	1941 年冬被日掳去
油膏	839 磅	法币 150.00	法币 2750.00	1943 年 4 月 28 日在滇被日机炸毁
火油	5 加仑	法币 550.00	法币 7500.00	1943 年 4 月 28 日在滇被日机炸毁
互加仑汽油空听	50 只	法币 150.00	法币 55.00	1943 年 4 月 28 日在滇被日机炸毁
滑油	50 加仑	U.S. $1.10	U.S. $4969.50	1942 年夏豌町沦陷损失者
存款			U.S. $4969.50	存香港中国银行，香港沦陷不能支用
存款			港币 685732.63	存香港中国银行，香港沦陷不能支用
存款			U.S. $3800.00	存香港邮政储金汇业局，香港沦陷不能支用

资料来源：中国第二历史档案馆编：《中华民国史档案资料汇编》第 5 辑第 2 编，"财政经济"（10），江苏古籍出版社 1997 年版，第 648—650 页。

表 6－28　中央航空运输公司战时间接损失（1943 年 6 月）

名称	数量	单值（元）	总值（元）	附注
飞机汽油	2 万加仑	U.S. $0.45	U.S. $9000.00	1941 年夏因避日舰被海匪掳劫
飞机汽油	3260 加仑	U.S. $0.45	U.S. $1467.00	1941 年夏因避日舰触礁沉毁
飞机汽油	2862 加仑	U.S. $0.45	U.S. $1287.90	1941 年夏豌町沦陷，被中缅局下关站误领
沪陕迁移费			法币 97276.31	专用火车 2 辆（1937 年 8 月）
陕滇迁移费			法币 12217.81	专用飞机 10 次、专用汽车 10 辆（1937 年 10 月）
香港撤退救济费			法币 83913.50	1942 年份
香港撤退救济费			法币 22301.25	1943 年 1～6 月
疏散费			法币 500000.00	1940 年 10 月至 1943 年 2 月昆明总公司暨总修理厂所支用（系约数）
在滇额外建筑费			法币 54166.06	1940 年 9 月后总公司及动力股流散乡村额外建筑费
防空设备				西安及重庆建筑防空沿设备
			以下系 6 年亏损总数的平均值	
1937 年纯利额减少			法币 234776.06	
1938 年纯利额减少			法币 457653.48	
			法币 457653.48	

续表

名称	数量	单值（元）	总值（元）	附注
1939 年纯利额减少			法币 457653.48	
1940 年纯利额减少			法币 457653.48	
1941 年纯利额减少			法币 457653.48	
1942 年纯利额减少			法币 457653.48	
合计				法币 3750571.87 元，美金 11754.9 元。

原注：共计法币 6319721.06 元，美金 63910.74 元。实际数值为法币 3750571.87 元，美金 11754.9 元。

资料来源：中国第二历史档案馆编：《中华民国史档案资料汇编》第 5 辑第 2 编，"财政经济"（10），江苏古籍出版社 1997 年版，第 650—651 页。

表 6-29　中央航空运输公司战时损失（人员伤亡）（1943 年 6 月）

职别	姓名	伤亡	附注
飞机师	拉及（J. Rathje）	轻伤	1938 年 4 月 13 日，被日机追击在云南茅坪飞机强迫下降受伤
飞机师	拉丁（D. Leiding）	轻伤	1938 年 4 月 13 日，被日机追击在云南茅坪飞机强迫下降受伤
飞机师	丁纪徐	轻伤	1938 年 4 月 13 日，被日机追击在云南茅坪飞机强迫下降受伤
飞机师	陆慈（W. Lutz）	伤	1940 年 10 月 26 日，架机时被日机击伤
随机机械电信员	施替脑特（R. Stichnothe）	伤	1938 年 4 月 13 日，被日机追击在云南茅坪飞机强迫下降受伤
机械员	张景辉	重伤	1940 年 10 月 26 日，架机时被日机击伤
随机待应生	贺根源	轻伤	1938 年 4 月 13 日，被日机追击在云南茅坪飞机强迫下降受伤
护警	吴永光	伤	1940 年 5 月 9 日日机轰炸昆明机场时受伤
护警	汪云贵	伤	1940 年 5 月 9 日日机轰炸昆明机场时受伤
小工	赵佩	伤	1940 年 5 月 9 日日机轰炸昆明机场时受伤

续表

职别	姓名	伤亡	附注
小工	严康	伤	1940 年 5 月 9 日日机轰炸昆明机场时受伤
小工	刘世英	亡	1940 年 5 月 9 日日机轰炸昆明机场时致死
小工	郭兴平	亡	1940 年 5 月 9 日日机轰炸昆明机场时致死
工匠	崔凤桐	重伤	1940 年 10 月 26 日随机疏散时被日机击伤
工匠	杨兆炳	重伤	1943 年 4 月 28 日日机轰炸昆明机场时受伤
乘客	李更	伤	1938 年 4 月 13 日，被日机追击在云南茅坪机强迫下降受伤

共计以上 16 人（其中 2 人死亡）。

原注：职员受伤 6 人；工役死亡 4 人，受伤 7 人，乘客受伤 1 人。

资料来源：中国第二历史档案馆编《中华民国史档案资料汇编》第 5 辑第 2 编，"财政经济"（10），江苏古籍出版社 1997 年版，第 652—653 页。

表 6-30　中央航空运输公司战时损失（1943 年 7 月至 1944 年 12 月）

名称	数量	单值	直接损失 总值（法币元）	附注
工具及器材			1921970.00	1944 年 9 月 14 日桂林站撤退损失
机件及设备			2960000.00	1944 年 9 月 14 日桂林电台撤退损失
机件及设备			1380000.00	1944 年 12 月 13 日镇远电台撤退至贵阳损失
家具			2160000.00	1944 年 9 月 14 日桂林站撤退站台机场损失
房屋			200000.00	1944 年 9 月 14 日桂林站撤退机场电台损失
八十号汽油	1250Gal		312062.00	1944 年 9 月 14 日桂林站撤退损失
八七号汽油	131Gal	法币 249.65	32704.15	1944 年 9 月 14 日桂林站撤退损失
九一号汽油	492Gal	法币 249.65	122827.80	1944 年 9 月 14 日桂林站撤退损失
百号汽油	318Gal	法币 249.65	79388.70	1944 年 9 月 14 日桂林站撤退损失
滑油	161.5Gal	法币 312.78	50513.97	1944 年 9 月 14 日桂林站撤退损失
火油	2Gal	法币 249.65	499.3	1944 年 9 月 14 日桂林站撤退损失
汽油大空桶	321 只	法币 2000.00	624000.00	1944 年 9 月 14 日桂林站撤退损失
汽油小空听	44 只	法币 400.00	17600.00	1944 年 9 月 14 日桂林站撤退损失

续表

直接损失

名称	数量	单值	总值（法币元）	附注
疏散及撤退费			7000000.00	1944 年 9 月 14 日桂林站撤退支用总额
			总计 16861565.92	

人员损失

职别	姓名	伤亡	附注
		伤	
小工	梁树林	伤	1943 年 12 月 19 日日机空袭昆明受伤

资料来源：中国第二历史档案馆编：《中华民国史档案资料汇编》第 5 辑第 2 编，"财政经济"（10），江苏古籍出版社 1997 年版，第 653—655 页。

二 邮电业

(一) 邮政

中国邮政事业在 1937 年以前的发展势头极为良好。据报告:"至廿五年度(1936)结束,邮政全部赢余竟达七百余万元,为邮政有史以来所未见。补助航空经费之外,尚足以应付资本支出及垫补前空之用。"[1]

1937 年度邮政事业相继遭遇卢沟桥事变、淞沪"八·一三"战事,嗣后战区逐渐扩大,依次波及察、绥、晋、鲁、苏、浙、豫、皖各区。

在日军炮火下,邮政业的固定资产受到一定损失。江苏南京陵园支局房屋全部焚毁,上海松江二等局房屋全部被炸毁。[2]

截至 1940 年江、浙、沪的邮政损失见表 6-31。

表 6-31 **邮政损失统计 (1937 年 7 月至 1940 年 12 月)**

(单位:1937 年法币元)

邮区	总计	邮票损失	包裹损失	房屋损毁	设备损毁	运输工具损毁
江苏	384125		11650	117656	153895	100924
上海	30120	3016	3625	2717	13525	7237
浙江	315627	3909	1915	217564	82239	10000
合计	729872	6925	17190	337937	249659	118161

资料来源:韩启桐:《中国对日战事损失之估计(1937—1943)》,文海出版有限公司 1974 年影印,第 41 页。

---

[1] 中国第二历史档案馆编:《中华民国史档案资料汇编》第 5 辑第 2 编,"财政经济"(10),江苏古籍出版社 1997 年版,第 677 页。

[2] 中国第二历史档案馆编:《中华民国史档案资料汇编》第 5 辑第 2 编,"财政经济"(10),江苏古籍出版社 1997 年版,第 723 页。

据表 6 - 31，江、浙、沪在日据前期邮政总损失达 729872 元
（1937 年币值）。

营业收入方面，邮政业 1937 年度与 1936 年度相比减少 1000 万
余元，营业外的收入减少近 30 万元。另外，每年储金汇业局要以盈
余拨归邮局以抵充邮局兼办储汇业务的开支，1937 年度与 1936 年度
相比减少 160 万余元。详见下表：

表 6 - 32　　　　　　　　邮政业 1936—1937 年度收入比较

款别	1936 年度（元）	1937 年度（元）	1937 年减少（元）
营业收入	46755327.00	36109972.80	10645354.20
营业外之收入	781340.03	486989.75	294350.28
邮政储金汇业局盈余拨归邮局以抵邮局兼办储汇业务之一切开支	2123616.80	455889.59	1667727.21
以上共计	49660283.83	37052852.92	12607431.69
亏损（现金）		-2120405.92	2120405.92
总计	49660283.83	34932447	14727836.83

资料来源：中国第二历史档案馆编：《中华民国史档案资料汇编》第 5 辑第 2 编，"财
政经济"（10），江苏古籍出版社 1997 年版，第 720—721 页。

国民政府时期，邮政业与航空业合为一体，邮政盈余常拨充航空
经费，以支持航空事业的发展。1936 年邮政业拨充航空经费 140 余
万元，1937 年度同比减少了 87 万余元。其他各项支出均明显有变，
显示出战争对邮政业影响之大。详见表 6 - 33。

1938 年度是邮政业遭受打击最沉重的一年。这一年战争扩大至
鄂、粤、闽、湘北各地，邮政事业所受的影响非常大，损失颇巨。
"盖战事区域之内，人民流亡，庐舍为墟，商业残破，市场闭歇。当
地邮局，皆在艰苦环境之下，竭力维持局务，必至情势危急，始移地

办公或暂时停闭，并于战事经过，民众迁回之后，随即恢复局务。……但各地运输费用增多，各项邮费昂贵，以致调度应付，颇感不易。幸各区员工，均能淬励奋勉，或不避艰危，冒险阻以完成任务，或不辞辛苦，竭心力以尽忠职守，英勇殉职者有之，劳瘁殒身者有之。"[1]

表 6 - 33　　　　　邮政业 1936—1937 年度支出比较

款别	1936 年度（元）	1937 年度（元）	比较数	
			增（元）	减（元）
营业支出（各邮局兼办储汇业务之一切开支包括在内）	41998172.80	36855948.81		5142223.99
营业外之支出	666621.09	687644.12	21023.03	
拨充航空经费	1408380.35	529193.72		879186.63
拨充资本支出	2680437.79	1000471.41		1679966.38
拨充西南公路联运基金		100000.00	100000.00	
共计	46753612.03	39173258.06		7701377
盈余（现金）	2906671.80		2906671.80	
总计	49660283.83	39173258.06		10487025.77

资料来源：中国第二历史档案馆编：《中华民国史档案资料汇编》第 5 辑第 2 编，"财政经济"（10），江苏古籍出版社 1997 年版，第 721 页。

1938 年度除三等局加增 5 处外，二等局减少 160 处，支局减少 52 处，代办所减少 392 处，合计减少 599 处；次要局所减少 3940 处。[2] 该年度内除邮差支路略有增加外，其余各路则均减短。与 1937

---

① 中国第二历史档案馆编：《中华民国史档案资料汇编》第 5 辑第 2 编，"财政经济"（10），江苏古籍出版社 1997 年版，第 716—717 页。
② 中国第二历史档案馆编：《中华民国史档案资料汇编》第 5 辑第 2 编，"财政经济"（10），江苏古籍出版社 1997 年版，第 717 页。

年度相比，1938 年各支路减短 14953 公里，"盖因时局关系，各路交通工具颇多停驶之故"①。各类函件收寄数目，自 1937 年度的 88000 余万件降至 1938 年的 58000 万件弱，"惟可注意者，战前函件收寄数目，以沪、苏、平、冀、浙等区为最多，战事发生后，各该区函件减少甚巨，而后方鄂、湘、赣以及川、桂、滇等区因人口增加，业务转忙，收寄函件数目，均较上年度为多"②。当地邮寄事务（就地投送之函件）一向以上海为最多，1938 年度以战事关系，上海仅收寄 2000 余万件，同比减少一半。③

1938 年下半年的收入和支出仅有 2500 余万元，到 1939 年邮政业的收入有了好转。详见表 6 - 34、表 6 - 35。

表 6 - 34　　　　　　　邮政业 1938—1939 年度收入　　　　　（单位：法币元）

款别	1938 年度（7—12 月）	1939 年度（1—12 月）
营业收入	23754209.60	58659848.45
营业外之收入	296734.82	1278951.80
邮政储金汇业局一部分盈余拨归邮局以贴补兼办储汇业务之开支	726463.21	4400000.00
未用盈余（1937 年度转来）	300000.00	
共计	25077407.63	64338800.25

资料来源：中国第二历史档案馆编：《中华民国史档案资料汇编》第 5 辑第 2 编，"财政经济"（10），江苏古籍出版社 1997 年版，第 737 页。

① 中国第二历史档案馆编：《中华民国史档案资料汇编》第 5 辑第 2 编，"财政经济"（10），江苏古籍出版社 1997 年版，第 717—718 页。
② 中国第二历史档案馆编：《中华民国史档案资料汇编》第 5 辑第 2 编，"财政经济"（10），江苏古籍出版社 1997 年版，第 718 页。
③ 中国第二历史档案馆编：《中华民国史档案资料汇编》第 5 辑第 2 编，"财政经济"（10），江苏古籍出版社 1997 年版，第 718 页。

表6-35 邮政业 1938—1939 年度支出   （单位：法币元）

款别	1938 年度（7—12 月）	1939 年度（1—12 月）
营业支出（各邮局兼办储汇业务之一切开支包括在内）	23244180.89	61293165.81
营业外之支出	321121.66	883417.30
拨充航空经费		273893.33
拨充资本支出	1512105.08	1888323.81
共计	25077407.63	64338800.25

资料来源：中国第二历史档案馆编：《中华民国史档案资料汇编》第5辑第2编，"财政经济"（10），江苏古籍出版社 1997 年版，第 737 页。

由于华中地区（特别是上海）是中国的国际邮件互换局所在地，国际通邮关系涉及列强在华势力，加上外籍人员担任邮区负责人较多，日本对强行接管尚有所顾忌。因而，在 1940 年以前，尽管伪政权一再要求接管邮政，日本都没有同意。日本对华中邮政，采取指派邮件检查员和提高日籍邮员的地位等办法进行控制。1938 年 1 月，国民政府任命乍配林为沪苏浙皖联区总视察，次年 3 月又任命他为邮政总局驻沪办事处主任。办事处下设总务、业务、财务三科，握有实权的是副邮务长兼会计监督的东京人金指谨一郎。此后，日本人不断施加压力，使福家丰为上海局总巡。① 从此，开始招收日本人为"不列等"邮务员，派往华中各省邮局进行监视。1943 年 3 月，重庆与上海断绝一切邮政经济联系，日伪才正式接收华中邮政。6 月，乍配林被免去主任职务，上海办事处实权落入日人高木正道手中。与此同时，上海储汇分局和邮总上海供应处也被日伪劫夺。华中邮政被日伪接收后，收入锐减，连年赤字，管理混乱，贪污成风，业务量降低，邮资大幅度上涨。一封平信从 1937 年的法币 5 分涨至 1945 年 7 月的 400 元（中储券）。②

---

① 福家丰生于 1890 年，系日本鸟取县人，毕业于鸟取县第一中学，1913 年开始供职于北京邮局。参见福家豐等《官制及官職·分割 3》，アジア歴史資料センター（JACAR）：B15100917800。

② 邮电史编辑室：《中国近代邮电史》，人民邮电出版社 1984 年版，第 192—193 页；東亜局：《中華民国備聘本邦人人名録/郵務/（附録）上海共同租界工部局備聘本邦人人名録》，アジア歴史資料センター（JACAR）：B02130143300。

（二）电报电话业

据 1941 年 11 月 1 日电政司长陶凤山所作的《关于抗战四年来电政破坏与建设情形报告》："在民国二十六年六月战事未发生时，全国共有电报线九万五千余公里。抗战中先后沦陷和被毁坏的，计达四万五千公里。"①

交通部财务司长徐承燠《关于抗战四年业电政营业概况报告》称："廿六年我军由淞沪撤退，各局台被迫停业，国内及国际报费，又复每月减收五六十万元，各项资产被毁，或遭没收，损失更属不赀。开支方面，则因适应军事，如疏散员工，拆线路及各局防空设备等，需款浩繁。但此时后方报务渐见增加，在战时〔事〕开始后之半年，尚能凭借自身财源勉维现状，后因重要报话局随军撤退，营业收入比较以前约减少百分之三十。"②

日军占据上海等地后，强行接收了上海电话局和电报局，强占了国际电台的中央控制室。1938 年 1 月，日本递信省指派日本国际通信株式会社、电信电话工事株式会社负责设立华中电信公司。为掩人耳目，于 7 月末改为日伪合办的华中电气通信株式会社，负责整个华中沦陷区的有线、无线电信的"统制经营"③。

华中电气通信公司在上海以外地区经营范围有限，发展不快。如汉口管理局所辖范围仅有大冶、九江、沙市 3 处无线电报设备。日本悉心经营的是以上海为中心的沪宁杭地区以及国际通信。日伪华中电气通信公司在日本兴亚院华中联络部的监督控制下，首先重建了真如、刘行电台，新建了南翔电台。这 3 个无线电台的部分机器供日军、中华航空株式会社、同盟通信会社使用。到 1945 年，真如电台的主要机器设备都供应日军，其接收的海岸电台更是成为供日军使用的机要电台，除一名中

---

① 中国第二历史档案馆编：《中华民国史档案资料汇编》第 5 辑第 2 编，"财政经济"（10），江苏古籍出版社 1997 年版，第 884—885 页。

② 中国第二历史档案馆编：《中华民国史档案资料汇编》第 5 辑第 2 编，"财政经济"（10），江苏古籍出版社 1997 年版，第 893 页。

③ 第三委员会委员长青木一男：《華北電信電話株式会社設立要綱並華中電気通信株式会社設立要綱ニ関スル件》，1938 年 7 月，アジア歴史資料センター（JACAR）：A04018466500。

国人任杂务外，全台都是日本人。太平洋战争爆发后，日本又接收了美商上海电话公司等企业，实现了全上海电信事业的统一。从此，电报业务量的70%为日文电报。上海的电话用户中日本人占87.7%，电信业务方面日伪军事机关占53%。电话电信已成为日本侵华的工具。①

综计1937年7月7日至1945年9月3日，中国铁路、公路、航运、航空、邮政、电信等交通业方面的总损失合1937年7月美金19亿7000余万元，合1937年7月法币67亿多元。其中直接损失合1937年7月美金97000万余元，合1937年7月法币32亿余元。详见表6-36。

小　结

尽管中国内地交通不发达，广大乡村地区没有像样的公路。但在1936年以前，江南地区已形成以上海、南京、杭州等城市为枢纽的发达的铁路、公路、航运网络；上海既是中国内河航运业的金字塔尖，又是远洋运输的中心，还是国际邮政的中心之一，以上海为中心的航空业也粗具规模。江南是当时中国各项交通业最发达区域。

日军侵占江南地区后，首先控制了江南各铁路和主要公路。一方面获得了丰厚的经济收入；另一方面，掌握了重要的军事资源，为侵略战争提供了交通运输保障，并扼住了中国反日力量的命脉。日军在侵略战争期间给江南的航运业造成极大的破坏，大量中国的国营公司和民营公司的船只成为日军轰炸、掳劫的目标，增加了日军的运输能力，极大地降低了中国方面的战争能力，也使江南经济发生严重紊乱。日商轮船业则在日军的暴力支持下，大量强占中国轮船，通过这种损人利己的竞争方式，在中国航运业中获得了绝对优势的地位。

由于交通与军事的特殊关系，江南交通业在战时被破坏得极为严重（见表6-36），被日军掳占征用非常普遍，许多民用企业被迫转为近似无偿地为日军服务，生存随时受到威胁，更谈不上发展。这场战争极大地扼制了中国的民用航空事业，打击了中国的邮政事业。

---

① 邮电史编辑室：《中国近代邮电史》，人民邮电出版社1984年版，第194—195页。

表6-36　交通事业战时财产损失（关内部分）(1937年7月7日至1945年9月3日)

（单位:元）

项目	合计			直接损失			间接损失		
	抗战期间历年实时损失之价值报之价值	折合成1937年7月之法币之价值	折合成1937年7月之美金之价值	抗战期间历年实时损失之价值报之价值	折合成1937年7月之法币之价值	折合成1937年7月之美金之价值	抗战期间历年实时损失之价值报之价值	折合成1937年7月之法币之价值	折合成1937年7月之美金之价值
总计	23014085850685	6709646795	1979247262	11307011172468	3296504876	972420739	11707067678217	3413141919	1006826523
本部	8808406355	25680485	7575365	8807575266	25678062	7574650	831089	2423	715
铁路	11389450040268	3320539476	979510167	546843807202	1594296814	470294044	592101233066	1726242662	509216123
公路	36179797762396	1054803972	311151981	250080195540	729096780	215073164	111717566856	325707192	96078817
航务 海洋沿海	71950189045	209767315	61878264	71950189045	209767315	61878264	—	—	—
航务 内陆	442451732849	1289946743	380515262	50694175147	147796429	43597766	391757557702	1142150314	336917496
航空	8942346826	26070982	7690555	8922117029	26012003	7673157	20229797	58979	17398
邮政	50965885341	148588587	43831499	11136420414	32467698	9579549	39829464927	116120889	34253950
电信	98736858423	287862561	84915209	63457250423	185006561	54574206	35279608000	102856000	30341003
材料	118810629182	346386674	102178960	118809442402	346383214	102177939	1186780	3460	1021

资料来源：中国第二历史档案馆编：《中华民国史档案资料汇编》第5辑第2编，"财政经济"(10)，江苏古籍出版社1997年版，第186页。

第七章　日军"发还"被占企业真相

随着战争进入相持阶段，日本国内的经济资源远不能支撑战争的需要，竭泽而渔式的掠夺显然已不符合日本的侵略利益。从 1940 年开始，由于电力供给减少、原料缺乏、中国沿海被封锁，包括日占企业在内的各行业生产量锐减。[①] 有些被占企业已成为日军的包袱或鸡肋，这迫使日军不得不想法甩掉负担，变相地榨取更多的利益，并改变原来的一些短期行为，为长期战争做准备。

第一节　屡遭摧残的棉纺业

1940 年 3 月汪伪政权成立，日方故作"中日亲善"姿态，由侵华派遣军总司令西尾寿造发表了一份声明，表示可以发还军管理的工厂。发还的工厂，分两部分办理："一为正式发还；一为其他解除。"前者多属小型杂品工厂或破损不堪的工厂，这实际是日军认为无军事价值的企业。发还时，业主须偿付日军或日商名为"保管费"或"修理费"的巨款。至于后者，则系中国设备比较精良的工厂，通过"其他解除"，强制中国厂商"租借""收买"、强迫合办或"委托经营"，既剥夺了业主的管理权，又更大程度地榨取这些企业的各项利益。[②]

---

① 本会资料室：《最近上海工业概况》，《中国经济评论》1941 年第 4 卷第 3 期，第117 页。

② 上海市粮食局等：《中国近代面粉工业史》，中华书局 1987 年版，第 154—155 页。

一　早期"发还"的上海企业

棉纺织业方面，日军部分发还被劫管的中国工厂。1940 年 11 月 30 日，上海勤兴袜衫厂和无锡维新染织厂等发还华商。勤兴袜衫厂华商厂商"应偿还日本方面管理中之各项费用"计 7206.50 日元。①上海仁德纱厂于 1941 年 5 月 31 日发还，由仁德公司付东华纺绩株式会社 413125 日元，并对日本陆海军管理工场整理委员会缴纳保留金 27552 日元。同时，解除军管理后，"现在华中电气通信株式会社所使用中之仁德纱厂附属临青路西侧仓库二栋，其使用权应留保于大日本海军"②。上海纺织印染股份有限公司、申茂打包厂等于 1942 年 5 月 9 日发还，华商须向日本陆海军管理工场整理委员会缴纳保留金 84084 日元。③

永安纺织集团所属各厂中，三厂最先被解除"军管理"。该厂在太平洋战争爆发后被日军占据，生产即陷入停顿。厂中一切事务以及货物的动用都要经过日军部驻厂"监督官"的签证。为摆脱"军管理"，永安曾向日本"登部队"、兴亚院华中联络部、特务机关长、日本领事馆、宪兵队等机关广为做工作；另外，还曾通过日商裕丰纱厂首脑菱田逸次等进行活动。④

1942 年 5 月 22 日，日本军部首先发还永安三厂。同批次被发还的还有其他华商的申新二厂、申新九厂、保丰、安达、合丰、德丰等 7 个厂。

接着永安三厂被解除"军管理"的是永安二、四厂。根据中日双方订立的合同，裕丰在经营永安二、四厂时，截至 1938 年 12 月 31

---

①　中国第二历史档案馆馆藏汪伪政府档案：《接收日方第二批交还军管工厂经过情形》，全宗号 2098，案卷号 273，第 7 页。

②　中国第二历史档案馆馆藏汪伪政府档案：《接收日方第四批交还军管工厂经过情形》，全宗号 2098，案卷号 71，第 7 页。

③　中国第二历史档案馆馆藏汪伪政府档案：《接收日方第八批交还军管工厂经过情形》，全宗号 2098，案卷号 75，第 16 页。

④　上海市纺织工业局等：《永安纺织印染公司》，中华书局 1964 年版，第 247 页。

日止，共"花费"修理费 253272.82 日元，永安方面承认此项债务。① 1941 年太平洋战争发生后，二、四厂再度被日军管理。经过近 5 个月的时间，永安在 1942 年 8 月 19 日与日商裕丰纱厂签订了合作合约，组成永丰公司，并向汪伪实业部注册立案。据《"永安纺织股份有限公司第二、四厂"解除军管理并移交工厂及清算终结证书》规定，于 1942 年 10 月 10 日将永纱二、四厂"无条件交还中国方面正当权利者"②，但"现在日本军所使用之部分，其使用期间中，应无偿供其使用"③。

另据《契约书》的规定：永丰公司的营业以经营永安纺织公司第二、第四厂为目的，此外亦可以经营各种工厂及代管房地产的信托事业；永丰公司的资本为新法币 4000 万元整；永丰公司的资本由日商裕丰纺绩株式会社和华商永安纺织股份有限公司各认新法币 2000 万元作为资本金。④ 永丰公司的一切行政概由中日双方合议决定，但永安纺织有限公司第二、四两厂的经营应由日商裕丰纺绩株式会社担任。⑤ 同时签订的《附则书》更明确规定永丰公司的经营专委日商裕丰纺绩株式会社担任，但日方经营该厂不收取经营费，华商永安纺织股份有限公司也不收取第二、四厂不动产的租借费。⑥ 二、四厂签订的合作协约是 1942 年 8 月 19 日，到 10 月 10 日却又被"发还"。实际上，解除"军管理"不过是"名发还，实合作"的一个骗局。⑦

① 中国第二历史档案馆馆藏汪伪政府档案：《上海永安纺织公司第一、二、四厂及大华印染厂申请发还》，全宗号 2098，案卷号 86，第 46 页。

② 中国第二历史档案馆馆藏汪伪政府档案：《上海永安纺织公司第一、二、四厂及大华印染厂申请发还》，全宗号 2098，案卷号 86，第 18 页。

③ 中国第二历史档案馆馆藏汪伪政府档案：《上海永安纺织公司第一、二、四厂及大华印染厂申请发还》，全宗号 2098，案卷号 86，第 19 页。

④ 中国第二历史档案馆馆藏汪伪政府档案：《上海永安纺织公司第一、二、四厂及大华印染厂申请发还》，全宗号 2098，案卷号 86，第 27 页。

⑤ 中国第二历史档案馆馆藏汪伪政府档案：《上海永安纺织公司第一、二、四厂及大华印染厂申请发还》，全宗号 2098，案卷号 86，第 24 页。

⑥ 中国第二历史档案馆馆藏汪伪政府档案：《上海永安纺织公司第一、二、四厂及大华印染厂申请发还》，全宗号 2098，案卷号 86，第 35 页。

⑦ 上海市纺织工业局等：《永安纺织印染公司》，中华书局 1964 年版，第 247—248 页。

永安纺织第一厂每日平均产纱约 80 大包（以 20 支纱为标准）、各色染布 3000 匹、12 磅细平布约 3200 匹。① 大华印染厂每日平均产布 3000 匹。② 两厂均在 1938 年 9 月被日军占改为"日本陆军野战病院"。自被征为军医院后，印染工作即告停顿，为了增置病床，日方将厂中原有机械予以拆卸，设备遭受严重破坏。永安一厂于 1939 年 3 月 25 日、大华于 1939 年 7 月 21 日被委托日商同兴纺织株式会社管理经营，但无法开工，"只有施行各部分之修理与保全工作"③。1942 年 12 月 8 日由日方"交还"。据《永安纺织股份有限公司第一厂解除军管理并移交工厂及清算终结证书》："上开工厂日本方面受托者日华纺织株式会社在中华民国三十一年十二月八日无条件交还中国方面正当权利者永安纺织股份有限公司"④；"现在〔日本〕军部使用中之黄浦江岸本工厂所属之仓库应无偿提供之"。另外，永安方面应付予同兴纺织株式会社"管理中诸费用清算金" 161479.41 日元。⑤ 大华方面，永安公司应付同兴纺织株式会社"管理中诸费用清算金" 8732 日元。⑥

纬通合记纱厂被日军侵占后，由日商丰田纱厂管理，1943 年 7 月发还。日方虽未强迫合作，但发还的条件更为苛刻。永安被勒索"清算金"竟达 1031940 日元之巨。发还之后，厂家准备自行开工，但限于电力和原料无法解决而未能实现。

在日据期间，永丰公司在日军强迫下，被迫购买 6 架飞机作为

① 中国第二历史档案馆馆藏汪伪政府档案：《上海永安纺织公司第一、二、四厂及大华印染厂申请发还》，全宗号 2098，案卷号 86，第 79 页。

② 中国第二历史档案馆馆藏汪伪政府档案：《上海永安纺织公司第一、二、四厂及大华印染厂申请发还》，全宗号 2098，案卷号 86，第 72 页。

③ 中国第二历史档案馆馆藏汪伪政府档案：《上海永安纺织公司第一、二、四厂及大华印染厂申请发还》，全宗号 2098，案卷号 86，第 73 页。

④ 中国第二历史档案馆馆藏汪伪政府档案：《上海永安纺织公司第一、二、四厂及大华印染厂申请发还》，全宗号 2098，案卷号 86，第 87 页。

⑤ 中国第二历史档案馆馆藏汪伪政府档案：《上海永安纺织公司第一、二、四厂及大华印染厂申请发还》，全宗号 2098，案卷号 86，第 88 页。

⑥ 中国第二历史档案馆馆藏汪伪政府档案：《上海永安纺织公司第一、二、四厂及大华印染厂申请发还》，全宗号 2098，案卷号 86，第 93 页。

"捐献"。1944 年，日军命令日商纱厂敲锭献铁，供制造军火之用。当时，裕丰竟把与其合作的永安二、四厂劫余纺机作为"废铁"，凑集了 800 多吨交出。①

二　荣家与无锡其他企业的"发还"

无锡纺织厂中，据汪伪政府实业部《接收日军管理工厂委员会与日本陆海军管理工场整理委员会委员长所订合同》，无锡协新毛织厂和仁丰机器染织厂于 1940 年 10 月 31 日发还，两厂华商应分别"偿还"日本方面"管理中之各项费用"2042.94 日元、法币 573.53 元。② 1941 年，苏州苏纶纺织厂、上海大隆机器公司（苏纶的实际经营者）、无锡丽新纺织印染股份有限公司发还华商，苏纶纺织厂及大隆公司应付内外棉株式会社 2257727 日元，以大隆公司的土地房屋及借款法币 150 万元等抵消。此外，"对于日本陆海军管理工场整理委员会缴纳保留金日金伍拾叁万元整"。解除军管后，华商方面还要遵守下列条件："（一）现在作为第一炮艇基地之邻接于苏纶纱厂之该厂栈房及医院空地由正当权利人无代价无期限供给大日本海军之使用。（二）解除后，当与解除前同样服从各种统制。"③

无锡丽新纺织印染整理股份有限公司须偿还日方 1739 日元，结算管理中的各项费用由厂商偿还日方 4881.58 日元。同年发还的无锡振新纺织厂"应承认并使履行中华民国三十年三月二十五日上海纺织株式会社与由振新纺织股份有限公司所租借该工厂之辛泰公司所经营之振新泰记纺织厂间所订之振新公司合办经营契约"，根据该项契约，由振新华商付还上海纺织株式会社计日金 1587933 元，其中 769844 元为上海纺织株式会社对于合办经营所出资金，其余 818089 元为上海纺织株式会社的放款，并向日本陆海军管理工场整理委员会缴纳保

---

① 上海市纺织工业局等：《永安纺织印染公司》，中华书局 1964 年版，第 250 页。

② 中国第二历史档案馆馆藏汪伪政府档案：《接收日方第一批交还军管工厂经过情形》，全宗号 2098，案卷号 68，第 15 页。

③ 中国第二历史档案馆馆藏汪伪政府档案：《接收日方第三批交还军管工厂经过情形》，全宗号 2098，案卷号 70，第 8 页。

留金 163617 日元。① 无锡协新毛纺厂华商要偿还日方"管理中之各项费用"2042.94 日元。② 江阴华澄布厂于 1942 年 8 月 13 日发还，华商须偿还日本纺绩株式会社 3434 日元，"现在日本军使用地方正当权利人应在使用期间中供其无偿使用之"③。

无锡庆丰棉纺厂于 1943 年 7 月 24 日发还。厂家对日军的劫夺行径极为不满，据《清算终结证书》称："本工厂本拟无条件交还正当权利人庆丰纺织漂染整理股份有限公司，为正当权利人有非协力之态度，故不直接交还正当权利人，特以移交于国民政府接收之，但移交后之发还事宜由国民政府妥善处理之。"④ 交还后，日军要求伪政府向庆丰厂家从"管理中之利益金"抽出日金 1218341 元缴纳日本军部，还要付受托人投下的固定资本及固定资产评价益负担额等，"从其应得之利益金分配额扣除外，尚不足额日金 1123065 元，国民政府应同时代付之"⑤。据日军报告，无锡广勤纱厂发还时，破坏极其严重，根本无法开业；豫康和业勤纱厂仅存厂址而已。⑥ 无锡广勤纱厂、豫康纱厂于 1941、1942 年 5 月 30 日发还，日军总算没有对其进行勒索。⑦

申新系统的其他纺织厂多在 1943 年才发还。据《申新纺织第七厂解除军管并移交工厂及清算终结证书》，该厂于 1 月 14 日发还，受托者钟渊公大从利润中抽出 336189 元缴纳日本军部；钟渊公大应

---

① 中国第二历史档案馆馆藏汪伪政府档案：《接收日方第五批交还军管工厂经过情形》，全宗号 2098，案卷号 72，第 8 页。

② 中国第二历史档案馆馆藏汪伪政府档案：《无锡协新毛纺织股份有限公司申请发还及交收情形》，全宗号 2098，案卷号 136，第 15 页。

③ 中国第二历史档案馆馆藏汪伪政府档案：《接收日方第八批交还军管工厂经过情形》，全宗号 2098，案卷号 75，第 16 页。

④ 中国第二历史档案馆馆藏汪伪政府档案：《无锡庆丰纺织厂申请发还》，全宗号 2098，案卷号 135，第 44 页。

⑤ 中国第二历史档案馆馆藏汪伪政府档案：《无锡庆丰纺织厂申请发还》，全宗号 2098，案卷号 135，第 45 页。

⑥ 日本外务省档案：《陆军管理工场处理状况》（昭和十七年十一月十五日），アジア歴史資料センター（JACAR）：B02032844600。

⑦ 中国第二历史档案馆馆藏汪伪政府档案：《无锡豫康纺织股份有限公司申请发还及交收情形》，全宗号 2098，案卷号 142，第 8 页。

得利润 114605 元整，申七仅得 7627 元整。① 据 3 月 2 日申新纺织总公司总经理荣鸿元、第一、八厂经理王云程等呈汪伪实业部文称："窃属公司第一、三、五、六、七、八厂自民国廿六年'八·一三'事变发生停止工作，旋即为日军当局管理，经于去年四月间填具申请书暨表格呈请钧部发还在案。嗣各该厂即分别与各关系受托工厂进行交涉，历时几一年，除第七厂因有厂基机器押款合同关系不得不忍痛解决以维产权，业经解除军管理关系外，其第三、五、六各厂经与日当局叠次据理交涉，已得同意无条件返还。"②

据《申新纺织第三厂解除军管理并移交工厂及清算终结证书》，该厂于 1943 年 7 月 24 日解除军管理，受托者上海纺织株式会社从利润中抽出 127244 元缴纳日本军部；申新三厂则应付上海纺织株式会社"投下"的固定资本，除全部扣除申三应得的利润分配额及"铁屑处分代金"外，申新三厂还要向日方另付 672940 日元。③

据《申新纺织第五厂解除军管理并移交工厂及清算终结证书》，申新五厂于 1943 年 7 月 24 日解除军管，受托者裕丰纺织株式会社从利润中抽出 342772 日元缴纳日本军部；正当权利人申新五厂应付受托人裕丰纺织株式会社"投下固定资本及固定资产评价益负担额等"，受托人投下的固定资本回收额、营业利益及固定资产评价益分配金共合日金 397307 元，归裕丰纺织株式会社取得。④

申新一、八两厂因设备非常先进，除"受托人应从管理中利益金抽出日金 763910 元缴纳日本军部"外，日方竟以种种理由强行购买。受托管理者丰田纱厂诡称受托工厂对于第一、八厂所投复旧修理费用为数颇巨，已超过第一、八厂原有的投资。而据申新方面的合理计

---

① 中国第二历史档案馆馆藏汪伪政府档案：《申新纺织第一、三、五、六、七、八厂申请发还》，全宗号 2098，案卷号 87。
② 中国第二历史档案馆馆藏汪伪政府档案：《申新纺织第一、三、五、六、七、八厂申请发还》，全宗号 2098，案卷号 87。
③ 中国第二历史档案馆馆藏汪伪政府档案：《申新纺织第一、三、五、六、七、八厂申请发还》，全宗号 2098，案卷号 87。
④ 中国第二历史档案馆馆藏汪伪政府档案：《申新纺织第一、三、五、六、七、八厂申请发还》，全宗号 2098，案卷号 87。

算，截至 1943 年 3 月 2 日，丰田在第一、八厂所添置的建筑设备，仅是一所非常简陋的公事房，其余均为修理工作。其建筑修理所用的材料除水泥、石灰外，均以第一、八厂原有的材料充用，实际建筑修理所费仅是人工及零星的材料。丰田在该厂所添置的机器仅织机 40 台。当时一、八两厂厂内的纺锭 45000 枚（包括最新式的 RIETER 纺机 27148 枚及 PLATT 纺机 7200 枚在内）和织机 1119 台皆为一、八厂原有设备。这些纺锭、织机"原本完整（实则原有锭数为 122876 枚、布机 1387 台），并无重大修理之必要"，丰田仅是将这些机器重新整理、排列，就开出建筑及机器修理费共计旧法币 7061787.91 元的天价。申新认为："试考其建筑修理之实施期间，乃在民国廿八、廿九年间，当时工料价格固甚低廉，姑置此数之真确与否于勿论，即以按法定汇率二比一折合今日通用货币计，应得新法币三百五十三万零八百九十三元九角六分，乃丰田务必以当时之低廉汇率将老法币折合日金再以今日之高昂汇率将日金折入新法币，一举手之间，向之应为新法币三百五十余万者，一变而激增至为新法币二千七百五十五万六千六百六十五元七角二分之谱。……而丰田平日络〔陆〕续自第一、八厂装去机器暨配件、材料甚多，名为取去修理，实际装去后仍旧装回者甚少。又第一、八厂在浜北原有工房一百四十八间，除战时兵灾毁损四十间外，尚存一百零八间，嗣为丰田络〔陆〕续拆去六十八间，现在仅存四十间，此等损失丰田俱置不问，斤斤即以其不合理折成之庞大修理费数字作为要挟，庸讵知其数虽大而即今日第一、八厂内所存固有之厂基、建筑物、机器等，其价值固尚不止十倍于此数。况其计算方法显失公平，于法于理两无可绾者乎。"①

　　申新三、五、六厂被掠情形虽不像一、八厂严重，与其他所有华商工厂一样，工厂中的机器被日方任意搬走。据申新总公司给汪伪政府的呈文中称："惟有一事深堪忧虑者，即在过去十月中，各该厂中原有之机器叠被搬出厂外，尤以无锡第三厂之机器被搬入振新纱厂者

---

① 中国第二历史档案馆馆藏汪伪政府档案：《申新纺织第一、三、五、六、七、八厂申请发还》，全宗号 2098，案卷号 87。

为最多。第五、六二厂之机器亦有被搬入上海印染厂及上海纱厂者。受托工厂将其被管理工厂之机器物料搬出厂外，将来是否仍将原物搬回，既不可知，被管理工厂更无法于事前阻止其搬运被搬出之机器物件，如第三厂、第一、八厂所开列者又复为数颇巨。除属公司各该厂外，其他各被管理工厂谅亦有同样事件发生，如此源源不断，将来必有被管理工厂内之机器物件被搬一空无法追偿之一日。"①

　　工厂"发还"时普遍存在下述现象：其一，被管理工厂内原遗留资产如原棉、棉纱、棉布等都被日方受托工厂所使用，被管理工厂账面所存数量往往与日方受托工厂所开报的数量不符。申新公司第一、八厂于1938年四五月间被日军当局搬去大量的水泥管、自来水管、马达、帮浦（pump）开关等。又于1942年2月至7月间被日军搬去纺锭78000枚，重2821吨。"日军当局征取原棉机器应用并无相当手续"，与掠夺无异。其二，日方受托工厂对于被管理工厂所付必要的"复旧修理费用"多为旧法币，付款时旧法币与日金的汇率非常低，日方受托人即于此时将所付的款项折为日金，后来发还时的日金与新法币的汇率大大上涨，再以日金折为新法币，"此中一出一入，受托工厂乃可不劳而获致十倍于原数之利益，前述丰田纱厂开报与第一、八厂之数字即其明证"②。其三，日方受托工厂取用被管理工厂原棉、棉纱、棉布等遗留资产，本应作价解决，应以取用时的市价为准，"乃事实上，受托工厂每以较低之价格作价，凭其优越之地位，被管理工厂辄无法与争"。其四，"受托工厂经营被管理工厂期间所获之盈余实数如何，被管理工厂丝毫不知，仅凭一纸空言，容有不尽不实之处"③。

　　即使在工厂"发还"后，华商纱厂因原料全部为日军控制，开工

---

　　①　中国第二历史档案馆馆藏汪伪政府档案：《申新纺织第一、三、五、六、七、八厂申请发还》，全宗号2098，案卷号87。

　　②　中国第二历史档案馆馆藏汪伪政府档案：《申新纺织第一、三、五、六、七、八厂申请发还》，全宗号2098，案卷号87。

　　③　中国第二历史档案馆馆藏汪伪政府档案：《申新纺织第一、三、五、六、七、八厂申请发还》，全宗号2098，案卷号87。

状况极为恶劣。1942 年 3 月在伪实业部指导下，虽成立了中华民国纱厂联合会，企图与日商争取较高的原料分配比率，实际上，1942 年华中沦陷区收购 130 余万包棉花中，华商仅得 20 万包，运到日本的棉花达 80 万包，日商获得 28 万包。1943 年华中棉花收获量仅及 1942 年收获量的 70%，而运日数量仍需维持 80 万包，其余 20 万包由中日纱厂共用消费，"若与过去分配比率计算，则华厂必无原棉可用"[①]。

太平洋战争发生后，日军对于华中物资的榨取与统制，日趋增强，上海方面原棉与动力的供应都非常缺乏，日伪政府向棉纺织业强制收购所谓的"剩余纱布"，大肆抑低华商纱厂的产品。据上海市棉纺织工业同业公会档案整理，1943 年 9 月华商纱厂被征购的棉纱 12944 件。1944 年 1 月 13 日《申报》报道，华商方面（包括纱布厂和纱布号在内），以收买为名而实际被劫夺去的棉制品，计有棉纱 92103 件，白坯布 35504 包（每包以 40 匹计，合 1420160 匹），加工棉布 125568 包（合 5022720 匹）。[②] 当时伪币 3.8 万元一包的棉纱，日方仅付给 1 万元；1200 元一匹的龙头细布仅付给 375 元，且是分期付给。到日本投降为止，还有四分之一的价款没有付清。[③] 其中永纱有 2114 件，占总数的 16.33%，在同业居第一位。[④]

申新系在 1942—1943 两年中被收去棉纱 95000 包；棉布 670 万匹。在这一时期，日方收购华商货物时一半付给中储券，一半付给黄金，黄金部分分期付给，中储券部分则到胜利时还未完全付清。[⑤] 根据申新二、

---

① 郑伯彬：《日本侵占区之经济》，资源委员会经济研究室丛刊第一种，1945 年 7 月刊印，第 262 页。

② 上海市纺织工业局等：《永安纺织印染公司》，中华书局 1964 年版，第 252 页。

③ 上海社会科学院经济研究所编：《荣家企业史料》下册，上海人民出版社 1980 年版，第 144 页；根据申新九厂财务科提供的资料，1944 年被伪"棉纱布临时管理委员会"提取去的各支棉纱共 723 件，6 磅半府绸 7860 匹，12 磅斜纹布 1840 匹（上海社会科学院经济研究所编：《荣家企业史料》下册，上海人民出版社 1980 年版，第 145 页）。

④ 上海市纺织工业局等：《永安纺织印染公司》，中华书局 1964 年版，第 252 页。

⑤ 上海社会科学院经济研究所编：《荣家企业史料》下册，上海人民出版社 1980 年版，第 145 页。

三、五厂总处的档案，申新二厂被日伪强制收购的纱布价款所欠黄金部分，其中直接分摊到股东名下的有：1944 年 10 月荣家大房 340 两，二房260 两；11 月，大房 340 两，二房 260 两，总公司 8. 18 两。①

除了遭遇强行掠夺外，上海市场上花纱布的投机"如疯似狂"。由于缺少船只，运输困难，1941 年上半年上海外棉输入量比 1940 年上半年减少 32%，国内市场供给上海的棉花仅有 20 万必克尔（1 必克尔＝60. 479 公斤），全为日商厂家所操纵。② 在这样的情形下，各纺织厂无法继续营业，纷纷被迫停工。至 1942 年，仅华中方面的纱锭数减少了 24 万枚，线锭减少了 2 万枚，织机减少了 4000 架。③

各大纱厂停工后，纱布供应与原棉需求，发生了重要的变化，棉纱的制造，又成为极有利的事业。1943 年以后，京（南京）沪沿线各县兴起了许多小型纱厂。这些纱厂中，有的是由大型纱厂拆迁一部分设备而组成的，其余的则系向停工各厂购买其剩余设备而成。这些纱厂的规模大都在 3000 锭以下，因而组织较易，又不致受到日伪的管制。设立地区多在浦东、常熟、太仓等产棉地。④ 由于规模较小，这些纱厂再也无法与日商纱厂竞争。

第二节　备受勒抑的面粉与火柴业

面粉为民生必需品，战时日军把面粉作为军需品加以管控。其他轻工业方面，战前中国火柴业由于在江南地区组建大中华公司，在对日本火柴业的竞争中占有较大的优势。日军占据江南后，自然要对中国火柴业竭力打压和破坏。

---

① 上海社会科学院经济研究所编：《荣家企业史料》下册，上海人民出版社 1980 年版，第 145 页。

② 本会资料室：《最近上海工业概况》，《中国经济评论》第 4 卷第 3 期，1941 年 9 月出版，第 119—120 页。

③ 郑克伦：《沦陷区华商纺织业之回顾与前瞻》，《中国工业》第 10 期，1942 年 10 月25 日出版，第 17 页。

④ 张朴：《战时中国棉纺织的演变》，《工商天地》第 3 卷第 5 期，1948 年 8 月 5 日。

一 被打压的面粉业

面粉业方面，1941 年日军发还镇江贻成新记股份有限公司，发还协约规定，由日方新井洋行支付中国方面正当权利人镇江贻成新记股份有限公司 63490 日元，向日本陆海军管理工场整理委员会缴纳保留金 89668 日元。[①] 上海裕通面粉股份有限公司与日方签订的契约规定，裕通华商要向日本陆海军管理工场整理委员会缴纳保留金 370275 日元，"所有裕通面粉股份有限公司内房屋三间曾经大日本海军使用，今后有必要时，正当权利人当无代价供给大日本海军使用。中华民国三十年一月三十一日大日本海军武官府上海复兴部曾经许可华中矿业股份有限公司使用裕通面粉股份有限公司场地之一部（约 230 坪），当由中日当事人及关系当局之协议决定处置之"[②]。

上海福新第一、三、六面粉厂于 1942 年 4 月被日方"发还"。福新方面不但要分别支付日本三兴公司"管理下之修理损失"费日军票 116880.14 元和 190963.35 元（分别合法币 876601.05、1432225 元）;[③] 并于 1942 年 5 月 1 日与日方签订《租赁契约书》，不得不将福新一厂"出租"给日本三兴面粉公司，租金每月为 6000 日元。同时订立的福新三、六厂每月租金为 13000 日元。8 月 13 日，福新、茂新解除军管，按清算终结证书的规定，福、茂新面粉公司分别向日本陆海军管理工场整理委员会缴纳日金 4115497、1144454 元。[④]

与福新同时解除军管的无锡九丰机制面粉有限公司向日本陆海军管理工场整理委员会缴付 672920 日元。"八·一三"事变前，中国实业银行所有的南京扬子面粉公司每日平均产量面粉 5000 包，事变

① 中国第二历史档案馆馆藏汪伪政府档案：《接收日方第三批交还军管工厂经过情形》，全宗号 2098，案卷号 70，第 9 页。

② 中国第二历史档案馆馆藏汪伪政府档案：《接收日方第五批交还军管工厂经过情形》，全宗号 2098，案卷号 72，第 9 页。

③ 中国第二历史档案馆馆藏汪伪政府档案：《上海定新第一、三、六面粉厂等申请发还卷》，全宗号 2098，案卷号 108，第 4、7 页。

④ 中国第二历史档案馆馆藏汪伪政府档案：《接收日方第八批交还军管工厂经过情形》，全宗号 2098，案卷号 75，第 17 页。

后被日本有恒面粉公司托管，到 1942 年 12 月 1 日发还原厂主。按《扬子面粉股份有限公司解除军管理并移交工厂及清算终结证书》规定，原厂主要向日本陆海军管理工场整理委员会缴纳日金 1853599 元。[①]

日军为军事需要，在沦陷区培植日商势力，直接控制了一大批机器面粉工厂，同时又通过粉、麦统制办法，对尚未被直接控制的中国民族资本面粉工厂加强控制。实际上，沦陷区的中国机器面粉工厂均为日军所控制。日商直接投资经营的面粉工厂较"八·一三"事变前迅速扩展。1936 年日商在华经营的面粉工厂只有 17 家，日生产能力 58500 包。在战争期间，日商的机器面粉工厂与生产能力分别为日据前的 241% 与 184%；1936 年日商面粉厂的生产能力只占全中国的 11%，而 1945 年日本投降前，已占全中国的 22%，再加上军管、委托经营、租用等直接控制的面粉厂，则数量就更大，其生产能力占全中国的 42%。[②] 参见表 7–1。

表 7–1　　　　　1937—1945 年日商经营与军管、委托经营、
租用机器面粉厂分布

地区	总厂数	生产能力（包）	投资、收买		军管、委托经营及租用	
			厂数	生产能力（包）	厂数	生产能力（包）
上海	8	33800	3	7800	5	26000
无锡	3	16000	1	1800	2	14200
江苏其他地区	8	22760	3	5400	5	17360
合计	19	72560	7	15000	12	57560

资料来源：上海市粮食局等：《中国近代面粉工业史》，中华书局 1987 年版，第 73 页。

---

① 中国第二历史档案馆馆藏汪伪政府档案：《中国实业银行申请发还扬子面粉厂》，全宗号 2098，案卷号 105，第 20 页。

② 上海市粮食局等：《中国近代面粉工业史》，中华书局 1987 年版，第 74 页。

上表中，江苏（包括上海）19 家粉厂中，被日军"投资"或"收买"7 厂；被军管、委托经营或租用达 12 厂。

自 1940 年以后，日伪加强对粉、麦的控制，海陆交通运输受到影响，上海租界内各厂的小麦来源日益困难，生产已趋下降。到 1941 年年底日军进入租界，各厂生产处于停顿状态。后来在日伪粉、麦统制之下，各厂产销被紧紧扼死，平均开工率不及 10%，这种情形一直延续到抗战胜利。① 详见表 7－2。

1939 年 5 月日商三井、三菱等垄断资本集团组成"中部支那制粉联合会"，统一收购沦陷区的小麦，分配给各地军管理的面粉厂加工。1942 年下半年，日军在太平洋战场迭遭失败，引发军事物资的短缺，特别是粮食的恐慌，江、浙成为日军掠夺粮食、纱布等战略物资的重点地区。原来日军利用日商在华出面收购、掠夺粮食等物资的办法，已不能满足日军及日本国内的消费需要。1943 年 3 月，汪伪政权组织"全国商业统制总会"，对沦陷区的米、粉、麦、纱布、日用品等 6 类物资进行全面的统制和搜刮。同年 5 月在上海成立"粉麦专业委员会"，一般称为"粉麦统制会"，会址设在上海中孚银行大楼。主任委员由上海阜丰面粉厂总经理孙仲立担任，副主任委员是日本人井上太忠，常务委员是上海福新面粉厂代表施复侯、戚墅堰成馀面粉厂经理李应懋，上海、无锡、苏州、常州各地面粉厂的代表担任委员，日方则以三井、三菱及三兴面粉厂的代表为主。在委员会下设秘书、总务、小麦、粉麸、财务、审核、工场运输和改进等科。各科人员中，中国人和日本人各占一半，正科长均由中国人担任，副科长则由日本人担任，但委员会及各科实权操纵在日本人手里。粉麦统制会在日本大使馆直接控制下，实施所谓"统买小麦、统卖面粉"的政策，实际上成为日军全面掠夺江浙两省的小麦，以及迫使两省和上海地区的华商面粉厂受其严格控制、为其服务的傀儡机构。②

---

① 上海市粮食局等：《中国近代面粉工业史》，中华书局 1987 年版，第 70 页。
② 李志霖：《日伪时期无锡的粉麦统制会》，《无锡文史资料》第 13 辑，1986 年，第 53—54 页。

表 7－2　　　　　　　　　　　上海市 1938—1942 年民族资本面粉厂产量及设备利用情况

厂名	年产粉能力（万包）	1938		1939		1940		1941		1942	
		实际产量（包）	开工率（%）	实际产量（包）	开工率（%）	实际产量（包）	开工率（%）	实际产量（包）	开工率（%）	实际产量（包）	开工率（%）
阜丰	780	3118185	39.97	5151724	66.04	2551467	32.71	214371	2.75	114945	1.47
福新二、八	915	2717804	29.7	4752985	51.94	1378169	15.06	669348	7.31	181683	1.98
福新七	390	2870694	73.61	3797455	97.37	1116892	28.64	688354	17.7	232328	6.00
华丰	315	949050	30.13	2117814	67.23	489475	15.54	214454	6.8	19579	0.60
合计	2400	9655733	40.24	15819978	65.92	5536003	23.07	1786527	7.44	548535	2.28

资料来源:中国科学院经济研究所等编:《旧中国机制面粉工业统计资料》,中华书局 1966 年版,第 54 页。

　　该会在各地设粉麦统制会办事处，专门负责采购小麦及装运面粉等工作，每个办事处有一个营业主任主持其事。开始时，根据粉麦统制会订出的计划，由办事处收购小麦，工作并不顺利，后改由代理商及收买商收购。代理商由各大粉厂派人担任，收买商是同各面粉厂有关系的各地麦行、麦号。每次小麦开收前，先向日伪粉麦统制会请领收购证，凭证可向市上收购。购到小麦后造表填具购进小麦数量，向粉麦统制会支付麦款。这批小麦即作为粉麦统制会寄放在该厂的物资，再订加工契约，讲明应缴面粉数量，由粉麦统制会随时提货。有时粉麦统制会看到某厂收购的小麦数量多了，也要提出一部分运交上海阜丰、福新大面粉厂去加工。① 该会后取代了"中支制粉联合会"，得到了更广泛的统制权力。②

　　在伪粉麦统制会统制时期，各厂不能自产自销，都是替日伪生产。福新两个厂的生产量，不足生产能力的 10%。当时一方面由于在沦陷区所能搜购到的小麦数量极为有限，并且大部分分配给了日厂；另一方面又因伪币迅速贬值，各厂开工不足，所拿到的加工费不能维持最低开支，因此各厂便大量解雇工人来应付局面。福新两个厂大约解雇了一半以上的工人。③

　　粉麦统制期间，上海各厂由于原料不足，开工率均极低。据调查，从 1943 年 6 月到 1945 年 8 月的 27 个月中，全市 12 个面粉厂共产粉 970 多万包。按各厂实际产量与生产能力对比，其中军管理委托日商经营的三兴面粉公司等 7 个厂，开工率为 18.58%，而民族资本经营的阜丰、华丰、福新等 5 个厂，开工率只有 9.85%。如果把日本军部直接委托日商加工的军麦计算在内，则日商 7 个厂比阜丰等 5 个厂的开工率要高得更多。④ 兹将这一时期各厂产粉量列表如下。参见表 7-3，表 7-4。

---

① 李志霖：《日伪时期无锡的粉麦统制会》，《无锡文史资料》第 13 辑，1986 年，第 54 页。
② 上海市粮食局等：《中国近代面粉工业史》，中华书局 1987 年版，第 157 页。
③ 上海社会科学院经济研究所编：《荣家企业史料》下册，上海人民出版社 1980 年版，第 162 页。
④ 上海市粮食局等：《中国近代面粉工业史》，中华书局 1987 年版，第 159 页。

表 7 - 3 日商经营控制的机器面粉

	原名	被侵占后改名	资金 （万元）	日生产能力 （包）	备注
上海8家	福新六厂	三兴面粉公司一厂		5000	委托日商经营
	福新三厂	三兴面粉公司二厂		6000	委托日商经营
	裕通面粉厂	三兴面粉公司三厂		5000	委托日商经营
	福新一厂	三兴面粉公司四厂		4500	
	祥新面粉厂*	三兴面粉公司五厂		5200	军管后又被日商强购
	申大面粉厂	东福面粉厂		5500	
	恒丰面粉厂*	恒丰面粉厂		400	日本领事馆指令日商接管经营
	强身麦品公司*	华友强身厂		2200	
	共计			33800	
无锡3家	广丰面粉厂*	华友面粉厂广丰工场	40	1800	日商购去
	九丰面粉厂	华友面粉厂九丰工场	50	7200	先军管理后"委托"
	茂新二厂	华友面粉厂大新工场	60	700	先军管理后"委托"
	共计		150	9700	
苏南其他地区4家	南京扬子大同面粉厂	有恒面粉公司	130	2000	军管理
	镇江贻成面粉厂	镇江面粉厂	70	2000	军管理
	常州恒丰面粉厂	恒丰面粉厂	30	2000	中日合办
	苏州太和面粉厂	太和面粉厂	20	1400	日商经营
	共计		250	7400	
合计			400	50900	

说明：带 * 者为收买投资厂。

资料来源：上海市粮食局等：《中国近代面粉工业史》，中华书局 1987 年版，第 75—76 页。

表 7 - 4 　　　　粉麦统制会统制期间上海 12 家面粉厂的生产情况

（1943 年 6 月至 1945 年 8 月）

厂名		生产能力（万包/年）	实际产量（包）		产量合计	开工率（产量占其生产能力）
			1943.6—1944.4	1944.5—1945.8		
华商5个厂	阜丰粉厂	780	1132061	950596	2082657	11.86%
	福新二、七八、华丰	1620	1810921	1350372	3161293	8.67%
	合计	2400	2942982	2300968	5243950	9.71%
日商7个厂	三兴一、二三、四、五厂	840	2643988	1377073	4021061	21.28%
	东福面粉厂	165	349975		349975	9.43%
	华友面粉厂	66	106849		106849	7.2%
	合计	1071	3100812	1377073	4477885	18.58%

资料来源：上海市粮食局等：《中国近代面粉工业史》，中华书局 1987 年版，第 160 页。

其他粮食加工业，像上海顺余机器榨油公司发还后，须向日本陆海军管理工场整理委员会缴纳保留金 4084 日元。原来被日方移转到恒兴泰油厂的机器（价值日金 6600 元）由日华制油株式会社、顺余机器榨油公司、恒兴泰油厂 3 方当事者解决。[①] 上海恒兴泰榨油股份有限公司于 1941 年 10 月 31 日发还，但须向日本陆海军管理工场整理委员会缴纳保留金 4938 日元。[②]

二　遭摧凌的火柴业

沪宁战事结束后，江南地区的火柴厂陆续恢复，但因原料缺乏，

---

① 中国第二历史档案馆馆藏汪伪政府档案：《接收日方第五批交还军管工厂经过情形》，全宗号 2098，案卷号 72，第 10 页。

② 中国第二历史档案馆馆藏汪伪政府档案：《接收日方第六批交还军管工厂经过情形》，全宗号 2098，案卷号 73，第 8 页。

价格暴涨，销路多受限制，开工率大都严重不足。①

"八·一三"事变以后，因大中华火柴公司的总事务所设在上海公共租界里，其各厂虽受到停工损失，但营业并未间断。1937 年 10 月，大中华恢复了镇江、芜湖、南昌、汉口、长沙、杭州、福州、厦门等分事务所。这时，市上火柴缺货，市价高涨，大中华在 1937 年获得盈余 30 多万元。1938 年的产量虽然下降很多，但市场销路仍然很好，加上它存在上海花旗银行的美金 17 万元，随着兑换比率的变化，带来一笔额外的利润，因此，这一年共获利 170 多万元。②

1938 年 8 月，日本在华火柴工厂发起，呈请日本兴亚院及伪华北政务委员会批准续办联营社。联营社的总经理是日本人植田贤次郎，联营社的其他重要职位也大都由日人充任。联营社营业后，按照日据前的生产比率限定各厂的产额，并实行集中发卖。各分社分别成立支社，与经销店建立合同，由经销店缴付一定数目的保证金，按一定区域经销，给以 3% 的佣金。为了加强对社员厂产销情况的监督，各分社派出驻厂查核员。按照日本军部的意见，驻厂查核员全部由日本人充任（上海分社因所在地无日本工厂，经呈请总社同意由中国人担任部分查核员）。各地分社并有权随时派人到各经销店查点存货、查核售价与账册，如有不按联营社规定的销区及价格出售的，则取消其经销合同。因此，联营社通过各地分社将各厂的产销全部控制起来。③

九江裕生厂被日军占据改为军用酒精工厂，并将厂房任意拆迁，机器大部分毁损。对于其余的工厂，日军也多方觊觎。最初，日军几次派人到大中华总事务所找刘鸿生，表示要同他合作，被刘鸿生拒绝。刘离沪去港，1938 年 12 月，日军把上海荧昌厂宣布为军管理，并委托联营社上海分社代管经营。④

---

① 《火柴厂最近状况》，《商情报告》1939 年第 199 期，第 1 页。

② 青岛市工商行政管理局史料组编：《中国民族火柴工业》，中华书局 1963 年版，第 131—132 页。

③ 青岛市工商行政管理局史料组编：《中国民族火柴工业》，中华书局 1963 年版，第 127 页。

④ 青岛市工商行政管理局史料组编：《中国民族火柴工业》，中华书局 1963 年版，第 124—125 页。

1939 年 2 月，日伪另行设立"火柴联营社"，统辖火柴厂 64 家，其中华商厂 55 家、日商 8 家、中日合办 1 家。1940 年生产火柴 8352355 大箱，华商占 75%、日商占 25%。[1]

此后，大中华的产量受到严格限制，原料来源日渐困难。另外，联营社于次年 2 月又对制造火柴的主要原料氯酸钾实行集中采购、统一分配。大中华各厂不得自行订购或高价收买。联营社按照各厂往日的产额，要求为联营社代制其产额的四至五成，所有原料及人工开支，均由各厂垫付，且价格均远低于市场价格。为了打击法币，日方还命令所有厂家以军用票出售其产品，并规定所有火柴厂商，除联营社外，不得由其他方面购进原料，"包括从化学药品到一个洋钉等的一切物品"[2]。

镇江荧昌厂则仍由日人主持开工，在联营社恢复营业以后，镇江荧昌曾以无税火柴与上海分社竞争，经过上海分社副经理田口武夫与日军部联系，于 1939 年 9 月交由上海分社代管。上海荧昌和镇江荧昌在联营社代管期间，每年所获利润由联营社上海分社自留一半，另一半则上缴日本军部。[3]

由于上海分社的各个支社均就厂设立，而支社的办事人员全是中国人，上海分社为了便于监督各厂的产销情况，向各支社派去一名日人监督员，名为"支社参与"。按照《支社参与办事规则》的规定，这些支社参与的职权是：（1）传达各该支社与监督官厅及管理机关的联络事项；（2）传达监督官厅及管理机关的指示、通知及企图，以便支社主任处理事项；（3）分社交办事项。1940 年 8 月，日军"中支那派遣军司令部上海出张所"通知上海分社，将火柴改以军用票出售，并规定凡将火柴运往各地，都要向"中支那军票交

① 中国工业经济研究所编印：《战时我国火柴及工业火柴专卖概况·中国制磷工业史概要》（手写本），工业经济参考资料第 8 号，1945 年 2 月 15 日，第 4 页。

② 上海社会科学院经济研究所编：《刘鸿生企业史料》下册，上海人民出版社 1981 年版，第 89 页。

③ 青岛市工商行政管理局史料组编：《中国民族火柴工业》，中华书局 1963 年版，第 124—125 页。

换用配给组合"（简称"军票组合"或称"军票交换用"）领取
"搬出许可证"。接着上海分社成立了"华中燐寸贩卖协议会"，限
令华中地区的火柴代理店、经销店都要加入，将火柴的贩运严格控
制起来。①

华中燐寸贩卖协议会在上海本部的任务为：（1）按照占据地域内
各地之需要数量，调整运出数量；（2）确实实行以军票购买；（3）
取缔不正当行为（私运或违反运出许可条例等行为）。②

1941 年下半年开始，华中沦陷区改行火柴配给制，由日本军部
指定军票组合办理，各厂制造的火柴改由军票组合收购，火柴原料也
改由军票组合配给。至此，联营社上海分社成为替军票组合办理收
购、配给的代理机构。③

1940 年 3 月西尾寿造声明发表后，担任大中华火柴公司的董事长
为陈伯藩，其父陈源来早年在日本经商，专门向国内贩运日本火柴，
与日本火柴工业的主要人物都有来往，后来还加入了日本籍。④ 汪伪
政府成立后，陈源来一度担任驻日公使。陈伯藩继任董事长后，立即
代表大中华向日本兴亚院华中联络部和日本陆海军工场整理委员会申
请解除敌产嫌疑和军管理，发还厂产。⑤

1942 年 11 月，日军开出的解除敌产及军管理条件为：（1）
组织中日合办的股份有限公司（中国法人）经营火柴事业；（2）
资本中日双方各半，其总额视事业的需要来决定；（3）将大中华
公司所经营的浦东荧昌厂及镇江荧昌厂，租与将来成立的中日合

---

① 青岛市工商行政管理局史料组编：《中国民族火柴工业》，中华书局 1963 年版，第
128 页。

② 青岛市工商行政管理局史料组编：《中国民族火柴工业》，中华书局 1963 年版，第
129 页。

③ 青岛市工商行政管理局史料组编：《中国民族火柴工业》，中华书局 1963 年版，第
130 页。

④ 青岛市工商行政管理局史料组编：《中国民族火柴工业》，中华书局 1963 年版，第
106 页。

⑤ 青岛市工商行政管理局史料组编：《中国民族火柴工业》，中华书局 1963 年版，第
125 页。

办的公司，租期三年。如业绩较优，经双方同意，将续租若干年；（4）日方的投资者，由敌产整理委员会及日本大使馆上海事务所指定。①

后日方又决定强行收买浦东及镇江荧昌厂。1942 年 12 月 1 日，大中华火柴股份有限公司代表陈伯藩与中支那振兴株式会社代表伴野清、华中火柴股份有限公司个人出资代表田口武夫签订了"合作"协议。协议规定中日合办的火柴公司定名为"华中火柴股份有限公司"（简称华中火柴公司），资本总额为法币 1000 万元。上海荧昌火柴厂和镇江荧昌火柴的土地、房屋、机械、器具、杂器分别估价 2222220 元和 1944440 元，合计 4166660 元，由华中火柴公司收买。实际上，上述两厂的估价总额中，300 万元充当大中华火柴公司的投资，其余的 1166660 元由大中华火柴公司无息借与华中火柴公司。②

华中火柴公司成立后，大中华方面由董事长陈伯藩、总经理刘念义和董事陈仲东 3 人参加董事会，但经营管理权完全由日人操纵。"华中火柴公司的成立，实际上是日本帝国主义变象〔相〕地、无偿地掠夺了大中华的两个工厂，只不过是把'军管理'改名为'中日合办'罢了。"③

1942—1944 年，大中华的产量只及 1931 年产量的 10—20%。参见表 7-5。表面盈余数字很大，但如果去掉伪币贬值、物价上涨的因素，按照每箱火柴每年平均上涨的加速度，折算成 1931 年的币值，则 1942 年的盈余为 32 万多元，1943 年为 20 多万元，1944 年为 9 万多元。④

---

① 上海社会科学院经济研究所编：《刘鸿生企业史料》下册，上海人民出版社 1981 年版，第 79 页。

② 上海社会科学院经济研究所编：《刘鸿生企业史料》下册，上海人民出版社 1981 年版，第 80—81 页。

③ 青岛市工商行政管理局史料组编：《中国民族火柴工业》，中华书局 1963 年版，第 126 页。

④ 青岛市工商行政管理局史料组编：《中国民族火柴工业》，中华书局 1963 年版，第 131—132 页。

表7－5　　　　　　大中华在沦陷时期的历年产量

年份	生产量（箱）
1937	84405
1938	33320
1939	57009
1940	43517
1941	34267
1942	16779
1943	10812
1944	13831

资料来源：青岛市工商行政管理局史料组编：《中国民族火柴工业》，中华书局1963年版，第131页。

综上所述，日军发还被占企业的真实目的是把一些价值不高、成为日方负担的华商企业归还原业主，并从中勒索巨额的"修理费"，对一些有经营可能的企业，则强行"合作"，使日军的掠夺披上冠冕堂皇的外衣。

第三节　樊笼中的蚕丝业

日军在占领江南地区的前期，以毁坏和掠夺中国丝业为主，以消灭日本丝业的竞争对手。后期则贯彻"以战养战"的方针，对华商丝业和中国茧业进行最大程度的榨取和盘剥。

一　以丝养战

随着战争的相持和消耗，日军越来越明确贯彻"以战养战"的方针，丝业成了养战的重要资源。

华中蚕丝株式会社以向伪政府领取"营业许可证"的手法，霸占了在上海、苏州、无锡、吴兴、嘉兴、杭州等地的 53 家丝厂，计 1 万余部丝车（参见表 7 - 6），但无力全部控制，只得将设备拆并，开办 22 家丝厂。开工丝厂除设"厂长"（华人）外，尚置"监督"（日人）一人，实权均操诸"监督"之手；无论对内对外的重要事项，均须由"监督"通过方始有效。"监督"每日在工厂内巡回三四次，如遇不满意之事，立刻制止改变，并不征求其他华方主持人或厂内各部主任的意见，甚至时常对厂内职工施以种种迫害、侮辱。各厂财务不独立，均由华中蚕丝株式会社调配。历年开工丝厂的厂数有所增减，特别是在 1941 年太平洋战争以后，生丝出口停顿，实开厂数减少到 6 家。[①]

表 7 - 6　　　　　以华中蚕丝株式会社名义登记的缲丝厂

(1938 年 11 月 20 日)

丝厂编号	厂名	日据前原厂名	地址	缲车数（台）	职工数（人）
江苏					
1	润康	乾昶第一	无锡南仓门	208	611
2	大生（毁）	天经	无锡金钩桥	208	691
3	振艺（毁）	振艺	无锡清明桥	540	1645
4	福纶	乾昶第二	无锡庙巷桥	248	687
5	鼎盛	瑞昌第一	无锡北新桥	320	949
6	振元（毁）	振元	无锡南下塘	256	816
7	宏余	瑞昌永	无锡亭子桥	276	806
8	禾丰	大成	无锡龙船浜	360	974
9	鼎昌	鼎昌	无锡通杨桥	512	1580
10	华福	恒利	苏州觅渡桥	220	644
11	苏州	苏州	苏州青阳地	360	918
12	嘉泰	乾昶第二（？）	无锡	304	928

① 徐新吾：《中国近代缲丝工业史》，上海人民出版社 1990 年版，第 373—374 页。

丝厂编号	厂名	日据前原厂名	地址	缫车数（台）	职工数（人）
13	永裕（毁）	永裕	无锡羊腰湾	240	657
14	五丰	乾牲第二	无锡北新桥	100	280
15	宏绪	瑞昌永	无锡亭子桥	100	280
16	泰孚（半毁）	泰孚	无锡塔潭桥	100	280
17	森明（毁）	泰昌	无锡跨塘桥	100	280
18	永泰	永泰	无锡知足桥	340	1045
19	永盛	永盛	无锡亭子桥	200	718
20	恒益（半毁）		无锡羊腰湾	100	280
21	华新	华新制丝养成所	无锡	200	953
22	中兴（毁）	南昌	无锡南桥	160	436
23	广盛永	兴胜	无锡	160	280
24	九星	九星	无锡县	100	280
25	宏纶	宏纶	无锡梅村	100	280
26	盈昶（毁）	盈昶	无锡东亭	100	280
27	协丰（毁）	协丰	无锡洛社	100	280
28	江苏改良制丝所（毁）	江苏改良制丝所（毁）	苏州青阳地	256	217
浙江					
1	杭州	杭州	杭州东街路	240	620
2	长安第一	长安第一	海宁长安镇	288	380
3	纬成	纬成	杭州池塘巷	300	600
4	双山	双山	海宁硖石镇	232	615
5	大顺一厂	大顺一厂	吴兴湖桥	240	667
6	祥纶	祥纶	杭县塘楼开林头	200	570
7	崇裕	崇裕	杭县石灰桥	260	638
8	开源	开源	杭州城外观音桥	100	228
9	大顺三厂	大顺三厂	吴兴南浔	130	680

续表

丝厂编号	厂名	日据前原厂名	地址	缫车数（台）	职工数（人）
10	福兴	福兴	嘉兴松青闸	240	627
11	公利	公利	德清新市	128	280
12	惠纶	惠纶	杭州祥符桥	100	248
13	长安第二	长安第二	海宁长安镇	100	288
14	华福	华纶	杭县塘楼王家巷	240	627
15	泰纶	泰纶	吴兴双林	150	350
16	葛溪	葛溪	杭县塘楼海御村	264	692
17	秀纶	秀纶	嘉兴五龙桥	100	228
18	利农改良	利农改良	德清新市	100	228
19	大纶	大纶	杭县塘楼新桥	200	510
20	天纶	天纶	德清	100	228
21	崇德	崇德	崇德	100	250
22	泰来	泰来	海盐	200	380
上海					
1	日新改良	宝泰	上海龙华	300	2109
2	裕泰		上海闸潭子湾	200	534
3	新昌		上海柳营路	208	602
合计	53家			10988	31254

资料来源：高景岳：《蚕丝业受侵纪要》（原名：《日本帝国主义在1937—1945年侵占华东地区蚕丝业事略》）（未刊稿），第33—36页。

据表7-6，1938年11月，以华中蚕丝株式会社名义登记的江南缫丝厂达53家，计10988台缫丝车、3万余名职工。

华中蚕丝株式会社所侵占的实际能开工或部分开工的丝厂不到半

数。详见下表：

表7-7　　　华中蚕丝株式会社侵占（开工）江南丝厂名称

支店名称	所在地	厂名	丝车数	说明
无锡支店	无锡	福纶	248	无锡共侵占18厂，6148部车。其中森明、泰孚、五丰、永裕、宏绪、永盛、协丰、中兴等厂未开工
无锡支店	无锡	润康	208	
无锡支店	无锡	加泰	304	
无锡支店	无锡	禾丰	360	
无锡支店	无锡	大生	208	
无锡支店	无锡	鼎昌	512	
无锡支店	无锡	鼎盛	592	原有设备320，其余由五丰、振艺、森明调入
无锡支店	无锡	宏余	548	原设备276，其余由宏绪、振艺调入
无锡支店	无锡	振艺	256	原有设备540，其中112部调鼎172部调宏余
无锡支店	无锡	振元	352	原高设备256，另由森明调入40，泰孚调入56
杭州支店	杭州	杭州	240	杭州共侵占6厂，2060部车。其中开源、崇裕、祥纶未开工
杭州支店	杭州	纬成	700	原有设备300，余由德清的三家丝（天纶、公利、利农改良）调入
杭州支店	杭州	纬成三厂	240	
苏州支店	苏州	瑞丰	428	
苏州支店	苏州	大有	220	嘉兴共侵占2厂，470部车，其中秀纶未开工
嘉兴支店	嘉兴	福兴	240	
硖石出张所	硖石	双山	232	

支店名称	所在地	厂名	丝车数	说明
长安出张所	长安	长安一厂	288	原有设备100部车，余由崇裕调入
长安出张所	长安	长安二厂	120	
闸北出张所	上海	新昌	208	
闸北出张所	上海	裕泰	200	
湖州出张所	湖州	大顺	270	
共计		22厂	6974	

资料来源：徐新吾：《中国近代缫丝工业史》，上海人民出版社1990年版，第367页。

据上表，华中蚕丝株式会社侵占的江南丝厂中，开工或部分开工的22家，丝车6974台。

华中蚕丝株式会社虽在江南劫占了大量的蚕种场。这些蚕种场无法全部开业，只能采取委托制种的方式，由原场主恢复经营；或由其他人出面订约制种。华中蚕丝株式会社直接控制的制种场有14处，每年制种能力22万余张，[①] 而实际经营的乃是邻近几家规模较大、设备较好的种场（参见表7-8）。

表7-8　　　　**华中蚕丝株式会社直接经营的蚕种场**

场名	制种能力	蚕种冷藏能力	库式	说明
镇江蚕种制造场	15万张	15万张	阿摩尼亚式	原冷库改建，1939年8月开工
镇江高资支场	3万张			1940年3月开工
镇江桥头分场	2万张			1940年10月开工
嘉兴蚕种制造场	2万张	10万张	冰库	1940年3月建成开工

---

① 镇江8场和杭州、嘉兴、吴江、无锡、苏州、南京各一场共14处。——原注

续表

场名	制种能力	蚕种冷藏能力	库式	说明
苏州蚕种制造场	2 千张	10 万张	阿摩尼亚式	原冰库改建，1940 年 3 月开工
杭州蚕种冷藏库		25 万张	阿摩尼亚式	1940 年 3 月建成开工
无锡蚕种冷藏库		20 万张	阿摩尼亚式	1940 年 4 月建成开工
合计	22.2 万张	80 万张		

资料来源：徐新吾：《中国近代缫丝工业史》，上海人民出版社 1990 年版，第 376 页。

日方对华商丝业的所有控制，均服务于"以战养战"这一大的原则，就丝业而言，就是用生丝换取外汇，支持侵略战争。上海原为国内主要生丝消费市场。在战前，每月常消费生丝 200 包以上，战事发生后，上海的生丝消费市场变得无足轻重，每月仅消费生丝 20—40 包。[①]

华中蚕丝公司凭借日伪先后发布的"禁止货物移动"的命令和生丝出口须取得生丝检验所的"检验单"的规定（不是日军特许的厂、号，检验所不接受检验），垄断华商国内外生丝贸易，掠夺中国蚕丝业。[②] 上海生丝出口商行协会的会员不下 20 家，均系洋商，其中日商 1 家。上海较大华商丝行共有 5 家。除华中蚕丝公司外，另有其他 14 家日本商行，其中 6 家享有向华中蚕丝公司收买生丝的特权，另有 6 家日本商行的地位与其他外国商行的地位相同。不论何人均可向被占领区域收买蚕丝、生丝，但必须先征得华中蚕丝公司许可。华中蚕丝公司生产或收买的生丝，全部售予上述 6 家日本出口商行，其余各家出口商行（包括日商在内）则必须向内地日本军部及华中蚕丝公司各分公司领照。[③]

---

① 金融商业报：《事变以来中国之蚕丝业》，《中国经济评论》第 2 卷第 2 期，1940 年 8 月出版，第 140 页。

② 徐新吾：《中国近代缫丝工业史》，上海人民出版社 1990 年版，第 380 页。

③ 金融商业报：《事变以来中国之蚕丝业》，《中国经济评论》第 2 卷第 2 期，1940 年 8 月出版，第 140—141 页。

1938—1943 年，华中蚕丝公司共掠夺生丝 6.43 万关担，价值法币 3.10 亿元。在 1941 年 7 月美国冻结日本在美资财以前，90% 左右的生丝是由以日本垄断资本三井为首的英商怡和、仁记、泰和，法商祥利、信孚、百多，意商开利、达丰，瑞士商连纳、达昌 10 家洋行输往美国，换取外汇购买钢铁、石油等军用物资供侵华战争之用。在 1941 年后，输出量下降，1943 年的输出量只及 1941 年前的十分之一。同期国内生丝贸易共 7365 关担，价值法币 1.93 亿元。

此外，1938 年 9 月至 1943 年 9 月，华中蚕丝公司 5 年内经营蚕丝副产品共 56337 关担，共值法币 6987 万余元（中储券已按 1 元等于法币 2 元折成法币），其中除本公司产品外，有 30% 是向市场收购的。[①] 华中蚕丝公司生丝贸易数量详见表 7-9。

表 7-9　　　1938—1943 年华中蚕丝公司对国内外生丝贸易数量

（单位：关担）

年份	输出生丝			内销生丝			内、外销合计		
	本公司产品	市场收购	共计	本公司产品	市场收购	共计	本公司产品	市场收购	共计
1938	3690		3690	211	8	219	3901	8	3909
1939	15241		15421	164		164	15585		15585
1940	21031	75	21106	184		184	21215	75	21290
1941	13730	6173	19903				13730	6173	19903
1942	2040	220	2260	4284	845	5129	6324	1065	7389
1943	605	300	905	1546	123	1669	3151	423	3574
合计	56337	6768	63285	6389	976	7365	63906	7744	71650

说明：对原表中的计算错误做了订正。

资料来源：徐新吾：《中国近代缫丝工业史》，上海人民出版社 1990 年版，第 381 页。

据表 7-9，华中蚕丝公司在 1938—1943 年，共输出生丝 64285

①　徐新吾：《中国近代缫丝工业史》，上海人民出版社 1990 年版，第 380 页。

关担，内销生丝 7365 担。各生丝输出地见表 7 – 10。

表 7 – 10 　　　　　　1936—1940 年生丝输出比较　　　　（单位：包）

年份	欧洲	亚洲与非洲	美洲	共计
1936—1937 年	19799	6858	24546	51203
1937—1938 年	9234	2898	6858	18990
1938—1939 年	12713	5714	19169	37596
1939—1940 年	14472	4455	31041	49968

　　说明：每包 = 133.33 磅 = 60.48 公斤。

　　资料来源：金融商业报：《事变以来中国之蚕丝业》，《中国经济评论》第 2 卷第 2 期，1940 年 8 月出版，第 137 页。

　　日方公开发表的资料也承认："生丝输出对于取得具有重大战时使命的外汇上有所贡献。"这就充分说明了华中蚕丝公司以掠夺中国生丝向美国换取战略物资以用于对华战争为目的，是日本政府"以战养战"的侵略政策的忠实践行者。[①] 华中蚕丝公司输出生丝所得外汇详见下表：

表 7 – 11 　　　　　华中蚕丝公司输出生丝获得外汇统计　　　　（单位：美元）

年度	生丝	蚕丝副产品	合计
1938 年（9—12 月）	961844.47	—	961844.47
1939	4117485.73	89365.99	4206851.72
1940	6463808.22	125916.44	6589724.66
1941 年（1—9 月）	5432690.96	215346.09	5648037.05
合计	16975829.38	430628.52	17406457.90

　　资料来源：高景岳、严学熙编：《近代无锡蚕丝业资料选辑》，江苏人民出版社、江苏古籍出版社 1987 年版，第 426 页。

---

　　①　徐新吾：《中国近代缫丝工业史》，上海人民出版社 1990 年版，第 382 页。

据表 7－11，在 1938—1941 年不到 4 年的时间里，华中蚕丝公司利用统制手段输出生丝获利达 17406457.9 美元。

二　华丝的式微

1941 年 7 月，英美宣布冻结日本资产，接着日本偷袭珍珠港，太平洋战争爆发，对外贸易停顿。生丝全部转为内销，造成不少生丝过剩积压，同时外棉、羊毛来源断绝，日本国内实行"衣料奉公"的国策，计划开拓衣着短纤维资源。华中蚕丝公司遂就地利用我国廉价劳动力和原料茧，侵占和改建了绢纺织厂 6 处，进行绢编织和蚕茧短纤维化试验，用以代替棉毛。上海裕泰丝厂和大中华套鞋厂被侵占改建为绢纺工厂，从事蚕茧短纤维生产。它们以蚕茧为原料，经过化学处理成为与羊毛相似的卷状短纤维后纺成纱。这种纱的外观类似"开司米"（羊绒），可供绢布工厂和绢编工厂作为羊毛代用纤维，编织各色绸缎和衬衣、袜子、手套等衣着用品。①

华中蚕丝公司侵占的绢纺织厂详情如表 7－12。

据表 7－12，在上海、杭州两地被日方侵占的绢丝厂达 6 家，各类机器达 300 台。另外，沪宁战役使江、浙许多绢绸厂惨遭破坏。浙江嘉兴伟成绢丝厂在战事结束后，成为日军兵营。据嘉兴自治委员会 1938 年的调查报告，"该厂现已损坏无余，仅存空屋"②。"八·一三"事变后，受物资统制及其他影响，丝绸的销路下降，各厂织机也随之减少。1938 年华中电织机与手织机总数约 27000 部，相当于事变爆发前的 80%。太平洋战争爆发后，丝绸海外销路完全断绝，1942 年织机数减为 22000 部。并且，由于生产费用腾涨，治安不良，原料来源困难，金融枯滞，因战争而遭受破坏的织机及各种设备恢复很慢，实际开工的织机数远比上列数字低。1939 和 1940 两年约有 60% 的织机开工；1942 年减至 35%，开工机数不足 8000 部。丝绸的

---

① 徐新吾：《中国近代缫丝工业史》，上海人民出版社 1990 年版，第 382—383 页。
② 《实业部特派员沪杭线视察报告》，伪维新政府实业部主办《实业月刊》第 1 期，1938 年 6 月出版，第 205 页。

生产数量也逐渐减少，1939 年产量为 278 万匹，1942 年仅有 100 万匹。① 详情见表 7 – 13、表 7 – 14。

表 7 – 12　　　　　华中蚕丝公司侵占绢纺织厂简况

厂名	厂址	主要机械设备	职工人数	备注
绢纺工场	上海宁国路 241 号	圆形梳棉机、延展机各 6 台	302 人（日本 8 人）	原大中华套鞋厂改建
绢编工场	上海周家嘴 999 号	编织机 22 台	171 人（日本 8 人）	原九福织染厂
绢布本工场	上海延平路 175 弄 94 号	力织机 102 台	344 人（日本 4 人）	原裕通电机织绸厂改建
绢布分工场	上海白利南路 20 号	力织机 100 台	235 人（日本 4 人）	改建为缲茧短纤维工厂
裕泰丝厂	上海潭子湾 385 弄 1 号	湿式缲茧机 70 台	415 人（日本 8 人）	
江南绢织厂	杭州林司后仆家弄 18 号			

资料来源：徐新吾：《中国近代缫丝工业史》，上海人民出版社 1990 年版，第 382 页。

表 7 – 13　　　　　　　江浙两省织机部数　　　　　　（单位：台）

年度	设备机数	开工机数	年度	设备机数	开工机数
1938	26845	9390	1941	22339	12450
1939	25586	15754	1942	22266	7891
1940	23971	14173			

资料来源：彭泽益编：《中国近代手工业史资料》第 4 卷，中华书局 1984 年版，第 97 页。

---

① 彭泽益编：《中国近代手工业史资料》第 4 卷，中华书局 1984 年版，第 96 页。

表 7 - 14 　　　　　　　　江苏浙江丝织业织机减少情况　　　　　（单位：台）

地方别	设备台数（1937 年前）			设备台数（1938 年后）		
	电织机	手织机	共计	电织机	手织机	共计
苏州地方	700	3000	3700	500	1000	1500
杭州地方	4355	1824	6179	1468	730	2198
盛泽地方	229	700	929	229	700	929
湖州地方	756	489	1245	526	163	689
共计	6040	6013	12053	2723	2593	5316

资料来源：彭泽益编：《中国近代手工业史资料》第 4 卷，中华书局 1984 年版，第 97 页。

在上海、无锡大型丝厂备受遏制之时，无锡的小丝厂却获得了飞速发展。小丝厂即家庭制丝社，1939 年秋至 1940 年春为全盛时期。无锡一县有小丝厂二三百家。这种家庭制丝社一切因陋就简，将住房稍微改装一下，便成为工场，使用砻糠作燃料，用老虎灶煮茧。有的人家仅有丝车二三部，最多不过 20 部；如果多于 20 部，必须另领执照，分场营业。实际上，20 部以上丝车的丝厂是不准设立的。[①] 可见，这种丝厂根本无法与日本丝厂进行竞争。[②] 因为从经济效益来看，"至少须达到五六十釜以上，即能够生产优良生丝，能够作为机器丝出卖的生丝，那才有企业意义。"[③] 小型丝厂在最盛时虽有 400 余家，但平均资本只有 6000 元左右，规模极小，一共只有 9000 余部丝车，大多用老虎灶煮茧缫丝，因此不仅所产生丝品质差，而且生产效率低，战时共产丝不过 4 万担。[④] 详情如下表：

---

①　小野忍：《無錫の製絲業》，《満鉄調查月報》第 21 卷 10 号，1941 年 10 月出版，第 182 页。

②　吴雨苍：《我国蚕丝问题的总检讨》，《经济周报》第 2 卷第 16 期，1946 年 4 月 25 日，第 11—12 页。

③　彭泽益编：《中国近代手工业史资料》第 4 卷，中华书局 1984 年版，第 88 页。

④　徐新吾：《中国近代缫丝工业史》，上海人民出版社 1990 年版，第 363 页。

表 7 – 15　　　　　　　　　　　无锡家庭制丝资本额

	工场数（家）	占比（%）	总资本（元）	占比（%）
1000 元以下	12	12.6	10800	1.8
1001—3000 元	1	32.6	74500	12.5
3001—5000 元	22	23.2	105450	17.7
5001—10000 元	15	15.8	127000	21.3
10001—20000 元	14	14.8	239000	40
20001—50000 元	1	1	40000	6.7
合计	65	100	596750	100

资料来源：彭泽益编：《中国近代手工业史资料》第 4 卷，中华书局 1984 年版，第
86 页。

据表 7 – 15，无锡资本在 1 万元以下的小丝厂达 50 家之多，占据
了家庭丝厂的绝大部分。当华中蚕丝公司对蚕茧的统制日益加强、租
界丝厂已基本上被扼杀时，小型丝厂亦趋衰落。但蚕农反对蚕茧统制
而自缫土丝的比重却逐年上升，从 1941 年起土丝产量已超过华中蚕
丝公司所经营的丝厂的丝产量。[①] 但整个中国的产丝总量只及战前的
半数。详见下表：

表 7 – 16　　　　　　　　　战时中日蚕丝产量比较　　　　　（单位：公担）

年份	中　　国				日　　本			
	生丝总产量	指数	厂丝产量	占总产量%	生丝总产量	指数	厂丝产量	占总产量%
1936	116831	100	70971	60.75	423275	100	394609	93.23
1940	62930	53.86	21155	33.62	427682	101.04	392654	91.81

资料来源：徐新吾：《中国近代缫丝工业史》，上海人民出版社 1990 年版，第 367 页。

据表 7 – 16，1936 年日本的生丝总产量为中国的 3.6 倍，至 1940

---

① 徐新吾：《中国近代缫丝工业史》，上海人民出版社 1990 年版，第 363 页。

年已为中国的 6.8 倍。

日据期间，江、浙土丝业同样遭受沉重打击。战前，农民通常把土丝卖给苏州、南京的车户和上海的丝号以及绍兴、宁波、温州、台州、福州等地的绸庄。战争结束后，土丝交易急剧下降。上海丝号方面，自 1942 年已完全没有交易。"八·一三"事变后，江苏省的土丝产量比 1930 年前后减少了一半。①

日方通过垄断，使中国丝厂缫制低级丝，但出口时仍用中国商标。如华中蚕丝公司的"锡山牌"外销丝，质量低劣，严重损害了中国丝的声誉。中国丝在国际市场上价格显著下降。销售中国丝的兰络璧洋行，因经营的生丝质量太差，亏蚀太多，而被迫倒闭。②

日军在占领苏、浙、皖、鲁、粤、鄂等省后，砍伐桑树，摧毁丝厂、制种场等，中国丝业所遭受的损失惨重。据调查，战时蚕丝业的损失如下：（1）桑园损毁：被毁桑园 218 万亩，损失桑树 113200 万株，受损桑园 536 万亩，应补充更新桑树 86200 万株，桑树损失总数 20 亿株。（2）设备损失：养蚕业受损蚕户 260 万户，损失总值 23600 万元；制种业方面数年减少制种量 460 万张，损失总值 1090 万元；制丝业损失丝车 45000 部，损失总值 2810 万元；其他损失总值 2500 万元。总损失合 1937 年法币 3 亿元。（3）生丝产量损失：家蚕丝损失：战时损失 1018000 担，战后减产损失 585000 担，合计 1603000 担，柞蚕丝产战时损失 294000 担，战后减产损失 106000 担，合计 40 万担。损失总计 203 万担。③

小　　结

中国方面所进行的持久抗战战略，使日方被拖入与中方拼消耗的不利局面。日本国内的经济资源远不能支撑战争的需要，日军战争初

---

① 彭泽益编：《中国近代手工业史资料》第 4 卷，中华书局 1984 年版，第 93 页。

② 黄厚基整理：《抗战时无锡丝茧业与日伪斗争的回忆》，《无锡文史资料》第 11 辑，1985 年，第 82 页。

③ 谭熙鸿主编：《十年来之中国经济》上册，中华书局 1948 年版，第 C9—C10 页。

期对中国进行的杀鸡取卵式的劫掠方式，严重地损害甚至摧毁了中国不少地区的实业。显然，恢复和维持日占区经济的正常运转，为日军提供更大的经济保障，是日本侵略利益最大化的不二选择。这迫使日军不得不改变原来的一些短视行为。

日军发还被占中方企业，其真实目的是摆脱经营不善的困境，并可用各种各样的借口来盘剥华商，增加日方的收入。在中方企业正常营运后，既可以进行较大的榨取，又可以随时重新进行剥夺。日方打着"中日合作经济"的幌子，赤裸裸地强占中国企业，中方主要产业被纳入日军战时经济网络中，沦为日本产业的附庸，基本失去了发展的独立性，有的甚至失去了生存的可能性。因此，日方部分发放被侵占的中方企业，并非日方的慈悲和善举，而是日方实施新的榨取和掠夺图谋的体现。

据日方情报，华中地区沦陷后，共有4947家中方企业资产被日军视为"敌产"而劫占，其中江南地区由南京宪兵队劫管的"敌产"1700家①、上海宪兵队劫管809家、苏州宪兵队劫管915家、杭州宪兵队劫管466家、宁波宪兵队劫管87家，共计3977家。至1942年11月15日，华中地区日军共返还"敌产"645家（其中解除军管292家、移交伪政府323家、现物出资与日方合作30家），被日军继续侵占的企业4302家。江南地区南京宪兵队返还319家（不包括安徽部分）、上海宪兵队返还65家、苏州宪兵队返还37家、杭州宪兵队返还105家、宁波宪兵队返还1家，共返还527家。② 江南地区尚有3450家企业资产被日军侵占。

---

① 不包含南京宪兵队劫管的蚌埠、庐州、芜湖、安庆地区的企业，仅统计南京（包括分开计算的下关、浦口、镇江、丹阳、金坛地区的企业。
② 日本外务省档案：《陆军管理工场处理状况》（昭和十七年十一月十五日），アジア历史资料センター（JACAR）：B02032844600。

结论：经济凋落与社会衰退

　　伴随着日本武士阶层推动的明治维新的成功，日本开始步入军国主义国家。自被西方殖民者强行打开门户后，日本产生了一种强烈的岛国忧患意识，军政界错误地认为日本欲立足于世界先进民族之林，必须大规模地向外扩张，进行侵略战争。而战争的基础则是经济资源。

　　不少日本人自认为吴地始祖泰伯之后，江南则是其祖源地域。全面抗战爆发前的江南地区，已然进入工业化时代。发达的农业、手工业、金融、海内外交通和市场体系，各类便捷的融资渠道和安定的社会秩序，使大工业在以上海为中心的江南地区的发展势头如火如荼，农业、副业、手工业与工业协同增效。各类农业和农村改良机构广为设立，针对乡村经济的各类缺陷开展了许多救助工作。近代江南不但继续成为中国的经济中心，而且很快融入国际市场，成为世界经济的一部分，享受了世界工业文明的成果。

　　三种因素决定了日本对华产业的态度：第一，日本本土面积比较狭小，资源有限，尤其是战争资源严重不足，而中国领土辽阔，各种资源相对富足，许多资源更是日本所没有或稀缺的。这就不难理解，日本为什么必须使用武力对中国资源进行掠夺。第二，南京国民政府统治的前十年，进行改革，制定了一系列促进和保护国民经济发展的政策和规划，在税收（尤其是关税）、币制等方面取得了一定的成就，各项建设事业粗具规模，综合国力有所提升，中国企业的竞争力越来越强大。日本有关方面竟认为这是其莫大的、潜在的威胁，因此，对中国经济必欲毁之而心安。第三，中国地理上的巨大优势是日本所无法获得和掠走的，所以日本必须利用这种优势在中国发展其本国所无法发展的产业，作为其附属经济，构建战时经济网络，以主宰整个亚太地区。

可见，日本对江南占领区的经济政策主要是破坏、掠夺和限制利用。

淞沪战争爆发前，以工业而论，全国工厂的70%簇集于江苏、浙江、安徽三省，沿江、沿海城市更为集中，上海、武汉、无锡、广州、天津5市拥有全国工厂总数的60%，其中全国民族资本工厂总数的50%、资本额总额的40%、年产额的46%集中于上海一地。1937年8月13日至11月中旬，中日会战历时3个月之久，市街战的激烈程度为近代中国前所未有。该市工厂集中于公共租界东北两区，沪战发生后，这些地区很快被波及。据调查，两区中，由政府主持迁移的工厂达422家，完全被摧毁的工厂达905家，只有沪西苏州河以南自曹家渡至叉角嘴地区的工厂受战事影响较小。总计在沪战中被损毁的工厂达2000余家，损失总额合1937年法币8亿元左右。各业受损情况如下：木工业23家、五金业72家、车轮业3家、化学品业49家、衣服业44家、食物饮料及烟草业40家、科学及音乐用具业3家、家具制造业2家、机器及五金制造业410家、砖瓦玻璃业8家、纺织业136家、皮革橡皮业19家、印刷及纸料等业75家、其他工业21家。在所有的损失中，华商的损失最重。即使日据期间伪政府采取了不少有针对性的措施，试图使这一地区得以恢复，在某些方面也取得了一些成效，但无法从根本上弥补战争造成的损害。

作为战争的受害者，江南企业被迫大量内迁到西部地区，特别是西南地区。在中国企业内迁过程中，日军进行了野蛮的狂轰滥炸，内迁企业均蒙受巨大的损失。即使这些企业在内地稳定下来，企业环境也不可与江南地区同日而语。战争的迫切性使这些民生企业不得不服从战时需要，改变企业的社会和自然属性，承担更大、更多的义务和成本。最终结果只能是全国民众遭受物资短缺的困难和质次价昂的各类工业品，国家的综合实力被无形地消散并急剧地降低，人民生活水平一落千丈。

日军占据江南农村后，肆意屠杀农村平民。由于日军大肆烧杀、抓捕青壮、强征夫役、大量捕杀耕畜、破坏农具，造成农业生产耕作失时，许多县份主要农产品产量不及日据前的半数。由于日军的掠夺，向来被誉为鱼米之乡的江南农村，长期处于米荒中，甚至出现江南历史上数百年所未有的屡有饿殍的惨况。整个江南农村的副业经济，包括蚕业、茶业、林业、棉业、渔业和手工业等均惨遭破坏，矿藏被掠夺。受灾破产的农村人口之多，为历史上所未有。尤为令人痛心的是，这场侵略战争打断了江南农村的现代化进程，阻断了江南农村的改良建设和社会发展。加上日军破坏了江南农村的社会保障体系，受灾与破产的农民无法得到及时有效的救助，愈益加剧了江南农村的贫困化程度。

日军在首都南京即屠杀平民 30 余万人。南京难民区内被滥杀的无辜平民，并非都是被怀疑为从军的青年人；被屠杀的南京平民遍布城区、乡间、周边县份及省外；屠杀者既包括日军地面部队，也包括其他兵种。许多富裕或小康平民的家宅、财物被日军焚毁一空，经济方面遭受巨大的损失，精神方面遭受沉重的打击。南京许多重要企业被战火破坏，日军还破坏了南京传统的支柱产业。日据前南京的丝织和绸缎业极为发达，年产额达数千万元，机工不下 10 万人，赖以为生的人口达数十万。战时丝织和绸缎业均惨遭破坏，机户普遍停产，机工大量失业。

日军在上海屠杀 25 万多人，其他县市各被屠杀数百人至数万人不等。战争给江、浙二省城区造成的破坏极为严重。直到战事结束近一年，伪政府的调查报告仍指出："京沪、杭沪一带，如无锡、苏州、南京、杭州等地工厂林立，男女工人借以生活者约计有数百万之多，商业亦因是繁荣。此次战后各地工厂多被焚毁，无锡为尤甚。即或厂屋幸存，机械物件亦十不留一，工人失业生活无着，嗷嗷待哺，弱者死于沟壑，强者铤而走险。"各地间接致死的人数往往为直接致死人数的二至三倍以上。

至 1939 年年底，我国沦陷的铁道达 8000 余公里，除在山西、江西、福建、广东等省少数路线由当地的日军管理外，分布于华北、华中两个地区的大部分铁道路线，于 1938 年被日军分别划归华北交通有限公司和华中铁道有限公司管理，中国沦陷的 7 亿余元的铁道资产，仅作价 4000 万元作为中方股本加入两公司，占两公司股本总额的 11.4%。为经营华中铁道与公路及其附属事业而特设的华中铁道有限公司，资本总额定为 5000 万元，中国在华中沦陷的铁道资产仅折价 1000 万元作为中国方面的股本，其余的 4000 万元则是华中振兴股份有限公司及其他日商等方面共 30 个单位的股本。

日商轮船业在日军的暴力支持下，大量强占中国轮船。日军全面侵华后，往返外洋的轮船吨数锐减，由 1936 年的 4500 余万吨，降为 1939 年的 2900 余万吨，计华籍商船减少 500 余万吨，美轮减少 235 万吨，英轮减少达 786 万吨，而日轮吨位则反见增加。日据前行驶外洋的日轮仅有 900 余万吨，1939 年增至 1200 万吨，在全国总吨数所占的比重由 20.8% 增加到 40.2%，1940 年增为 50%，1941 年 1—4 月间，即增为 67%。通过损人利己的竞争方式，日商在中国航运业中获得了绝对优势的地位。

日军对江南各铁路、主要公路的控制，对航运业、邮电业的破坏和劫夺，一方面获得了丰厚的经济收入；另一方面，掌握了重要的军事资源，为侵略战争提供了交通、运输和通讯保障，并扼住了中国反日力量的命脉，极大地降低了中国方面的战争能力，也使江南经济发生严重紊乱。

中国方面所进行的持久抗战战略，使日方被拖入与中方拼消耗的不利局面。日军战争初期对中国进行的杀鸡取卵式的劫掠方式，严重地损害甚至摧毁了中国不少地区的实业。显然，恢复和维持日占区经济的正常运转，为日军提供更大的经济保障，是日本侵略利益最大化的不二选择。这迫使日军不得不改变原来的一些短视行为。

日军发还被占中方企业，其真实目的是摆脱经营不善的困境，并可用各种各样的借口来盘剥华商，增加日方的收入。在中方企业正常营运后，既可以进行较大的榨取，又可以随时重新进行剥夺。日方打着"中日合作经济"的幌子，赤裸裸地强占中国企业，中方主要产业被纳入日军战时经济体系中，沦为日本产业的附庸，基本失去了发展的独立性，有的甚至失去了生存的可能性。因此，日方部分发放被侵占的中方企业，并非日方的慈悲和善举，而是日方实施新的侵略阴谋的体现。

日本在以江、浙、沪为中心的华中地区设立"华中振兴股份有限公司"，作为掠夺资源及垄断各类企业的机构，按日方的规定，这个机构可经营交通及运输事业、通信事业、电气、自来火及水道、矿产、水产及其他产业。实际上是授权其垄断和掠夺所有有利可图的产业。

华中振兴股份有限公司在募集资金、分配利润、制订公司发展规划方面，拥有许多特权。包括对日本政府有优先分配股利权，为保证日方民间股份的分配，由日本政府予以一定的补偿。经日本政府许可，该公司必要时，可发行 5 倍于实缴资本额的华中振兴债券，日本政府对这些债券的本利偿还与支付，予以保证，所有股份可向日本银行抵押。除上述特权外，日政府特别规定了该公司的监督权、命令权以及对此损害保障与其他各种辅助方法。

华中振兴股份有限公司的子公司有华中矿业、华中水电、上海内河轮船、华中电气、通信、上海恒产、华中都市公共汽车、华中水产、大上海煤气、华中铁路、淮南炭矿（即煤矿）、华中蚕丝股份有限公司等。

日本掠取沦陷区工业的手段极为野蛮，使用的方法共有下列五种：（1）军管理。据日本兴亚院的解释，所谓"军管理"是依"国际公法"或"战时法规"没收"敌人官产"的行为，但因防止"不逞之徒"加以破坏，私人产业亦多暂为保管。1937 年 12 月占领南京至 1940 年 3 月，江南一带的大规模军事战争已然结束，这个地区进入相对稳定的日据时期，日军对与军事有关的华商工厂多采用这一方法。（2）委任经营。委任经营厂系日本私人工商业者自行在华劫夺的工厂，与前述军管理委托经营不同，主权、经营权均直接掌握在日本会社手中，与日本军队无关。委任经营厂多数在华中，资本较大的工厂数达 137 厂之多（不包括归中支振兴会社经营的缫丝业），其中，纺织厂达 40 家、面粉厂 18 家、造船厂 11 家、造纸厂 9 家、树胶厂 9

家、烟草厂 8 家、染织厂 6 家、金属制品业 5 家，机器业 4 家，其他如毛织、丝织、制革、榨油、绒布、针织、制帽、纽扣、电器、肥皂、油漆、制酸、酒精、制药、水泥、制糖等则 1 家至 3 家不等。（3）中日合办。以"中日合办"形式被掠夺的工厂，约可分为两类，一为日本国策会社经营下的独占企业，一为一般工业即日人所谓"自由企业"；前者包括沦陷区的电灯厂、电力厂、电报电话局、铁路、机车厂、轮船公司、码头仓库业、公路、汽车公司、煤矿、铁矿、炼丝厂、炼铁厂、盐场以及水产公司和缫丝厂，这些企业均被迫与日方合组一个独占经营公司，隶属于国策会社。后者是除上述企业之外的一般工业，共达 70 余厂，其中化学工业 27 家、金属机械 10 家、食料品工业 9 家、其他工业 26 家。（4）租赁。1940 年 3 月日军"发还"中方企业后，对有经营价值的中方企业多采用合办与租赁。仅1940 年初华中沦陷区的租赁厂就达 31 家，其中金属机械厂 9 家、纤维业 7 家、化学工业 6 家、窑业 5 家、其他行业 4 家。（5）收买。日方以极廉价格"收买"的华厂有 20 余家，华中占 16 家，华北有六七家。

以棉纺织业而言，上海被日军"军管理"和委任经营的棉纺厂达17 家，纱锭数 70 余万枚，织机 6000 余台。荣家的申新系统、郭家的永安系统被劫企业均过半数。从棉纺厂的开工率，足可管窥"中日经济提携"的真相。太平洋战争爆发前，各国在华纱厂开工率为：英、德等外商纱厂纺锭开机率为 23.09%、线锭开工率为 12.61%、布机开工率为 19.23%，华商纱厂的纺锭开工率仅为 9.26%、线锭开工率为 3.20%、布机开工率为 2.94%。反观日商纱厂开工率，纺锭为67.65%、线锭为 84.19%、织机为 70.64%。在"合作"期间，日军强迫中国公司购买飞机作为"捐献"，甚至命令日商将华商工厂敲锭献铁，供制造军火之用。

对中国缫丝业，在发动侵略战争之前，日本上下有一种共识："如果日华两国某一方制丝业发展速度超过了另一方，那就意味着要求对方相应地牺牲一部分制丝业。而制丝业对日华两国任何一方都是最重要的产业。"战争爆发后，就日本现状来说，为了保证织物自给，日本方面计划对中国生丝加以利用。就是以日本为中心、中国为辅助，避免中国的蚕丝业在技术上与日本向同一方向发展，以免将来成为竞争对手。为此，要对中日蚕丝生产进行重新分工，各自生产不同用途的蚕丝。日本生产最高级的蚕丝，中国则生产低等的蚕丝。在日军的破坏下，直到 1940 年，江浙两省制丝工业的生产能力也只及战事爆发前的 24%，且只有生产低级丝、无法与日商丝厂竞争的小企业可以在日军的严格限制下获得发展。

在日据时期，江南原有的民族工业遭到了极大的摧残，尤其是战前对日本相关产业具有竞争力的企业，无一逃脱被破坏的厄运。总的说来，不论以何种形式被日军占领的轻工企业，战时生产多处于衰落状态。而一些短时间内得以发展的小企业，成本较低、技术水平较差，产品质量存在严重的缺陷，不但不能对日本有关的企业构成竞争之势，反而在日方有意识的控制和压迫下，成了日商企业的附庸，被纳入日本的经济侵略体系中。而与军需民生关系重大的产业如铁路、电力、邮电、电信、航运、公路、自来水等在日军赤裸裸的暴力下，所有设施一概被强行占用，并被日军垄断经营，为日军的侵略战争提供服务。

可以说，在日据时期的江南地区，只有日资企业以及可以为日军战争服务的企业能够得到畸形的发展，而这种发展是以牺牲华商企业和其他行业为代价的，只能造成江南的社会衰退。

南京国民政府建立后，江南地区始终是其主要的财政支柱。南京国民政府的币制改革、关税自主运动，取得了非常大的成功，收回了大量的利权和主权。各项财政改革措施得到一定程度的落实，收到了一定的成效。日军占据江南后，对这里的金融体系进行了残酷的破坏，并劫夺这里的关税和其他税收、控制这里的贸易，为其继续进行不义战争提供资金支持。日军的行径严重破坏了国民政府在金融、税收、海关等方面的努力，打击了国民政府的财税体系，迟滞了整个中国经济的发展。尤其是使江南的社会发展倒退不止数十年。

在这场战争结束 70 多年后，重新审视和评价南京国民政府的币制等金融政策，重新看待日军侵略所造成的危害，无疑，抗战时期的通货膨胀提供了一个可以计量的视角。抗战期间，中国民众手中的纸币以惊人的速度贬值。1937年6月，南京国民政府在保有关内绝大部分国土和完整的经济体系的条件下，法币的发行额140720.2万元；1945年8月，在重庆国民政府仅保有西南一隅、经济体系残破不堪的情况下，法币发行达55691000万元。后者是前者的396倍。[1] 抗战时极其严重的通货膨胀，既有重庆国民政府执政能力不足、政府腐败的因素，又充分说明战争对资源消耗之巨大，为全民抗战做了一个非常具体的注脚。可以说，抗战期间法币蒸发的价值，可视为被日军劫夺和被中国政府筹征用于抗战的全民损失和奉献。那个时代的任何一个使用过法币的中国人、任何一个使用过法币的中国家庭，均为抗战做出过伟大的牺牲，为这个国家承受过巨大的重负。而这个牺牲和重负都是日本侵略所强加的。

抛弃强权和暴力思维，铭记历史，永不再战，一心一意搞好经济建设，扎扎实实地推进民生福祉，不仅是中日两国民众的企盼，也应该是今后全人类的共识。

---

[1] 据中国第二历史档案馆编：《中华民国史档案资料汇编》第5辑第2编"财政经济"（4），第572—573页计算，并有补充。

主要征引文献

（按著编者姓名音序排列）

一　中文文献

（一）著编

［美］阿瑟·恩·杨格：《1927 至 1937 年中国财政经济情况》，陈泽宪等译，中国社会科学出版社 1981 年版。

［日］本多胜一：《南京大屠杀始末采访录》，刘春明等译，北岳文艺出版社 2001 年版。

本书编委会编：《抗战档案》，中央文献出版社 2005 年版。

卜正民：《秩序的沦陷——抗战初期的江南五城》，潘敏译，商务印书馆 2016 年版。

财政部盐务署：《民国十八年盐务年鉴》，上海中华书局 1930 年版。

曹幸穗等：《民国时期的农业》，《江苏文史资料》第 51 辑，江苏文史资料编辑部 1993 年刊印。

常州市地方志编纂委员会：《常州市志》，中国社会科学出版社 1995 年版。

陈安仁：《中日战时经济之比较》，中华正气出版社 1943 年版。

陈国安、钱万里、王国平编：《无锡国专史料选辑》，苏州大学出版社 2012 年版。

淳安县志编纂委员会编：《淳安县志》，汉语大辞典出版社 1990 年版。

慈溪市地方志编纂委员会编：《慈溪县志》，浙江人民出版社 1992 年版。

丹徒县县志编纂委员会编：《丹徒县志》，江苏科学技术出版社 1993 年版。

杜恂诚：《日本在旧中国的投资》，上海社会科学院出版社 1986 年版。

方宪堂主编：《上海近代民族卷烟工业》，上海社会科学院出版社 1989 年版。

房玄龄等撰：《晋书》，中华书局 1974 年版。

奉化市志编纂委员会编：《奉化县志》，中华书局 1994 年版。

复旦大学档案馆选编：《抗战时期复旦大学校史史料选编》，复旦大学出版社 2008 年版。

复旦大学中国金融史研究中心编：《中国金融史集刊·民族救亡与复兴视野下的上海金融业》，复旦大学出版社 2016 年版。

富阳县地方志编纂委员会编：《富阳县志》，浙江人民出版社 1993 年版。

高景岳：《蚕丝业受侵纪要》（原名《日本帝国主义在 1937—1945 年侵占华东地区蚕丝业事略》），未刊稿。

郭振民：《嵊泗渔业史话》，海洋出版社 1995 年版。

国民党中央党部计划委员会主编：《十年来之中国经济建设》，南京扶轮日报社 1937 年版。

韩启桐：《中国对日战事损失之估计（1937—1943）》，文海出版有限公司 1974 年影印。

湖北省政府秘书厅编制：《抗战两年来湖北省公私损失统计》，1939 年印行。

黄可泰、吴元章主编：《惨绝人寰的细菌战——1940 年宁波鼠疫史实》，东南大学出版社 1994 年版。

贾士毅：《民国续财政史》，商务印书馆 1934 年版。

建德县志编纂委员会编：《建德县志》，浙江人民出版社 1986 年版。

江苏省常熟市地方志编纂委员会编：《常熟市志》，上海人民出版社 1990 年版。

江苏省委党史工作办公室编：《江苏省抗日战争时期人口伤亡和财产损失》，中共党史出版社 2014 年版。

《江苏武进长沟村农村改良会》，未署撰者，刊印时间估计为 1932 年。

江苏省武进县志编纂委员会编：《武进县志》，上海人民出版社 1988 年版。

江阴市地方志编纂委员会编：《江阴县志》，上海人民出版社 1992 年版。

金坛县地方志编纂委员会编：《金坛县志》，江苏人民出版社 1993 年版。

句容市地方志编纂委员会编：《句容县志》，江苏人民出版社 1994 年版。

［英］莱特：《中国关税沿革史》，姚曾廙译，商务印书馆 1963 年版。

黎百强：《日本进攻中国的近因及其前途》，上海南华出版社 1938 年版。

黎德昭：《江苏省浙江省蚕业调查报告》，1940 年印行。

溧阳县志编纂委员会编：《溧阳县志》，江苏人民出版社 1992 年版。

《列宁全集》第 43 卷，人民出版社 1987 年版。

《林继庸先生访问记录》，台北："中研院"近代史研究所 1984 年版。

刘荫棠主编：《江苏公路交通史》第 1 册，人民交通出版社 1989 年版。

骆耕漠：《中日经济提携》，上海黑白丛书社 1937 年发行。

孟国祥：《江苏文化的劫难（1937—1945）》，南京出版社 2013 年版。

孟国祥：《抗战时期的中国文化教育与博物馆事业损失窥略》，中共党史出版社 2017 年版。

南京市人民政府研究室：《南京经济史》，中国农业科技出版社 1996 年版。

宁波市地方志编纂委员会编：《宁波市志》，中华书局 1995 年版。

宁海县地方志编纂委员会编：《宁海县志》，浙江人民出版社 1993 年版。

钱穆：《八十忆双亲·师友杂忆》，生活·读书·新知三联书店 1998 年版。

青岛市工商行政管理局史料组编：《中国民族火柴工业》，中华书局 1963 年版。

日本检讨会：《暴日侵华排外之自供录》，民益印刷所 1932 年印行。

上海百货公司等编：《上海近代百货商业史》，上海社会科学院出版社 1988 年版。

上海社会科学院经济研究所等：《上海对外贸易》，上海社会科学院出版社 1989 年版。

上海市宝山区地方志编纂委员会编：《宝山县志》，上海人民出版社 1992 年版。

上海市长宁区档案馆等编：《抗战文选》，中西书局 2015 年版。

上海市崇明县县志编纂委员会编：《崇明县志》，上海人民出版社 1989 年版。

上海市纺织工业局等：《永安纺织印染公司》，中华书局 1964 年版。

上海市工商行政管理局史料工作组等：《上海民族橡胶工业》，中华书局 1979 年版。

上海市粮食局等：《中国近代面粉工业史》，中华书局 1987 年版。

上海市青浦县县志编纂委员会编：《青浦县志》，上海人民出版社 1990 年版。

上海市松江县县志编纂委员会编：《松江县志》，上海人民出版社 1991 年版。

上海市委党史工作办公室编：《上海市抗日战争时期人口伤亡和财产损失》，中共党史出版社 2016 年版。

上虞县志编纂委员会编：《上虞县志》，浙江人民 1990 年版。

〔日〕矢野玲子：《慰安妇问题研究》，大海译，辽宁古籍出版社 1997 年版。

孙铭勋：《古庙活菩萨》，上海儿童书局 1934 年版。

苏智良：《日军"慰安妇"研究》，团结出版社 2015 年版。

苏州通史编纂委员会编：《苏州通史》，苏州大学出版社 2019 年版。

太仓县志编纂委员会编：《太仓县志》，江苏人民出版社 1991 年版。

谭熙鸿主编：《十年来之中国经济》，中华书局 1948 年版。

无锡第二棉纺织厂厂史编史组：《无锡第二棉纺织厂厂史》，打印本。

无锡市地方志编纂委员会编：《无锡市志》，江苏人民出版社 1995 年版。

无锡市金融志编纂委员会：《无锡市金融志》，复旦大学出版社 1996
　年版。

无锡市粮食局编：《无锡粮食志》，吉林科学技术出版社 1990 年版。

无锡县志编纂委员会编：《无锡县志》，上海社会科学院出版社 1994
　年版。

吴江市地方志编纂委员会编：《吴江县志》，江苏科学技术出版社
　1991 年版。

吴景平：《宋子文评传》，福建人民出版社 1992 年版。

吴县地方志编纂委员会编：《吴县志》，上海古籍出版社 1994 年版。

项江：《中日之战时资源问题》，今日出版社 1937 年 12 月版。

萧山县志编纂委员会编：《萧山县志》，浙江人民出版社 1987 年版。

徐望法主编：《浙江公路史》第 1 册，人民交通出版社 1988 年版。

徐新吾：《中国近代缫丝工业史》，上海人民出版社 1990 年版。

许涤新、吴承明主编：《中国资本主义发展史》第三卷，人民出版社
　1992 年版。

许倬云、丘宏达主编：《抗战胜利的代价》，联合报社 1986 年版。

延安时事问题研究会编：《日本在沦陷区》，解放社 1939 年版。

扬中县地方志编纂委员会编：《扬中县志》，文物出版社 1991 年版。

杨文渊主编：《上海公路史》第 1 册，人民交通出版社 1989 年版。

杨荫溥：《民国财政史》，中国财经出版社 1985 年版。

依田憙家：《日本帝国主义的本质及其对中国的侵略》，中国国际广
　播出版社 1993 年版。

邮电史编辑室：《中国近代邮电史》，人民邮电出版社 1984 年版。

余杭县志编纂委员会编：《余杭县志》，浙江人民出版社 1990 年版。

袁成毅：《浙江抗战损失初步研究》，陕西人民出版社 2003 年版。

章伯锋、庄建平主编：《抗日战争》，四川大学出版社 1997 年版。

张铨、庄志龄、陈正卿：《日军在上海的罪行与统治》，上海人民出
　版社 2015 年版。

张家港市地方志编纂委员会编：《沙洲县志》，江苏人民出版社 1992
　年版。

张宪文主编：《南京大屠杀史料集》第 16—23、37—47 卷，江苏人民出版社、凤凰出版社 2005—2007 年版。

张肖梅：《日本对沪投资》，商务印书馆 1937 年版。

张肖梅主编：《日本"对支经济工作"》，中国国民经济研究所 1939 年印行。

浙江省档案馆、中共浙江省委党史研究室编：《日军侵略浙江实录（1937—1945）》，中共党史出版社 1995 年版。

浙江省委党史工作办公室编：《浙江省抗日战争时期人口伤亡和财产损失》，中共党史出版社 2014 年版。

郑伯彬：《日本侵占区之经济》，资源委员会经济研究室丛刊第一种，1945 年 7 月刊印。

中国纺织编辑部编：《纺织工业光辉的十年》，纺织工业出版社 1959 年版。

中国科学院上海经济研究所等：《恒丰纱厂的发生发展与改造》，上海人民出版社 1959 年版。

中国人民政治协商会议西南地区文史资料协作会议：《抗战时期内迁西南的工商企业》，云南人民出版社 1988 年版。

中国资本主义工商业的社会主义改造编纂组：《中国资本主义工商业的社会主义改造（江苏卷）》（下），中共党史出版社 1992 年版。

中央调查统计局特种经济调查处编：《第五年之倭寇经济侵略》，1943 年刊印。

中央调查统计局特种经济调查处编：《四年之倭寇经济侵略》，1941 年刊印。

舟山市地方志编纂委员会编：《舟山市志》，浙江人民出版社 1992 年版。

朱汉国、杨群主编：《中华民国史》全 10 册，四川出版集团、四川人民出版社 2005 年版。

朱嗣德：《民国二十年代至三十年代中国农村经济问题》，美国中文资料中心等 1977 年版。

（二）资料集

高景岳、严学熙编：《近代无锡蚕丝业资料选辑》，江苏人民出版社、江苏古籍出版社 1987 年版。

国民政府主计处统计局编印：《上海现银移动状况》，1936 年 10 月印行。

江苏省金融志编辑室：《江苏典当钱庄》，南京大学出版社 1992 年版。

彭泽益编：《中国近代手工业史资料》（共四册），中华书局 1984 年版。

千家驹：《旧中国公债史料》，中华书局 1984 年版。

瞿韶华主编：《中华民国史事纪要（初稿）》，"中华民国"史料研究中心 1973 年版。

全国财政会议秘书处：《全国财政会议汇编》，台湾：学海出版社 1972 年版。

上海社会科学院经济研究所编：《刘鸿生企业史料》（共三册），上海人民出版社 1981 年版。

上海社会科学院经济研究所编：《荣家企业史料》（上、下册），上海人民出版社 1980 年版。

汪敬虞编：《中国近代工业史资料》，科学出版社 1957 年版。

徐雪筠等译：《上海近代社会经济发展概况（1882—1931）》，上海社会科学院出版社 1985 年版。

许道夫编：《中国近代农业生产及贸易统计资料》，上海人民出版社 1983 年版。

章有义编：《中国近代农业史资料》第 3 辑，生活·读书·新知三联书店 1957 年版。

中共苏南区委农村工作委员会编：《苏南土地改革文献》，1952 年内刊本。

中国第二历史档案馆编：《中华民国史档案资料汇编》第 5 辑第 1 编"财政经济"，江苏古籍出版社 1994 年版。

中国第二历史档案馆编:《中华民国史档案资料汇编》第 5 辑第 2 编，"财政经济"，江苏古籍出版社 1997 年版。

中国近代经济史资料丛刊编辑委员会主编:《一九三八年英日关于中国海关的非法协定》，中华书局 1983 年版。

中国人民银行金融研究所编:《中国农民银行》，中国财经出版社 1980 年版。

中华民国财政部编:《财政年鉴》上编，商务印书馆 1935 年版。

（三）文章

本会资料室:《最近上海工业概况》，《中国经济评论》第 4 卷第 3 期，1941 年 9 月出版。

陈诗启:《南京政府的关税行政改革》，《历史研究》1995 年第 3 期。

成行之:《事变以来之我国财政》，《中国经济评论》第 1 卷第 6 期，1940 年 6 月出版。

呆厂:《苏州钱业状况》，《钱业月报》第 6 卷第 12 号，1926 年 12 月号。

邓辉:《抗战期中我国之航运》，《经济汇报》第 4 卷第 4 期，1941 年 8 月 16 日出版。

丁鹄:《沦陷后之上海金融市场》（三），《经济汇报》第 6 卷第 8 期，1942 年 10 月 16 日出版。

《各埠金融及商况》，《银行周报》第 1 卷第 18 号，1917 年 9 月 25 日。

郭恒钰等主编:《德国外交档案:1928—1938 年之中德关系》，"中研院"近代史研究所 1991 年版。

郭希华:《抗日战争时期中国损失调查及赔偿问题》，《历史研究》1995 年第 5 期。

胡世方:《八一三以来之我国铁道》，《中国经济评论》第 1 卷第 2 期，1939 年 12 月出版。

华绎之:《养蜂副业论》，《申报》1923 年 12 月 30 日"星期增刊"。

黄鳌:《京沪沪杭甬苏嘉铁路战前实况及战时损失之调查》，《中国经济评论》第 1 卷第 5 期，1940 年 5 月出版。

黄厚基整理：《抗战时无锡丝茧业与日伪斗争的回忆》，《无锡文史资料》第 11 辑，1985 年。

《建设委员会自十九年三月至九月政治工作报告书》，《建设委员会公报》，1930 年 11 期。

江苏省党部：《江苏农民之经济政治文化状况》，《中国农民》第 8 期，1926 年 10 月出版。

金融商业报：《事变以来中国之蚕丝业》，《中国经济评论》第 2 卷第 2 期，1940 年 8 月出版。

进民：《再记嘉兴钱业概况》，《钱业月报》第 6 卷第 9 号，1927 年 9 月号。

［日］久保亨：《币制改革以后的中国经济》，《中国近代经济史研究资料》（5），上海社会科学院出版社 1986 年版。

可范：《湖州钱业最近之概况》，《钱业月报》第 8 卷第 9 号，1928 年 10 月 27 日。

孔祥熙：《一年来中国战时财政》，《中外经济拔萃》第 2 卷第 9 期合刊，1938 年 9 月 30 日出版。

李龙：《黄桥之钱业概况》，《钱业月报》第 5 卷第 9 号，1925 年 9 月号。

李志霖：《九丰面粉厂创办经过》，《无锡文史资料》第 24 辑，1991 年。

李志霖：《日伪时期无锡的粉麦统制会》，《无锡文史资料》第 13 辑，1986 年。

刘荫南：《扬州钱业调查》，《钱业月报》第 1 卷第 1 号，1921 年 1 月号。

卢冠英：《江苏无锡县二十年来之丝业观》，《农商公报》第 85 期，1921 年 8 月出版。

马垚：《南京新伪钞与我法币对抗之前瞻》，《经济汇报》第 2 卷第 3、4 期，1940 年 8 月 16 日出版。

孟国祥：《江苏抗战损失调查与研究的若干问题》，《档案与建设》2010 年第 7 期。

孟素：《八一三以来之我国银行业》，《中国经济评论》第 1 卷第 1
　　期，1939 年 11 月出版。

《南京牛首山林场视察纪》，伪维新政府实业部主办《实业月刊》第 3
　　期，1939 年 1 月出版。

南炎：《八一三以来之交通建设》，《中国经济评论》第 1 卷第 2 期，
　　1939 年 12 月出版。

秦素城：《无锡粉麸业的一鳞半爪——我从事粉麸业的回忆》，《无锡
　　文史资料》，第 14 辑，1986 年。

青花：《常熟钱业之沿革》，《钱业月报》第 8 卷第 10 号，1928 年 11
　　月 26 日。

青逸：《上海的火柴工业》，《工商新闻》第 6 期，1946 年 12 月 7 日
　　出版。

曲直生：《敌我物资争夺战的回顾与前瞻》，《经济建设季刊》第 1 卷
　　第 2 期，1942 年 10 月出版。

《日人在我华中经济侵略之近况》，《经济汇报》第 2 卷第 6 期，1940
　　年 9 月 16 日出版。

Robert W. Barnelt：《太平洋战事暴〔爆〕发前之上海工业》，《经济
　　汇报》第 5 卷第 9 期，1942 年 5 月 1 日出版。

《上海公共租界内工厂损失估计》，伪维新政府实业部主办《实业月
　　刊》第 1 期，1938 年 6 月出版。

邵循怡：《敌伪设立伪中央银行之迷梦》，《经济汇报》第 2 卷第 1、2
　　期合刊"抗战三年之财政与金融"，1940 年 7 月 7 日出版。

时飞：《中国蚕丝工业之没落》，《中国经济评论》第 4 卷第 4 期，
　　1941 年 10 月出版。

《实业部特派员京沪线视察报告》，伪维新政府实业部主办《实业月
　　刊》第 1 期，1938 年 6 月出版。

庶：《维新政府农林行政之机构及善后方策》，伪维新政府实业部主
　　办《实业月刊》第 1 期，1938 年 6 月出版。

夙真：《论上海银行界的动向》，《中国经济评论》第 4 卷第 2 期，
　　1941 年 8 月出版。

《王部长对农村渔业复兴之说明》，伪维新政府实业部主办《实业月刊》第 1 期，1938 年 6 月出版。

王洸：《战时长江航业与航政》（上），《交通月刊》第 1 卷第 1 号，1947 年 7 月 28 日出版。

王焕照：《二十三年度无锡工商业之回顾》，上海商业储蓄银行编：《海光》第 7 卷第 5 期，1935 年 5 月。

王建朗：《中国废除不平等条约的历史考察》，《历史研究》1997 年第 5 期。

王祺：《一年来我国土地政策之推行》，《地政月刊》第 4 卷第 4、5 期合刊，1936 年 5 月。

王树槐：《张人杰与淮南煤矿》，《"中央研究院"近代史研究所集刊》第 17 期（下），1988 年 12 月。

王翔：《日本侵华战争对中国丝绸业的摧残》，《抗日战争研究》1993 年第 4 期。

汪益身：《嘉善钱业概况》，《钱业月报》第 3 卷第 4 号，1923 年 4 月号。

王元照：《敌伪在我沦陷区域之货币侵略》，《经济汇报》第 1 卷第 5、6 期"战时金融专号"，1940 年 1 月 20 日出版。

王助：《中国航空公司简史》，《交通月刊》第 1 卷第 3 期，1947 年 9 月 28 日出版。

《我国的火柴工业》，《工商新闻》第 8 期，1946 年 12 月 21 日出版。

吴承明：《中国工业资本的估计和分析》，《经济周报》第 9 卷，第 8、9 期合刊，1949 年 9 月出版。

吴景平：《关于近代外债史研究对象的若干思考》，《历史研究》1997 年第 4 期。

吴明毓：《中国航空事业之过去与今后》，《航空杂志》第 6 卷第 4 期，1936 年 4 月 24 日。

吴雨苍：《中国蚕丝问题之总检讨》，《经济研究》第 1 卷第 9 期，1940 年 5 月。

心平：《武进钱业概况》，《钱业月报》第 4 卷第 1 号，1924 年 1 月号。

许图南：《兴化钱业概况》，《钱业月报》第 9 卷，第 6、7 号合刊，1929 年 7 月 15 日。

杨沫江：《抗日战争时期日军对浙江林业资源的掠夺与破坏》，《军事史林》2019 年第 5 期。

姚日新：《苏常道吴江县实业视察报告书》，《江苏实业月志》第 6 期，1919 年 9 月。

《一年来中国战时经济之检计》，《中外经济拔萃》第 2 卷第 9 期合刊，1938 年 9 月 30 日出版。

《银行货币·镇江》，《中行月刊》第 6 卷第 1、2 期合刊，1933 年 1—2 月号。

英华：《上海金融市场分析》，《中国经济评论》第 4 卷第 1 期，1941 年 7 月出版。

俞仁林：《中央储备银行与上海金融》，《中国经济评论》第 5 卷第 1 期，1942 年 1 月出版。

俞雄飞：《八一三以来我国之对外贸易》，《中国经济评论》第 1 卷第 1 期，1939 年 11 月出版。

袁成毅：《关于中国抗战财产损失研究中的几个问题》，《抗日战争研究》2008 年第 2 期。

袁成毅：《抗战时期浙江平民伤亡问题初探》，《民国档案》2004 年第 1 期。

袁成毅：《抗战时期中国最低限度伤亡人数考察》，《杭州师范学院学报》1999 年第 4 期。

原颂周：《一个最有希望的农村》，《申报》1921 年 4 月 3 日 "星期增刊"。

《战后中外纱厂之动向》，中央银行：《经济汇报》第 4 卷第 9 期，1941 年 11 月 1 日出版。

《战区典当业损失惨重》，伪维新政府实业部主办《实业月刊》第 1 期，1938 年 6 月出版。

张朴：《战时中国棉纺织的演变》，《工商天地》第 3 卷第 5 期，1948 年 8 月 5 日。

张素贞：《毁家忧国一奇人——张人杰传》，近代中国出版社 1981 年版。

张毓华：《我国蚕丝业之过去现在与将来》，《经济汇报》第 11 卷第 6 期，1945 年 6 月出版。

赵烈炎、朱文钰：《解放前的无锡商业》，《无锡文史资料》第 14 辑，1986 年。

赵兴胜：《南京国民政府时期的国营工业研究》，博士学位论文，南京大学，1997 年。

哲西编译：《现阶段之中国经济》，《中国经济评论》第 5 卷第 1 期，1942 年 1 月出版。

郑会欣：《战前国民政府举借外债的数额及其特点》，张宪文主编《民国研究》第 1 辑，南京大学出版社 1994 年版。

郑克伦：《沦陷区华商纺织业之回顾与前瞻》，《中国工业》第 10 期，1942 年 10 月 25 日出版。

郑克伦：《沦陷区的工矿业》，《经济建设季刊》第 1 卷第 4 期，1943 年 4 月出版。

周振汉：《八一三以来之我国铁道》，《中国经济评论》第 1 卷第 2 期，1939 年 12 月出版。

朱康孙：《解放前的常州钱庄》，江苏省金融志编辑室《江苏典当钱庄》，第 192 页。

朱谦：《张静江先生对煤矿事业之史迹》，《中央日报》1950 年 9 月 16 日。

紫简：《江阴钱业概况》，《钱业月报》第 1 卷第 10 号，1921 年 10 月号。

（四）未刊档案

江苏省档案馆馆藏档案：《查报各机关迁移及抗战损失费》，全宗号 1004，目录号乙，案卷号 489。

江苏省档案馆馆藏档案：《调查各场所战时损失情形及目前状况》，全宗号 1004，目录号乙，案卷号 2054。调查时间 1947 年。

江苏省档案馆馆藏档案：《抗战损失》，全宗号1004，目录号乙，案卷号487。

江苏省档案馆馆藏档案：《日本怎样侵略中国》，馆藏号：18－38（"重要"类，缩微拷贝片编号：4002708）。

江苏省档案馆馆藏档案：《苏州电气公司战时损失赔偿》，全宗号1004，目录号乙，案卷号0488。

江苏省档案馆馆藏档案：《无锡县抗战期内财产损失的调查》，全宗号1009，目录号乙，案卷号1116。调查时间1946年2月。

江苏省档案馆馆藏档案：《战前被征船舶请求赔偿》，全宗号1004，目录号乙，案卷号2883。调查时间1947年。

江苏省档案馆馆藏档案：《战时敌人劫我物资调查》，全宗号1004，目录号乙，案卷号0492。

江苏省档案馆馆藏档案：《战时损失申请救济》，全宗号1004，目录号乙，案卷号0490。

江苏省档案馆馆藏档案：《周新镇区方湖乡公私财产损失调查表》，全宗号1009，目录号乙，案卷号1116。调查时间1946年2月。

江苏省南京市江宁区档案馆馆藏档案：《抗战事项卷》（一），全宗号209，卷号10。

江苏省南京市江宁区档案馆馆藏档案：《抗战事项卷》（二），全宗号209，卷号71。

无锡政协文史资料委员会档案。

中国第二历史档案馆馆藏日军档案：《调整中日合办公司》，全宗号2012，案卷号5888。

中国第二历史档案馆馆藏日军档案：《华中水产股份有限公司第贰期决算报告书》（1939年11月1日至1940年10月31日），全宗号2012，案卷号5937，第6页。

中国第二历史档案馆馆藏日军档案：《华中水电株式会社定款》、《电气关系施设评价调书》，全宗号2025，案卷号8。

中国第二历史档案馆馆藏日军档案：《卅三年度苏浙皖淮四省棉花收买要纲》，全宗号2012，案卷号5979。

中国第二历史档案馆馆藏日军档案：华中水产股份有限公司：《第壹期决算报告书》（1938 年 11 月 6 日至 1939 年 10 月 31 日），全宗号 2012，案卷号 5937。

中国第二历史档案馆馆藏汪伪振务委员会档案：《丹徒县灾况报告书》（调查员朱世良），全宗号 2076，案卷号 569。1940 年 10 月。

中国第二历史档案馆馆藏汪伪振务委员会档案：《调查常熟、昆山、太仓、松江、金山、青浦等县灾况报告书（1940 年 9 月）》（调查员王宗汤），全宗号 2076，案卷号 569。

中国第二历史档案馆馆藏汪伪振务委员会档案：《调查高淳县总报告》（调查员邓复初），全宗号 2076，案卷号 569。1940 年 10 月。

中国第二历史档案馆馆藏汪伪振务委员会档案：《调查江宁县报告》（调查员邓复初），全宗号 2076，案卷号 569。1940 年 10 月。

中国第二历史档案馆馆藏汪伪振务委员会档案：《调查句容县总报告》（调查员邓复初），全宗号 2076，案卷号 569。1940 年 10 月。

中国第二历史档案馆馆藏汪伪振务委员会档案：《调查溧水县总报告》（调查员邓复初），全宗号 2076，案卷号 569。1940 年 10 月。

中国第二历史档案馆馆藏汪伪振务委员会档案：《调查无锡、武进、江阴、宜兴、丹阳、金坛等县灾况报告书（1940 年 9 月）》（调查员凤思永），全宗号 2076，案卷号 569。

中国第二历史档案馆馆藏汪伪振务委员会档案：《江苏省分会调查各县灾况报告》，全宗号 2076，案卷号 569。

中国第二历史档案馆馆藏汪伪振务委员会档案：《南京市难民请求救济》，全宗号 2076，案卷号 611（1940 年 5、6 月）。

中国第二历史档案馆馆藏汪伪振务委员会档案：《请求收容救济》第 10 册，全宗号 2076，案卷号 559（1940 年 12 月）。

中国第二历史档案馆馆藏汪伪振务委员会档案：《请求收容救济》第 11 册，全宗号 2076，案卷号 560（1940 年 12 月、1941 年 1 月）。

中国第二历史档案馆馆藏汪伪振务委员会档案：《请求收容救济》第 12 册，全宗号 2076，案卷号 561（1944 年 1 月）。

中国第二历史档案馆馆藏汪伪振务委员会档案：《请求收容救济》第

13 册，全宗号 2076，案卷号 562（1944 年 1 月）。

中国第二历史档案馆馆藏汪伪振务委员会档案：《请求收容救济》第 1 册，全宗号 2076，案卷号 550（1940 年 9、10 月）。

中国第二历史档案馆馆藏汪伪振务委员会档案：《请求收容救济》第 2 册，全宗号 2076，案卷号 551（1940 年 10 月）。

中国第二历史档案馆馆藏汪伪振务委员会档案：《请求收容救济》第 3 册，全宗号 2076，案卷号 552（1940 年 10、11 月）。

中国第二历史档案馆馆藏汪伪振务委员会档案：《请求收容救济》第 4 册，全宗号 2076，案卷号 553（1940 年 11 月）。

中国第二历史档案馆馆藏汪伪振务委员会档案：《请求收容救济》第 5 册，全宗号 2076，案卷号 554（1940 年 11 月）。

中国第二历史档案馆馆藏汪伪振务委员会档案：《请求收容救济》第 6 册，全宗号 2076，案卷号 555（1940 年 11 月）。

中国第二历史档案馆馆藏汪伪振务委员会档案：《请求收容救济》第 7 册，全宗号 2076，案卷号 556（1940 年 11、12 月）。

中国第二历史档案馆馆藏汪伪振务委员会档案：《请求收容救济》第 8 册，全宗号 2076，案卷号 557（1940 年 12 月）。

中国第二历史档案馆馆藏汪伪振务委员会档案：《请求收容救济》第 9 册，全宗号 2076，案卷号 558（1940 年 12 月）。

中国第二历史档案馆馆藏汪伪政府档案：《接收日方第八批交还军管工厂经过情形》，全宗号 2098，案卷号 75。

中国第二历史档案馆馆藏汪伪政府档案：《接收日方第二批交还军管工厂经过情形》，全宗号 2098，案卷号 273。

中国第二历史档案馆馆藏汪伪政府档案：《接收日方第六批交还军管工厂经过情形》，全宗号 2098，案卷号 73。

中国第二历史档案馆馆藏汪伪政府档案：《接收日方第三批交还军管工厂经过情形》，全宗号 2098，案卷号 70。

中国第二历史档案馆馆藏汪伪政府档案：《接收日方第四批交还军管工厂经过情形》，全宗号 2098，案卷号 71。

中国第二历史档案馆馆藏汪伪政府档案：《接收日方第五批交还军管

工厂经过情形》，全宗号 2098，案卷号 72。

中国第二历史档案馆馆藏汪伪政府档案：《接收日方第一批交还军管
　　工厂经过情形》，全宗号 2098，案卷号 68。

中国第二历史档案馆馆藏汪伪政府档案：《上海大德新榨油厂申请发
　　还》，全宗号 2098，案卷号 111。

中国第二历史档案馆馆藏汪伪政府档案：《上海定新第一、三、六面
　　粉厂等申请发还卷》，全宗号 2098，案卷号 108。

中国第二历史档案馆馆藏汪伪政府档案：《上海永安纺织公司第一、
　　二、四厂及大华印染厂申请发还》，全宗号 2098，案卷号 86。

中国第二历史档案馆馆藏汪伪政府档案：《申新纺织第一、三、五、
　　六、七、八厂申请发还》，全宗号 2098，案卷号 87。

中国第二历史档案馆馆藏汪伪政府档案：《无锡广勤纺织股份有限公
　　司申请发还及交收情形》，全宗号 2098，案卷号 138。

中国第二历史档案馆馆藏汪伪政府档案：《无锡庆丰纺织厂申请发
　　还》，全宗号 2098，案卷号 135。

中国第二历史档案馆馆藏汪伪政府档案：《无锡协新毛纺织股份有限
　　公司申请发还及交收情形》，全宗号 2098，案卷号 136。

中国第二历史档案馆馆藏汪伪政府档案：《无锡豫康纺织股份有限公
　　司申请发还及交收情形》，全宗号 2098，案卷号 142。

中国第二历史档案馆馆藏汪伪政府档案：《中国实业银行申请发还扬
　　子面粉厂》，全宗号 2098，案卷号 105。

中国第二历史档案馆馆藏汪伪政府振务委员会档案：《本会参事吴经
　　伯呈振务委员会》（1941 年 8 月），全宗号 2076，案卷号 595。

中国第二历史档案馆馆藏汪伪政府振务委员会档案：《旅沪宁绍同乡
　　临时救济会呈中央振委员会呈文》（1941 年 7 月），全宗号 2076，
　　案卷号 589。

中国第二历史档案馆馆藏汪伪政府振务委员会档案：《绍兴急振工作
　　总报告书》（1941 年 11 月），全宗号 2076，案卷号 601。

中国第二历史档案馆馆藏汪伪政府振务委员会档案：《视察宁波灾情报告
　　书》（视察员：施民、1941 年 6 月），全宗号 2076，案卷号 595。

中国第二历史档案馆馆藏汪伪政府振务委员会档案:《为闽浙急振筹备情形检同报告书呈祈核示》(1941 年 5 月),全宗号 2076,案卷号 589。

中国第二历史档案馆馆藏汪伪政府振务委员会档案:《行政院给振务委员会的训令》(1941 年 5 月),全宗号 2076,案卷号 589。

中国第二历史档案馆馆藏伪维新政府档案:《派员调查杭嘉湖各产茶区域产销状况》,全宗号 2103,案卷号 413。

中国第二历史档案馆馆藏伪维新政府档案:《实业部派员调查京杭杭沪两铁路沿线实业状况》,全宗号 2103,案卷号 408。

二 英文论著

Coble, Parks M. *Facing Japan*: *Chinese Politics and Japanese Imperialis*, *1931 – 1937*, Harvard University: Counil on East Asian Studies, 1991.

Dennerline, Jerry. *Qian Mu and the World of Seven Mansions*, New Haven and London: Yale University Press, 1988.

Dennerline, Jerry. "The New Hua Charitable Estate and Local Level Leadership in Wuxi County at the End of the Qing", Tang Tsou (ed.), *Select Papers from the Center for Far Eastern Studies*, No. 4, 1979 – 80, *Proceedings of the NEH Modern China Project, 1978 – 80*: *Political Leadership and Social Change at the Local Level in China from 1850 to the Present*, Chicago: The University of Chicago, 1981.

Esherick, Joseph W. and Mary Backus Rankin (eds.), *Chinese Local Elites and Patterns of Dominance*, Berkeley /Los Angeles/Oxford: University of California Press, 1990.

Fei, Hsiao – tung, *Peasant Life in China*: *A Field Study of Country Life in the Yangtze Valley*, London: Routledge & Kegan Paul Ltd, 1962.

Feuerwerker, Albert (ed.), *Modern China*, Englewood Cliffs: Prentice – Hall. Inc. , 1964.

Ho, Ping – ti, *Studies on the Population of China*, *1368 – 1953*, Cambridge, Massachusetts: Harvard University Press, 1959.

Hu Hsin – fu, *The Common Descent Group in China and Its Function*, New York: Viking Fund, 1948.

Johnson, Linda Cooke (ed.), *Cities of Jiangnan in Late Imperial China.* New York:

Koo, T. Z., *China in the Remaking*, *The Annals of the American Academy of Politica and Social Science*, Vol. 152, November 1930.

Levine, Samuel W., *The Business of Pawnbroking*: *A Guide and A Defence*, New York: D. Halpern Company, 1913.

Perkins, Dwight H. (ed.), *China' s Modern Economy in Historical Perspective*, Stanford: Stanford University Press, 1975.

Perkins, Dwight H., *Agricultural Development in China*, *1368 – 1968*, Chicago: Aldine Publishing Company, 1969.

Rankin, Mary Backus, *Elite Activism and Political Transformation in China*: *Zhejiang Provinc*, *1865 – 1911*, Stanford: Stanford University Press, 1986.

Rawski, Thomas G. and Lillian M. Li (eds.), *Chinese History in Economic Perspective*, Stanford: Stanford University Press, 1975.

Shih, James C. *Chinese Rural Society in Transition*: *A Case Study of the Lake Tai Area*, *1368 – 1800*, Berkeley: Institute of East Asian Studies, University of California, 1992.

Skinner, G. William, *The Study of Chinese Society*: *Essays by Maurice Freedman*, Stanford: Stanford University Press, 1979.

Stephan, John J., "The Tanaka Memorial (1927): Juthentic or Spurious?" *Modern Asian Studies*, Vol. 7, No. 4 (October 1973).

Willmott, W. E. (ed.), *EconomicOrganization in Chinese Society*, Stanford: Stanford University Press, 1972.

三　日文资料

天津軍参謀長：《恵通航空公司創立の件》，1936 年 10 月，アジア歴
　　史資料センター（JACAR）：C01004394900。

大本営陸軍部研究班：《支那事変の経験に基づく無形戦力軍紀風紀
　　関係資料》第 1 件《性病患者の状況》，1940 年 11 月，アジア歴
　　史資料センター（JACAR）：C11110765000。

第三委員会会長青木一男：《中華航空株式会社設立要綱ニ関スル
　　件》，アジア歴史資料センター（JACAR）：A04018469500。

第三委員会委員長青木一男：《華北電信電話株式会社設立要綱並華
　　中電気通信株式会社設立要綱ニ関スル件》，1938 年 7 月，アジア
　　歴史資料センター（JACAR）：A04018466500。

第三委員会委員長青木一男：《華中蚕糸株式会社設立要綱ニ関スル
　　件》，1938 年 8 月 11 日，ア ジ ア 歴 史 資 料 セ ン タ ー
　　（JACAR）：A04018467200。

第三委員会委員長青木一男：《華中水産株式会社設立要綱ニ関スル
　　件》，亚洲历史资料中心（JACAR）：A04018468500。

第三委員会会長青木一男：《華中都市自動車株式会社設立要綱ニ
　　関》，アジア歴史資料センター（JACAR）：A04018468800。

第三委員会委員長青木一男：《北支那開発株式会社及中支那振興株
　　式会社設立ニ伴フ興中公司ノ処置ニ関スル件》，1938 年 9 月，ア
　　ジア歴史資料センター（JACAR）：A04018468200。

藤村俊房：《無錫事情報告ノ件》（2），日本驻苏州领事馆报告
　　（1924 年 6 月 23 日），ア ジ ア 歴 史 資 料 セ ン タ ー
　　（JACAR）：B03050363500。

藤村俊房：《無錫事情報告ノ件》（4），日本驻苏州领事馆报告
　　（1924 年 6 月 23 日），ア ジ ア 歴 史 資 料 セ ン タ ー
　　（JACAR）：B03050363700。

外務省戦前期記録：《蘇州河以北共同租界内バス会社設立要綱》，

アジア歴史資料センター（JACAR）：B02030555300。

林鵞峰：《鵞峰先生林學士文集》，元禄二年（1689）版。

人見竹洞：《竹洞先生詩文集》，人見文庫宝永六年（1709）刊本。

歩兵第三十八聯隊前衛司令官助川大佐：《江蘇省無錫縣東亭鎮附近戦鬪詳報》第5号（昭和12年11月23日，歩兵第38連隊），アジア歴史資料センター（JACAR）：C11111199800。

法制局：《北支那開発株式会社及中支那振興株式会社政府出資財産評価委員会官制ヲ定ム》，1938年5月，アジア歴史資料センター（JACAR）：A02030023800。

經濟部第二課：《中支那振興株式会社の関係会社に対する投資及び融資状況一覧表》，1939年，アジア歴史資料センター（JACAR）：A15060151300。

落合謙太郎、石本鑽太郎：《支那鉱業条例ニ依ル日支合弁鉱業ニ関スル件》，1914年，アジア歴史資料センター（JACAR）：B10074119200。

興亜院華北連絡部：《治安状況調査の件》，アジア歴史資料センター（JACAR）：C04122507800。

興亜院華中連絡部：《中支ニ於ケル綿花調査報告書》，华中资料第160号、国防资源资料第37号、农产资源资料第37号，1940年刊印。

興亜院華中連絡部：《中支那ニ関スル畜産資源牲畜關調査報告書》，华中调查资料148号，1941年7月刊印。

興亜院華中連絡部：《支那ニ於ケル工業奨励》，华中资料第238号、中调联工资料第26号，1941年2月刊印。

国立公文書館藏档案：《日本及び日本支配地域における鉱工業製品の工場別生産高一覧表》，1940年，アジア歴史資料センター（JACAR）：A03032202600。

松本正美：《支那鉱業一覧表及英領ボルネオマヌカム島調査報告書》，台湾拓殖株式会社1938年印。

南満州鉄道株式会社調査部：《江蘇省松江県農村実態調査報告書》，

大陆新报社 1941 年印。

南満州鉄道株式会社調査部：《江蘇省太倉県農村実態調査報告書》，
　　木村印刷所 1940 年印。

南満州鉄道株式会社調査部：《江蘇省無錫県農村実態調査報告書》，
　　大陆新报社 1941 年印。

南満州鉄道株式会社上海事務所：《棉實及び棉實油》，支那商品丛
　　书第 19 辑，福兴印刷厂 1940 年印。

滿鐵上海事務所編：《戰時ノ寧波旅滬同鄉會ノ工作概況》，1941 年 6
　　月 24 日印。

無錫警察局局長異垂覚：《支那事変関係一件／支那事変ニ伴フ状況報
　　告／支那各地報告／蘇州情報》第一巻，アジア歴史資料センター
　　（JACAR）：B0501400690。

森安三郎、矢野慶正、福家豊等：《官制及官職・分割 3》，アジア歴
　　史資料センター（JACAR）：B15100917800。

内閣情報部情報綴：《日本軍の暴行説に支那民衆続々避難一米紙報
　　道》，情報第四号，ア ジ ア 歴 史 資 料 セ ン タ ー
　　（JACAR）：A03024300900。

内閣総理大臣伯爵山本権兵衛：《漢冶萍公司の沿革及び現状》，
　　1913 年，アジア歴史資料センター（JACAR）：A08071813300。

中支那方面軍参謀長塚田攻：《杭州及蘇州に於ける米国人財産掠奪
　　に 関 す る 件》，ア ジ ア 歴 史 資 料 セ ン タ ー
　　（JACAR），C04120179100。

中支那方面軍特務部長原田熊吉：《南京市内乗合自動車経営に関す
　　る件、其の他に関する件》，1938 年 1 月，アジア歴史資料センタ
　　ー（JACAR）：C04120207400。

中支那振興株式會社第二特別委員長：《中支那振興株式会社事業概
　　説 別 冊》，1938 年 5 月 印，ア ジ ア 歴 史 資 料 セ ン タ ー
　　（JACAR）：A15060430900。

中支那振興會社調査課：《中支那振興株式会社関係事業会社現況》，
　　1939 年 9 月印。

日本防衛省防衛研究所：《毒を以て毒に報いよ！警告案に対する各紙論評》，アジア歴史資料センター（JACAR）：C13050217900。

日本外務省外交史料館戦前期外務省記録：《長興炭鉱関係》，アジア歴史資料センター（JACAR）：B09041955100，巻号 E—2189。

日本外務省外交史料館戦前期外務省記録：《英国人「エバンス」、江蘇省鎮江付近鉱山売却関係》，アジア歴史資料センター（JACAR）：B09041955000，巻号 E—2189。

日本外務省外交史料館戦前期記録：《長興炭鉱関係》，1934 年 9 月，アジア歴史資料センター（JACAR）：B09041955700，原編号 E—2189。

日本外務省档案：《陸軍管理工場処理状況》（昭和十七年十一月十五日），アジア歴史資料センター（JACAR）：B02032844600。

日本駐上海總領事三浦義秋报告：《ドイツ商禅臣洋行（「レームセン」商会）ノ棲霞山江南セメント工廠ヨリ石炭搬出関係》，1939 年 6 月 1 日，アジア歴史資料センター（JACAR）：B02030619100。

日本国際協会编：《支那各省経済事情》三巻本，日本国際協会 1936 年发行。

日本陸軍省参謀本部調査報告：《中支那に於ける黄牛及水牛の飼養分布、能力並に用途》，アジア歴史資料センター（JACAR）：C13110008800。

日本陸軍省参謀本部調査報告：《中支那に於ける驢及騾の飼養分布、能力並に用途》，アジア歴史資料センター（JACAR）：C13110008000。

日本陸軍省陸軍糧秣本廠档案：《蘇州にて搬出許可せられたる物資数量表》，アジア歴史資料センター（JACAR）：C11110473600。

日本陸軍省清郷工作司令所档案：《蘇州を中心とせる金融、通貨状態》，アジア歴史資料センター（JACAR）：C11111746700。

日军情报资料：《日本軍浙江作戦に毒ガス使用》，アジア歴史資料センター（JACAR）：A03024833400。

日軍情報資料：《敵側、毒ガス戦で応讐と声明》，アジア歴史資料
　センター（JACAR）：A03024834700。

大蔵省：《漢冶萍及対支事業会社現状及将来》，アジア歴史資料セ
　ンター（JACAR）：A08071810000。

大蔵省：《支那に於ける商品相場逆算比率調》，1944 年 10 月，アジ
　ア歴史資料センター（JACAR）：A17110571300。

小野忍：《無錫の制絲業》，《満鉄調査月報》第 21 巻 10 号，1941 年
　10 月。

陸軍大臣伯爵大山巌、海軍大臣伯爵西郷従道：《漢冶萍煤鉄廠鉱有
　限公司ニ対シ資金融通ニ関スル件》，1913 年，アジア歴史資料セ
　ンター（JACAR）：A01200095800。

陸軍省：《支那絲織事情》，昭和十六年度支那絲織事情調査報告，
　陸軍省 1942 年 3 月印。

陸軍糧秣本廠：《東洞庭山資源調査報告》，1941 年 2 月，アジア歴
　史資料センター（JACAR）：C11110474300。

陸軍糧秣本廠：《西洞庭山資源調査報告》，1941 年 2 月，アジア歴
　史資料センター（JACAR）：C11110474400。

陸軍糧秣本廠研究科荘司憲季：《中支那に於ける漁業問題》，1940
　年 1 月，アジア歴史資料センター（JACAR）：C14110505000。

陸軍省上海事務所：《華中都市自動車会社創立に関する件》，1938
　年 11 月，アジア歴史資料センター（JACAR）：C04120615200。

陸軍省支那派遣軍兵站總監部：《中支軍票流通高並地域別流通高一
　覧表》，1941 年 2 月—5 月 10 日，アジア歴史資料センター（JA-
　CAR）：C13120910300。

陸軍省支那派遣軍兵站経理部：《支那派遣軍経理月報》附録第 13
　《12 月中支各地卸売物價一覧表》，1941 年 1 月，アジア歴史資料
　センター（JACAR）：C11110783200。

陸軍省陸軍糧秣本廠档案：《太湖魚族調査報告》，アジア歴史資料
　センター（JACAR）：C11110474200。

陸軍省陸軍糧秣本廠档案：《楊子江下流地域の戦時糧秣資料》，

1940 年 2 月，アジア歴史資料センター（JACAR）：C11110474700。

陸軍省山田部隊本部経理部《金融情報》第 4 号（苏州、芜湖），昭和 14 年 1 月 19 日，アジア歴史資料センター（JACAR）：C11110898200。

陸軍省山田部隊本部経理部：《金融情報》第 23 号（杭州、九江），昭和 14 年 4 月 1 日，アジア歴史資料センター（JACAR）：C11110900900。

陸軍特務部：《中支那地方重要国防鉱山資源の確保開発に関する処理要綱》，1938 年，アジア歴史資料センター（JACAR）：C11110918300。

参謀本部庶務課長上村利道：《中支那重要国防資源調書送付の件》，1937 年 2 月，アジア歴史資料センター（JACAR）：C01004304100。

高嶋少将：《法幣の抗戦力》，1940 年，アジア歴史資料センター（JACAR）：C11110702500。

支那派遣軍総司令部：《軍用米の調弁状況其の他に関する件》，1941 年 2 月 10 日，C04122829600。

蘇州副領事市川修三：《江蘇省政府管下十六県教育状況報告》（昭和十三年十一月八日），アジア歴史資料センター（JACAR）：B05016183300。

蘇州副領事市川修三：《無錫ニ復旦大学分校ト民衆教育総館設置計画ニ関スル件》（昭和十二年七月），アジア歴史資料センター（JACAR）：B05016174600。

鈴木虎雄：《豹軒詩鈔》，昭和（1926—1989）早年刊本。

臺灣總督官房調査課：《支那の漁業》，南支那及南洋調査第 94 輯，1925 年 3 月。

東亜局：《中華民国傭聘本邦人人名録/郵務/（附録）上海共同租界工部局傭聘本邦人人名録》，アジア歴史資料センター（JACAR）：B02130143300。

東亜局記録班：《執務報告》（昭和十三年度東亜局第一課），東亜局
　　1938 年 12 月印行。

山田部隊本部経理部：《金融情報》第 26 号《蘇州、無錫》，昭和 14
　　年 4 月 25 日，ア ジ ア 歴 史 資 料 セ ン タ ー
　　（JACAR）：C1111090120。

山田部隊本部経理部：《金融事情》第 56 号《無錫最近の経済事
　　情》，アジア歴史資料センター（JACAR）：C11110907800。

横竹平太郎：《「アンチモニー」鉱山》，1935 年，アジア歴史資料セ
　　ンター（JACAR）：B09041955800。

横竹平太郎：《支那鉱山関係雑件浙江省ノ部》，1925 年，アジア歴
　　史資料センター（JACAR）：B04011114800。